Mediation als Verfahren konsensualer Streitbeilegung

STUDIEN DES INSTITUTS FÜR OSTRECHT MÜNCHEN

IOR

Begründet von Professor Dr. Reinhart Maurach
Herausgegeben von Professor Dr. Friedrich-Christian Schroeder, Dr. h.c. (Breslau), Regensburg

Band 72

PETER LANG
Frankfurt am Main · Berlin · Bern · Bruxelles · New York · Oxford · Wien

Tina de Vries (Hrsg.)

Mediation als Verfahren konsensualer Streitbeilegung

Die deutsche, polnische und ukrainische Perspektive

PETER LANG
Internationaler Verlag der Wissenschaften

Bibliografische Information der Deutschen Nationalbibliothek
Die Deutsche Nationalbibliothek verzeichnet diese Publikation in der Deutschen Nationalbibliografie; detaillierte bibliografische Daten sind im Internet über http://dnb.d-nb.de abrufbar.

Umschlaggestaltung:
© Olaf Glöckler, Atelier Platen, Friedberg

Gedruckt mit freundlicher Unterstützung
des Deutschen Akademischen Austauschdienstes.

DAAD Deutscher Akademischer Austausch Dienst
German Academic Exchange Service

Gedruckt auf alterungsbeständigem,
säurefreiem Papier.

ISSN 0073-8492
ISBN 978-3-631-61549-2

www.peterlang.de

Vorwort

Im Jahr 2010 wurde vom DAAD im Rahmen seines Förderungsprogramms „Unterstützung der Zivilgesellschaft in der Ukraine“ das Projekt „Mediation als Verfahren konsensualer Streitbeilegung, die deutsche, polnische und ukrainische Perspektive“ gefördert, dessen Ergebnisse in dem vorliegenden Tagungsband veröffentlicht werden. Zudem wurde das Projekt von der *D.A.S. Rechtsschutzversicherung* unterstützt, die sich seit Jahren mit der Mediation beschäftigt. So führte die D.A.S. einen Modellversuch zur Mediation durch, der im Rahmen der Tagung vom Sprecher des Vorstands der D.A.S. *R. Tögel* in einem Vortrag vorgestellt wurde. Außerdem leistete die IRZ-Stiftung einen Beitrag zu dem Projekt, indem sie ihren Experten die Teilnahme an der Tagung ermöglichte. Die IRZ-Stiftung hatte schon früher im Bereich ihres Tätigkeitsfeldes Rechtsberatung ein Gutachten zum Entwurf eines Mediationsgesetzes der Ukraine erstellen lassen. Schließlich erfuhr das Projekt auch von der *deutschen Botschaft in Kiew* Unterstützung durch die Veranstaltung einer Podiumsdiskussion zum Thema Mediation anlässlich des Workshops, das im zweiten Teil des Projekts durchgeführt wurde. Allen diesen Institutionen gebührt unser besonderer Dank. Für die Übersetzung vieler Beiträge aus dem Ukrainischen und umgekehrt und Assistenz bei der Durchführung des Projekts danken wir Herrn *Yuriy Didevych* LLM und Frau *Antje Himmelreich.*

Die Mediation ist eine spezielle Streitbeilegungsmethode. Sie ist als Verfahren auf europäischer Ebene aktuell durch die Verabschiedung der Richtlinie 2008/52/EG des Europäischen Parlaments und des Rates vom 21. Mai 2008 über bestimmte Aspekte der Mediation in Zivil- und Handelssachen[1]. Durch die Mediation werden die Medianden in einen Kommunikationsprozess geleitet, der zu einer Erweiterung ihrer Perspektive führt und sie zur einvernehmlichen Lösung ihres Konflikts befähigt. Die Mediation geht dabei von bestimmten Prämissen aus, die auch zur Stärkung zivilgesellschaftlicher Strukturen und damit zur Stärkung der Demokratie beitragen können.

Durchgeführt wurde das Projekt mit dem bewährten Partner des IOR, dem Institut für Gesetzgebung der *Verchovna Rada* der Ukraine. Zur Erweiterung des Vergleichs wurde das gemeinsame Nachbarland Polen mit einbezogen und so wurde der damalige Bürgerbeauftragte für Menschenrechte *J. Kochanowski* angesprochen. *Dr. Kochanowski*, der dem IOR schon lange auch außerhalb seiner Funktion als Bürgerbeauftragter verbunden war, kam bei dem Absturz der Maschine des polnischen Präsidenten über Smolensk ums Leben.

1 Richtlinie 2008/52/EG des Europäischen Parlaments und des Rates vom 21. Mai 2008 über bestimmte Aspekte der Mediation in Zivil- und Handelssachen, Abl. L 136, S. 3, nachfolgend: „Mediationsrichtlinie".

Die Institution des Bürgerbeauftragten hat eine Vermittlerrolle zwischen den Behörden und den Bürgern. Diesen soll ein niedrigschwelliger Zugang zur Überprüfung des Handelns der Verwaltung ermöglicht werden, daher sind mediative Elemente für diese Stelle von ausschlaggebender Bedeutung. Der Beitrag von *V. Yatsenko,* dem Stellvertreter der Bevollmächtigten der *Verchovna Rada* der Ukraine für Menschenrechte, schildert die Rolle des Bürgerbeauftragten als Vermittler in diesem Bereich.

Das Projekt bestand aus je einer Tagung in Regensburg und der Durchführung eines Workshops in Kiew. Auf der Tagung in Regensburg vom 25.6.2010 – 27.6.2010 wurden die rechtliche Regelung der Mediation und die Praxis der Mediation übergreifend über die Länder Deutschland Polen und der Ukraine verglichen und analysiert. Die Beiträge im ersten Teil des vorliegenden Bandes geben einen Überblick über die verschiedenen Anwendungsgebiete der Mediation, ihre rechtliche Verankerung und ihre rechtstheoretischen Grundlagen. Der Beitrag von *A. Zienkiewicz* reflektiert rechtsphilosophische Aspekte der Mediation als eine Form der Ausübung von Justiz. Er macht die unterschiedlichen logischen Schritte zur Gewinnung einer Konfliktlösung in der Mediation und im Gerichtsprozess deutlich. Dabei legt *A. Zienkiewicz* die Betonung auf die Komplementarität dieser beiden Formen und versteht sie nicht als Alternativen.

Die interdisziplinäre Verankerung der Mediation wird im Beitrag zur Bedeutung der interkulturellen Kommunikation in der Mediation erkennbar. Vor dem psychologischen Hintergrund erläutert *J. Bürger* den Einfluss von unterschiedlichen kulturellen Hintergründen in einer konkreten Mediation, aber auch auf das Verständnis der Mediation als einer Konfliktbearbeitungsmethode. Die Autorin gibt zudem einige Beispiele für den Einfluss von interkulturellen Prozessen anhand von Kulturstandards im deutsch-polnischen Verhältnis. Die Mediation im Arbeitsrecht ist – wie *H. Prütting* darlegt – strukturell bereits seit den Ursprüngen des Arbeitsrechts dort angelegt, da der Schlichtungsgedanke in diesem Bereich von jeher eine wichtige Rolle gespielt hat, nicht zuletzt, damit der Betriebsfrieden gewahrt bleibt. Der Autor sieht andererseits durch die Bewährung der Schlichtung und anderer Streitbeilegungsmechanismen im Bereich des Arbeitsrechts für die Mediation einen engeren Spielraum als in anderen Rechtsgebieten. Des Weiteren wird die rechtliche Möglichkeit der Durchführung von gerichtsinternen Mediationen im Bereich des Arbeitsprozessrechts, aber auch innerhalb des Zivilprozessrechts generell dargestellt und ihre gegenwärtige Handhabung, insbesondere die gewählte Rechtsgrundlage, kritisch hinterfragt. Hieraus kann man einen Handlungsbedarf für den Gesetzgeber ersehen, der aufgefordert ist, die in diesem Bereich bestehenden Rechtsunsicherheiten zu beseitigen.

Der Beitrag von *R. Kulms* schildert zunächst aus der Sicht der ökonomischen Analyse des Rechts die rechtstheoretische Begründung für die Einführung von Mediation, wie sie sich vor allem in den USA entwickelt hat. Weiter wird die gesetzliche Regelung der Mediation in den USA – wenn man so will, dem Heimatland der Mediation – dargestellt, wobei die verschiedenen Umsetzungsvarianten in den einzelnen Bundesstaaten erläutert werden. Diese Überlegungen sind für die Betrachtung des Rechts der im Fokus des Bandes stehenden Staaten insofern wichtig, als hier auch Probleme erläutert werden, die sich in den USA aus der langjährigen Praxis im Verhältnis Mediationsverfahren/ gerichtliche Verfahren ergeben haben, und die in Deutschland, Polen und der Ukraine künftig auch auftreten könnten.

Einen weiteren Bereich bilden die Vorträge zur gesetzlichen Umsetzung der Mediation in den behandelten Ländern. Der Beitrag von *T. de Vries* erläutert die Umsetzung der Mediationsrichtlinie in Deutschland und zeichnet den Gesetzgebungsprozess zu einem Mediationsgesetz nach. In dem anschließenden Beitrag wird die gesetzliche Regelung der Mediation in Polen von *T. de Vries* für alle Rechtsbereiche erörtert, in denen es Regelungen zur Mediation gibt, wobei der Schwerpunkt aber auf der Darstellung der Regelungen im Zivilverfahrensgesetz gelegt wird. *O. Zajchuk* schildert die ukrainischen Bemühungen zu einer gesetzlichen Verankerung der Mediation, wobei der dort geschilderte Entwurf mittlerweile allerdings überholt ist. Nichts-desto-trotz sind die Ausführungen von *O. Zajchuk* aktuell, da sie dokumentieren, dass der ukrainische Gesetzgeber bereits seit längerem an einer Kodifizierung der Mediation arbeitet und die Schritte auf diesem Weg dargestellt werden, der auch über Regierungswechsel hinweg weiterverfolgt wird. Der anschließende Beitrag von *E. Isermann* und *W. Scheibel* dokumentiert, dass die Ukraine bei der gesetzlichen Ausgestaltung der Mediation zum einen rechtsvergleichend untersucht, welche Regelungsmodelle es gibt, und andererseits ausländische Experten im Gesetzgebungsverfahren hinzuzieht. *E. Isermann* und *W. Scheibel*, die ausgewiesene Experten im Bereich der gerichtsinternen Mediation sind, haben das Gutachten, das hier vorgestellt wird, im Jahr 2007 im Auftrag der IRZ-Stiftung für die Ukraine erstellt.

In den weiteren Beiträgen werden einzelne Bereiche der Mediation erläutert. Der Beitrag von *H. Sereda* schildert die ukrainische Sicht auf den Bereich der *restorative justice*, den Täter-Opfer-Ausgleich, der in der Ukraine zum Ausgangspunkt für die Anwendung von Mediation wurde. Als Ergänzung hierzu wird von *E. Dobiejewska* die polnische Perspektive auf *restoritive justice* und die Praxis des Täter-Opfer-Ausgleichs in Polen geschildert. Der Aufsatz von *D. Lägler* gibt zunächst anhand eines Mediationsfalls aus der Praxis einen Einblick in den Bereich der grenzüberschreitenden Familienmediation. Außerdem wird die Initiative des Bundesarbeitsgemeinschaft für Familienmediation (BAFM) in Bezug auf das polnisch-deutsche Mediatorennetzwerk vorgestellt. Diese mittlerweile über Jahre bestehende Zusammenarbeit kann als *best-practice*-Beispiel für die Behandlung solcher grenzüberschreitenden Fälle gelten. Der Beitrag von *V. Ustymenko* schließlich schildert den Anwendungsbereich von Mediation im Gemeinwesen aus ukrainischer Sicht.

Im zweiten Teil des Projekts fand ein Workshop mit Studenten zur praktischen Übung von Mediation in Kiew statt. Der Bericht von *T. de Vries* gibt einen Überblick über diesen Workshop. Der Beitrag von *E. Isermann* über die Praxis der Richtermediation in Deutschland und ihre rechtlichen Rahmenbedingungen enthält den aktualisierten Vortrag, den der Autor auf dem Workshop gehalten hat.

Im zweiten Teil macht der vorliegende Band in einer Textdokumentation die Gesetzestexte zur Mediation im zivil- und handelsrechtlichen Bereich aus Polen und Deutschland bzw. den Text des ukrainischen Gesetzentwurfs der wissenschaftlichen Öffentlichkeit in deutscher Übersetzung zugänglich.
In Deutschland wird die Mediationsrichtlinie durch den in Kürze in Kraft tretenden, Ende Juni 2012 vom Bundestag verabschiedeten Entwurf des Gesetzes zur Förderung der Mediation und anderer Verfahren der außergerichtlichen Konfliktbeilegung umgesetzt. In Polen gibt es bereits seit 1991 eine rechtliche Verankerung der Mediation in ihren verschiedenen Anwendungsbereichen und seit 2005 hat die Mediation Eingang in das Zivilverfahrensgesetz gefunden. In der Ukraine ist eine gesetzliche Regelung der Mediation bislang nur am Rande vorhanden. Seit 2007 gibt es aber in der Ukraine Bemühungen, ein Gesetz über die Mediation zu verabschieden. Ein erster Gesetzentwurf lag im Jahre 2007 vor. Letztlich konnte sich dieser Entwurf allerdings nicht durchsetzen und wurde im *Verchovna Rada*, dem Parlament der Ukraine, nicht weiter verfolgt. Mittlerweile liegt mit dem Gesetzentwurf Nr. 8137 des Volksdeputierten der Ukraine *O. I. Tiščenko*, der am 25. 4. 2011 in den *Verchovna Rada* der Ukraine eingebracht wurde, ein neuer Entwurf für ein ukrainisches Mediationsgesetz vor. Dieser Gesetzentwurf wurde unter Mitarbeit der NGO: „*Center for Common Ground*", Kiew, erarbeitet. Die Dokumentation bietet dem Leser die Möglichkeit, sich selbst mit den Rechtsquellen vertraut zu machen, und sie für die eigene rechtsvergleichende Forschung zu nutzen.

Regensburg, im Juli 2012 *Tina de Vries*

Inhaltsverzeichnis

Aufsätze

Mediation als eine Form der Justiz

Dr. Adam Z. Zienkiewicz, Allenstein (Olsztyń)[*]

„Die Entwicklung von alternativen Formen der Justiz ist – nach meiner Überzeugung – eine der wichtigsten Unternehmungen, die dazu beitragen, die Rechtsprechung an die Realien der postindustriellen Gesellschaft anzupassen, insbesondere an die in diesen Gesellschaften stattfindenden Prozesse der funktionellen und kulturellen Differenzierung der gesellschaftlichen Systeme. Das Postulat der Entwicklung von alternativen Formen der Justiz ist also eine wesentliche Ergänzung des Programms der postklassischen Prozesstheorie, die sich dessen bewusst sein sollte, dass das Postulat der Organisation der modernen Justiz nicht ausschließlich auf die gerichtliche Verfahren gestützt werden kann.“[1].
Prof. Lech Morawski

I. Ergänzende Formen der Justiz – grundsätzliche Ausgangsthesen

Eine breite Diskussion über die besten Konzepte der Justiz ist unumgänglich und bringt wesentliche Vorteile mit sich, selbst dann, wenn nicht alle Diskursteilnehmer endgültige Lösungsvorschläge vorbringen. Bei der Analyse dieser Problematik ist zu bedenken, dass sie solch fundamentale Begriffe betrifft, wie die Freiheit, die Gerechtigkeit, die Vision des Rechts, den Staat und die Gesellschaft, die gesellschaftliche Kommunikation, die Streitbeilegung, das Modell der Rechtsanwendung, die Effektivität des Rechts und seine Grenzen.
Die Krisenerscheinungen des traditionellen Justizmodells (der Rechtsprechung)[2] und die in den zeitgenössischen Rechts- und Gesellschaftssystemen eingetrete-

---

* *Mediator, Rechtsberater, Politologe, wiss. Assistent am Lehrstuhl für Rechttheorie und Rechtsphilosophie und Philosophie des Staates, Rechts- und Verwaltungsfakultät der Ermländisch-Masurischen Universität in Olsztyn (UWM)– siehe www.uwm.edu.pl; Leiter des Postgraduierten Studium: „Mediation und andere alternativen Formen der Streitbeilegung“ WPiA UWM Olsztyn – siehe: www.uwm.edu.pl/mediacje; Kontakt mit dem Autor: mediacje@zienkiewicz.com.pl.*

1 *L. Morawski*, Główne problemy współczesnej filozofii prawa. Prawo w toku przemian (Hauptprobleme der gegenwärtigen Rechtsphilosophie, Recht im Umbruch) Warszawa 1999, S. 188.

2 Zum Thema der Krisenerscheinungen und Kritik des traditionellen Modells der Rechtsprechung (Gerichtsbarkeit) ausführlicher: *A. Zienkiewicz*, Studium mediacji. Od teorii ku praktyce (das Studium der Mediation, von der Theorie zur Praxis) Warszawa 2007, S. 209-215 m.w.N., vgl. auch allgemein: *A. Zienkiewicz, A. Kalisz*, Wymierzanie sprawiedliwości a mediacja, in: Rozdroża sprawiedliwości we współczesnej myśli filozoficznoprawnej (Gerechtigkeit ausüben und Mediation, in: Scheideweg der Gerechtigkeit in den gegenwärtigen rechtsphilosophischen Gedanken), *B. Wojciechowskiego, M.*

nen Veränderungen (Die Differenzierung, die Autonomisierung, die Prozeduralisierung)[3] begründen die dringende Notwendigkeit der Durchführung vielschichtiger Forschungen, insbesondere über:

1) Ein entsprechend (neues) Verständnis (einer Formel), der Organisation und des Funktionierens der Justiz (Das Postulat des Pluralismus der Formen der Rechtsprechung, das Postulat der Verbesserung der Justiz),
2) Eine neue Vision des Gerichts (die Idee eines offenen Gerichts),
3) Eine optimierte Auswahl und Anwendung der grundlegenden Verfahren zur Entscheidung und Beilegung von Rechtstreitigkeiten (adjudikative, schiedsgerichtliche, mediatorische Verfahren und die Verhandlung),
4) Die Schaffung oder entsprechende Adaption (Rezeption) von Mischformen und von Phasenmechanismen zur Entscheidung und Lösung von Rechtstreitigkeiten.

Das Hauptziel dieses Artikels ist:

1) Die Darstellung eines weiten Verständnis des Begriffs „Justiz" in seiner (subjektiv-funktionellen) Bedeutung als Tätigkeit, die darin besteht, Rechtstreitigkeiten beizulegen, wobei dies so zu verstehen ist, dass keine ausschließliche Domäne der Gerichte (kein Gerichtsmonopol) besteht, und der Vorschlag in Rechtswissenschaft und -praxis aufrecht erhalten werden soll, den Begriff der ergänzenden Formen der Rechtsprechung (*Complementary Forms of Justice)* zu verwenden, um die Institution der Mediation und andere ADR-Formen zu beschreiben. Damit wird ihr überwiegend ergänzender, symbiotischer und subsidiärer und nicht ausschließlich (zur gerichtlichen Rechtsprechung) alternativer Charakter unterstrichen;
2) Die Darstellung der Besonderheit der Mediation innerhalb der Justiz.

Die Anerkennung oder Nicht-Anerkennung der Mediation als einer Form der Rechtsprechung wird maßgeblich bestimmt durch das Verständnis des We-

---

Goleckiego (Hrsg.), Toruń 2008, S. 263-274; *A. Zienkiewicz*, Mediacja w kontinuum form wymiaru sprawiedliwości, in: Arbitraż i mediacja. Aktualne problemy teorii i praktyki funkcjonowania sądów polubownych i ośrodków mediacyjnych, (die Mediation als Fortsetzung der Justiz, in: Arbitrage und Mediation aktuelle Probleme der Theorie und Praxis der Tätigkeit der Schiedsgerichte und Mediationszentren) *J. Olszewskiego* (Hrsg.), Rzeszów 2009, S. 427-435.

3 Die Hauptursachen der Umgestaltung der zeitgenössischen Rechtssysteme sind: Prozesse der funktionellen und gesellschaftlichen Differenzierung und der Differenzierung der Wertesysteme, der wachsende Grad der Komplexität der Gesellschaftssysteme und ihre Unvorhersehbarkeit (das Problem der Risikogesellschaften, der Regelunsicherheit und der Tatsachenunsicherheit) und auch die Nutzung des Rechts als Lenkungs- und gesellschaftspolitisches Instrument – die Folgen sind (vor allem) eine wesentliche Änderung der Verfahren der Rechtsanwendung und eine funktionelle Differenzierung der Rechtsprechung – ausführlicher siehe: *L. Morawski*, a.a.O., S. 27–35, 151–196.

sens und der Ziele der Mediation, der Rechtsprechung und der Ausübung von Justiz sowie der wechselseitigen Beziehungen zwischen ihnen. Die Folgerichtigkeit und Ordnung der Dinge verlangen die Vorstellung der Grundannahmen des Autors in diesem Bereich.

Nach dem internalisierten Bedürfnis (Postulat) einer entsprechenden Verbindung der verschiedenen Paradigmen der Mediation[4] - wird die Mediation von mir einerseits als eine der Grundformen von Alternative Dispute Resolution (ADR) wahrgenommen, die der Lösung von Streitigkeiten im Wege der Einigung dienen, deren konstituierende Eigenschaften Folgende sind:

1) Die Anwesenheit einer neutralen (unparteiischen) dritten Person (des Mediators), die den Parteien (auf eine Art und Weise, die abhängig ist von der angewendeten Mediationsstrategie und -technik) hilft, eine für beide Seiten vorteilhafte und akzeptierte Verständigung (Einigung) zu erreichen – die Strategie einer Win-Win-Lösung,
2) Die dritte Person (der Mediator) hat nicht die Befugnis, den Parteien eine verbindliche Streitlösung aufzuzwingen (*non-binding*),
3) Die Streitparteien verfügen allein über den Streitgegenstand, und insbesondere über die Verständigung (Einigung) und deren Inhalt (*self-determination*).

Andererseits betrachte ich die Mediation als einen besonderen Diskurs[5], der sich sowohl auf die Bedürfnisse und Interessen der Parteien konzentriert, den

---

4 Ausführlicher über verschiedene Paradigmen, Strategien und Techniken der Mediation, und insbesondere der problem-solving mediation, transformative mediation und narrative mediation s.: *L. Riskin*, Understanding Mediator's Orientations, Strategies and Techniques: A Grid for the Perplexed, 1 „Harvard Negotiation Law Review" 1996, S. 7 ff.; S. *Imperati*, Mediator Practice Models: the Intersection of Ethics and Stylistic Practices in Mediation, Willamette Law Review, 1997, Nr. 33, S. 707–714; *R. Moberly*, Mediator Gag Rules: Is it Ethical for Mediators to Evaluative or Advise?, South Texas Law Review 1997, Nr. 38, S. 670–678; *M. Levin*, The Propriety of Evaluative Mediation: Concerns About the Nature and Quality of Evaluative Opinion, Ohio State Journal on Dispute Resolution 2001, Nr. 16, S. 267 ff.; *J. Stulberg*, Facilitative versus Evaluative Mediator Orientations: Piercing the "Grid" Lock, Florida State University Law Review, 1997, Nr. 24, S. 985 ff; *R. Baruch Bush, J. Folger*, The Promise of Mediation: Responding to Conflict Through Empowerment and Recognition, San Francisco 1994; *J. Winslade, G. Monk*, Narrative mediation: A new approach to conflict resolution, San Francisco 2001; *A. Zienkiewicz*, Studium mediacji..., S. 38-41, 170-194.

5 Den mediatorischen Diskurs sehe ich als einen rationellen, sequentiellen Prozess (kommunikatorisch-erkenntnisführend, relativ-entscheidend), geführt unter den Streitparteien (oder ihren Vertretern), unter Beteiligung einer neutralen (unparteiischen) dritten Person in Gestalt des Mediators – konzentriert auf die Realisierung der gesteckten Ziele und basierend auf den Regeln der mediatorischen Ethik der Sprache und der ideellen Situation der Sprache.

Austausch ihrer Standpunkte und Argumentationen (Verhandlungen) – als auch auf:

1) Die Einführung und Aufrechterhaltung einer ungestörten, im Dialog stattfindenden Kommunikation zwischen den Parteien,
2) die Beseitigung der Ursachen des Konflikts zwischen den Parteien und die Absicherung ihrer positiven Beziehungen und der Kooperationsgrundlagen (sowohl während des mediativen Diskurses als auch in Zukunft – die zukunftsgerichtete Orientierung),
3) die Selbsterkenntnis, die Selbstverbesserung und das innere moralische Wachstum (die Entwicklung) der Parteien,
4) die Interessen, die im allgemein gesellschaftlichen Sinn bedeutsam sind[6].

Die Mediation kann also vielschichtige, fernere (übergeordnete) Ziele im personellen, interpersonellen und gesellschaftlichen Bereich und nähere (untergeordnete) Ziele im psychologischen, kommunikativen und negotiatorisch-informativen Bereich verwirklichen[7].

Das polnische Verfassungsgericht vertritt den Standpunkt, den ich teile[8], dass der Begriff Justiz im weiten (subjektiv-funktionellen) Sinn zu verstehen ist, als eine Handlung, die vor allem darin besteht, Rechtstreitigkeiten zu lösen und die keine ausschließliche Domäne der Gerichte (kein Gerichtsmonopol) darstellt[9]. Zum Bereich des weiteren Verständnisses der Rechtsprechung können

---

6 Zu den übrigen, besonders wichtigen Eigenschaften des Mediationsverfahrens, die auch für andere ADR-Formen charakteristisch sind, zählen:
1) Die Freiwilligkeit der Aufnahme und der Teilnahme am Mediationsverfahren – voluntary mediation (ein Grundsatz, der eingeschränkt ist, wenn die Mediation obligatorisch aus den Rechtsvorschriften oder einem Gerichtsbeschluss folgt, der im Rahmen eines durchgeführten Gerichtsverfahrens getroffen wurde, gegen das die Parteien keinen Widerspruch eingelegt haben – mandatory mediation),
2) der informelle (elastische) Charakter des Mediationsverfahrens,
3) die Entscheidung der Parteien über die Wahl der dritten Person (des Mediators) und über die Regeln des Verfahrens (Regeln des mediatorischen Disputs),
4) der vertrauliche Charakter des Verfahrens.

7 Ausführlicher zum Konzept der Vielschichtigkeit der Ziele des mediatorischen Disputs siehe: *A. Zienkiewicz*, Studium mediacji ..., S. 96-123.

8 S.: Urteil des Verfassungsgerichts vom 13. 3. 1996 (K 11/95, OTK 1996, Nr. 2, Pos. 9) zusammen mit der Begründung und Urteil des Verfassungsgerichts vom 8. 12. 1998 (K. 41/97, OTK ZU 1998/7, Pos. 117) zusammen mit der Begründung in: *J. Oniszczuk*, Konstytucja Rzeczypospolitej Polskiej w orzecznictwie Trybunału Konstytucyjnego (Die Verfassung der Republik Polen in der Rechtsrpechung des Verfassungsgerichtshofs), Kraków 2000, S. 736.

9 Der in Art. 175 Abs. 1 der Verfassung Polens verwendete Begriff der Rechtsprechung wurde rechtlich nicht definiert (es fehlt eine Legaldefinition). In der polnischen Rechtsdoktrin wird der Begriff der Rechtsprechung vor allem unter zwei Aspekten aufgefasst – dem materiellen und dem formellen. Im materiellen Aspekt wird er als „Recht - spre-

alternative Formen der Lösung und Beilegung von Rechtstreitigkeiten gerechnet werden (*alternative dispute resolution* - ADR), die (ohne das Recht auf das Gericht anzutasten) die Mechanismen der gerichtlichen Rechtsprechung ergänzen aber nicht ersetzen sollen[10] – unter Beibehaltung der übergeordneten Position der Gerichte, die in der Möglichkeit der Verifizierung der Richtigkeit (Legalität) der Entscheidung (Lösung) des außergerichtlichen Organs (Kontrolle durch das Gericht)[11] zum Ausdruck kommt.

Nach alle dem schlage ich vor, den Begriff ergänzende Formen der Justiz (*complementary forms of justice* – abgekürzt: CFJ) in Rechtswissenschaft und -praxis als Bezeichnung der Institution der Mediation und anderer ADR-Formen zu verwenden. Der begriffliche Vorschlag wird von mir gemacht, um deutlich zu unterstreichen, dass es weit (subjektiv-funktionell) verstandene Formen der Justiz sind, die mit der gerichtlichen Form der Justiz im Verhältnis einer symbiotischen Ergänzung (gegenseitiger Vorteile)[12] und der Subsidiarität verbunden

---

chen" verstanden (hauptsächlich gestützt auf geltende Rechtsnormen). Ein derartiges Verständnis führt oft zu vielen unterschiedlichen Konzepten darüber, wie das Rechtsprechungsorgan in einer konkreten Sache zu handeln hat, wenn man die strittige und uneinheitliche Auslegung des Begriffs der Gerechtigkeit berücksichtigt. In formeller Hinsicht wird der Begriff der Rechtsprechung grundsätzlich in drei Bedeutungen verstanden: in subjektiver, objektiver und gemischter (subjektiv-objektiv) – vgl. *Z. Czeszejko-Sochacki*, O wymiarze sprawiedliwości, w świetle Konstytucji, międzynarodowych standardów i praktyki (Über die Ausübung von Justiz im Lichte der Verfassung, der internationalen Standards und Praxis) PiP 1999, Heft 9, S. 3 ff.; *J. Kuciński*, Konstytucyjny ustrój państwowy Rzeczpospolitej Polskiej (die Staatsordnung der Republik Polen nach der Verfassung) Warszawa 2003, S. 298; *H. Zięba-Załucka*, Władza ustawodawcza, wykonawcza i sądownicza w Konstytucji Rzeczpospolitej Polskiej (die gesetzgebende, ausführende und rechtsprechende Gewalt in der Verfassung der Repblik Polen) Warszawa 2002, S. 275. Gleichwohl ist zu bemerken, dass die polnische Bezeichnung „Justiz" (wymiar sprawiedliwości) kein genaues Äquivalent in anderen Sprachen hat, in denen diese Bezeichnung z.B. als „iustitia", „justice", „quistizia", oder „Justiz" wiedergegeben wird, vgl. *R. Morek*, ADR – w sprawach gospodarczych, Warszawa 2004, S. 41.

10 Wie *R. Morek* richtig zeigt, führt die Wahrnehmung der Erscheinung von ADR und die Anerkennung ihrer Rolle im Rechtssystem demnach nicht zur Einführung einer Ausnahme von der Regel der Rechtsprechung durch die Gerichte, sondern nur zur Ergänzung des Inhaltes. – *R. Morek*, a.a.O., S. 44.

11 Die gerichtliche Kontrolle betrifft meist die Untersuchung der Übereinstimmung des Mediatonsvergleichs oder eines Schiedsgerichtsurteils mit den Grundregeln des Rechts und den Gesellschaftsnormen, seltener mit der Einhaltung der Verfahrensregeln in diesen Prozessen.

12 Vgl. *R. Morek*, a.a.O., Warszawa 2004, S. 73; *L. Morawski* stellt sogar fest, dass alternative Institutionen (ADR) eine Ergänzung der gerichtlichen Rechtsprechung darstellen sollen (...). Die alternativen Verfahren dürfen nämlich die gerichtliche Rechtsprechung nicht ausschließen, sondern ergänzen sie, doch gleichzeitig stellen sie für sie allerdings auch eine Konkurrenz dar. – *L. Morawski*, a.a.O., S. 192–193; die Idee der Ergänzung

sind, und nicht im Verhältnis einer antagonistischen Konkurrenz, und die auf der Verwirklichung des Bürgerrechts auf eine gute Rechtsprechung basieren und dem Postulat der Einbeziehung der Zivilgesellschaft in die Justiz[13].

Unter einer symbiotischen Ergänzung verstehe ich einen für beide Typen der Justiz (und folglich für beide Parteien eines Rechtsstreits) nützlichen Prozess der Ergänzung der gerichtlichen Justiz durch ergänzende Formen der Justiz, der durch die Entlastung der Gerichte bei der Entscheidung oder Lösung von Rechtsstreitigkeiten charakterisiert ist, im Rahmen einer positiv verstandenen Konkurrenz[14]. Die ADR-Formen sind nicht nur als ein gesondertes System der Streitbeilegung (*a distinct system of dispute resolution*) zu sehen, sondern auch als ein mit der gerichtlichen Rechtsprechung verkoppeltes System[15]. Deswegen ist es unbegründet, sie ausschließlich als im Verhältnis zu den Gerichtsverfahren konkurrierende (*stricte* alternative) Formen zu betrachten, die ein *panaceum* für alle Nachteile des Verfahrens der gerichtlichen Streitbeilegung in den zeitgenössischen Staatsorganisationen bilden[16]. *Complementary forms of justice* sollen im

---

der Möglichkeit der gerichtlichen Streitbeilegung durch ADR und die Möglichkeit einer Verbesserung der Rechtsprechung zeigt *A. Korybski* – auf vgl. *A. Korybski*, Alternatywne formy rozwiązywania sporów w USA. Studium teoretyczno prawne (Alternative Streitbeilegungsmethoden in den USA, theoretische, juristische Studien) Lublin 1993, S. 10, 67, 89; *J. Jabłońska-Bonca* bemerkt, dass einige Typen der Verhandlungen rechtlich verbunden sind mit der Rechtsprechung oder mit Entscheidungsprozessen in der Verwaltung. Das Recht formt sie aus als alternative Institutionen oder als ergänzendes Verfahren vor den Staatsorganen. – *J. Jabłońska-Bonca*, Prawnik a sztuka negocjacji i retoryki (der Jurist und die Kunst des Verhandelns und der Rhetorik) Warszawa 2002, S. 179.

13 Die Einbeziehung der Zivilgesellschaft in den Prozess der Rechtsprechung und das Recht der Bürger auf eine gute Rechtsprechung postuliert der damalige Ombudsmann, *A. Zoll,* vgl. Rede im Senat RP im September 2002, Stenogramm der 24. Sitzung des Senats RP – www.senat.gov.pl/k5/dok/sten/024/t.htm; vgl. auch: *R. Morek*, a.a.O., Warszawa 2004, S. 73–74.

14 Ohne alternative Institutionen, die die Gerichte dazu zwingen, um die Gunst der Klienten zu wetteifern, scheint eine radikale Verbesserung der gerichtlichen Rechtsprechung nicht möglich zu sein – *L. Morawski*, a.a.O., S. 193; ähnlich *A. Korybski*, a.a.O., SS. 80, 86; Der ergänzende und konkurrierende Charakter der Mediation und anderer Formen der ADR im Verhältnis zur gerichtlichen Rechtsprechung ist auch in der amerikanischen Fachliteratur akzeptiert – vgl. z.B. *J. Resnik*, Many Doors? Closing Doors" Alternative Dispute Resolution and Adjudication, 10 „Ohio State Journal on Dispute Resolution" 1994–1995, S. 253–261.

15 Vgl: *N. Alexander*, Mediation in Practice: Common Law and Civil Law Perspectives Compared, 6 „International Trade & Business Law" 2001, S. 2–3, nach: *Z. Kmieciak*, Mediacja i koncyliacja w prawie administracyjnym (Mediation und Verhandlung im Verwaltungsrecht) Kraków 2004, S. 23.

16 Nach *A. Korybski* soll gezeigt werden, dass der Formen von ADR nicht als Allheilmittel gegen alle Nachteile des Mechanismus der Beilegung von Rechtstreitigkeiten in modernen Staaten verstanden werden können. Die Möglichkeiten der Einwirkung der einzel-

Wesentlichen das Funktionieren des gerichtlichen Systems unterstützen und es da, wo es möglich und sinnvoll ist, entlasten[17] – d.h. das traditionelle System der Rechtsprechung ergänzen und verbessern[18]. Wie *A. Korybski* treffend zeigt, besteht die Stärke von ADR in seinen adaptiven Möglichkeiten, in seiner Komplementarität, und nicht in einer Alternative gegenüber dem Gericht und dem Gerichtsverfahren[19].

Unter dem Verhältnis der Subsidiarität (Unterstützung) verstehe ich die Richtigkeit, die darauf beruht, Versuche zu unternehmen, individuelle Rechtsstreitigkeiten beizulegen, angefangen bei den am wenigsten institutionalisierten und formalisierten Formen, die den Parteien einen möglichst großen Einfluss auf den Inhalt der streitbeendenden Entscheidung und auf die Art und Weise ihrer Erarbeitung garantieren. Die mehr institutionalisierten und formalisierten Formen sollten grundsätzlich hilfsweise genutzt werden, und zwar erst dann, wenn die vorherigen Formen nicht zur Streitbeilegung geführt haben, jedoch unter der Bedingung, dass es mit dem Ergebnis eines (nach gescheiterten direkten Verhandlungen der Parteien) Verfahrens der Festlegung und Auswahl einer optimalen Form des Managements (der Lösung/Beilegung) des konkreten Konflikts unter Mitwirkung eines professionellen Konfliktmanagers übereinstimmt[20].

Das Funktionieren von ADR als System schafft – besonders, wenn man die den Interessierten ausdrücklich angebotene Möglichkeit der Wahl der Methode der Streitbeilegung berücksichtigt (die Prüfung durch ein staatliche Gericht oder die Lösung durch eine alternative Form) – eine qualitativ neue Rechtslage. Ihre herausragende Eigenschaft ist der Pluralismus der Formen der Justiz und die Anerkennung der Autonomie der Rechtssubjekte, die eigenständig über die We-

---

nen Formen von ADR sind begrenzt und situationsabhängig, ähnlich wie die Möglichkeiten der wirksamen Streitbeilegung vor Gericht und andere Mittel der Einwirkung. – *A. Korybski*, a.a.O., S. 182.

17 Vgl.: *Z. Kmieciak*, a.a.O., S. 23–24.

18 *A. Korybski*, zeigt, dass in den Wendejahren zwischen den 70ern und 80ern für die meisten Engagierten (der ADR-Bewegung) klar wurde, dass das grundlegende Ziel der Bewegung nicht die Unterstützung des Gerichts als der Institution der Streitbeilegung ist, sondern die Verbesserung der traditionellen Rechtsprechung. – *A. Korybski*, a.a.O., S. 86–87.

19 *A. Korybski*, a.a.O., S. 182.

20 Ausführlicher über den Prozess der Festlegung und Auswahl der optimalen Form der Beilegung (Entscheidung/Lösung) eines Streits, den Konfliktmanager und den Phasenmechanismus der Rechtstreitbeilegung – vgl. *A. Zienkiewicz*, Studium mediacji ..., S. 253-264.

ge entscheiden, ihre Ansprüche geltend zu machen[21], der nach *M. Cappelletti* als ko-existentielle Justiz (*co-existential justice*)[22] bezeichnet wird.
Complementary forms of justice können – abhängig von ihrer Form – die gerichtliche Rechtsprechung ergänzen um:

1) Die Möglichkeit der Beilegung des Rechtsstreits durch die Parteien selbst im Wege der direkten Verhandlungen, die zu einer Einigung führen;
2) Die Möglichkeit der Beilegung des Rechtsstreits im Wege eines außergerichtlichen Verfahrens unter Beteiligung einer dritten Person – so genannter außergerichtlicher Weg, der das Konstrukt des gerichtlichen Verfahrens nicht nutzt (u.a. *corporate ombudsman, neutral fact finding, med-arb,* Schiedsgerichtsbarkeit, Mediation, *confidential listening*);
3) Die Möglichkeit der Beilegung des Rechtsstreits im Wege eines vorgerichtlichen Verfahrens unter Beteiligung einer dritten Person – so genannter nicht-gerichtliche Weg, der die Elemente des Konstrukts des Gerichtverfahrens nutzt (u.a. *mini-trial, private judging* – als quasi-gerichtliche Formen);
4) Die Möglichkeit der Beilegung des Rechtsstreits unter Beteiligung einer dritten Person, vor Einleitung der Prüfung durch das Gericht einer schon rechtshändigen Rechtssache oder im Laufe des Gerichtsverfahrens (u.a. *pretrial settlement conferences, early neutral evaluation, litigation management, summary jury trial, court – annexed mediation* oder *court – annexed arbitration*)[23].

Das dargestellte Verständnis des Begriffs der Justiz entspricht den Tendenzen, die international vorhanden sind. Die Notwendigkeit der Verbesserung des Zugangs zur Justiz durch die Nutzung von ADR-Formen und ihr ergänzender Charakter im Verhältnis zur Justiz, die von den Gerichten ausgeübt wird, unterstreicht z.B. die Europäische Kommission im Grünbuch vom 10. April 2002[24]

---

21 *Z. Kmieciak*, a.a.O., S. 22–23; Vgl. auch: *N. Alexander*, Mediation in the Modern Millenium, Generalbericht der Sektion zum Zivilverfahrensrecht, vorbereitet auf dem XVI internationalen Kongress der Akademie für Rechtsvergleichung, Kongressmaterialien, Brisbane, 14–20 Juli 2002, S. 3 – nach: *Z. Kmieciak*, a.a.O., S. 23.

22 *M. Cappelletti*, Alternative Dispute Resolution Processes within the Framework of the World-Wide Access-to-Justice Movement, "The Modern Law Review" 1995, Nr. 56, S. 287 – nach: *Z. Kmieciak*, a.a.O., S. 23.

23 vgl.: *A. Korybski*, a.a.O., S.136.

24 "ADRs are an integral part of the policies aimed at improving access to justice. In effect, they complement judicial procedures, insofar as the methods used in the context of ADRs are often better suited to the nature of the disputes involved. ADR can help the parties to enter into dialogue where this was not possible before, and to come to their own assessment of the value of going to court." – s.: COM (2002)196, April 2002, http://europa.eu.int/eur-lex/en/com/gpr/2002/com2002_0196en01.pdf (Green Paper, S. 8).

oder der Richtlinie des Europäischen Parlaments und des Rats 2008/52/WE vom 21. Mai 2008 über einige Aspekte der Mediation in Zivil- und Handelssachen[25].

Dem Postulat der Einbindung der Zivilgesellschaft in die Rechtsprechung entspricht darüber hinaus die Idee des *multi-door courthouse (F. Sander)*[26] und die Idee der *participatory and individualized justice*[27], die darin besteht, dauerhaft verschiedene Entscheidungsverfahren einzuführen, die auf den Verhandlungen über das Gerichtsverfahren aufbauen, um den Einfluss der Parteien nicht nur auf den Inhalt der den Streit beendenden Entscheidung, sondern auch auf die Methode ihrer Ausarbeitung zu stärken[28]. Voraussetzung zum Erreichen dieses

---

25 Directive 2008/52/EC of the European Parliament and of the Council of 21 May 2008 on certain aspects of mediation in civil and commercial matters – ABl. L 136, 24. 5. 2008.

26 Nach Meinung von *F. E. A. Sander* sollte jedes Gericht den Parteien vor der Durchführung eines traditionellen Gerichtverfahrens mindestens eine minimale Auswahl an ADR – Formen anbieten, mit einer Gerichtsverhandlung (die als letzte Möglichkeit angesehen wird und erst nach Ausschöpfung aller anderen Methoden der Streitbeilegung vorgesehen wird) – die Möglichkeit zur Nutzung der Mediation, der Schiedsgerichtsbarkeit oder anderen ADR-Formen, durchgeführt im Rahmen der Institution des Gerichts, die im weitesten Sinne verstanden wird. S. dazu: *F. Sander*, Varieties of Dispute Processing, Address Delivered at the National Conference on the Causes of Popular Dissatisfaction with the Administration of Justice, 70 F.R.D. 1976; vgl *L. Ray, A. Clarke*, The Multi-Door Courthouse Idea: Building the Courthose of the Future … Today, 1 „Ohio State Journal on Dispute Resolution" 1985-1986, S.7-54; *F. Sander, S. Goldberg*, Fitting the Forum to the Fuss, A User-Friendly Guide to Selecting an ADR Procedure, 10 „Negotiation Journal" 1994, S.49 u.a.; *F. Sander, S. Goldberg*, Making the Right Choice, „ABA Journal" 1993, S.66 ff.; *J. Resnik*, Many Doors? Closing Doors? Alternative Dispute Resolution and Adjudication, 10 „Ohio State Journal on dispute Resolution" 1994-1995, S. 211-265; *J. Folberg, D. Golann, L. Kloppenberg, T. Stipanowich*, Resolving Disputes. Theory, Practice, and Law, New York 2005, S.607-617. Als Bezeichnung für ein die unterschiedlichen ADR-Formen mit den traditionellen Formen verbindendes Gerichtsverfahren schlägt *M. Galanter* vor, einen neuen Namen zu benutzen, der eine Wortbildung des Wortes für Negotiationen und Gerichtsverhandlung ist: „litigotiation". – *M. Galanter*, A Settlement Judge, Not a Trial Judge: Judical Mediation in the United States, 12 „Journal of Law and Society 1985, SS. 3,14 – nach: *A. Korybski*, a.a.O., S. 176.

27 Eine der Losungen der Anhänger von ADR war und ist die Idee der participatory and individualized justice – d.h. die Idee einer Rechtsprechung, die an die Bedingungen des konkreten Streits angepasst ist, und die den Parteien die Möglichkeit eröffnet, aktiv an der Streitbeilegung mitzuwirken, insbesondere durch die Wahl der unter den gegebenen Umständen bestmöglichen Methode der Streitbeilegung, sowie der Ausarbeitung des Textes der endgültigen, streitbeendenden Entscheidung (die Voraussetzung der begrenzten normativen Ingerenz in die Verfahren der Streitbeilegung). Nach dieser Auffassung steht dem Gericht als einer öffentlichen Institution nur die Rolle der letztinstanzlichen Absicherung (last resort) der berechtigten Forderungen der Partei zu – siehe: *A. Korybski*, a.a.O., S. 172.

28 Ebd. S. 188.

Ziels ist die Existenz einer Elastizität der Rechtsprechung, die die Anpassung des Entscheidungs- oder Streitbeilegungsverfahrens an die Besonderheit der Streitsituation, das Fortbestehen von guten Verhältnissen zwischen den Parteien und den Schutz der begründeten Erwartungen des sozialen Umfelds ermöglicht[29].

Die vorgestellte Idee eines symbiotischen und subsidiären Funktionierens ergänzender Formen und des gerichtlichen Verfahrens im Rahmen eines bestimmten Systems nähert sich auch dem Konzept des unitären Systems der Justiz (nach *R. Reuben*) an, das die Begründetheit seiner traditionellen bipolaren Spaltung in öffentlich (Gerichte) und privat (verschiedene ADR-Formen) negiert. Im Rahmen des unitären Systems der Justiz ist das Gerichtsverfahren nur eine (nicht die einzige) Form, die mit dem Schiedsverfahren, dem Mediationsverfahren und anderen ADR-Formen, unter entsprechender Berücksichtigung der aus der Regel des *due process* hervorgehenden Garantien, bei der Streitbeilegung zusammenwirken[30].

II. Die Spezifik der Mediation bei der Ausübung von Justiz

Das Kriterium der Gerechtigkeit/Billigkeit der Streitbeilegung (für das es keine einheitliche, allgemein anerkannte Definition gibt[31]) hat in einem Mediationsverfahren eine prozedurale[32] und gleichwohl eine subjektive Facette, weil die fundamentale Kategorie der Gerechtigkeit, ähnlich der Kategorie der Wahrheit, aufgedeckt wird durch den (ausgestaltet während eines die Verfahrensgerechtigkeit wahrenden Mediationsdiskurses[33]) Konsens der Parteien (die Suprematie der gemeinsamen Anerkennung von Tatsachen oder Beweisen über ihr objekti-

29 Ebd. S. 188–189.

30 *R. Reuben*, Constitutional Gravity: A Unitary Theory of Alternative Dispute Resolution and Public Civil Justice, 47 „University of California Law Review" 2000, S. 949-1104. Vgl. auch: *R. Morek*, a.a.O., S. 51–52; *L. Morawski*, a.a.O., S. 168–169, 186, 194; *Z. Kmieciak*, a.a.O., S. 31.

31 Vgl.: *Ch. Perelman*, O sprawiedliwości (über Gerechtigkeit) Warszawa 1959; *J. Stelmach*, Współczesna filozofia interpretacji prawniczej (die gegenwärtige Philosophie der Rechtsauslegung) Kraków 1999, S. 133-144; *J. Rawls*, Teoria sprawiedliwości (eine Theorie der Gerechtigkeit) Warszawa 1994; *W. Sadurski*, Teoria sprawiedliwości. Podstawowe zagadnienia (eine Theorie der Gerechtigkeit, grundlegende Fragestellungen) Warszawa 1988; Z. Ziembiński, O pojmowaniu sprawiedliwości (über die Ausübung von Gerechtigkeit) Lublin 1992.

32 Vgl.: *N. Welsh*, Making deals in Court – Connected Mediation: What's Justice got to do with it?, 79 „Washington University Law Quarterly" 2001, S. 787 u.a.; vgl. auch: *J. Nolan-Haley*, Court Mediation and The Search for Justice Through Law, 74 „Washington University Law Quarterly" 1994, S. 47 u.a.

33 Über das prozedurale Wesen, darunter Regeln und Etappen des Mediationsdisputs siehe: Kapitel 2., *A. Zienkiewicz*, Studium mediacji…, S. 71-156.

ves Bestehen). Die Ausübung von Justiz im Laufe des Diskurses stützt sich also auf den von beiden Konfliktparteien ermittelten gemeinsamen Nenner (das Gefühl) dessen, was in der konkreten Sache gerecht ist[34], der im Wege des argumentativen Diskurses erreicht wird, dessen Grundlage von beiden Parteien akzeptierte (überwiegend auch allgemein nach den Regeln der sozialen Gerechtigkeit internalisierte[35]) Überzeugungen, Normen und Werte sind[36].

Nach *E. Waldman* muss an dieser Stelle auf drei Modelle der Mediation, hingewiesen werden, die nach dem Kriterium, welche Rolle gesellschaftliche Normen im Prozess der Streitbeilegung im Wege des Mediationsdiskurses spielen, zu unterscheiden sind: *norm-generating mediation, norm-educating mediation* und *norm-advocating mediation*[37].

Beim *norm-generating* Modell vermeidet der Mediator den Abruf der Normen des Gesellschaftssystems (des Rechts, der Moral, der Sitten etc.) und gewährt dadurch den Parteien ein Maximum an Freiheit in diesem Bereich und ermöglicht ihnen, die Streitbeilegung ausschließlich auf der Grundlage ihrer persönlichen Präferenzen zu lösen.

Das *norm-educating* Modell wiederum geht von der Annahme aus, dass der Mediator mit Hilfe von verschiedenen Techniken (abhängig von der verfolgten Strategie) die Parteien im Bereich der für ihren Streit relevanten sozialen Normen unterrichten soll. Die Parteien des Mediationsdiskurses können – müssen jedoch nicht – die Streitbeilegung auf Rechtsnormen oder Normen der Ethik stützen. Das Hauptziel dieser Modellauslegung ist es vor allem, sicher zu stellen, dass die Parteien sich ihrer Position im Streit bewusst sind/sie kennen, wobei

---

34 Vgl.: *L. Morawski*, Argumentacje, racjonalność prawa i postępowanie dowodowe (Argumentation, Rationalität und Beweisverfahren) Toruń 1988, S. 108; Auf den subjektiv durch die Streitparteien vereinbarten „sense of justice" während des Mediationsverfahrens wird auch hingewiesen von *K. Kovach*, Mediation, Principles and Practice, Third Edition, Saint Paul 2004, S. 449.

35 Über den Begriff der Regeln der sozialen Gerechtigkeit ausführlicher siehe: *Z. Ziembiński*, Sprawiedliwość społeczna jako pojęcie prawne (soziale Gerechtigkeit als Rechtsbegriff) Warszawa 1996; *J. Rawls*, Teoria sprawiedliwości (eine Theorie der Gerechtigkeit) Warszawa 1994, S. 89 ff; *J. Oniszczuk*, a.a.O., S. 149-162.

36 Wie *L. Morawski* nachweist, lässt sich für jede Kultur und Gesellschaft eine bestimmte Anordnung von Überzeugungen, Normen und Werten aufstellen, die allgemein von ihr akzeptiert werden (*loci communes*) oder zumindest in einigen Segmenten dieser Kultur oder von einigen Gruppen, die dieser Gesellschaft angehören akzeptiert werden (*loci specifici*) – *L. Morawski*, Dyskurs w ujęciu Jürgena Habermasa a inne koncepcje argumentacji, (der Diskurs nach J. Habermas) in: Dyskursy rozumu: między przemocą i emancypacją (Verstandesdiskurse zwischen Gewalt und Emanzipation) *L. Witkowski*, HG, Toruń 1990, S. 119.

37 Ausfürlicher: *E. Waldman*, Identifying Role of Social Norms in Mediation: A Multiple Model Aproach, 48 „Hastings Law Journal" 1997, S. 703 ff; *E. Waldman*, The Challenge of Certification: How to Ensure Mediator Competence While Preserving Diversity, 30 „University of San Francisco Law Review" 1995-1996, S. 723-756.

diese Positionen unter dem Gesichtspunkt der Hauptnormen der normativen Untersysteme (Recht, Moral, Sitte oder Religion) beurteilt werden. Gleichzeitig wird die Regel betont, dass die Parteien die alleinigen „Besitzer/Entscheidungsträger der Streitbeilegung" sind und nicht die Gesellschaft (gesellschaftliche Normen).

Das dritte, *norm-advocating* genannte Modell nimmt an, dass die Voraussetzungen der konkurrierenden zwei Modelle die Interessen der Parteien und der gesellschaftlichen Umgebung unzureichend schützen. Daher hat der Mediator die Parteien nicht nur über die relevanten Rechtsnormen oder die Normen der Ethik zu informieren, sondern er soll sie auch überzeugen, dass sie beim Abschluss des Vergleiches ihre Dispositionen respektieren. In diesem Sinne schlüpft der Mediator aus seiner erzieherischen Rolle und wird zum Wächter der allgemein in der Gesellschaft geltenden Normen und Werte[38].

In diesem Zusammenhang muss auf die spezifische Rolle des Rechts im Mediationsdiskurs hingewiesen werden[39]. Es wird allgemein angenommen, dass der Einfluss der Rechtsnormen auf das Mediationsverfahren begrenzt sein soll, weil – entsprechend der Natur der Mediation – die Parteien autonom sind, d.h. sie treffen häufig auch die endgültige Entscheidung in der Sache ausschließlich auf der Grundlage von Kategorien, die für sie von wesentlich wichtigerer Bedeutung sind als die Rechtsnormen, z.B. des subjektiven Gerechtigkeitsgefühls (Billigkeit), der Rationalität, der Wirksamkeit (Pragmatismus), eines vielschichtigen Parteieninteresse bzw. religiöser oder moralischer Werte. Damit ist es im Mediationsdiskurs bei der Gestaltung des Mediationsvergleichs möglich, den

---

38 Im Rahmen des norm-advocating Modells ist es eine schwere und besondere Sorgfalt erfordernde Aufgabe, dass der Mediator seine Parteilosigkeit (Neutralität) in der Sache beibehält, damit es zu keiner Verletzung der fundamentalen Regeln des Mediationsdiskurses – der Autonomie der Parteien (Freiwilligkeit der Mediation) im Bereich des Abschlusses und des Inhaltes des Vergleichs kommt.

39 Ausführlicher zum Thema der Rolle des Rechts und der Juristen in der Mediation siehe z.B.: *A. Rau, E. Sherman, S. Peppet*, Processes of dispute resolution. The role of Lawyers. Third edition, New York 2002, S. 431-460; *K. Kovach*, Mediation. Principles and Practice. Third edition, Saint Paul 2004, S. 128- *K. Kovach* 135;, Mediation in a nut shell, Saint Paul 2003, S. 163-171; *J. Nolan-Haley*, Court Mediation and the Search for Justice Through the Law, 74 „Washington University Law Quarterly" 1996, S.47 ff.; *J. Nolan-Haley*, Informed Consent in Mediation: A Guiding Principle for Truly Educated Decision Making, 74 „Notre Dame Law Review" 1999, S. 775 i n.; *J. Nolan-Haley*, Lawyers, Clients, and Mediation, 73 „Notre Dame Law Review" 1998, S. 1369ff; *J. Kurtzberg, J. Henikoff*, Freeing the Parties From the Law: Designing an Interest and Rights Focused Model of Landlord/Tenant Mediation, 1997 „Journal of Dispute Resolution for University of Missouri" 1997, S. 53 ff; *E. Waldman*, Identifying Role of Social Norms in Mediation: A Multiple Model Aproach, 48 „Hastings Law Journal" 1997, S. 703 ff.; *L. Riskin*, Mediation and Lawyers, 43 „Ohio State Law Journal" 1982, S.29 ff; *J. Folberg, D. Golann, L. Kloppenberg, T. Stipanowich*, Resolving Disputes. Theory, Practice, and Law, New York 2005, S. 333-354, 438-441.

Rechtsnormen keinerlei Beachtung zu schenken[40]. Wobei unterschieden werden muss einerseits zwischen dem Fall, dass die Parteien und der Mediator während des Mediationsdiskurses Rechtsnormen nicht berücksichtigen, weil sie ihren Inhalt nicht kennen und andererseits einer Situation, in der sie sie in vollem Bewusstsein des Umfangs ihrer Regelung unberücksichtigt lassen. Manchmal jedoch ist die Rolle der Rechtsnormen im Mediationsdiskurs (insbesondere im Rahmen der Gerichtsmediation) von wesentlicher Bedeutung, insbesondere wenn man die Tatsache berücksichtigt, dass nach dem geltenden Rechtssystem eine Bedingung für die Genehmigung des vor dem Mediator geschlossenen Vergleichs oder der Verleihung der Vollstreckungsklausel durch das Gericht (die zur Folge hat, dass er einem Gerichtsvergleich angeglichen wird und dadurch ein vollstreckbarer Titel erlangt wird) seine Vereinbarkeit mit dem Recht ist, bzw. dass keine Umgehung des Rechts vorliegt. In diesem Fall haben sowohl der Mediator als auch die Parteien während der Generierung der Streitbeilegungsoptionen, die Inhalte der Rechtsnormen zu berücksichtigen, insbesondere wenn es ihr Anliegen ist, eine wirksame Möglichkeit der Vollstreckung des geschlossenen Vergleichs zu erreichen[41]. Üblicherweise jedoch wird die Frage, ob überhaupt und in welchem Umfang und in welcher Form[42] der Mediator im Mediationsverfahren die Parteien darüber informiert, wie die Rechtsvorschriften ihre Situation/Lage im Streit gestalten oder welches Gerichtsurteil in der Rechtssache wahrscheinlich zu erwarten ist, dadurch bestimmt, welche Regeln des Mediationsdiskurses die Parteien vereinbart haben, und welche Strategie und Mediationstechniken der Mediator anwendet[43]. Wichtig ist, dass der Mediator, falls er sich nach dem Willen der Parteien dafür entscheidet, ihnen Rechtsinformationen zu erteilen, eine in diesem Bereich kompetente Person ist.

Aus der diskursiv gestalteten Wahrnehmung der während der Mediation anwesenden Gerechtigkeit folgt nicht ihre Minderwertigkeit gegenüber einer

---

40 Kritisch hierzu vgl.: *H. Edwards*, Alternative Dispute Resolution: Panacea or Anathema, 99 „Harvard Law Review" 1986, S. 688.

41 siehe z.B. Art. 183[14] des poln. ZVerfG vom 17. November 1964 (Dz. U. Nr. 43, Pos. 196; mit späteren Änderungen) (siehe Dokumentation, Polen).

42 Einige nehmen an, dass die Erteilung von Rechtsinformationen durch den Mediator eventuell zulässig ist, die Erteilung einer Rechtsmeinung aber verboten sei – siehe *R. Moberly*, Ethical Standards for Court Appointed Mediators and Florida's Mandatory Mediation Experiment, 21 „Florida State University Law Review" 1994, S. 714.

43 Die Wahl und effektive Anwendung bestimmter Strategien und Techniken der Mediation durch den Mediator ist vor allem abhängig von:
1) der Richtigkeit und Treffsicherheit des vorangegangenen Prozesses der Feststellung und Analyse der Ursachen (Umstände) des Streits;
2) dem übereinstimmenden Willen der Parteien zu den Mitteln und dem Grad der Intervention des Mediators im Mediationsdiskurs,
3) der Präferenzen (Kenntnisse) des Mediators, bestimmte Strategien und Techniken zu nutzen – Ausführlicher s.: Unterkapitel 3.3. des Kapitels 3. Der Abhandlung – *A. Zienkiewicz*, Studium mediacji..., S. 194-207.

Gerechtigkeit, die z.B. endgültig durch ein rechtskräftiges Urteil eines Schiedsgerichts oder eines Gerichts festgelegt wird, das oft der so genannten Prozesswahrheit entstammt (die ausschließlich auf der Grundlage des im Termin gesammelten Beweismaterials zur Sache festgestellt wird, das die wirklichen Tatsachen nicht notwendig objektiv wiederspiegelt). Darüber hinaus treffen wir im Zivilverfahren manchmal auf die Ausübung der Justiz zu Gunsten einer Partei, die objektiv nicht im Recht ist, doch den Streit aufgrund formeller Indizien gewinnt (z.B. aufgrund der Nichteinhaltung der Frist zur Einlegung von Rechtsmitteln, der Nichtzahlung der vorgesehenen Gebühr, der Androhung eines Beweisausschlusses im Rahmen des kontradiktorischen Zivilprozesses oder aufgrund anderer formeller Fehler eines Schriftsatzes). Darüber hinaus schließt, nach aktuellen Stand des polnischen Rechts, der Vorsitzende Richter den Zivilprozess nach Erhebung der Beweise und der Erteilung des Worts an die Parteien, und nicht – wie bisher, wenn das Gericht die Sache für ausreichend erläutert ansieht[44] – was nachdrücklich bezeugt, dass das Zivilverfahren nicht in jedem Fall sicherstellt, dass die Justiz gestützt auf eine ausreichende Erläuterung der Rechtssache ausgeübt wird, die zweifelsfrei die objektive Wahrheit festlegt.
Die Mediationswahrheit hat einen diskursiven Charakter, es ist eine durch die Streitparteien akzeptierte Wahrheit. Zur Wahrheit in der Mediation führt ein argumentativer Prozess der Gewinnung von Akzeptanz für bestimmte Meinungen – im Diskurs ist also hauptsächlich die konsensuale Konzeption der Wahrheit gegenwärtig, seltener die klassische, pragmatische, evidente oder kohärente Konzeption. In der Mediation haben wir es also oftmals mit der so genannten Wahrheitsüberzeugung und nicht mit der Wahrheit in ihrer klassischen Bedeutung zu tun. Die mediatorische, individualisierte (akzeptierte) Wahrheit funktioniert in zwei Hauptvarianten:

1) Die These ist wahr, die von den Parteien als wahr akzeptiert wird, und von deren Wahrhaftigkeit sie überzeugt sind;
2) Die These ist wahr, die von den Parteien als wahr akzeptiert wird, obwohl sie von ihrer Wahrhaftigkeit nicht überzeugt sind – doch sie akzeptieren aufgrund bestimmter höherer Ziele/Gründe (z.B. um einen Vergleich abzuschließen oder um positiven Beziehungen untereinander wiederherzustellen).

An dieser Stelle lohnt es sich zumindest die allgemeine Charakteristik des Entscheidungsmodells in der klassischen Mediation (orientiert am *problem-solving/ interest-based*) im Vergleich zum Modell des Treffens von Entscheidungen durch ein Gericht vorzustellen[45]. Es muss unterstrichen werden, dass der Mediationsdiskurs nicht nur ein Kommunikations-, Erkenntnis- und Erörte-

44 Vgl. Art. 224 des polnischen ZVerfG in seiner historisch-vergleichenden Dimension.
45 Vgl. *A. Zienkiewicz, A. Kalisz*, Wymierzanie sprawiedliwości a mediacja, a.a.O., S. 263-274.

rungsprozess, sondern auch ein Entscheidungsprozess ist. Am Ende dieses Prozesses erscheint in der gelungenen Mediation eine spezifische Entscheidung, die den Streit löst – d.h. die beiderseitige Akzeptanz des Inhaltes und der Form der Einigung. Darüber hinaus gibt es während eines weit verstandenen Mediationsdiskurses viele anderen Entscheidungen angefangen mit der Entscheidung über das Eintreten in die Mediation, die Wahl der Person des Mediators, der Regeln, Etappen, der Mediationsstrategie, bis hin zur zeitlichen und räumlichen Allokation der Mediation oder Entscheidungen während der Vermittlungsverhandlungen sowie Entscheidungen über die Interpretation der Regeln der Mediation. Die Schlussentscheidung hat ihre eigene Spezifik hauptsächlich hinsichtlich ihrer Form (manchmal mündlich) und der fehlenden Notwendigkeit einer direkten Verknüpfung mit den Inhalten von Rechtsnormen. Darüber hinaus besteht im Mediationsverfahren auch nicht die Notwendigkeit der Durchführung einer sekundären Rationalisierung – d.h. der Formulierung einer entsprechend konstruierten Begründung.

Der Entscheidungsprozess in der klassischen Mediation unterscheidet sich erheblich vom adjukativen Paradigma. Das Model der gerichtlichen Streitbeilegung kann in einem vereinfachten Schema wiedergegeben werden:

1) Die Feststellung des Sachverhalts;
2) die Feststellung des für die Sache adäquaten Rechtsstands (einschließlich der Durchführung einer Interpretation);
3) die Subsumption (Unterordnung des Sachverhaltes unter eine festgelegte, adäquate Rechtsnorm – die rechtliche Qualifikation des Sachverhaltes);
4) die Endentscheidung (die Feststellung und Auswahl der Rechtsfolgen) – Die Feststellung der gerechten Entscheidung.
5) die Ausgabe/Ausfertigung und Begründung des Richterspruchs – Ausübung der Justiz.

Die wichtigsten Etappen des Mediationsmodells (in der klassischen Mediation des Typs *problem-solving)* präsentieren sich verallgemeinert wie folgt:

1) Die Identifizierung der Interessen und Bedürfnisse der Parteien (dies ersetzt das Primat der Feststellungen zum Sachverhalt);
2) die Identifizierung des sogenannten potenziellen Raumes der Verständigung – die Bildung der Optionen der Streitschlichtung;
3) die mediatorische Subsumption also die Unterordnung der potenziellen Folgen (d.h. der gebildeten Optionen der Streitschlichtung) unter die mediatorische Grundnorm;
4) die Schlussentscheidung – d.h. die Wahl bestimmter Folgen – die Festlegung der gerechten/richtigen Lösung;
5) die Ausarbeitung des Inhalts und das Erzielen der Einigung (kein Begründungsbedarf, d.h. zur sekundären Rationalisierung) – Ausübung der Justiz.

Die Unterschiede zwischen den beiden Entscheidungsschemata, die die Mediation direkt betreffen, können daher wie folgt zusammengefasst werden: Erstens tritt die Feststellung des Sachverhalts in den Hintergrund, die Mediation konzentriert sich eher auf die Konstellation Gegenwart und Zukunft und nicht – wie im Falle eines Gerichtsprozesses – Vergangenheit und Gegenwart, auf die Ziele und Interesse der Parteien, und nicht auf die retrospektive Suche nach der Berechtigung. Zweitens sind valide Feststellungen also die Feststellung der für die Rekonstruktion der Rechtsnorm nötigen Rechtsquellen nicht am wichtigsten, weil in der Mediation üblicherweise nicht die Rechtsnormen die Grundlage für die Streitbeilegung bilden. Sie sind allerdings manchmal dennoch wichtig, wenn das Mediationsverfahren nicht mit einer Einigung *contra* oder *praeter legem* abgeschlossen werden soll, wegen den im staatlichen Rechtssystem vorgesehenen Folgen, z.B. in Polen Art. 183^{14} § 3 ZVerfG und Art. 58 ZGB[46]. Die Parteien erarbeiten die Lösung auf der Grundlage dessen, was sie für geeignet halten. Oft werden die materiellen Normen dafür aus den normativen Untersystemen wie der Moral, der Sitte oder der Gruppen- oder Berufsethik geschöpft. Drittens hat mediatorische Subsumption im Vergleich zum Gerichtsmodell einen umgekehrten Charakter. Sie verlässt sich nicht auf die Unterordnung dessen, was in der Vergangenheit stattgefunden hat (die Tatsachen), unter eine aus den Rechtsvorschriften (und anderen Rechtsquellen) heraus interpretierte Norm, sondern sie stützt sich auf eine spezifische Beurteilung, ob die durch die Parteien kreierte Optionen der zukünftigen Streitbeilegung (d.h. in einem gewissen Sinne die gestalteten Konsequenzen ihres früheren Verhaltens, die zu der Entstehung des Streit geführt haben) in den Rahmen der mediatorischen Grundnorm hineinpassen. Der Inhalt der Grundnorm kann folgendermaßen bezeichnet werden. Eine bestimmte Option der Streitbeilegung kann als gerechte (richtige) Lösung anerkannt werden, wenn:

1) Sie gegenseitig von allen Streitparteien akzeptiert werden kann;
2) sie die Interessen und Bedürfnisse aller Streitparteien berücksichtigt;
3) sie realisierbar (real) ist;

---

46 Art. 183^{14} poln. ZVerfG (siehe Dokumentation, Polen)
Art. 58 poln. ZGB § 1.Ein Rechtsgeschäft, das dem Gesetz widerspricht oder die Umgehung des Gesetzes zum Zweck hat, ist unwirksam, es sei denn, dass eine einschlägige Vorschrift eine andere Rechtsfolge, insbesondere diejenige vorsieht, dass die entsprechenden Gesetzesvorschriften an die Stelle der unwirksamen Bestimmungen des Rechtsgeschäfts treten.
§ 2. Ein Rechtsgeschäft, das den Grundsätzen des gesellschaftlichen Zusammenlebens widerspricht, ist unwirksam.
§ 3. Betrifft die Unwirksamkeit nur einen Teil des Rechtsgeschäfts, so bleibt die das Rechtsgeschäft im Übrigen wirksam, es sei denn, dass sich aus den Umständen ergibt, dass das Geschäft ohne die unwirksamen Bestimmungen nicht geschlossen worden wäre.

4) sie nicht rechtswidrig ist und den gesellschaftlichen Normen nicht widerspricht und nicht zu einer Umgehung des Rechts führt und nach dem polnischen ZVerfG zusätzlich:
5) nicht unverständlich ist und
6) keine Widersprüche enthält.

Viertens hat die Festlegung der Konsequenzen einen autonomen Charakter, sie stammt von den Streitparteien und wird vom Gericht einzig durch die Institution der Bestätigung des Vergleichs und der eventuellen Verleihung der Vollstreckungsklausel (Art 183[14] § 3 ZVerfG) akzeptiert. Fünftens entfällt angesichts dieser Autonomie der Entscheidung der Bedarf, die Entscheidung zu begründen, mehr noch auch diese Notwendigkeit, weil die Überzeugung der Parteien (die selbst die Optionen der Streitbeilegung generiert haben, anschließend eine Kompromissoption gefunden haben, der sie zugestimmt haben) durch den Abschluss des Vergleichs zum Ausdruck gebracht wird.

Die Gegenüberstellung der oben genannten Paradigmen, die eine wichtige Rolle bei der Beschreibung der Unterschiede zwischen der gerichtlichen und der alternativen Streitbeilegung spielt, kann den falschen Eindruck erwecken, diese beiden Gebilde hätten nichts miteinander zu tun, wiewohl sie durch dasselbe Hauptziel verbunden sind – nämlich die Streitbeilegung.
Die Ausübung von Justiz sowohl im Rahmen der Mediation, wie auch der Schiedsgerichtsbarkeit oder des Gerichtsverfahrens funktioniert in drei Etappen:

1) Die Feststellung des Inhalts der gerechten Lösung;
2) die Ausübung (Auferlegung/Zustimmung zu) einer gerechten Lösung;
3) die Materialisation – die Realisierung der gerechten Lösung (die freiwillige Erfüllung der Beschlüsse des Urteils/Vergleichs oder deren Aktivierung im Wege der Gerichtsvollstreckung).

III. Zusammenfassung

Die Mediation, das Objekt der Analyse, stellt also eine der grundlegenden ergänzenden Formen der Justiz (*complementary form of justice*) dar, die mit Sicherheit nicht als *second class justice* (minderwertigere Art der Rechtsprechung)[47] behandelt werden darf. In der Fachliteratur und Praxis auftretende

47 Zum Thema der Wahrnehmung der Mediation und anderer ADR-Formen als „second class justcie" – siehe. *M. Frey*, Symposium: Alternative Dispute Resolution in The Twenty-First Century – Does ADR Offer Second Class Justice?, 37 „Tulsa Law Review" 2000-2001, S. 727-766; *A. Korybski*, a.a.O., S.101; *C. Mc Ewen, L. Williams*, Legal Policy and Access to Justice Through Courts and Mediation, 13 „Ohio State Journal on Dispute Resolution" 1997-1998, S. 865,868.; Zum Thema der Spezifik der Ausübung der Justiz im Mediationsprozess siehe auch – *T. Christian*, Community Dispute Resolution: First Process or Second – Class Justice?, 14 „N.Y.U. Review of Law

Versuche der Verifizierung der Qualität der Justiz (die im Rahmen der verschiedensten Formen der Streitbeilegung bestehen) die einerseits unkritisch das Gerichtsverfahren glorifizieren und gleichzeitig andere alternative Formen (als minderwertiger) abwerten, müssen als unrichtig und zu einseitig eingeschätzt werden[48]. Nach meiner Überzeugung hat jede der Formen der Rechtsprechung ihre eigene Spezifik, wodurch es begründeter ist, eine bestimmte Form aufgrund ihrer Anwendbarkeit in ihren Präferenzbereichen (Nützlichkeit/ Entsprechung) wahrzunehmen und zu nutzen, als über ihre höhere oder mindere Wertigkeit zu urteilen, oft aufgrund eines subjektiv ausgewählten Bewertungskriteriums.
Allgemein angezeigt ist es daher zur Vermeidung subjektiver Einseitigkeit und zur Feststellung der tatsächlichen Bereiche einer besonderen Präferenz (Nützlichkeit/ Entsprechung) der Anwendung einer bestimmten Form der Justiz:

1) Versuche zur Erarbeitung eines objektiven Kriterienkatalogs, der den verschiedenen Aspekten, der geordneten Charakteristik und dem Vergleich dient[49], zu unternehmen;
2) im Fall der unternommenen Versuche der Bewertung der Qualität der Ausübung von Justiz (die im Rahmen der verschiedenen Formen der Beilegung der Rechtstreitigkeiten besteht) mindestens einige fundamentale Einschätzungskriterien zu nutzen (Postulat der Vielschichtigkeit)[50].

---

and Social Change" 1986, S. 771-784; *J. Hyman, L. Love*, If Portia Were A Mediator: An Inquiry Into Justice in Mediation, 9 „Clinical Law Review" 2002-2003, S. 157-193.

48 In der Fachliteratur werden auch Positionen vertreten, die ADR-Formen als passender, effektiver und gerechter (fairer) als ein Gerichtsverfahren glorifizieren – siehe. z.B. *J. Resnik*, Many Doors? Closing Doors" ..., S. 246-252; vgl.: *E. Norton*, Justice and Efficiency in Dispute System, 5 „Ohio State Journal on Dispute Resolution" 1989-1990, S. 207-230; *J. Weinstein*, Some Benefits and Risks of Privatization of Justice Through ADR, 11 „Ohio State Journal on Dispute Resolution" 1996, S. 241-295.

49 Ausführlicher zum Thema des vielschichtigen Kriterienkatalogs der Charakteristik und des Vergleichs der unterschiedlichen Formen der Streitbeilegung siehe: *A. Zienkiewicz*, Studium mediacji..., S. 249-253.

50 Zu den fundamentalen Kriterien des Vergleichs können u.a. gezählt werden:
1) Der Zugang zu einer bestimmten Form der Rechtsprechung (bedingt z.B. durch finanzielle Kosten, persönliche oder soziale Umstände, dem Kompliziertheitsgrad des Verfahrens, den notwendigen juristischen Kenntnissen oder auch dem Bedarf des Engagements eines professionellen Rechtsbeistands usw.) und die durchschnittliche zeitliche Dauer des im Rahmen einer bestimmten Form durchgeführten Verfahrens;
2) die Qualität und Art der Sicherung (des Schutzes) der Gleichheit der Rechte der Parteien während des Verfahrens;
3) die Gerechtigkeit (Richtigkeit, Entsprechung) der Entscheidung (Beilegung) der Streitigkeiten;
4) die Möglichkeit der Einflussnahme durch die Parteien auf den Verlauf und das Ergebnis des Verfahrens;
5) das Niveau der Realisierung der Streitbeilegung (Lösung) durch die Streitparteien und die Wirksamkeit einer eventuellen Vollstreckung;

Wie die Autoren des Berichts *„The Report of the Ad Hoc Panel on Dispute Resolution and Public Policy“*, das vom *National Institute for Dispute Resolution Panel* organisiert wurde[51] richtig aufzeigen gibt es keine Form der Streitbeilegung, die die passendste für jede Art von Streitigkeit wäre (optimal der Natur der Streitigkeit und den Erwartungen der Streitparteien in allen wichtigen Aspekten angepasst).

Die Ausübung von Justiz schlage ich vor wahrzunehmen als ein spezifisches Kontinuum[52] ihrer unterschiedlichen Formen, die sich gegenseitig unterstützen und ergänzen können (weil es möglich ist, dass sie in einer konkreten Sache separat, erst die eine, dann die andere, angewandt werden, und in manchen Fällen sogar gleichzeitig[53]) auf dem Weg zum gemeinsamen Ziel, der Auflösung der Ursachen des Konflikts und einer optimalen (vielschichtigen) Streitbeilegung[54].

---

6) der Einfluss des Charakters des Verfahrens und seines Ergebnisses auf die Behebung der Streitursachen, das gegenseitige Verhältnis zwischen den Streitbeteiligten und die Erhöhung ihrer Fähigkeit zur eigenständigen Streitbeilegung im Wege der Schlichtung in Zukunft;

7) das Niveau der (weit verstandenen) Zufriedenheit der Streitparteien über den Verlauf des Verfahrens und sein Ergebnis.

Ausführlicher zum Thema des Vergleichs der Spezifik der Ausübung der Justiz im Rahmen der Mediation und des Gerichtsverfahrens siehe: *A. Zienkiewicz*, Studium mediacji ..., S. 231-245.

51 Vgl: The Report of the Ad Hoc Panel on Dispute Resolution and Public Policy, S. 3-4, 8-18, 30, 34-35 nach: *L. Riskin, J. Westbrook, Ch. Guthrie, T. Heinsz, R. Reuben, J. Robbennolt*, Dispute Resolution and Lawyers. Abridged Edition. Third Edition, Saint Paul 2006, S. 495-497.

52 Unter Berücksichtigung des obigen Kontexts verstehe ich als Kontinuum eine bestimmte Reihe der Elemente einer Menge, in der benachbarte Objekte sich sehr ähnlich sind, wobei die Unterschiede zwischen ihnen mit größerer Entfernung voneinander wachsen (am deutlichsten ist der Unterschied zwischen dem ersten und dem letzten Element). Das angenommene Verständnis des Kontinuums bezeichnet eine gewisse Beständigkeit und Offenheit hinsichtlich des Erscheinens (Entdeckung/ Kreieren) neuer Elemente der Menge.

53 Vgl. z.B. die Voraussetzungen der Institution des *two-track approach*, diese geht von einer zweigleisigen, parallelen Durchführung der Verhandlungen unter Anwendung einer bestimmten ADR-Form und der Teilnahme an einem regulären Gerichtsverhandlung aus – siehe: *A. Korybski*, Alternatywne ..., a.a.O.. S. 133 und *Ch. Renfrew*, A Survey of Dispute Resolution Methods, in: Corporate Counsel's Guide, Business Laws, Inc., 1989, S. 33 – nach: *A. Korybski*, a.a.O., S. 33.

54 Eine ähnliche Meinung vertritt *Martin Frey*, der die Art der Ausübung der Justiz dahingehend charakterisiert, dass sie im Rahmen eines Kontinuums besteht, das sich aus folgenden Formen der Streitbeilegung zusammen setzt: inaction, acquiescence, self-help, negotiation, ombudsmanship (corporate, institution, and government sponsored), mediation (private and court-sponsored), arbitration (private and court-sponsored), litigation (court and private judging) – s.: *M. Frey*, Symposium: Alternative Dispute Resolution in The Twenty-First Century – Does ADR Offer Second Class Justice?, 37 „Tulsa Law Review" 2000-2001, S. 727-766; auch das Kontinuum vorgestellt von *J. Folberg*

Die entsprechende Entwicklung der Justiz verstanden im weiten, subjektiv-funktionellen Verständnis, als eine Handlung, die aus der Bewältigung (Beilegung oder Entscheidung) der Rechtstreitigkeiten besteht, eine Sphäre der Aktivität der Gerichte und der ergänzenden Formen der Rechtsprechung *complementary forms of justice* ist, stellt ein wichtiges Werkzeug der Verbesserung und Demokratisierung der sozialen Formen der Streitbeilegung in den modernen Gesellschaften[55] bereit. Die Regelung des Rechts auf ein Gericht in der Verfassung darf also die Möglichkeiten einer Streitbeilegung im Wege von Entscheidungsverfahren, die auf dem Gedanken von Verhandlungen beruhen und die Bedingungen der Ordnungsmäßigkeit (der Richtigkeit) erfüllen[56] – und die im Rahmen der weit verstandenen Institution des Gerichts oder außerhalb dieser Institution funktionieren, nicht einschränken[57].

---

unter dem Namen „Dispute Resolution Spectrum" in diesem unterscheidet er zwischen: direct negotiation, facilitative mediation, evaluative mediation, neutral evaluation, settlement conference, mini-trial, summery jury trial, advisory arbitration, brecket arbitration, final offer arbitration, traditional arbitration, private judging, trial - *J. Folberg, D. Golann, L. Kloppenberg, T.Stipanowich*, Resolving Disputes. Theory, Practice and Law, New York 2005, S. 3-5.

55 *A. Korybski*, a.a.O., S. 181.

56 Ebd, S. 191.

57 vgl. ebd.

Die Bedeutung der Interkulturellen Kommunikation in der Mediation

*Dipl.-Psych. Julia Bürger, Regensburg**

I. Einführende Bemerkungen

Im Beitrag meines Vorredners haben Sie gehört, was im Allgemeinen unter Mediation als Vermittlungsverfahren bei Konflikten zu verstehen ist. In meinem Beitrag geht es spezifisch um solche Mediationen, in denen interkulturelle Aspekte eine Rolle spielen. Konflikte sind auf der ganzen Welt alltäglicher Bestandteil des menschlichen Lebens. Was einen Konflikt auslöst und wie damit umgegangen wird, differiert jedoch von Kultur zu Kultur. In interkulturellen Situationen können einerseits kulturelle Unterschiede einem Konflikt zugrunde liegen, ihn auslösen, weiter anheizen oder verkomplizieren (vgl. Punkt III. 1.). Ebenso bedeutsam für den Verlauf des Konfliktes ist aber auch das, was wir in der Sozialpsychologie „Intergruppenprozesse" nennen: Grunddynamiken, die dann ausgelöst werden, wenn die Beteiligten in einer Situation nicht mehr als Individuen, sondern als Angehörige einer sozialen Gruppe handeln (vgl. Punkt III. 2.).

Vermittlungsverfahren in interkulturellen Kontexten werden in Deutschland seit einigen Jahren mit dem Schlagwort „Interkulturelle Mediation" bezeichnet. Ein einheitliches Modell oder eine einheitliche Definition interkultureller Mediation existiert bislang jedoch nicht.

Das Ziel dieses Vortrags ist, Ihnen einen Überblick darüber zu geben, an welchen Stellen und in welcher Form die Themen „Kultur" und „Interkulturalität" in der Mediation relevant werden können. Um diesem Ziel entsprechen zu können, wähle ich ein sehr weites Verständnis von „Mediation in interkulturellen

---

* *Julia Bürger ist Diplom-Psychologin und studierte an der Universität Regensburg und der Wesleyan University, Middletown, Connecticut. Sie war langjährige Mitarbeiterin am Institut für Experimentelle Psychologie - Abteilung Sozial- und Organisationspsychologie (Prof. A. Thomas) der Universität Regensburg, insbesondere in den Projekten „Analyse und Lösungsmöglichkeiten kulturell bedingter Probleme der Personalführung in deutsch-tschechischen Gemeinschaftsunternehmen" (Universität Regensburg/ Wirtschaftsuniversität Prag, 2003-2005) und „Analyse der Wirksamkeit plurikultureller Trainingsformate zur Qualifizierung für die Wirtschaftskooperation in Europa" (2005-2007) im Rahmen des Forschungsverbundes Ost- und Südosteuropa (Forost). Ihre Forschungsschwerpunkte liegen im Bereich Interkulturelle Psychologie, Sozialpsychologie und Internationales Management. Sie beendet derzeit ihren PhD zum Thema „Interkulturelles Lernen in binationalen Trainingsgruppen" am University College Cork, Irland.*

Kontexten“ und betrachte alle Vermittlungsverfahren in Anlehnung an das Mediationskonzept, bei denen Personen aus (vermutlich) unterschiedlichen Kulturen als Medianten oder Mediatoren in den Mediationsprozess eingebunden sind oder bei denen die Mediation in irgendeiner Form über kulturelle Grenzen hinweg stattfindet – und zwar unabhängig davon, wo die Konfliktursachen tatsächlich liegen und ob das Mediationsverfahren abgewandelt wurde (vgl. auch *Kriegel*, 2009a). Dieses sehr weite Begriffsverständnis wird deshalb gewählt, da sich kulturelle Aspekte als Auslöser, Ursache oder Moderatorvariablen für einen bestimmten Konflikt nicht *a priori* ausmachen lassen. Ein kultureller Einfluss auf den Konflikt kann erst im Laufe der Mediation selbst geklärt werden. Gleichzeitig ist aus dem Forschungsgebiet der interkulturellen Kommunikation aber bekannt, dass die kulturellen Orientierungssysteme einer Person deren Konfliktwahrnehmung, Konfliktbewertung, das gezeigte Konfliktverhalten oder die bevorzugte Konfliktlösungsstrategie prägen (*Kammhuber*, 2003). Insofern ist davon auszugehen, dass unabhängig von der eigentlichen Konfliktursache, das Konfliktgeschehen beim Zusammentreffen von Menschen aus unterschiedlichen Kulturen recht komplex wird und Kenntnisse über kulturelle Unterschiede und Dynamiken in interkulturellen Situationen für Mediatoren von Vorteil sind. Eine Klärung/Aufarbeitung der kulturellen Aspekte in einem Konflikt kann zu einem wichtigen Kriterium für das Gelingen einer Mediation in interkulturellen Kontexten werden. Ein Gelingen ist jedoch auch von der Offenheit für Neues bzw. vom Grand an interkultureller Kompetenz sowohl bei den Mediatoren als auch bei den Konfliktparteien abhängig (*Mayer*, 2008, S. 124). Dazu gehört eine Sensibilisierung für kulturelle Einflussfaktoren auf den Konflikt und die Konfliktparteien einerseits (vgl. Punkt 3) sowie für die Kulturgebundenheit des Mediationsverfahrens andererseits (vgl. Punkt 4). Auf beides werde ich zu sprechen kommen. Zunächst soll aber etwas ausführlicher erläutert werden, was ich in diesem Zusammenhang unter Kultur und Interkulturalität verstehe.

II. „Kultur“ und „Interkulturalität“ in menschlichen Interaktionen

„Kultur“ und „Interkulturalität“ stellen in den Sozial- und Kulturwissenschaften sehr komplexe und durchaus umstrittene Konzepte dar (*Straub*, 2007). Dem vorliegenden Beitrag liegt ein Verständnis von Kultur zugrunde, das sich insbesondere mit den sogenannten „subjektiven“ Aspekten von Kultur beschäftigt. Subjektive Kultur bezieht sich auf die menschliche Erfahrung sozialer Realität und umfasst beispielsweise Werte (z.B. Bedeutung von Leben und Tod, Gesundheit und Krankheit, Bedeutung von Geschlechterrollen usw.), Normen, Verhaltensroutinen (z.B. Essen gehen, Geschäftseinladungen, usw.), Gesprächskonventionen (z.B. anerkannte Themen für Small talk; wie wird eine Ablehnung formuliert usw.) oder subtile Dinge wie Distanzverhalten. Diese Dinge werden den Mitgliedern einer Kultur im Laufe ihrer Sozialisation vermittelt und von ihnen zu einem Großteil verinnerlicht[1]. Jeder individuelle Mensch entwickelt zwar eine einmalige Kombination von Eigenschaften in einem langen und nie endenden Prozess der Sozialisation, tut dies aber von Anfang an auf der Grundlage und in Auseinandersetzung mit den ihn umgebenden Kulturen. So verstanden hat Kultur die Funktion eines aus Zielen, Regeln, Geschichten und Symbolen bestehenden Sinn- und Bedeutungssystems (*Weidemann*, 2004, S. 835) bzw. eines Orientierungssystems (vgl. *Thomas*, 1996; *Thomas*, 2003). Kultur macht orientiertes Handeln und Verstehen möglich, indem sie Dingen, Personen, Gegenständen, Ereignissen, komplexen Prozessabläufen und Verhaltenskonsequenzen eine Bedeutung, eine Funktion und einen Sinn verleiht. Sie bietet Interpretationsmöglichkeiten an und macht Bewertungen von Handlungen erst möglich (z.B. die Bewertung einer Handlung als „höflich" oder „unhöflich"). Ein wichtiges Kennzeichen kultureller Orientierungssysteme besteht darin, dass die Ausrichtung des eigenen Verhaltens, Denkens oder Wertens an diesen Orientierungssystemen im normalen Alltag unterhalb der Bewusstseinsschwelle abläuft und nicht mehr reflektiert wird. Das Handeln, Wünschen, Bewerten usw. ist zur Routine und zur Selbstverständlichkeit geworden (*Thomas*, 1996). Die Inhalte kultureller Orientierungssysteme lassen sich somit meist nicht selbst erklären, direkt beobachten oder analysieren, sondern sie werden erst in Relation zu „abweichenden" bzw. „fremden" Denkmustern oder Verhaltensweisen greifbar. Dieses Kennzeichen kultureller Orientierungssysteme wird insbesondere in interkulturellen Interaktionen relevant, wenn Unterschiede in den kulturellen Orientierungen, Verhaltensroutinen und Gesprächskonventionen handlungswirksam werden.

Dieses Verständnis von Kultur bedarf einer Klarstellung: Der Einfluss kultureller Orientierungssysteme darf nicht so missverstanden werden, dass sie nur eine exakt festgelegte Art und Weise von Handlungen und Interpretationen zulassen, die bei allen Mitgliedern einer Kultur gleich ablaufen. Kulturelle Orien-

---

1 Explizite, also offensichtliche Dimensionen, die Mediationen in interkulturellen Kontexten erschweren, werden in diesem Beitrag nicht betrachtet. Dazu gehören Unterschiede zwischen Gesetzen und Verfahrensweisen in verschiedenen Ländern, unterschiedliche Helfersysteme oder die potentiellen Teilnahme von Personen des sozialen Netzwerkes der Konfliktparteien. Zusätzlich bringen organisatorische Rahmenbedingungen Schwierigkeiten mit sich, wie räumliche Entfernungen, zeitlicher Druck, finanzieller Aufwand und auch der wichtige Aspekt der Mehrsprachigkeit. Hierbei ist zu betonen, dass – wenn irgendwie möglich - allen Beteiligten die Möglichkeit gegeben werden sollte, ihre Muttersprache zu verwenden, da die Konflikterhellung in der Mediation nur durch Sprache ermöglicht wird. Geschieht dies nicht, muss damit gerechnet werden, dass sich die Möglichkeiten zu Missverständnissen potenzieren und/oder es zu einem Machtungleichgewicht aufgrund von unterschiedlich guten Sprachkenntnissen kommt (vgl. *Kriegel*, 2009a).

tierungssysteme liefern eher ein Repertoire bzw. eine Art „Vorratsschrank" unterschiedlicher Verhaltensmöglichkeiten für bestimmte Situationen, die sich in einer Gesellschaft in bestimmten Situationen bewährt haben und immer wieder reproduziert werden. Dabei können unterschiedliche gesellschaftliche Gruppierungen zum Teil stark voneinander abweichende Verhaltensroutinen oder Werte aufweisen. Das Kulturmodell von *Hansen* (2000) verdeutlicht diesen Aspekt, indem es nicht „Gemeinsamkeit" sondern „Normalität" als wesentliche Leistung kultureller Orientierungssysteme ansieht. Diese Normalität schließt das (implizite) Wissen um Unterschiede innerhalb der Kultur ein und ein Verhalten entlang dieser „bekannten Differenzen" wird eventuell Missfallen, aber keine Irritation oder Orientierungslosigkeit hervorrufen (z.B. provozierende Verhaltensweisen Jugendlicher in einer Gesellschaft). Trotz dieser Heterogenität innerhalb kultureller Systeme, geben Kulturen einen Rahmen, manchmal sogar deutliche Grenzen, für kulturell anerkannte Verhaltensweisen vor. Wird von einer Person in einer bestimmten Situation die „Grenze des Normalen" überschritten, wird dieses Verhalten von anderen Personen als nicht adäquat beurteilt und ggf. sanktioniert.

Wann kann man nun von einer interkulturellen Interaktion sprechen? Interkulturelle Interaktionen können, pragmatisch ausgedrückt, als Situationen angesehen werden, in denen Menschen miteinander interagieren, die über unterschiedliche kulturelle Orientierungssysteme verfügen. Doch die Abgrenzung unterschiedlicher Kulturen voneinander ist nicht so einfach, wie es zunächst scheinen mag. Interkulturalität - bezogen auf subjektive Elemente von Kultur - kann sich entlang der unterschiedlichsten kulturellen Zugehörigkeiten einer Person (wie Nationalität, Beruf, Geschlecht, Ethnie, regionale Herkunft usw.) einstellen (*Weidemann*, 2004, S. 39). Aufgrund von Überschneidungsbereichen zwischen unterschiedlichen kulturellen Orientierungssystemen kann eine Situation von Angehörigen unterschiedlicher Kollektive natürlich auch gleich oder ähnlich interpretiert werden[2]. Um eine Interaktion als interkulturelle Interaktion im engeren Sinn zu definieren, ist es notwendig, dass sowohl Kulturteilhabe (Zugehörigkeit) als auch Unterschiede zwischen den in einer Situation relevanten kulturellen Orientierungssystemen in der Interaktion bedeutsam werden (*Weidemann*, 2004, S. 38ff). Eine solche Bedeutsamkeit lässt sich aber nicht automatisch aus der unterschiedlichen Zugehörigkeit der miteinander interagierenden Personen – beispielsweise der Medianten – zu bestimmten Kulturen (z.B. unterschiedliche Nationalität, unterschiedliche ethnische Herkunft, usw.) vor-

2 Dies ist der Fall, weil einzelnen Elemente unterschiedlicher kultureller Orientierungssysteme nicht nur Unterschiede, sondern auch große Überschneidungsbereiche aufweisen und die individuellen Ausprägungen der Angehörigen einer Kultur ebenfalls variieren. Gerade in dieser Tatsache liegt die Chance für Vermittlungstätigkeiten, indem die Kompatibilitäten bei den individuellen Konfliktpartnern entdeckt und Verständnis für zunächst „fremdes" Verhalten gefördert wird.

hersagen, sondern nur rekonstruieren. Für Konfliktsituationen gilt dies umso mehr, da in Konfliktsituationen Individuen handeln, die von ihrer Lebensgeschichte, der konkreten Situation und ihrer Persönlichkeit ebenso geprägt sind wie von ihren kulturellen Zugehörigkeiten. Daher muss den Konfliktparteien gerade in interkulturellen Kontexten mit einem offenen Blick begegnet werden und sie dürfen nicht automatisch als Repräsentanten „ihrer" Kultur angesehen werden. Vielmehr sind sie als Personen mit vielschichtiger Identität zu begreifen (*Fröhlich-Archangelo & Iervese*, 2007, S. 300).

Wenden wir uns also dem Konflikt bzw. den Konfliktparteien in interkulturellen Kontexten zu.

III. Der Konflikt/ Die Konfliktparteien in interkulturellen Kontexten

In einem Konflikt argumentieren die Konfliktparteien aus ihrer eigenen Realität und Wahrnehmung heraus. Diese Realitäten oder Wirklichkeitsauffassungen sind individuell, sozial und kulturell geprägt. Durch die Kommunikation während des Mediationsprozesses sollen diese unterschiedlichen Realitätsebenen aufgegriffen und verhandelt werden, so dass letztendlich eine neue gemeinsame Realitätsebene entwickelt wird (*Mayer*, 2008). Interkulturelle Konflikte beinhalten eine Realitätsebene, die im kulturellen Bereich anzusiedeln ist und die 1. mit Unterschieden in den kulturellen Orientierungssystemen und/oder 2. mit negativen Intergruppenprozessen einher geht. Ich möchte im Folgenden auf diese zwei wichtigen Einflussdynamiken in interkulturellen Kontexten eingehen. In einem Fall werden die zugrunde liegenden Unterschiede nicht erkannt, im zweiten Fall werden vermutete (nicht unbedingt existente) Unterschiede überbetont. Beide Einflussdynamiken können in einem Konflikt unabhängig voneinander, aber auch gleichzeitig wirksam sein.

1) Die in den Sprach- und Kommunikationswissenschaften sowie in der interkulturellen Psychologie als „klassische" Problemstellung interkultureller Kommunikation angesehenen Konfliktdynamik beruht auf der Wirksamkeit von kulturellen Unterschieden in Werten, Normen, Verhaltensroutinen, Gesprächskonventionen und Kommunikationsregeln. Diese sind dem Gegenüber nicht ohne Weiteres entschlüsselbar und werden von demjenigen, der sie anwendet, nicht reflektiert. Subtile sprachliche Missverständnisse werden von den beteiligten Personen zunächst bestenfalls in Form von leichten Irritationen wahrgenommen. Seine Auswirkungen sollten aber nicht unterschätzt werden. Treffen unterschiedliche kulturelle Normen oder Werten aufeinander, nehmen die Beteiligten meist schon deutlicher wahr, dass „irgendwas nicht stimmt" oder „anders ist." Die emotionalen Reaktionen fallen deutlich stärker aus und es kommt im extremen Fall zu Orientierungslosigkeit. In beiden Fällen werden die Aktionen

und Reaktionen des jeweiligen Interaktionspartners aus der Perspektive des eigenen kulturellen Orientierungssystems interpretiert und bewertet. Dies führt dazu, dass die tatsächlichen Absichten des Interaktionspartners verkannt werden. Kulturelle Unterschiede werden nicht als Ursache erkannt. Stattdessen schreiben sich die Kommunikationspartner gegenseitig negative Persönlichkeitsmerkmale, Einstellungen und Handlungen zu. Beispielsweise können kulturelle Unterschiede im räumlichen Distanzverhalten zur Bewertung des Gegenübers als „aufdringlich" führen. Oder die kulturspezifisch unterschiedliche Bedeutung, die in einer Konversation Sach- oder Beziehungsthemen zugeschrieben wird, führt zur Interpretation des Kommunikationspartners als „desinteressiert". In dieser Einflussdynamik wird ein (teilweise) kultureller Konflikt personifiziert. In der Folge kann es zu einer sukzessiven Verminderung der Kommunikation und zu einer Eskalation des auf Dauer angesammelten Konfliktpotentials kommen (vgl. *Busch*, 2007, S. 148; *Kriegel*, 2009a, S. 97; *Thomas*, 2003).

In der Mediation kommen dabei weniger die kulturellen Unterschiede an sich zum Tragen, sondern die Bedeutungen, die diesen von den Individuen zugemessen wird (*Kriegel*, 2009a). Kulturelle Unterschiede können als Konfliktursache oder Konfliktauslöser fungieren. Oder sie verstärken anderweitige bestehende Konflikte (z.B. Interessenskonflikte). Denn auch die in einer Konfliktsituation entstehenden Affektreaktionen werden in kulturspezifischer Weise ausgedrückt, z.B. nicht nach außen getragen („Haltung bewahren") oder im Gegenteil deutlich zur Schau gestellt („Gefühlen freien Lauf lassen"). Insofern können Missverständnisse während der Konfliktaustragung entstehen, da die zugrunde liegenden Gefühle vom Interaktionspartner in ihrer Intensität entweder unter- oder überschätzt oder in ihrer Bedeutung völlig fehl eingeschätzt werden (Kammhuber, 2003, S. 301).

2) Eine etwas anders geartete Einflussdynamik in interkulturellen Kontexten ist auf (negative) Intergruppenprozesse bzw. stereotype und vorurteilsbelastete Wahrnehmungsmuster zurück zu führen. Nehmen wir an, in einer interkulturellen Situation ist die unterschiedliche kulturelle Zugehörigkeit für die Interaktionspartner offensichtlich und von diesen wird ein Einfluss kultureller Unterschiede für wahrscheinlich gehalten. Gleichzeitig fehlt den Interaktionspartnern aber detailliertes Wissen über das kulturspezifische Orientierungssystem des Interaktionspartners und auch die Motivation (z.B. aufgrund der ohnehin angespannten Gefühlslage), sich ein solches anzueignen. In einer solchen Situation ist es wahrscheinlich, dass auf Stereotype und Vorurteile zur Bewertung und Interpretation der Aktionen und Reaktionen des anderen zurück gegriffen wird. Stereotype und Vorurteile stellen Generalisierungen über Gruppen, Objekte oder Sachverhalte dar. Sie besitzen handlungsleitende Funktion, die - genau wie bei kulturellen Orientierungssystemen - oft unterhalb der Bewusstseinsschwelle liegt. Aus der kognitiven Psychologie ist bekannt, dass Menschen andere Personen auf der Basis von (äußerlichen) Ähnlichkeiten in Kategorien ordnen, denen

dann automatisch die Eigenschaften der Kategorie zugeschrieben werden. Dies ist an und für sich ein normaler Vorgang menschlicher Wahrnehmung. Der Vorzug eines solchen Kategoriensystems liegt in der schnellen Orientierung. Risiken liegen in der Verzerrung von Informationsaufnahme und -verarbeitung, da die Beurteilungen auf geringer Wissensbasis vorgenommen wird und die Gefahr besteht, dass Informationen, die nicht in das Kategoriensystem passen, ausgeblendet oder verzerrt werden (*Schmid*, 2010 in Druck). Dies kann zu inadäquaten Einschätzungen, zu einem Festhalten an unzutreffenden Zuschreibungen und zu einer Verfestigung von Stereotypen führen.
Sind die kulturellen Gruppenzugehörigkeiten der Konfliktparteien in der Situation „salient" (d.h. offensichtlich, ständig präsent), dann besteht zudem eine hohe Wahrscheinlichkeit, dass die Situation von beiden Seiten nicht mehr als interpersonale, sondern als Intergruppensituation interpretiert wird. In einer Intergruppensituation werden sowohl die eigene Person als auch das Gegenüber nicht mehr als Individuen, sondern als Repräsentanten der jeweils relevanten sozialen (ethnischen, nationalen usw.) Gruppe angesehen. Alle Personen werden automatisch als Angehörige der eigenen „In-Group" oder der fremden „Out-Group" kategorisiert. Die Forschungen zur „Theorie der sozialen Identität" (*Tajfel & Turner*, 1986; *Turner*, 1987) haben gezeigt, dass in solchen Situationen die folgenden Prozesse in Gang gesetzt werden:

- Es werden soziale Vergleiche mit der anderen Gruppe vorgenommen. Diese Vergleiche haben das Ziel, eine positive Selbstbewertung zu ermöglichen. Somit werden Unterschiede zwischen den Gruppen hervorgehoben und systematisch überschätzt, evtl. sogar als unvereinbar gegensätzlich wahrgenommen. Die eigene Gruppe wird bei solchen Vergleichen prinzipiell positiver als die Vergleichsgruppe wahrgenommen.
- Ist die Identifikation mit der relevanten eigenen Gruppe stark ausgeprägt, dann ruft sie zusätzlich Gefühle der gegenseitigen Verpflichtung zwischen Gruppenmitgliedern hervor, was sich auf das Verhalten der Personen auswirkt. Sie verhalten sich dann eher konform zu den Gruppennormen der relevanten Eigengruppe. Ihre individuellen Handlungsmöglichkeiten treten demgegenüber in den Hintergrund. Eine häufige Aktivierung dieser relevanten sozialen Identität kann zu sozialer Diskriminierung gegenüber Mitgliedern anderer Gruppen führen.

Wesentliches Kennzeichen einer deutlich negativen Intergruppendynamik kann sein, dass nicht kulturelle Besonderheiten oder Unterschiede die Konfliktauslöser sind, sondern die bewusste Grenzziehung von Individuen einer Gruppe gegenüber anderen Gruppen (vgl. *Fröhlich-Archangelo & Iervese*, 2007, S. 302). Geteilte Stereotype über die Fremdgruppe dienen dann dazu, sich von der Fremdgruppe abzugrenzen, den eigenen Zusammenhalt zu stärken und das eigene Verhalten gegenüber dieser Gruppe zu rechtfertigen. Der Konflikt wird bewusst oder unbewusst „kulturalisiert.“ Auch Mediatoren erliegen in Konflikten zwischen Angehörigen kultureller Gruppen evtl. der Versuchung, vorschnell (meist unklar erfasste) kulturelle Unterschiede als Konfliktursache heranzuziehen, obwohl diese Unterschiede bei genauer Betrachtung gering ausfallen. Gerade bei Angehörigen von Gruppen, zwischen denen es auf Gruppenebene eine Geschichte problemtischer Auseinandersetzungen gibt, ist mit kulturellen Interpretationen sehr vorsichtig umzugehen und eine negative Intergruppendynamik wahrscheinlich. In einem solchen Fall wäre es gut, wenn die Konfliktparteien zu einer Individualisierung des Konfliktes gelangen könnten. Dies kann gelingen, wenn den Medianten bewusst wird, dass ihre Identität vielschichtig ist, durch viele soziale Gruppenzugehörigkeiten bestimmt wird und sich die aus ihren unterschiedlichen Gruppenzugehörigkeiten ergebenden Werte oder Gesprächskonventionen sogar teilweise widersprechen. Diese Erkenntnis kann zu einer erhöhten Bereitschaft führen, auch über divergierende Normen und Werte zu verhandeln (*Fröhlich-Archangelo & Iervese*, 2007, S. 303f).

Mediatoren müssen in interkulturellen Kontexten also einen ständigen Spagat leisten. Sie stehen vor der Herausforderung, in jeder interkulturellen Mediation die Medianten nicht (ausschließlich) als Träger bzw. Repräsentanten einer bestimmten Kultur zu kategorisieren, sondern sie als individuelle Konfliktakteure anzuerkennen. Gleichzeitig müssen die Mediatoren aber für potentielle kulturelle Unterschiede sensibilisiert sein und stets Arbeitshypothesen zu interkulturellen Dimensionen entwickeln. So verfallen sie – selbst Träger ihrer eigenen Kultur - weniger leicht dem Trugschluss, das von ihnen als normal wahrgenommene Verhalten sei auch für alle anderen tatsächlich das Normale (*Kriegel*, 2009a, S. 100). Kultur zu berücksichtigen heißt in diesem Fall, Zusatzwissen über kulturelle Besonderheiten und Unterschiede in Traditionen, Werten, Konventionen, Verhaltens- und Kommunikationsregeln zur Verfügung zu haben sowie eine Sensibilität zum Aufspüren möglicher kultureller Unterschiede zu entwickeln.

All dies ist jedoch leichter gesagt als getan. Denn wie können Mediatoren Hypothesen über tatsächlich relevante kulturelle Einflüsse auf Konfliktursachen (Beziehungskonflikte, Sachkonflikte, Interessenkonflikte, Strukturkonflikte, Wertekonflikte) und deren zugrundeliegenden Hintergründe (Werte, Strukturelle Bedingungen, Bedürfnisse, Gefühle, Missverständnisse usw.) bilden? Hierbei können – neben einer umfangreichen eigenen interkulturellen Erfahrungsbasis - Forschungsergebnisse aus der interkulturellen Kommunikationsforschung Hilfestellung geben.

Aus der linguistischen Forschung stellt beispielsweise *Müller-Jacquier* (2000) ein allgemeines Kriterienraster aus zehn Kategorien zusammen, das bei der Analyse von Kommunikationsabläufen helfen kann, kulturelle Unterschiede aufzuspüren. Zu diesen Kriterien gehören Unterschiede in der Gesprächsorganisation (Sprecherwechsel), bei Gesprächsthemen oder im Gesprächsablauf, d.h.

wann und wie bestimmte Themen (z.B. beziehungs- und sachbezogene Themen) in einem bestimmten Kontext besprochen werden können. Ebenso gibt es Unterschiede darin, wie direkt oder indirekt einzelne Sprecher ihre Intentionen verbal zum Ausdruck bringen, sowie im para- und nonverbalen Ausdrucksverhalten. In Mediationen spielt auch häufig ein Aufspüren von Unterschieden in der kulturspezifischen Bedeutung bzw. den Konnotationen von Begriffen (z.B. Freund, Familie, Konzept, Kompromiss usw.) eine Rolle. Auch können Unterschiede in der konkreten sprachlichen oder nonverbalen Umsetzung einer bestimmten Handlungsintention (z.B. einer Einladung, einer Absage, usw.) einem Konflikt zugrunde liegen.

Aus dem Bereich der interkulturellen Psychologie liefert die in Deutschland verbreitete Kulturstandardforschung (vgl. *Thomas*, 1996; *Thomas, Kammhuber*, & *Schroll-Machl*, 2003) Ergebnisse über Besonderheiten von kulturellen Orientierungssystemen einer Gruppe aus der Sicht einer bestimmten anderen Gruppe. Kulturstandards fokussieren auf den situierten, interaktiven und relationalen Charakter der Bestimmung kultureller - in empirischen Untersuchungen meist nationalkultureller - Eigenheiten. Die resultierenden Kulturstandards stellen eine Zusammenfassung der Aspekte dar, die in der Interaktion dieser Gruppen häufig zu Irritationen oder zu Unverständnis führen. Da für den Unternehmenskontext inzwischen sehr viele Untersuchungen dieser Art durchgeführt wurden, wurde von *Schroll-Machl* (2003) eine Liste der kulturellen Besonderheiten zusammen gestellt, die Geschäftspartnern und Kollegen aus vielen unterschiedlichen Ländern an ihren deutschen Interaktionspartnern besonders ins Auge fallen. Die so bezeichneten „deutschen Kulturstandards" lauten: Sachorientierung, Wertschätzung von Strukturen und Regeln, Zeitplanung, Internalisierte Kontrolle, Trennung von Persönlichkeits- und Lebensbereichen, Direktheit/Schwacher Kontext (*Schroll-Machl*, 2003). Es ist zu vermuten, dass gerade das Zusammenwirken der Kulturstandards Trennung zwischen Persönlichkeits- und Lebensbereichen (zwischen Arbeits- und Privatleben sowie zwischen der Rolle, die eine Person einnimmt und dem Menschen, der dahinter steckt), Sachorientierung (Sachthemen stehen u.a. in Arbeitskontexten oder wenn sich Personen kaum oder nur wenig kennen im Vordergrund) und schwacher Kontext (direkte verbale Kommunikation, wenig Kontextsignale, explizite Absprachen) zu dem Eindruck der üblichen Stereotype über Deutsche wie „kalt" oder „unnahbar" führen (Beispiel Blumengeschäft).

Da es sich hier um eine deutsch-ukrainisch-polnische Tagung handelt, sollen auch noch einige zusätzliche Aspekte genannt werden, die wiederum deutschen Akteuren in Arbeitskontexten bei polnischen und ukrainischen Kollegen auffallen. Immer wieder auftretende Themen sind hier der Umgang mit Emotionen, unterschiedliche Bedeutung von Hierarchien, der Umgang mit Status und Etikette sowie die unterschiedliche Regulierung sozialer Beziehungen (vgl. *Fink, Gruttauer & Thomas*, 2009; *Firscher, Dünstl & Thomas*, 2007).

Über jeden dieser Aspekte ließe sich ein eigener Vortrag halten oder ein eigenes interkulturelles Training entwickeln. Seine genauen Ausführungen würden an dieser Stelle zu weit führen. Vielmehr soll in einem weiteren Punkt auf die Kulturgebundenheit des Mediationsverfahrens selbst eingegangen werden.

IV. Mediationsverfahren und Mediatoren

Wenn das Mediationsverfahren als Möglichkeit angesehen wird, um in interkulturellen Konflikten zu vermitteln, dann muss die Frage gestellt werden, inwiefern das Mediationsverfahren selbst und die Herangehensweise der Mediatoren von der jeweiligen Herkunfts- bzw. Anwendungskultur geprägt sind. Theoretische Überlegungen, einige empirische Studien und auch länderübergreifende Erfahrungsberichte von Mediationen legen den Schluss nahe, dass das Konzept der Mediation keineswegs als kulturneutral zu begreifen ist. Grundsätze der Mediation sind vielmehr als wichtige und in bestimmten Kontexten erprobte Handlungsorientierungen zu verstehen, die sinnvoll sind auf der Grundlage eines gemeinsamen kulturellen Gedächtnisses und eines miteinander gestalteten Alltags. Dort geben sie Sicherheit auf der Verhaltensebene. Im interkulturellen Kontext müssen diese Handlungsorientierungen allerdings einer Prüfung unterzogen werden (vgl. *Kriegel*, 2009a, *Kriegel*, 2009b). Dabei dürfte weniger das, was Mediation beabsichtigt, in interkulturellen Kontexten auf Barrieren stoßen, sondern wann, wie und unter welchen Prämissen sie es tut (*Kriegel*, 2009b, S. 308).

Schon die generelle Bewertung des Auftretens eines Konfliktes ist kulturell unterschiedlich. Damit eng verbunden ist die Häufigkeit, mit der eine Vermittlung durch Dritte vorgenommen wird. In durch kollektivistische kulturelle Orientierungssysteme geprägten Gesellschaften wird bei entstehenden Konflikten beispielsweise sehr schnell von dritter Seite eingegriffen, um die gefährdete soziale Harmonie zu erhalten oder wiederherzustellen oder auch eine Gefährdung der Ehre zu vermeiden (vgl. *Kammhuber*, 2003, S. 302). Eine Vermittlung durch Dritte ist dort also bereits seit vielen Jahrhunderten und viel häufiger anzutreffen, als in eher individualistisch geprägten Gesellschaften wie der deutschen. Somit sind gerade in Gesellschaften, in denen es eine Tradition der Vermittlung durch Dritte gibt, die Konventionen über das Wie der Mediation in den Vorstellungen der Menschen besetzt. Kommen dritte Personen als Vermittler von „außen“, dann laufen sie Gefahr, anstelle von Verständnis das Aufkommen von Missverständnissen zu befördern (*Potsch-Ringeisen & Schondelmayer*, 2007, S. 288).

Bevorzugte Konfliktlösungs- oder Konfliktvermeidungsstrategien und das, was als „fair“ oder „effektiv“ bei der Konfliktbearbeitung angesehen wird, können sich ebenso von Kultur zu Kultur unterscheiden. Beispielsweise ergab eine Untersuchung über Konfliktlösungsstrategien bei US-Amerikanern, Deutschen und Japanern (*Tinsley*, 2001), dass von diesen jeweils unterschiedliche Strategien bevorzugt wurden. Während sich die US-amerikanischen Probanden darum bemühten, die Interessen der autonom handelnden Konfliktparteien pragmatisch zu integrieren, legten japanische Probanden ihr Augenmerk auf eine möglichst rasche Beendigung des Konfliktes, wobei der soziale Status der Konfliktparteien ein zentrales Argument bei den Beteiligten darstellte. Deutsche Probanden konzentrierten sich auf Regularien und Standardprozeduren sowie die Anfertigung möglichst exakter Vertragspapiere, um so Unklarheiten und damit zukünftiges Konfliktpotential zu vermeiden (vgl. *Kammhuber*, 2003, S. 302). In interkulturellen Situationen können solch unterschiedlich bewertete Konfliktlösungsstrategien zu Schwierigkeiten und, wie oben erläutert, zu einem Verkennen der eigentlichen Intention der Interaktionspartner führen. Wird beispielsweise von deutscher Seite ein solch explizites Vertragsmodell zur Vermeidung irgendwelcher misstrauensfördernder Unklarheiten entworfen, kann dies von japanischen Partnern gerade als Ausdruck mangelnden Vertrauens gewertet werden (*Kammhuber*, 2003).

Eine „faire" Konfliktbearbeitung, wie sie die Mediation anbietet, wird hierzulande mit Partizipation und Machtgleichgewicht assoziiert. In China werden Hierarchien in der Mediation dagegen eher nicht überwunden und der Grad an Partizipation der Konfliktparteien ist geringer als hier üblich (*Kriegel*, 2009b, S. 310). Nach dem bei uns weit verbreiteten Verständnis von Mediation ist es die Aufgabe des Mediators, den Prozess zu moderieren, aber die inhaltliche Gestaltung und Deutungshoheit vollständig bei den Konfliktparteien zu belassen. Eine Untersuchung über Techniken, die chinesische Mediatoren einsetzen (vgl. *Wall*, 1995) ergab, dass diese im Unterschied zum „westlichen" Mediationsverständnis konkrete Lösungsvorschläge unterbreiteten und die Parteien zu Zugeständnissen und Kompromissen zu bewegen versuchten, andererseits aber sehr viel Wert auf die emotionalen Hintergründe einer Auseinandersetzung legten (vgl. *Potsch-Ringeisen & Schondelmayer*, 2007, S. 286f). In Deutschland wird die externe, strikt neutrale Vermittlertätigkeit in der Mediation betont und die professionelle Haltung eines Mediators ist durch Neutralität gekennzeichnet. Er sollte keinesfalls ein Teil des Beziehungsgeflechts der Konfliktparteien sein. Im Gegensatz dazu sollte ein „Vermittler" in vielen afrikanischen Kulturen bereits über bestehende persönliche Beziehungen zu den Konfliktparteien verfügen, damit sein Vermittlungsangebot ernst genommen wird (*Kriegel*, 2009b, S. 310). Oder es sind Kriterien wie sozialer Status im Gemeinwesen, religiöse Zugehörigkeit oder Alter, die die Auswahl als Mediator wahrscheinlich machen (*Kammhuber*, 2003, S. 303).

Auch wenn sich die vorhergehenden beispielhaften Gegenüberstellungen unterschiedlicher Herangehensweisen an das Mediationsverfahren auf weit entfernte Kulturen beziehen, sollte nicht vergessen werden, dass es auch innerhalb Europas voneinander abweichende Herangehensweisen an und Diskurse über

Mediation gibt. *Kriegel* (2009b, S. 310) berichtet beispielsweise davon, dass Einzelgespräche vor der Mediation in Frankreich eher die Regel und in Deutschland eher die Ausnahme darstellen und vermutet dahinter unterschiedliche Konzepte von Beziehung und Vertrauen.

In interkulturellen Situationen werden auch die Mediatoren mit Situationen konfrontiert, die sie verunsichern. Auch wenn sie in dieser Situation vermutlich ebenso wie die Medianten auf vertraute Strukturen zurück greifen wollen, müssen sie den sicheren Boden ihres selbstverständlichen Handelns im Rahmen des Mediationsprozesses verlassen (*Kriegel*, 2009a, S. 97). Das Mediationsverfahren selbst muss, zumindest teilweise, zum Gegenstand des Aushandlungsprozesses gemacht werden. Es ist daher anzuraten, dass in interkulturellen Mediationen ein besonderes Gewicht auf die Eingangsphase der Mediation gelegt wird (*Mayer*, 2008), um in Vorgesprächen zu eruieren, wie die Konfliktparteien dem Verfahren selbst gegenüber stehen. In der Konflikterhellungsphase ist Zeit und Raum für die kulturelle Selbst- und Fremdreflexion der Konfliktparteien, die eine Auseinandersetzung mit kulturspezifischen Orientierungen beinhaltet. Doch auch in Bezug auf die Vorstellung eines linearen Ablaufmodells der Mediation, bei der in unterschiedlichen Phasen unterschiedliche Dinge getan werden („alles zu seiner Zeit“) müssen die Mediatoren auf Abweichungen gefasst sein.

Um eine interkulturelle Mediation erfolgreich durchführen zu können, sind für die Mediatoren die folgenden Kompetenzen von großer Bedeutung (vgl. *Kammhuber*, 2003; *Kriegel*, 2009a; *Mayer*, 2008, S. 128):

1) Sie sollten Kenntnisse über fremde Kulturen besitzen;
2) Sie müssen sich über eigene Vorurteile, Stereotype und Werte, sowie über eigene Gedanken und Gefühle zum Konfliktthema im Klaren sein, um Allparteilichkeit und Akzeptanz gegenüber allen Beteiligten gewährleisten zu können;
3) Sie müssen in der Lage sein, Perspektivenwechsel auch in für sie zunächst unverständlichen Situationen vorzunehmen;
4) Sie sollten über die Fähigkeit zur Konstruktion einer „neuen Kultur“ bzw. einer gemeinsamen Sichtweise auf den Konflikt verfügen;
5) Sie sollten sich mit Themen wie nationale und kulturelle Identität bzw. Zugehörigkeit sowie mit dem Einfluss von Sprache und sprachlichen Missverständnissen beschäftigt haben;
6) Sie sollten sich Fragen stellen, wie: Welche Bedeutung haben dritte Parteien als Mediatoren, in den betreffenden Kulturen, welcher soziale Status und welche Macht kommt ihnen zu? Wie verlaufen Mediationsverfahren in den jeweiligen Kulturen? Wer kann als beiderseitig akzeptierter Mediator oder als Mediations-Team fungieren? Welche Verhaltensweisen zur Lösung von Konflikten werden präferiert? Wann wird ein Konflikt als gelöst und beendet betrachtet, Was bedeutet für die Konfliktparteien „Fairness“ und „Gerechtigkeit“? usw.;

V. Fazit

Der Erfolg der Mediation beruht auf der Möglichkeit, Kommunikation durchsichtig und zielgerichtet zu gestalten und ihr damit eine Qualität zu verleihen, die sie im Alltag nicht besitzt (*Kriegel*, 2009a, S. 97). Daher wird Mediation trotz seiner kulturgebundenen Techniken und Verfahrensweisen im Grunde als geeignetes Verfahren angesehen, um in interkulturellen Kontexten zu vermitteln. Solche Kontexte stellen die Mediatoren allerdings vor große Herausforderungen, die den ständigen Balanceakt zwischen Sensibilität gegenüber kulturellen Unterschieden und der Gefahr der Überbetonung von kulturellen Unterschieden beinhaltet. Doch so sehr kulturelle Orientierungen das Konfliktgeschehen und den Mediationsprozess auch beeinflussen und so sehr versucht werden sollte, keine der beteiligten kulturellen Orientierungen zu bevorzugen resp. zu benachteiligen: *Culture is no excuse!* (*Rapport*, 2003). Kultur darf keine Standardentschuldigung dafür werden, um auf eigenen Positionen zu beharren. Gerade in dieser Haltung liegt eine Möglichkeit, den Handlungsspielraum der Mediatoren bei Konflikten zwischen Konfliktparteien aus unterschiedlichen Kulturen zu vergrößern (*Fröhlich-Archangelo & Iervese*, 2007, S. 300).

VI. Literaturliste

Busch, D. (2007). Wie kommen Ideen von interkultureller Mediation zustande? In M. Otten, A. Scheitza, & A. Cnyrim (Eds.), *Interkulturelle Kompetenz im Wandel. Band 1: Grundlegungen, Konzepte und Diskurse* (S. 141-154). Frankfurt am Main: IKO - Verlag für Interkulturelle Kommunikation.

Fink, L., Gruttauer, S. & Thomas, A. (2009). *Beruflich in der Ukraine*. Göttingen: Vandenhoeck & Ruprecht.

Fischer, K., Dünstl, S. & Thomas, A. (2007). *Beruflich in Polen*. Göttingen: Vandenhoeck & Ruprecht.

Fröhlich-Archangelo, S., & Iervese, V. (2007). Konzepte zur Operationalisierung von interkultureller Mediation: Der Ansatz der transkulturellen Mediation sowie die Strategie der Schwellenkonstuktion im Dialog. In M. Otten, A. Scheitza, & A. Cnyrim (Eds.), *Interkulturelle Kompetenz im Wandel. Band 1: Grundlegungen, Konzepte und Diskurse* (S. 299–319). Frankfurt am Main: IKO - Verlag für Interkulturelle Kommunikation.

Hansen, K. P. (2000). *Kultur und Kulturwissenschaft* (2nd ed.). Paderborn: UTB.

Kammhuber, S. (2003). Interkulturelles Konfliktmanagement und Mediation. In A. Thomas, E.-U. Kinast, & S. Schroll-Machl (Eds.), *Handbuch interkulturelle Kommunikation und Kooperation. Band 1: Grundlagen und Praxisfelder* (S. 297–306). Göttingen: Vandenhoeck & Ruprecht.

Kriegel, K. (2009a). Interkulturelle Aspekte und ihre Bedeutung in der Mediation. In C. C. Paul & S. Kiesewetter (Eds.), *Mediation bei internationalen Kindschaftskonflikten* (S. 91–104). München: Beck.

Kriegel, K. (2009b). Interkulturelle Mediation als Konfliktlösung in Unternehmen. In C. I. Barmeyer & J. Bolten (Eds.), *Interkulturelle Personal- und Organisationsentwicklung. Methoden, Instrumente, Anwendungsfälle* (S. 301–317). Sternenfels: Verlag Wissenschaft & Praxis.

Mayer, C.-H. (2008). *Trainingshandbuch Interkulturelle Mediation und Konfliktlösung: Didaktische Materialien zum Kompetenzerwerb* (2nd ed.). Münster u.a.: Waxmann.

Müller-Jacquier, B. (2000). Linguistic Awareness of Cultures: Grundlagen eines Trainingsmoduls. In J. Bolten (Ed.), *Studien zur internationalen Unternehmenskommunikation* (S. 20–49). Leipzig: Popp.

Potsch-Ringeisen, S., & Schondelmayer, S. (2007). Forschungsfelder interkultureller Mediation: kontrastive und interaktionsorientierte Studien. In M. Otten, A. Scheitza, & A. Cnyrim (Eds.), *Interkulturelle Kompetenz im Wandel. Band 1: Grundlegungen, Konzepte und Diskurse* (S. 283–297). Frankfurt am Main: IKO - Verlag für Interkulturelle Kommunikation.

Rapport, N. (2003). Culture is no excuse: Critiquing multicultural essentialism and identfying the anthropological concrete. *Social Anthropology - The Jounral of the European Association of Social Anthropologists, 11*(3), S. 373–380.

Schmid, S. (2010 in Druck). *Akkulturationsorientierungen und akkulturationsbezogene Fremdbilder bei Deutschen und türkischstämmigen Migranten in Deutschland.* Göttingen: Vandenhoeck & Ruprecht.

Schroll-Machl, S. (2003). Ergebnisse der Kulturstandardforschung: Deutschland. In A. Thomas, S. Kammhuber, & S. Schroll-Machl (Eds.), *Handbuch Interkulturelle Kommunikation und Kooperation. Band 2: Länder, Kulturen und interkulturelle Berufstätigkeit* (S. 72–89). Göttingen: Vandenhoeck & Ruprecht.

Straub, J. (2007). Kultur. In J. Straub, A. Weidemann, & D. Weidemann (Eds.), *Handbuch interkulturelle Kommunikation und Kompetenz. Grundbegriffe - Theorien - Anwendungsfelder* (S. 7–24). Stuttgart: J.B Metzler.

Tajfel, H., & Turner, J. C. (1986). The social identity theory of intergroup behavior. In S. Worchel & W. G. Austin (Eds.), *Psychology of intergroup relations* (S. 7–24). Chicago: Nelson-Hall.

Thomas, A. (1996). Analyse der Handlungswirksamkeit von Kulturstandards. In A. Thomas (Ed.), *Psychologie interkulturellen Handelns* (S. 107–135). Göttingen: Hogrefe.

Thomas, A. (2003). Psychologie interkulturellen Lernens und Handelns. In A. Thomas (Ed.), *Kulturvergleichende Psychologie* (2nd ed., S. 433–485). Göttingen: Hogrefe.

Thomas, A., Kammhuber, S., & Schroll-Machl, S. (Eds.) (2003). *Handbuch Interkulturelle Kommunikation und Kooperation: Band 2: Länder, Kulturen und interkulturelle Berufstätigkeit.* Göttingen: Vandenhoeck & Ruprecht.

Tinsley, C. H. (2001). How negotiators get to yes: Predicting the constellations of strategies used across cultures to negotiate conflict. *Journal of Applied Psychology,* 4, S. 583–593.

Turner, J. C. (1987). *Rediscovering the social group: A self-categorization theory.* London: Basil Blackwell.

Wall, J. A. (1995). Community and Familiy Mediation in the People's Republic of China. *The International Journal of Conflict Resolution*, S. 30–47.

Weidemann, D. (2004). *Interkulturelles Lernen: Erfahrungen mit dem chinesischen "Gesicht": Deutsche in Taiwan.* Bielefeld: transcript Verlag.

Mediation im Arbeitsrecht

Prof. Dr. Hanns Prütting, Köln[*]

I. Einführung

Die Mediation hat in Deutschland eine wahrhaft erstaunliche Karriere im Umfeld der verschiedenen Formen von Streitbereinigung gemacht, seit dieser Name (und das hinter ihm stehende Programm) als Eindeutschung des englischen Begriffs „mediation“ Anfang der 90er Jahre des vergangenen Jahrhunderts aus den USA zu uns kam. Vor allem der im Wintersemester 1993/1994 abgeschlossenen Habilitationsschrift von Stephan Breidenbach[1] ist es sehr wesentlich zu danken, dass die Ideen der Mediation im deutschsprachigen Raum Fuß gefasst haben. Eine weitere Initialzündung war der erste große Kongress zum Thema „Mediation für Juristen – Konfliktbeilegung ohne gerichtliche Entscheidung“ gewesen, den das Kölner Institut für Anwaltsrecht im Jahre 1996 veranstaltet hat[2]. Die damalige Teilnehmerzahl von weit über 300 Personen aus allen Bereichen von Praxis und Theorie ließ erstmals erkennen, dass die Idee der Mediation einen Nerv der Zeit getroffen hatte. Heute sind Mediation und viele andere Formen konsensualer Streitbeilegung feste Bestandteile der mitteleuropäischen Rechtskultur. Die Einsicht hat sich durchgesetzt, dass eine wirksame Streiterledigung nicht nur durch autoritative Streitentscheidung erfolgen muss, sondern dass eine autonom verhandelte Lösung der Parteien, die mit Unterstützung eines Dritten erzielt wird, ebenso effektiv und zukunftsweisend sein kann[3]. Selbst das deutsche Bundesverfassungsgericht hat im Jahre 2007 die Feststellung getroffen, ein zunächst streitiges Problem durch eine einverständliche Lö-

---

* *seit 1986 Direktor des Instituts für Verfahrensrecht an der Rechtswissenschaftlichen Fakultät der Universität zu Köln, zusätzlich seit 1989 Mitdirektor des Instituts für Anwaltsrecht, seit 1996 darüber hinaus des Instituts für Rundfunkrecht. 1987 Gastdozentur in Japan; Mitglied der EG-Arbeitsgruppe zur Schaffung einer Europäischen ZPO; Fachgutachter der DFG; Mitglied der Akademie gemeinnütziger Wissenschaften zu Erfurt sowie der Nordrhein-Westfälischen Akademie der Wissenschaften; Vorsitzender des Vorstandes der Vereinigung der Zivilprozessrechtslehrer seit 2002.*

1 *Breidenbach*, Mediation – Struktur, Chancen und Risiken von Vermittlung im Konflikt, Köln, 1995.

2 Der Kongress fand in Köln am 27. und 28.09.1996 statt. Seine Referate und Ergebnisse sind veröffentlicht in: *Breidenbach/Henssler*, Mediation für Juristen, 1997.

3 *Hess*, Mediation und andere Formen konsensualer Streitbeilegung, Gutachten zum 67. Deutschen Juristentag 2008, Bd. I Teil F, Rn. 1.

sung zu bewältigen, sei auch in einem Rechtsstaat grundsätzlich vorzugswürdig gegenüber einer richterlichen Streitentscheidung[4].

Nicht vergessen werden sollte allerdings, dass den speziellen Überlegungen zur Mediation nahezu 20 Jahre lang eine breite Diskussion über die „Alternativen zur Ziviljustiz"[5] vorausging, die – ebenfalls aus den USA herrührend – in der deutschen Rechtssoziologie begonnen hatte und sich langsam in die Justizpraxis fortsetzte. Es war ein Aufsatz aus dem Jahre 1985, der das später vielbenutzte Motto „Schlichten statt Richten" vorgab und erstmals den Versuch machte, Vor- und Nachteile des außergerichtlichen Streitschlichtungsgedankens für die Praxis wissenschaftlich umfassend zu bilanzieren[6]. Wenn heute nicht selten darauf hingewiesen wird, dass es bereits im 18. und 19. Jahrhundert Ansatzpunkte für konsensuale Streitbereinigung gegeben hat[7], so ist dies zwar richtig, aber es verdeckt doch ein wenig die Tatsache, dass Mitte des 20. Jahrhunderts außergerichtliche Streitbeilegung als Thema von Wissenschaft und Praxis so gut wie nicht existent war. Die Diskussion der vergangenen 35 Jahre stellt einen echten Neubeginn dar, beeinflusst von Berichten über neue amerikanische und japanische Entwicklungen und Erfahrungen. Diese vielfältigen Arten und Formen der Konfliktlösung werden unter dem Begriff der „Alternative Dispute Resolution (ADR)" zusammengefasst. Der Begriff ADR umfasst alle außergerichtlichen und innerprozessualen Streitbeilegungsmethoden, die nicht in einer richterlichen Rechtsfindung und richterlichen Entscheidung bestehen. Auch aus Japan wird von vielfältigen Entwicklungen berichtet, insbesondere von dem berühmten Chotei-Verfahren[8].

Die breite Diskussion über Fragen der Mediation darf allerdings nicht vergessen lassen, dass die zahlenmäßige Bedeutung dieser Verfahren bisher sehr bescheiden geblieben ist. Darauf wird noch näher einzugehen sein. Auffallend ist andererseits die Tatsache, dass sich der Gedanke der Mediation weit über den Kernbereich des Zivilrechts hinaus auf alle denkbaren Rechtsbereiche ausgedehnt hat. Auch im Arbeitsrecht ist Mediation heute ein bekanntes und bewährtes Instrument der konsensualen Streitbeilegung.

---

4 BVerfG vom 14.02.2007, ZKM 2007, 128 mit zustimmender Anmerkung *Greger*.

5 Bahnbrechend war insoweit eine Tagung gewesen, die im Herbst 1981 auf Einladung des Bundesministeriums der Justiz stattgefunden hatte. Die Ergebnisse sind dokumentiert in: *Blankenburg/ Gottwald/ Strempel*, Alternativen in der Ziviljustiz, 1982.

6 *Prütting*, JZ 1985, 261.

7 *Röhl/Weiss*, Evaluation des nordrhein-westfälischen Gütestellen- und Schlichtungsgesetzes, 2004, S. 50 ff; *Hess*, Gutachten (Fn. 3), Rn. 1 am Ende.

8 Vgl. *Ishikawa/Nagai*, Keio Law Review Nr. 3, 1983, S. 37 ff; *Strempel*, JZ 1983, 569.

II. Der Begriff der Mediation

Mediation wird allgemein als eine Form außergerichtlicher konsensualer Streitbeilegung verstanden. In der Praxis wird Mediation zunehmend als eine vergleichbare und gleichwertige Alternative zur rechtlichen Aufarbeitung eines Streits durch staatliche Gerichte angesehen.[9] Eine abschließende Definition des Begriffs gibt es bis heute nicht. Die Mediationsrichtlinie der Europäischen Union vom 21.05.2008 enthält in Artikel 3 eine Umschreibung des Begriffs der Mediation und im Erwägungsgrund Nr. 11 eine weitergehende Umschreibung des größeren Bereichs alternativer Verfahren zur Streitbeilegung. Auszugehen ist danach von der Unterscheidung zwischen Verhandlung (ohne eine neutrale dritte Person), der echten Mediation (Beteiligung eines neutralen Dritten, der die Parteien nur unterstützt), der Schlichtung (der neutrale Dritte versucht mit Autorität, den Streitparteien ein eigenes Schlichtungs- oder Vergleichsergebnis vorzulegen) und der echten Schiedsgerichtsbarkeit als Streitentscheidung. Im Einzelnen definiert Artikel 3 der Richtlinie die Mediation als ein strukturiertes Verfahren unabhängig von seiner Bezeichnung, in dem zwei oder mehrere Streitparteien mit Hilfe eines Mediators auf freiwilliger Basis selbst versuchen, eine Vereinbarung über die Beilegung dieser Streitigkeit zu erzielen. Für die folgenden Überlegungen wird man davon ausgehen dürfen, dass Mediation gekennzeichnet ist durch Freiwilligkeit der Beteiligung, durch strikte Neutralität und Allparteilichkeit des Mediators, durch Selbstbestimmung der Parteien, durch ein strukturiertes Verfahren, das konsensorientiert und interessenorientiert ist sowie durch strikte Vertraulichkeit aller Beteiligten. Im Rahmen dieser Merkmale wird weithin als entscheidend die Allparteilichkeit des Mediators angesehen, die über Neutralität hinausgehend die Parteien nur unterstützen will und es vermeidet, den Parteien mit Autorität Ergebnisse oder ergebnisorientierte Vorschläge vorzugeben.

III. Vorteile und Nachteile außergerichtlicher Streitbeilegung

Oft wird behauptet, durch Mediation (und ähnlich durch vielfältige andere Formen außergerichtlicher Streitbeilegung) könnten wir möglicherweise zu einer durchgreifenden Entlastung der Justiz gelangen.

Erlauben Sie mir zu dieser These zunächst ein paar Zahlen zu nennen. Es ist bekannt, dass über durchgeführte Mediationen in Deutschland keine Statistiken geführt werden. Wir wissen aber z.B., dass der generelle Zwang gem. § 15 a

---

9 *I. Schmidt*, Mediation und arbeitsgerichtliches Verfahren, in: *Joussen/Unberath*, Mediation im Arbeitsrecht, 2009, S. 120.

EGZPO, vor Anrufung des Amtsgerichts in Zivilsachen den Versuch einer außergerichtlichen gütlichen Streitbeilegung zu machen, keinen zahlenmäßigen Erfolg gebracht hat. In der Studie zur Evaluation der ZPO, die Herr Kollege *Hommerich* und ich für das BMJ angefertigt haben[10], ergab sich folgender Befund: Im Jahre 2004 betrug die Anzahl erstinstanzlicher Verfahren vor den Amtsgerichten in Zivilsachen 2,1 Mio. Die seit dem Jahr 2002 eingeführte obligatorische Güteverhandlung gem. § 278 Abs. 2 ZPO wurde tatsächlich in 58% dieser amtsgerichtlichen Verfahren durchgeführt, also in 1,2 Mio. Verfahren. Bei diesen Güteverfahren wurde in 1% der Fälle von der Möglichkeit des § 278 Abs. 5 Satz 2 ZPO, also dem Vorschlag einer außergerichtlichen Streitschlichtung durch den Richter Gebrauch gemacht. Dies ergibt eine Größenordnung von 12 000 Fällen. Hinzu kommt bei den Amtsgerichten alternativ zu § 278 Abs. 2 ZPO die Möglichkeit einer vor Verfahrensbeginn durchgeführten obligatorischen Streitschlichtung gem. § 15 a EGZPO. Diese wurde in ca. 0,1 – 0,2% aller Fälle vor den Amtsgerichten durchgeführt, also in weniger als 5000 Verfahren. Diese Zahl ist auch unter Berücksichtigung der Tatsache, dass § 15 a EGZPO nur von 8 der 16 Bundesländer umgesetzt wurde und dass die Norm auf Streitigkeiten bis 750 Euro beschränkt ist, eine klägliche Zahl. Vor allem gilt es zu bedenken, dass die genannten Zahlen Schlichtungsversuche beinhalten, nicht erfolgreiche Schlichtungen! Setzt man nun die Arbeitsgerichtsbarkeit in Relation zu diesen amtsgerichtlichen Zahlen, so lässt sich zunächst festhalten, dass im Jahre 2003 etwas 640 000 erstinstanzliche Verfahren bei den Arbeitsgerichten eingegangen sind. Falls sich die Zahlenverhältnisse in der Arbeitsgerichtsbarkeit nach ihrer Größenordnung mit den Amtsgerichten vergleichen lassen, würde die Zahl aller durch gerichtliche und gerichtsnahe Streitbeilegungsformen erledigten Verfahren bei maximal 5000 pro Jahr in der Arbeitsgerichtsbarkeit liegen. Lassen Sie mich diese numerischen Aspekte mit dem Hinweis abschließen, dass in der Hamburger Arbeitsgerichtsbarkeit seit 2006 eine gerichtsinterne Mediation angeboten wird. Bei jährlich zwischen 13 000 und 14 000 eingehenden Klagen werden konstant zwischen 15 und 20 Mediationen pro Jahr abgewickelt[11].

Was immer man nun im Einzelnen von den genannten Zahlen halten mag oder wie sie zu erklären und zu interpretieren sind, das Gesamtergebnis ist nach der Größenordnung jedenfalls klar und nicht überraschend: Mediation und andere Formen außergerichtlicher Streitbeilegung führen nicht zu einer durchgreifenden Entlastung der Justiz.

Worin liegen nun die wirklichen Vorteile von Mediation und außergerichtlicher Streitbeilegung im Allgemeinen und speziell im Arbeitsrecht?

---

10 *Hommerich/Prütting/Ebers/Lang/Traut*, Rechtstatsächliche Untersuchung zu den Auswirkungen der Reform des Zivilprozessrechts auf die gerichtliche Praxis – Evaluation der ZPO-Reform, Köln 2006, S. 41 ff.

11 Vgl. *Nause*, SAE 2009, Heft 2, Vorspann S. III.

Der Hauptvorteil einer erfolgreichen Mediation dürfte in der Chance liegen, ohne Rücksicht auf Ansprüche des Einzelnen, auf Positionen und Rechtslagen und ohne Rechtsanwendung den Konflikt in einer möglicherweise umfassenden Form sowie zukunftsorientiert beizulegen und dabei für beide Seiten ein positives Ergebnis zu erzielen (die berühmte win-win-Situation). Dafür sind arbeitsrechtliche Konflikte ein gutes Beispiel. Vielfältiges kleineres oder größeres Fehlverhalten von an sich geeigneten Arbeitnehmern oder Auseinandersetzungen am Arbeitsplatz zwischen Arbeitskollegen bis hin zum Mobbing lassen sich oft wesentlich schlechter durch auf Ansprüche gestützte Individualklagen ausräumen als durch ein Konfliktmanagement, das in mediativer Form nach den eigentlichen Ursachen und Gründen sucht, die tieferliegenden Interessen der Beteiligten herausarbeitet und letztlich zu echten Wegen aus der Beziehungskrise führen kann. Vor allem die in jedem Betrieb und an jedem Arbeitsplatz so wichtige Arbeitsmotivation kann bekanntlich am allerwenigsten auf dem Klagewege verbessert werden.

Neben diesem Hauptvorteil von Mediation werden als weitere Vorteile gerne genannt die günstigeren Verfahrenskosten, eine erhebliche Verfahrensbeschleunigung sowie die Nichtöffentlichkeit aller außergerichtlichen Streitbeilegung.

Während Verfahrenskosten und Verfahrensbeschleunigung in der Zivilgerichtsbarkeit zweifellos von Gewicht sein dürften (vor allem wenn man den Instanzenzug einrechnet), kommt diesen Momenten in der Arbeitsgerichtsbarkeit mit ihrem Beschleunigungsgrundsatz und ihren gegenüber der Zivilgerichtsbarkeit verminderten Verfahrensgebühren sowie den oft deutlich geringeren Streitwerten eher geringes Gewicht zu. Positiv kann sich dagegen im Rahmen jeder Konfliktbereinigung die Nichtöffentlichkeit auswirken. Freilich muss man erkennen, dass das weite Feld der nichtöffentlichen Mediation, Schlichtung und Schiedsgerichtsbarkeit seinen Preis fordert: die allgemeine Bewährung und Durchsetzung der objektiven Rechtsordnung sowie die Rechtsentwicklung und Rechtsfortbildung können auf diesem Wege nicht geleistet werden. Allein durch veröffentlichte Gerichtsentscheidungen kann Rechtssicherheit, Rechtsklarheit und Rechtsfortschritt erzielt werden.

Außergerichtliche Streitbeilegungsformen aller Art ermöglichen auch nicht die Gewährung von Prozesskostenhilfe und fördern nicht den vielbeschworenen freien Zugang zu Gericht (access to justice). Gerade auch Mediation spricht eher den mündigen, aufgeklärten und selbstbewussten Bürger bzw. Arbeitnehmer an. Zugangsbarrieren zur Justiz werden auf diesem Wege wohl nicht abgebaut.

IV. Die besondere Entwicklung im Arbeitsrecht

Die bisherigen Überlegungen zeigen, dass eine Förderung von Mediation im Arbeitsrecht durchaus Gewinn versprechen könnte. Freilich gibt es auch Umstände, die das Arbeitsrecht eher als mediationsfern erscheinen lassen könnten.

1. Historische Grundlagen

Dazu bedarf es eines Blicks in die Vergangenheit. Das Arbeitsrecht ist ein eher junges Rechtsgebiet. Eine Arbeitsgerichtsbarkeit im modernen Sinn hat sich wohl erstmals in Frankreich unter Napoleon entwickelt. Der im März 1806 in Lyon errichtete Conseil de Prud'hommes gilt gemeinhin als das erste Arbeitsgericht einer eigenständigen modernen Arbeitsgerichtsbarkeit. Nach seinem Vorbild entstanden in Frankreich und im teilweise französisch besetzten Rheinland Gewerbegerichte (Aachen 1808, Köln 1811) und später Fabrikgerichte. Diese Entwicklung mündete im deutschen Kaiserreich in das 1890 verabschiedete Gewerbegerichtsgesetz, in das 1904 folgende Kaufmannsgerichtsgesetz und schließlich 1926 in das erste deutsche Arbeitsgerichtsgesetz. Was hat diese Entwicklung mit außergerichtlicher Streitbeilegung und Mediation zu tun? Es ist die von Anfang an im Zentrum dieser Gerichtsbarkeit stehende Idee einer möglichst gütlichen Streitbeilegung. Die obligatorische Güteverhandlung des § 54 ArbGG findet bereits im Conseil de Prud'hommes von Lyon ihren Ursprung. Auch die bereits im Gewerbegerichtsgesetz von 1890 verankerte Idee der ehrenamtlichen Richter aus dem Kreis der Arbeitsgeber und der Arbeitnehmer, der fehlende bzw. stark eingeschränkte Instanzenzug dieser Gerichtsbarkeit und schließlich der Ausschluss von Rechtsanwälten in erster Instanz (der sich teilweise noch im ArbGG 1953 fand), alle diese Aspekte hatten stets das Ziel, möglichst eine gütliche Streitbeilegung oder jedenfalls einen schnellen Abschluss des Verfahrens herbeizuführen.

2. Spezielle Konfliktlösungselemente

Hinzu kam und kommt bis heute die Entwicklung vielfältiger spezieller Instrumentarien zur gütlichen Streitbeilegung. So haben sich im Rahmen von Streitigkeiten bei bestehenden Berufsausbildungsverhältnissen Ausschüsse gebildet, die vor Anrufung des Gerichts im Sinne einer zwingenden Prozessvoraussetzung zu durchlaufen waren. Diese Ausschüsse gab es bereits im Gewerbegerichtsgesetz von 1890 und sie sind bis heute in § 111 Abs. 2 ArbGG enthalten. In vergleichbarer Weise gibt es etwa das Seemannsamt als Schlichtungsstelle für Seeleute und viele weitere Einzelbereiche[12]. Aus heutiger Sicht viel bedeutender ist die Tatsache, dass der Gesetzgeber im Rahmen betriebsverfassungsrechtlicher Streitigkeiten mit der Einigungsstelle gem. § 76 BetrVG ein besonderes Instrument betrieblicher Streitbeilegung geschaffen hat. Der Sache nach handelt es sich letztlich zum Teil um eine obligatorische Schlichtungsstelle. Für kollektive Konflikte kann an die Stelle der Einigungsstelle gem. § 76 Abs. 8 BetrVG auch eine tarifliche Schlichtungsstelle treten. Für den Bereich des Tarifrechts und des Arbeitskampfrechts ist weiterhin auf die eigenständige tarifliche Schlichtung zu verweisen, die ebenfalls eine langjährige historische Entwicklung aufzuweisen hat. Es ist daher auch kein Zufall, dass früher manchmal unter dem Begriff der Schlichtung im Arbeitsrecht allein die Schlichtung von Tarifkonflikten verstanden wurde. Abschließend sei noch erwähnt, dass nach der Wiedervereinigung (1990) in den neuen Bundesländern sogenannte Schiedsstellen dem arbeitsgerichtlichen Rechtsstreit vorgeschaltet wurden, die die in der DDR vorhandenen Konfliktkommissionen ersetzen sollten. Allerdings wurden diese Schiedsstellen bereits zum Ende des Jahre 1992 ersatzlos gestrichen.

Insgesamt gilt es festzuhalten, dass die Arbeitsgerichtsbarkeit es von Anfang an als einen Wesensunterschied zur normalen Zivilgerichtsbarkeit ansah, gütliche Streitbeilegung intensiv anzustreben und dem jeweiligen Gerichtszugang vorzuschalten. Aus dieser Tendenz heraus und wegen der vielfältigen Schlichtungsmechanismen des Arbeitsrechts kann es nicht überraschen, dass in diesem Bereich für Mediation die tatsächlichen Spielräume ein wenig enger sind als in manch anderen Rechtsgebieten.

3. Hemmnisse

Wenn dennoch heute Mediation im Arbeitsrecht ein wichtiges Thema ist, so beruht dies wohl nicht zuletzt darauf, dass der Betriebsfrieden im Arbeitsrecht ein besonders hohes Gut ist und dass die Zahl individualrechtlicher Streitigkeiten vor dem Hintergrund persönlicher Konflikte im Arbeitsrecht enorm zugenommen hat. Andererseits sind die vorhandenen Streitbeilegungsmechanismen des Arbeitsrechts in ihrer Bedeutung und ihrer Wirkung eher rückläufig und schaffen damit Raum für neue Instrumentarien, soweit nicht spezifische rechtliche oder sonstige Hemmnisse entgegenstehen. Welches sind die typischen Hemmnisse, die einen arbeitsrechtlichen Konflikt für Mediation wohl als ungeeignet erscheinen lassen?

a.) An erster Stelle sind hier Streitfälle zu nennen, deren Kern eine reine Rechtsfrage darstellt. Steht z.B. die Europarechtskonformität von § 7 BUrlG

---

12 Vgl. *Prütting*, in: Haft/Schlieffen Handbuch Mediation, 2. Aufl., München 2008, S. 515 ff.

auf dem Prüfstand, wird die Verfassungsmäßigkeit des Finanzmarktstabilisierungsgesetzes mit einer Verfassungsbeschwerde angegriffen oder stehen in einem gerichtlichen Verfahren Rechtsfragen mit erheblicher Ausstrahlungswirkung oder mit Rechtsfortbildungstendenz im Raum, so ist eine Mediation offenkundig nicht hilfreich.

b.) Sind in einem Konfliktfeld wie dem Tarif- und Arbeitskampfrecht, in weiten Teilen des Betriebsverfassungsrechts oder im Berufsausbildungsrecht besondere Schlichtungsformen flächendeckend und weitgehend obligatorisch vorhanden, so muss ein gesondertes Mediationsverfahren von vorne herein wohl ausscheiden.

c.) Rein praktisch steht es einem Mediationsverfahren ferner entgegen, wenn ein Konflikt durch enge Klagefristen als streitiges Verfahren determiniert ist oder die Gefahr eines Rechtsverlustes wegen Ablaufs anderer Fristen droht. Klassisches Beispiel im Arbeitsrecht ist § 4 KSchG und die dort zwingend vorgeschriebene Drei-Wochenfrist zur Klageerhebung. Diese Frist wird auch durch einen Einspruch beim Betriebsrat gem. § 3 KSchG oder durch die gesetzliche Zuerkennung einer Abfindung ohne Klage gem. § 1 a KSchG nicht verändert. Ähnliches kann im Falle tariflicher Ausschlussfristen eintreten. Früher war in diesem Zusammenhang auch der Eintritt der Verjährung von Bedeutung. Schon im Jahre 1985 wurde darauf hingewiesen, dass es grob widersprüchlich ist, wenn der Gesetzgeber die Konfliktparteien zu außergerichtlicher Streitbeilegung drängt und dennoch Verjährungsfristen und Ähnliches weiter laufen lässt[13]. Dieses Ärgernis hat der Gesetzgeber im Rahmen der Schuldrechtsmodernisierung in §§ 203 und 204 Abs. 1 Nr. 4 BGB endlich beseitigt. Auch die neue EU-Mediationsrichtlinie fordert bekanntlich eine solche nationale Regelung. Für die Klagefrist in § 4 KSchG gibt es bis heute keine Lösung, insbesondere kann eine Mediation nicht als Fall der Zulassung einer verspäteten Klage gem. § 5 KSchG angesehen werden.

d.) Aus praktischen Gründen nicht in Betracht kommt eine Mediation im Falle extremer Eilbedürftigkeit einer vorläufigen Regelung des Konflikts. Überall dort, wo eine Konfliktpartei also mit dem Versuch einer einstweiligen Verfügung ihren Rechtserhalt vorläufig sichern will oder Schäden vorläufig von sich abwehren will, ist ein Mediationsverfahren praktisch ausgeschlossen. Das hat sich 2008 sehr deutlich im Streik der Lokomotivführergewerkschaft (GDL) gegen die Deutsche Bahn AG gezeigt.

e.) Nicht hilfreich ist ein Mediationsverfahren auch dort, wo durch eine rein tatsächliche breite Ausstrahlungswirkung des Konflikts eine gewisse Präjudizwirkung eintritt. Machen etwa Tausende von Arbeitnehmern einen tatsächlich und rechtlich gleichartig gelagerten Anspruch geltend, verlangen Tausende von Anlegern Schadensersatz wegen eines unrichtigen Börsen-

---

13 *Prütting*, JZ 1985, S. 261.

prospekts oder wegen des Ankaufs wertlos gewordener Zertifikate, machen viele Tausende von Arbeitnehmern einen Verstoß gegen Datenschutzvorschriften durch den Arbeitgeber geltend, so wäre eine mediative Konfliktbereinigung in einem Einzelfall ein sinnloses Unterfangen.

f.) Nichts anderes kann für Verfahren gelten, in denen die Beurteilung von Massenentlassungen ohne zugrundeliegenden persönlichen Konflikt aufzuarbeiten ist, wo es um Entgeltstreitigkeiten geht, die auf einer möglicherweise falschen Erfassung von Arbeitszeiten beruhen oder wo Eingruppierungsstreitigkeiten geführt werden, weil die Anwendung bestimmter Eingruppierungsvorschriften im Streit steht.

g.) Diese Hinweise und die aus dem Tagesgeschehen des Jahres 2009 herangezogenen Beispiele mögen verdeutlichen, dass gerade das Arbeitsrecht in großer Zahl Streitigkeiten hervorbringen kann, die aus unterschiedlichen Gründen letztlich für eine Mediation nicht in Betracht kommen.

V. Gerichtsmediation

1. Abgrenzungen

Soweit sich die aktuelle Diskussion mit den verschiedenen Formen von Mediation im engeren Sinne beschäftigt, sind aus deutscher Sicht noch einmal drei verschiedene Mediationsformen zu trennen. Es gibt die außergerichtliche Mediation, angeboten von Rechtsanwälten, Psychologen, Pädagogen und anderen Berufsgruppen in freiberuflicher Arbeit. Es gibt die sogenannte gerichtsnahe Mediation, bei der eine Streitsache bereits vor dem staatlichen Gericht rechtshängig ist. Das Zivilgericht kann nach § 278 Abs. 5 Satz 2 ZPO in solchen Fällen den Parteien trotz Rechtshängigkeit eine außergerichtliche Streitschlichtung oder Mediation vorschlagen. Dann ruht das staatliche Verfahren. Es ist allerdings streitig, ob diese Norm im arbeitsgerichtlichen Verfahren anwendbar ist. Schließlich wird in Deutschland heute auch eine echte Gerichtsmediation diskutiert, bei der die rechtshängige Sache von einem Richter als Mediator behandelt wird. Dieser zuletzt genannte Fall ist heute in Deutschland stark im Vordringen begriffen.

2. Entwicklungstendenzen

In der Anfangsphase der Diskussion über Mediation wurde eine solche Tätigkeit in Deutschland ganz selbstverständlich von Freiberuflern ausgeübt und schien diesen vorbehalten, vor allem der Rechtsanwaltschaft. Dies hat sich in den letzten Jahren stark geändert. Es lässt sich heute ein sehr grundsätzlicher Paradigmenwechsel weg von der freien, privaten, außergerichtlichen, autonomen, anwaltsorientierten Mediation und hin zur gerichtsinternen Mediation feststellen. Heute gibt es in nahezu allen deutschen Bundesländern an weit über 100 Zivil-, Arbeits-, Sozial- und Verwaltungsgerichten Modellversuche mit Gerichtsmediation. Modellversuche speziell im Arbeitsrecht laufen in Thüringen und in Hamburg. Eine solche Entwicklung und Rezeption der Mediation im gerichtlichen Bereich muss denjenigen überraschen, der sie grundsätzlich als einen im außergerichtlichen Bereich angesiedelten Konfliktlösungsansatz betrachtet.

Das Modell einer solchen echten gerichtlichen Mediation geht davon aus, dass nach Einreichung der Klage bzw. der Berufung ein Richter prüft, ob die Angelegenheit mediationsgeeignet ist. Er weist dann die Parteien auf die Möglichkeit eines Mediationsverfahrens vor einem Mediationsrichter oder einem eigens dafür eingerichteten Spruchkörper des Gerichts hin. Stimmen die Parteien einem solchen Verfahren zu, so werden sie vom Richtermediator zu einem Termin geladen. Dieser Richtermediator ist regelmäßig ein anderer Richter des angerufenen Gerichts, der nicht zur Streitentscheidung berufen wäre.

Dieses Verfahren hat in jüngster Zeit viel Zuspruch erhalten und ist nach Berichten aus der Praxis sehr erfolgreich. Allerdings stehen einem solchen Verfahren auch schwerwiegende Bedenken und Nachteile gegenüber.

3. Verfahren ohne gesetzliche Grundlage

Zu berichten ist zunächst, dass ein solches Verfahren in der deutschen ZPO keine ausreichende gesetzliche Grundlage aufweist. Zwar ist in § 278 Abs. 1 ZPO (und § 57 Abs. 2 ArbGG) festgelegt, dass das Gericht in jeder Lage des Verfahrens auf eine gütliche Beilegung des Rechtsstreits hinwirken soll. Darüber hinaus ist in § 278 Abs. 2 ZPO (und § 54 Abs. 1 ArbGG) vorgesehen, dass einer streitigen Verhandlung stets eine Güteverhandlung vorauszugehen hat. Beide Normen sprechen aber nur den streitentscheidenden Richter an und sind mit ihrem Versuch, eine gütliche Streitbeilegung durch den Richter auf dem Wege des Prozessvergleichs zu erreichen, weit von dem Grundgedanken der Mediation entfernt. Diese Verfahren sind nämlich obligatorisch und von dem Einsatz richterlicher Autorität geprägt. Soweit teilweise (z.B. in Rheinland-Pfalz) der streitentscheidende Richter selbst als Mediator auftritt (integrierte Mediation), wird das Wesen von Mediation vollkommen verkannt.

Die Befürworter von Gerichtsmediation verweisen allerdings auf § 278 Abs. 5 Satz 1 ZPO, wonach die Güteverhandlung auch vor einem beauftragten oder ersuchten Richter stattfinden könne. Allerdings ist der beauftragte Richter Mitglied des jeweiligen Prozessgerichts (§ 361 ZPO). Eine Übertragung der Güteverhandlung auf den ersuchten Richter setzt andererseits gemäß § 362 ZPO voraus, dass dieser Richter an einem anderen Gericht tätig ist. Will man also die Sache einem nicht als erkennenden Richter berufenen Mitglied eines anderen

Spruchkörpers desselben Gerichts übertragen, so ist genau dieser Fall vom strikten Gesetzeswortlaut nicht gedeckt.
Daher wird im Rahmen der Modellversuche geltend gemacht, es sei hier § 278 Abs. 5 Satz 1 ZPO analog anzuwenden. Dieser Versuch ist wenig überzeugend, weil es im deutschen Recht insoweit an einer verdeckten Gesetzeslücke fehlt. Ehrlicher wäre es, hier nach dem Gesetzgeber zu rufen und eine Regelung für gerichtliche Mediation einzuführen. Im Übrigen wird § 278 Abs. 5 Satz 1 ZPO im arbeitsgerichtlichen Verfahren einhellig nicht für anwendbar angesehen.

4. Mediation als richterliche Tätigkeit?

Ein weiterer grundlegender Einwand gegen Gerichtsmediation erwächst aus § 4 DRiG, der die richterlichen Aufgaben auf die rechtsprechende Gewalt (Abs. 1) sowie auf die Gerichtsverwaltung (Abs. 2 Nr. 1) beschränkt, soweit eine andere Aufgabe nicht durch Gesetz dem Richter übertragen ist (Abs. 2 Nr. 2).

Tatsächlich wird im Bereich der Gerichtsmediation die Auffassung vertreten, damit übe der Richtermediator rechtsprechende Gewalt aus. Wenn dies richtig wäre, würden für den Richtermediator der Grundsatz des rechtlichen Gehörs gem. Art. 103 Abs. 1 GG, der Grundsatz des gesetzlichen Richters gem. Art. 101 Abs. 1 Satz 2 GG, die richterliche Gesetzesbindung gem. Art. 20 Abs. 3 GG, das Spruchrichterprivileg und ähnliche richterliche Grundsätze gelten. Dies alles wäre mit seiner konkreten Tätigkeit und mit dem Grundgedanken von Mediation wohl nicht zu vereinbaren. Eine echte richterliche Tätigkeit könnte darüber hinaus nicht (wie es die Mediation verlangt) zu einer wirklichen Vertraulichkeit des Verfahrens führen. Undenkbar wäre es bei echter richterlicher Tätigkeit, dass der Richtermediator mit den Parteien Einzelgespräche führt. Schließlich würde eine solche Einordnung verkennen, dass Mediation gerade nicht die Rechtsanwendung auf den Fall ist, sondern dass die Suche nach Lösungsmöglichkeiten bewusst von der Gesetzeslage absehen kann. Soweit sich die Gegenauffassung darauf beruft, dass die Schlichtung ebenso wie die Streitentscheidung eine richterliche Aufgabe sei, verwechselt sie die schlichtende Tätigkeit des Richters mit der Mediation.

Soweit die Befürworter von Gerichtsmediation anerkennen, dass Mediation keine rechtsprechende Gewalt sei, vertreten sie teilweise die Auffassung, Mediation sei als eine Verwaltungstätigkeit anzusehen. Diese Auffassung ist schon in ihrem grundlegenden Ansatz wenig verständlich. Warum eine Tätigkeit, deren Ziel letztlich die Streitbeilegung im Rahmen eines rechtshängigen Verfahrens ist, Verwaltungstätigkeit sein soll, ist und bleibt schlicht unverständlich.

Im November 2009 hat der deutsche Richterbund ein Eckpunktepapier zur Gerichtsmediation verabschiedet, dessen These 5 lautet: „Mediation durch den Richter ist weder Rechtsprechung noch Verwaltungsaufgabe. Sie ist eine gerichtliche Betätigung eigener Art, deren Zulässigkeit gesetzlich verankert werden muss“. Es ist also auch der deutsche Richterbund nunmehr zu dem Ergebnis gelangt, dass Gerichtsmediation nicht unter § 4 DRiG zu subsumieren ist. Konsequenterweise verlangt er deshalb eine gesetzliche Neuregelung. Ein Streit über die Behauptung, es handele sich bei der Mediation um eine gerichtliche Betätigung eigener Art, lohnt sich jedenfalls solange nicht, als der Gesetzgeber diese nicht dem Richter zugewiesen hat. Solange dies nicht der Fall ist, bleibt als einzige zutreffende Möglichkeit für die Einordnung der Gerichtsmediation, dass der Richtermediator keine dienstliche Aufgabe als Richter wahrnimmt, sondern dass er hier als eine Art Privatperson handelt.

5. Der gesetzliche Richter

Das bereits erwähnte Eckpunktepapier des deutschen Richterbundes vom November 2009 stellt unter Nr. 9 die These auf, es gebe keinen gesetzlichen Richtermediator. Damit sei also Art. 101 Abs. 1 Satz 2 GG nicht betroffen. Begründet wird dies damit, dass eine unzulässige Einflussnahme auf den Richter nicht zu besorgen sei, wenn seine Funktion gerade nicht der Streitentscheidung, sondern allein in der Anleitung der Streitparteien zur eigenständigen Erarbeitung einer Konfliktlösung bestehe. Diese Auffassung verkennt die Rechtswirklichkeit der Gerichtsmediation. Werden z.B. wie im Falle des Amtsgerichts und Landgerichts Göttingen durch eine eigene Mediationsgeschäftsstelle bis zu 50% aller Eingänge auf irgendeinen Richtermediator umgeleitet, der dem Geschäftsverteilungsplan nicht zu entnehmen ist und den die Parteien nicht kennen bzw. bestimmen können, so wird letztlich der Grundgedanke des gesetzlichen Richters unterlaufen.

6. Stellung und Wesen des Richters

Nun könnte man gegenüber den bisher aufgeführten drei grundsätzlichen Bedenken einwenden, der Gesetzgeber könnte sicherlich § 278 ZPO und § 4 DRiG ändern und die Geschäftsverteilung könnte künftig auch die Gerichtsmediation mit erfassen. Dies würde aus meiner Sicht aber an dem negativen Gesamtergebnis nichts ändern. Denn das oberste Gebot richterlicher Tätigkeit ist die Bindung an Gesetz und Recht (Art. 20 Abs. 3 GG). Kernaufgabe des Richters ist also die Anwendung des Gesetzes auf den Streitfall. Entgegen der interessanten Freiburger Dissertation von *von Bargen* ist Mediation gerade nicht eine Kernaufgabe des Richters.[14] Vielmehr unterscheidet sich Mediation in ihrem Wunsch, Hilfestellung zu einer privatautonomen Lösung zu geben, auch wenn diese sich von der Gesetzesanwendung weit entfernt, deutlich von richterlicher Rechtsanwendung. Auch die verfassungsrechtlich garantierte Recht-

14 *von Bargen*, Gerichtsinterne Mediation, 2008.

schutzgarantie und der primäre Zweck des Zivilprozesses, also die Durchsetzung subjektiver Rechte, sowie das Selbstverständnis der Organe der Rechtspflege stehen dem Gedanken von Mediation entgegen. Wert und Bedeutung staatlicher Rechtsprechung bestehen in der Streitentscheidung als Ablösung des Selbsthilfegedankens. Richterlich vermittelte Streitkultur mit ihren Wesensmerkmalen der Öffentlichkeit und der Mündlichkeit sowie deren Veröffentlichung der jeweiligen Endentscheidungen führt zur Rechtsbewährung und zur Rechtsfortbildung. Sie führt zur Rechtsklarheit und zur Rechtssicherheit sowie zur Orientierung der Bürger. Eine lebende Rechtsordnung erfordert zwingend den Umgang mit dem Rechtsstoff durch staatliche Gerichte, sie verlangt öffentliche Streitverfahren und Zugänglichkeit der Ergebnisse. Daher ist echte gerichtsinterne Mediation ein Irrweg. Durch ein geordnetes staatliches Gerichtsverfahren soll der Richter darüber hinaus in gewissem Umfang auch strukturelle Machtungleichgewichte ausgleichen. Das setzt den Einsatz seiner vollen richterlichen Autorität voraus. Ein Rollenwechsel des Richters vom Streitentscheider zum Mediator schwächt die Autorität der Justiz und führt zum Vertrauensverlust in den Rechtsstaat.

7. Ergänzende Gesichtspunkte

Neben den genannten Kerngedanken, die gegen eine Gerichtsmediation sprechen, gibt es noch eine Fülle weiterer kleinerer Gesichtspunkte, die in ihrer Gesamtschau zeigen, wie wenig echte Gerichtsmediation in das System einer Rechtsprechung durch staatliche Gerichte eingefügt werden kann. Weil etwa Mediation teilweise auch Rechtsdienstleistung sein kann, kann sie (auch heute noch) gegen das Rechtsdienstleistungsgesetz (RDG) verstoßen. Gerichtsmediation kann weiterhin nicht zur Gewährung von Prozesskostenhilfe führen. Ungeklärt sind auch Fragen des Anwaltszwanges.

Ebenfalls nur hinzuweisen ist in diesem Zusammenhang darauf, dass Mediation wie viele außergerichtliche Streitbeilegungsformen nicht den vielbeschworenen freien Zugang zu Gericht fördern (access to justice). Denn gerade die Mediation spricht eher den mündigen, aufgeklärten und selbstbewussten Bürger an. Zugangsbarrieren zur Justiz werden auf diesem Wege sicherlich nicht abgebaut. Dies gilt umso mehr, als Gerichtsmediation im engeren Sinn an Fallgestaltungen anknüpft, die bereits rechtshängig sind.

VI. Die Mediationsrichtlinie vom 21.05.2008

Bekanntlich hat der europäische Rat am 21.05.2008 die Richtlinie 2008/52/EG über bestimmte Aspekte der Mediation in Zivil- und Handelssachen angenommen. Diese Richtlinie ist am 13.06.2008 in Kraft getreten. Sie beruht auf einem Richtlinienvorschlag der Kommission aus dem Jahre 2004 sowie auf einem Grünbuch über alternative Verfahren zur Streitbeilegung aus dem Jahre 2002. Ziel dieser Richtlinie ist es, die Attraktivität der Mediation zu steigern und damit den Zugang zum Recht im europäischen Justizraum zu erhöhen.

Diese Richtlinie muss bis zum 21.05.2011 umgesetzt werden. In Deutschland hat die Bundesjustizministerin deshalb eine Kommission eingesetzt, die schon seit längerem über ein deutsches Mediationsgesetz berät. Dabei ist vermutlich eine über die Richtlinie hinausgehende Regelung zu erwarten. Während insbesondere der Anwendungsbereich der Mediationsrichtlinie auf grenzüberschreitende Streitigkeiten beschränkt ist, wird die deutsche Regelung vermutlich ein generelles Mediationsgesetz hervorbringen. Umgesetzt werden wird sicherlich auch Art. 6 der Richtlinie, der eine Vollstreckung von Mediationsvergleichen enthält. Allerdings kennt das deutsche Recht schon heute verschiedene Möglichkeiten, wie den vollstreckbaren Prozessvergleich gemäß § 794 Abs. 1 Nr. 1 ZPO, den sogenannten Anwaltsvergleich gemäß § 796 a ZPO sowie die Möglichkeit der Schaffung einer vollstreckbaren Urkunde gemäß § 794 Abs. 1 Nr. 5 ZPO.

Bereits umgesetzt ist in Deutschland die Regelung der Richtlinie gemäß Art. 8, den Ablauf von Verjährungsfristen während eines Mediationsverfahrens zu hindern. Hier gibt es die spezielle Regelung des § 204 Abs. 1 Nr. 4 BGB sowie des § 203 BGB, die jedenfalls im Falle der Einleitung außergerichtlicher Güteverfahren und darüber hinaus bei Verhandlungen zwischen den Parteien eine Hemmung der Verjährung vorsehen.

Die wohl wichtigste Frage aus deutscher Sicht ist die Regelung der Vertraulichkeit gemäß Art. 7 der Richtlinie. Diese Norm soll die Vertraulichkeit der Mediation gegenüber einem späteren Gerichtsverfahren absichern. Inhaltlich ist es schon immer klar gewesen, dass ein Mediator nicht dazu gezwungen werden kann, Aussagen über die im Mediationsverfahren erlangten Informationen vor einem staatlichen Gericht zu machen. Hier kennt das deutsche Recht bis heute kein Zeugnisverweigerungsrecht für den Mediator. Allerdings sieht § 383 Abs. 1 Nr. 6 ZPO vor, dass Personen ein Zeugnisverweigerungsrecht haben, denen Kraft Ihres Amtes oder Gewerbes Tatsachen anvertraut sind, deren Geheimhaltung nach ihrer Natur oder durch gesetzliche Vorschriften geboten ist. Ein Rechtsanwalt wäre daher zur Zeugnisverweigerung berechtigt. Hier wird man sicherlich eine Ausdehnung des deutschen Rechts auf alle Mediatoren vorsehen müssen.

Die Forderungen der Mediationsrichtlinie stimmen insoweit auch mit den Forderungen der Schlichtungsordnung der UNCITRAL, der deutschen Institution für Schiedsgerichtsbarkeit sowie den ICC-ADR-Regeln überein.

Ungeklärt ist bis heute aus deutscher Sicht, ob es künftig einen eigenen Beruf des Mediators geben soll und ob hierfür eine spezielle Ausbildung, Prüfung sowie ein eigenes Berufsrecht zu schaffen ist. Dieses Problem ist sicherlich gut zu lösen, wenn man als Mediator nur einen Rechtsanwalt zulässt. Aus deutscher Sicht können Mediatoren aber auch Pädagogen, Psychologen, Sozialarbeiter und andere freiberuflich tätige Personen sein. Es gibt also derzeit in Deutschland kein eigenes Berufsbild des Mediators und es gibt auch keine Regelung des Zugangs zu einer solchen Tätigkeit. Dementsprechend ist bis heute ungeklärt, welche Voraussetzungen ein Mediator im Einzelnen vorweisen muss. Es gibt auch kein einheitliches Berufsrecht. Eine solche Regelung wird nach den bisherigen Äußerungen auch das deutsche Mediationsgesetz nicht bringen. Hier bleibt also eine offene Frage für die Zukunft.

VII. Ausblick

Trotz der zuletzt genannten Probleme wird man die europäische Mediationsrichtlinie sicherlich als einen wichtigen Schritt auf dem Weg zur Durchsetzung und Institutionalisierung der Mediation in Europa bezeichnen können. Es ist zweifellos wertvoll, wenn nunmehr europaweit ein einheitlicher Rechtsrahmen für wesentliche Aspekte der Mediation zur Verfügung steht. Gerade in einer Zeit, in der der europäische Gedanke so starken Belastungen ausgesetzt ist, erscheint es besonders wichtig, darauf hinzuweisen, dass die europäische Union weit mehr zu bieten hat, als nur Finanzprobleme, so wichtig diese auch sein mögen.

Aus der Sicht des Verfahrensrechts wird man der Mediation sowie vielen anderen Formen der konsensualen Streitbeilegung ein erhebliches Potential zur Streitbeilegung nicht absprechen können. Insbesondere lässt es sich nicht leugnen, dass Mediation die Eigenverantwortlichkeit der Parteien stärken kann und damit die Akzeptanz gefundener Ergebnisse ausweitet. Dennoch dürfen Mediation und alle anderen alternativen Verfahren nicht darüber hinweg täuschen, dass staatliche Gerichtsbarkeit und Streitentscheidung die zentrale Basis des Rechtsstaates sind. Rechtssicherheit, Rechtsfrieden und Rechtsfortbildung können nur durch öffentliche Gerichtsverfahren mit veröffentlichten Gerichtsentscheidungen erreicht werden. Es wäre eine Verkennung der Bedeutung staatlicher Gerichtsbarkeit, wenn man sie zugunsten anderer Streitschlichtungsmechanismen vollkommen verdrängen wollte.

Mediation als alternative Streitbeilegungsmethode zur Lösung von Streitigkeiten zwischen Unternehmern – ausgewählte Fragestellungen

Krystian Mularczyk, Breslau (Wrocław)[*]

I. Wirtschaftsmediation

Die Novellierung des Zivilverfahrensgesetzbuchs[1] vom 28. 7. 2005, die die Mediation in das polnische Zivilverfahrensrecht eingeführt hat, hatte bereits Vorgänger im Strafverfahren, (1998), in den Angelegenheiten der Minderjährigen (2001) und im Verwaltungsverfahren (2004). Nach Ansicht der Rechtsdoktrin ist unter Mediation i.S.d. ZVerfG ein freiwilliges, vertrauliches und nicht förmliches, außergerichtliches Verfahren in zivilrechtlichen Angelegenheiten zu verstehen, in dem es möglich ist, einen Vergleich zwischen den Parteien einer bestimmten Streitigkeit durch eine dritte Person (den neutralen Mediator) abzuschließen, um eine konsensuale Streitbeilegung zu ermöglichen[2]. Ausgehend von ihrer rechtlichen Grundlage finden die Mediationsvorschriften des ZVerfG auf sämtliche zivilrechtliche Angelegenheiten Anwendung, da ihr Schema einen universalen Charakter hat, und den Anforderungen verschiedener Arten zivilrechtlicher Angelegenheiten entspricht, darunter auch der wirtschaftlichen[3]. Seiner Idee nach soll sie die Durchsetzung von zivilrechtlichen Ansprüchen erleichtern und gleichzeitig den Rechtssubjekten wirkungsvoll rechtliche Hilfe gewähren, die diese Durchsetzungsart gewählt haben[4].

Bei der Besprechung des Wesens der Mediation in wirtschaftlichen Verfahren wurden Anträge zum Thema der Spezifik und der Nützlichkeit dieser Institu-

---

* *Rechtsberater, Mitglied der Redaktion der Vierteljahresschrift Arbitrage und Mediation*

1 Nachfolgend abgekürzt: „ZVerfG".

2 *P. Telenga*, in: *A. Jakubecki* (Hrsg.), Kodeks postępowania cywilnego. Komentarz, (ZVerfG, Kommentar) Warszawa 2008 S. 266.

3 *R. Zegadło*, Mediacja w toku postępowania cywilnego – uwagi na tel projektu Komisji Praca Cywilnego, (Mediation im Zivilverfahren) in: Rozprawy prawnicze. Księga pamiątkowa Profesora Maksymiliana Pazdana, (Festschrift für *M. Pazdan*) Kraków 2005, S. 1538; Uzasadnienie projektu ustawy z 28. 7. 2005 r. o zmianie ustawy – Kodeks postępowania cywilnego oraz niektórych innych ustaw, (Begründung des Projekts des Gesetzes vom 28. 7. 2005 über die Änderung des ZVerfG u.a. Gesetze) Pkt. I, S. 1.

4 *H. Pietrzykowski*, Zarys metodyki pracy sędziego w sprawach cywilnych, (Darstellung der richterlichen Methoden in zivilrechtlichen Angelegenheiten) Warszawa 2007, S. 245.

tion als alternativer Streitbeilegungsmethode erörtert. Die Mediation ist eine wichtige Streitbeilegungsmethode, weil sie viele Vorteile für die Konfliktparteien hat und zudem eine Entlastung des Gerichtssystems bewirkt und die Kosten des Verfahrens reduziert. Der Gesetzgeber hat, indem er die Mediation in das Zivilverfahren und damit gleichzeitig in das Wirtschaftsverfahren aufgenommen hat, es den Unternehmern ermöglicht, von der Möglichkeit einer schnelleren und kostengünstigeren Lösung eines Konflikts, der im Rahmen der wirtschaftlichen Tätigkeit entstanden ist, Gebrauch zu machen. Die Erleichterung des Zugangs zu alternativen Streitbeilegungsmethoden und die Förderung der gütlichen Einigung durch den Anreiz, Mediation zu nutzen, sowie die Sicherstellung eines Einpassens der Mediation in das gerichtliche Verfahren ist bereits eine Förderung dieser Institution im polnischen Rechtssystem.

In der Praxis ist eine steigende Zahl an wirtschaftlichen Streitigkeiten zu verzeichnen, was sehr nachteilige Folgen für die Parteien in Form eines offenen Konflikts hat. Ursache dieser Situation ist die populäre Überzeugung, dass ein Gerichtsprozess die einzige und wirksame Lösung für zwischen Unternehmern entstandene Streitigkeiten ist. Ein Unternehmer, der eine wirtschaftliche Tätigkeit ausübt, ist aufgrund unterschiedlicher Standpunkte mit seinem Geschäftspartner gezwungen, den Streit im Wege des polnischen Zivilverfahrens zu lösen. Die Konflikte, die im Wirtschaftsverkehr entstehen, sind ein untrennbar damit verbundener Teil. Sie entstehen auf jeder Transaktionsebene unabhängig davon, wie lange und erfolgreich die Zusammenarbeit zwischen den Unternehmern bereits verlaufen ist.

Zu ihrer Lösung hat der Staat die Justiz vorgesehen. Durch die Einführung der Mediation in wirtschaftlichen Verfahren in die polnische Rechtsordnung wurde den Unternehmern eine Wahlmöglichkeit hinsichtlich der Art der Lösung des Konflikts gegeben. Trotz der Möglichkeit von Gesprächen und Verhandlungen zwischen den Streitparteien vor oder im Laufe eines Gerichtsverfahrens werden diese Angelegenheiten fast immer durch ein arbiträres Urteil des staatlichen oder des Schiedsgerichts entschieden. Die Einführung eines Mediators, d.h. einer Person, die Wissen und Können im Bereich der interpersonalen Kommunikation besitzt, erleichtert den Parteien die Verständigung und das Erreichen eines Konsenses. Der Mediator als unabhängige und neutrale Person hilft den Parteien das Problem objektiv zu sehen, und macht ihnen gleichzeitig die Vorteile, die für beide Rechtssubjekte bestehen, bewusst. Vorteile aus der Mediation ziehen alle Konfliktparteien und die Justiz. Die Parteien können eine Angelegenheit in die Mediation geben und zu einer Verständigung ohne die Beteiligung eines Gerichts gelangen, was ihnen Zeit erspart. Gleichzeitig wächst das Bedürfnis an professionellen Mediatoren – Personen mit besonderen Eigenschaften und persönlicher Disposition sowie beruflichen Fähigkeiten, dank derer die Parteien einen außergerichtlichen Vergleich schließen[5].

II. Die Mediation im polnischen Zivilprozess

Die Mediation kann in allen zivilrechtlichen Angelegenheiten, in denen ein Vergleich zulässig ist, angewendet werden. Die Mediation wird aufgrund eines Mediationsvertrags durchgeführt oder aufgrund eines Gerichtsbeschlusses, der die Parteien in die Mediation verweist. Das Gericht kann die Parteien bis zum Schluss der ersten Verhandlungssitzung in die Mediation weisen. Nach Schluss dieser Sitzung kann es die Parteien nur aufgrund eines übereinstimmenden Antrags der Parteien in die Mediation weisen (Art. 183 (8) § 1 ZVerG). Somit kann das Gericht, nachdem es sich mit dem Standpunkt der Parteien, der in der Klage und in der Klagerwiderung enthalten ist, bekannt gemacht hat, fakultativ und von Amts wegen das Verfahren in die Mediation leiten, wenn es der Ansicht ist, dass die Angelegenheit aufgrund der Unterschiede zwischen den Streitbeteiligten sich für die Mediation eignet. Das Gericht kann nach der Anordnung über die Klage feststellen, ob die Übergabe des Streits in die Mediation einen positiven Effekt haben würde. In dieser Etappe des Verfahrens spielt der Richter eine wichtige Rolle, der aufgrund seiner eigenen Erfahrung, indem er die Parteien in die Mediation leitet, einen Impuls für die Durchführung eines Mediationsverfahrens und den Abschluss eines Vergleichs geben kann. Da die Mediation freiwillig ist, reicht eine Erklärung einer Partei, an der Mediation nicht teilzunehmen, aus. Diese Erklärung hat die Partei innerhalb einer Woche ab dem Tag der Verkündung oder der Zustellung des Beschlusses zur Überleitung in die Mediation abzugeben. Die Parteien haben kein Beschwerderecht gegen den Mediationsbeschluss des Gerichts, da diese Möglichkeit, der Mediation nicht zuzustimmen, besteht. Daher verlangsamt dieses Verfahren den Zivilprozess nicht, sondern verbessert ihn lediglich. Im Fall der Überleitung der Parteien in die Mediation, bestimmt das Gericht zudem eine Frist bis zu höchstens einen Monat für die Durchführung der Mediation, es sei denn, die Parteien beantragen übereinstimmend eine längere Frist. Gleichzeitig setzt das Gericht den nächsten Verhandlungstermin fest, und falls keine Verständigung zwischen den Parteien erreicht wird, wird der Prozess fortgeführt. Kommt es zum Abschluss eines Vergleichs durch die Parteien reicht der Mediator das Protokoll bei dem Gericht, das für die Entscheidung zuständig ist, ein. Der Vergleich, der vor dem Mediator abgeschlossen wurde, hat nach seiner Bestätigung durch das Gericht die Rechtskraft eines durch das Gericht geschlossenen Vergleichs (Art. 183[15] § ZVerfGB). Die Rolle des Mediators am Ende der Mediation besteht vor allem darin, den erar-

5 *J. Jacyszyn*, Wykonywanie wolnych zawodów w Polsce, (Die Ausübung der freien Berufe in Polen) Warszawa 2004, S. 288.

beiteten Vergleich in die entsprechende Rechtsform zu bringen[6]. Der durch das Gericht bestätigte Vergleich bewirkt sowohl materiell-rechtliche wie auch prozessrechtliche Folgen. Der Vergleich macht es unnötig, das gerichtliche Verfahren weiterzuführen und erreicht seine Einstellung[7].

Das Gericht kann die Bestätigung des vor dem Mediator geschlossenen Vergleichs insgesamt oder teilweise ablehnen, wenn der Vergleich rechtswidrig ist oder den Grundsätzen des gesellschaftlichen Zusammenlebens widerspricht oder eine Umgehung des Rechts bezweckt oder auch wenn er unverständlich ist oder widersprüchlich (Art. 183^{14} §3 ZVerfG). Deswegen ist die Rolle des Mediators sehr wichtig, er muss die richtige Abfassung des Vergleichs überprüfen, nachdem der Streit im Wesentlichen beigelegt wurde. Die Überprüfung der Vergleiche, die vor dem Mediator geschlossen wurden, durch das Gericht als Hüter der Rechtmäßigkeit, dient vor allem der Sicherung der Interessen der Parteien, der Eliminierung des Risikos der Regelung der Rechtsbeziehung entgegen dem wirklichen Willen der Parteien oder einer Überraschung durch die Rechtsfolgen der getroffenen Vereinbarung, die sie im Zuge des Abschluss des Vergleichs nicht vorhergesehen haben[8]. Das Erfordernis der verständlichen Formulierung des Textes sowie das Nichtzulassen sich widersprechender Formulierungen ist die Prüfung auf eine realistische Formulierung und dient somit der Vollstreckbarkeit des Mediationsvergleichs[9]. In der konventionellen Mediation wird angenommen, dass die Pflicht, diese Eigenschaften des Mediationsvergleichs herzustellen, den Mediator trifft[10].

Für den Unternehmer bedeutet der Abschluss des Vergleichs vor dem Mediator – unabhängig davon, ob er aufgrund eines Vertrags oder eines Gerichtsbeschlusses zur Verweisung in die Mediation – zustande gekommen ist, geringere Kosten der Konfliktlösung. Schließen die Parteien einen Vergleich vor dem Mediator während eines laufenden Verfahrens, so erstattet das Gericht dem Kläger von Amts wegen 3/4 der entrichteten Gerichtsgebühr (Art. 79 Abs. 1 Pkt. 2 Lit.

---

6 *E. Gmurzyńska*, Mediacja w sprawach cywilnych w amerykańskim systemie prawnym, Zastosowanie w Europie i w Polsce, (Die Mediation in Zivilsachen im amerikanischen Rechtssystem, die Anwendung in Europa und Polen) Warszawa 2007, S. 381.

7 *R. Schmidt*, Nadanie klauzuli wykonalności ugodzie zawartej przed mediatorem (Die Verleihung der Vollstreckungsklausel für einen vor dem Mediator geschlossenen Vergleich) ADR 2010, Nr. 1, S.143ff; *T. Ereciński*, in: *T. Ereciński* (HG.), Kodeks postępowania cywilnego. Komentarz, (ZVerfGB, Kommentar) Bd. I, Warszawa 2006, S. 433 .

8 *J. Kuźmicka-Sulikowska*, Podstawa prawna odpowiedzialności cywilnej mediatora (Die Rechtsgrundlagen der zivilrechtlichen Haftung des Mediators), ADR 2008 Nr. 3 , S. 91; *R. Cebula* , Ugoda mediacyjna w polskim prawie cywilnym (Der Mediationsvergleich im polnischen Zivilrecht) Mediator 2005, Nr. 35, S. 37.

9 *A. Jakubiak-Mirończuk*, Alternatywne a sądowe rozstrzyganie sporów sadowych, (Alternative und gerichtliche Entscheidung von Streitigkeiten) Warszawa 2008, S. 173.

10 *A. Jakubiak-Mirończuk*, a.a.O., S. 173; Vgl. *R. Cebula*, a.a.O..

a GerichtskostenG). In Angelegenheiten über Vermögensrechte beträgt die Vergütung des Mediators 1% des Geschäftswerts jedoch nicht weniger als 30 PLN (ca. 9 Euro) und nicht mehr als 1.000 PLN (ca. 330 Euro)[11]. Diese Vergütung steht dem Mediator bei einer Einleitung einer Mediation aufgrund eines Gerichtsbeschlusses zu. Somit besteht neben den Vorteilen, die quotenmäßig schwer zu bestimmen sind, wie z.B. der Aufrechterhaltung weiterer wirtschaftlicher Beziehungen, auch der Vorteil der Vorhersehbarkeit von angemessenen Kosten zum Erreichen des angestrebten Ziels. Die Mediation als Alternative sowie als Ergänzung der staatlichen Justiz ist gleichzeitig eine kostengünstigere Institution als ein Zivilprozess, was einen zusätzlichen Anreiz für die Unternehmer, sie als Möglichkeit der Streitbeilegung in Anspruch zu nehmen, bietet

III. Die Wirtschaftsmediation aus Sicht des Unternehmers

Der Unternehmer, der eine wirtschaftliche Tätigkeit ausübt, ist einer Vielzahl von Faktoren ausgesetzt, die er nicht beeinflussen kann, die über den Erfolg seiner Tätigkeit entscheiden. Deswegen muss er die wesentlichen Risiken für das Funktionieren der Firma minimieren, deren Vermeidung zumindest teilweise von seiner richtigen Auswahl abhängt. Die Rentabilität der Firma ist verbunden mit dem Aufrechterhalten einer ausgewogenen Bilanz zwischen den Kosten der Tätigkeit und dem erzielten Gewinn. Darüber hinaus ist die Aufrechterhaltung der Zahlungsfähigkeit der Firma notwendig für die termingerechte Erfüllung der Zahlungsverpflichtungen zwischen den Geschäftspartnern. Fehlen Zahlungseingänge, so kann dies entscheiden über die Rentabilität der Firma und in außerordentlichen Fällen sogar eine Insolvenz verursachen. Deswegen ist es im Wirtschaftsverkehr wichtig, eine schnelle Zahlung für die produzierte Ware oder die geleisteten Dienste zu erhalten. In Zeiten einer großen Marktkonkurrenz ist die Vertraulichkeit von bestehenden Divergenzen zwischen kooperierenden Firmen wichtiger denn je. Eine solche negative Information könnte ein Signal für den Konkurrenten darstellen, den Geschäftspartner zu übernehmen.

Die Mediation als alternative Streitbeilegungsmethode weist nicht die für die Parteien belastenden Elemente eines Gerichtsverfahrens auf, es werden keine Zeugen berufen, es werden keine Beweise durch Vorlage von Dokumenten erhoben. Sie hat einen informellen Charakter und die Parteien können selbst die Grundsätze des Verfahrens festlegen und sie nach ihren Bedürfnissen gestal-

11 §2 Pkt. 1 Rozporządzenia Ministra Sprawiedliwości w sprawie wysokości wynagrodzenia i podlegających zwrotowi wydatków mediatora w postępowaniu cywilnym. z dnia 30 listopda 2005 r.(VO des Justizministers über die Höhe der Gebühren und der Erstattung der Auslagen des Mediatiors im Zivilverfahren) Dz. U. 2005, Nr. 239, Pos. 2018.

ten[12]. Darüber hinaus ist die Vertraulichkeit, die die Ehrlichkeit und die Unmittelbarkeit der Kommunikation unter den Parteien garantiert, der Schlüssel zum Erfolg der ADR[13].

Die Mediation ist für die Unternehmer die ideale Lösung aufgrund der Schnelligkeit der Beseitigung von Störungen in Handelsverträgen, der geringen Kosten beim Erreichen der Zahlung sowie wegen der vollen Diskretion bei der Durchführung des Mediationsverfahrens. Hauptfaktor ist die Schnelligkeit der Durchführung des Verfahrens. Die Weiterleitung eines Anspruchs des Unternehmers auf den Weg eines Zivilprozesses in einem Wirtschaftsverfahren erfordert ein Spezialwissen und damit eine Erhöhung der Kosten einer professionellen Rechtsdienstleistung, durch die eine gerichtliche Klage vorbereitet wird. Die Einleitung einer Klage ist zudem für den Kläger verbunden mit der Zahlung der Gerichtsgebühr in Höhe von 5% des Streitwerts sowie mit der Erwartung, dass die Sache durch das Gericht entschieden wird. Die Zeit kann sich – abhängig von den Prozesshandlungen des Beklagten – sogar um mehr als ein Jahr verlängern, abhängig von der Komplexität der Rechtssache. Das Risiko, dass während des Rechtsstreits Geschäftsgeheimnisse öffentlich werden, sowie die Gefahr, den Geschäftspartner zu verlieren, bewirken, dass die Mediation eine vorteilhafte Lösung ist. Der kurze Zeitumfang, die niedrigen Kosten, die Vertraulichkeit von Informationen, die für das Funktionieren des Unternehmens wesentlich sind, sowie die Stärkung und nicht der Abbruch der Beziehungen zwischen den Geschäftspartnern[14] bewirkt, dass immer mehr Unternehmer von dieser Institution Gebrauch machen. Die Parteien wählen den Mediator selbst aus, sie erarbeiten selbst den Inhalt des Vergleichs, der von ihnen zu akzeptieren ist. Die Parteien erkennen den abgeschlossenen Vergleich als ihren an und aus diesem Grund gibt es später keine Probleme bei seiner Durchsetzung. Im Falle der Nichterfüllung des Vergleichs kann die Partei, zugunsten derer die Erfüllung erfolgen sollte, vor Gericht gehen und Antrag auf Verleihung der Vollstreckungsklausel stellen und ihre Ansprüche im Vollstreckungsverfahren durchsetzen.

IV. Zusammenfassung

Die Anwendung der Praxis der Mediation begünstigt die Dauer der Beziehungen zwischen den Parteien und verkürzt die Entscheidungszeit eines Streits

12 *E. Gmurzyńska*, Mediacja w sporach gospodarczych – rzeczywistość czy iluzja? (Mediation in Wirtschaftsangelegenheiten – Wirklichkeit oder Illusion) ADR 2008, Nr. 1, S. 28.

13 *R. Morek*, ADR – w sprawach gospodarczych (ADR in Wirtschaftssachen) Warszawa 2004, S. 146.

14 *L. Jędrzejewska*, Wykorzystanie mediacji w sprawach cywilnych (Die Mediation in Zivilrechtssachen), Mediator 2007, Nr. 1, S. 13.

und reduziert die Kosten, die mit der Anspruchsverfolgung vor einem staatlichen Gericht verbunden sind. In einer Situation, in der Informationen über die Mediation noch fehlen und ein niedriges gesellschaftliches Niveau des Vertrauens in die Mediation festzustellen ist, weil einheitliche Anforderungen an die Mediatoren fehlen und die Standards für die Ausbildung nicht feststehen, kann die Idee der Mediation nicht gefördert werden und es entstehen Zweifel an der Mediationspraxis[15]. Positiv zu bewerten ist die Tatsache, dass sich jährlich die Zahl der vor einem Mediator geschlossenen Vergleiche erhöht. Dies zeugt davon, dass langsam das Vertrauen in diese Institution wächst. Unternehmer, die sich selbst für eine Mediation entscheiden, verstehen die Mediation und empfehlen sie weiter. Im Fall eines Zivilprozesses entsteht eine „Gewinn-Verlust-Situation", während bei einem Vergleich vor einem Mediator jede Seite diesen Vergleich als für sie nützlich empfindet (eine „Gewinn-Gewinn-Situation"). Dies ist unentbehrlich für die positive Aufnahme dieser Institution in Wirtschaftsverfahren. Die Mediation als alternatives Streitbeilegungsverfahren ist ein außerordentlich nützliches Instrument für die Teilnehmer am Wirtschaftsverkehr und ihre Rechtsberater. In vielen Fällen verleiht sie die Möglichkeit, in einem schnellen und günstigen Verfahren eine befriedigende Lösung für alle Parteien zu finden[16].

Ich meine allerdings nicht, dass das Fehlen von ausreichenden Rechtsgrundlagen die Hauptursache für Hindernisse bei der Entwicklung der Mediation in Polen ist. Die Hauptprobleme sind Informations- und mentale Barrieren, deren Überwindung eine langwierige Aufklärungs- und Informationstätigkeit unter den Unternehmern und den Vertretern der Rechtsberufe erfordert. Konferenzen, Symposien und die Einführung einer breiteren Information über Mediation führen zu einer Aufklärung über und einer Werbung für die außergerichtlichen Methoden der Streitbeilegung. Das Einprägen der Möglichkeit der Erledigung eines Streits im Wege der Mediation in das Bewusstsein des Unternehmers ist ein viel wirkungsvollerer Weg zur Förderung der Mediation als die Schaffung von weiteren rechtlichen Änderungen.

15 *A. Jakubiak-Mirończuk*, a.a.O., S. 175.

16 *R. Morek*, a.a.O., S. 167.

Mediation - Grundsatzprobleme, US-amerikanische Prägungen

*Priv.-Doz. Dr. Jur., LLM Rainer Kulms, Hamburg**

I. Ausgangsfragen

1. Verfahren und alternative Streitbeilegung

Die Organisation des Justizwesens gehört zu den klassischen Staatsaufgaben[1]. Das Rechtsstaatsprinzip des Grundgesetzes und Art. 6 Abs. 1 der Europäischen Menschenrechtskonvention begründen einen allgemeinen Justizgewährungsanspruch in zivilrechtlichen Streitigkeiten[2]. Im US-amerikanischen Verfassungsrecht gewährt der Fünfte Verfassungszusatz jedermann unter anderem das Recht auf ein ordnungsgemäßes Verfahren (*due process*) vor Gericht[3]. Hieraus lässt sich aber nicht der Schluss ziehen, ein Gesetzgeber müsse für zivilrechtliche Streitigkeiten ausschließlich kontradiktorische Verfahren vorhalten.

In seinem Beschluss vom 14. Februar 2007 erkennt das Bundesverfassungsgericht die Befugnis des Gesetzgebers an, Anreize für eine einverständliche Streitbewältigung zu schaffen[4]. Der Weg zu einer Streitentscheidung durch die

---

* *Wissenschaftlicher Referent, Max-Planck-Institut für ausländisches und internationales Privatrecht, Hamburg. Der vorliegende Beitrag fasst die Untersuchungen zusammen, die der Verfasser zu den Themen „Alternative Streitbeilegung durch Mediation in den USA" und „Mediation zwischen effizientem Rechtsschutz und Privatisierung in den USA" in Hopt/Steffek (Hrsg.), Mediation – Rechtstatsachen, Rechtsvergleich, Regelungen (2008), 403 f., 923 f., vorgelegt hat. Er dankt dem Verlag Mohr Siebeck Tübingen für die freundliche Erteilung der Abdruckgenehmigung.*

1 *Adam Smith* hält die Regierung für verpflichtet, eine gewissenhafte Justizverwaltung einzurichten, um jeden einzelnen soweit wie möglich vor Unrecht und Unterdrückung durch Mitbürger zu schützen: *Smith*, Der Wohlstand der Nationen – Eine Untersuchung seiner Natur und seiner Ursachen (1776/1789, deutsche Übersetzung 1974), Fünftes Buch, Zweites Kapitel, 600 f.

2 *Prütting*, in: ders. (Hrsg.), Außergerichtliche Streitschlichtung (2003), Rz. 60; *Stein/Jonas*, Kommentar zur Zivilprozeßordnung, Band 1, Einleitung, §§ 1-40, 22. Aufl. 2003 (-Brehm), vor § 1, Rz. 286; Dimde, Rechtsschutzzugang und Prozeßfinanzierung im Zivilprozeß – Eine ökonomische Analyse des Rechts (2003), 32 f.

3 Der Fünfte Verfassungszusatz (USC-Constitution, Amend. 5) lautet: "No person shall ... be deprived of life, liberty, or property, without due process of law...".

4 BVerfG 14.2.2007, Beschluss 1 BvR 1351/07 <www.bverfg.de/entscheidungen/rk 20070214_ 1bvr135101.html>; vgl. Prütting, in: Außergerichtliche Streitschlichtung,

staatlichen Gerichte müsse aber eröffnet bleiben. Im US-amerikanischen Recht der Alternative Dispute Resolution stoßen zwei unterschiedlichen Regelungskonzeptionen zur Streitbeilegung aufeinander: Die sog. ‚Community Justice'-Programme konzentrieren sich auf informelle Formen der Konfliktlösung in einem staatsfernen Raum[5]. Hierbei spielen private Initiative, Freiwilligkeit und flexible Verfahrensgestaltungen eine maßgebliche Rolle[6]. In die entgegengesetzte Richtung weisen die Bemühungen der nationalen und einzelstaatlichen Justizverwaltungen in den USA, die Gerichte von der ständig steigenden Zahl von Prozessen zu entlasten. Flexible Streitbeilegungsverfahren werden gefördert, um bereits im vorgerichtlichen Bereich einen Rechtsstreit abzuwenden. Dabei können die geltenden Verfahrensregeln nicht auf zwingendes Recht verzichten, weil sonst das rechtpolitische Ziel, die Sicherung der Effizienz der Gerichte gefährdet würde[7].

In der kalifornischen Diskussion sind die sog. ‚gerichtsnahen' Mediationsverfahren als Antwort der Gerichte auf die Gefahr einer Zwei-Klassen-Justiz beschrieben worden, bei der Mittelschicht und ärmere Bevölkerung vom Markt der privaten alternativen Streitbeilegung ausgeschlossen und auf das staatliche Gerichtssystem angewiesen seien[8]. Im Kern ist in den USA ein Ausgleich zwischen der Privatautonomie der Parteien und ihrem Recht auf ein Verfahren vor einem staatlichen Gericht herzustellen. Dieser Gegensatz kehrt im deutschen

---

FN 2, Rz. 60 f.; *Preibisch*, Außergerichtliche Vorverfahren in Streitigkeiten der Zivilgerichtsbarkeit, Schriften zum Prozeßrecht 75 (1982), 86 f.

5 S. *Lowry*, Evaluation of Community-Justice Programs, in: *Merry/Milner* (Hrsg.), The Possibility of Popular Justice: A Study of Community Mediation in the United States (1993), 89 (90 f.); und *Fitzpatrick*, The Impossibility of Popular Justice, in: ebda., 453 (464 f.); *Folger*, Assessing Community Dispute Resolution Needs, in: *Duffy/Grosch/Olczak*, Community Mediation – A Handbook for Practitioners (1991), 53f.

6 Eingehend *Hensler*, Our Courts, Ourselves: How the Alternative Dispute Resolution Movement Is Re-shaping Our Legal System, 108 Penn St. L. Rev. 165 (170f.) (2003); Alfini/Press/Sternlight/Stulberg, Mediation Theory and Practice (2001), 8f.

7 S. *Hedeen*, Coercion and Self-Determination in Court-Connected Mediation: All Mediators Are Voluntary, But Some Are More Voluntary Than Others, 26 Just. Sys. J. 273 (276 f.) (2005).

8 So ausdrücklich die für den kalifornischen Judicial Council angefertigte Studie: Alternative Dispute Resolution in Civil Cases – Report of the Task Force on the Quality of Justice Subcommittee on Alternative Dispute Resolution and the Judicial System (August 1999), VI: "With regard to private ADR in general, an often-expressed concern is that the availability of these services is creating a "two-tier" system of justice, where the wealthy use private ADR while the poor and middle class are shut out of the private ADR market and forced to stay within the court system. … While the subcommittee did not have sufficient empirical information to allay these fears, there is information suggesting that the use of ADR is not limited to the wealthy. In addition, with the advent of delay reduction and court-related civil ADR programs, the courts are providing swifter resolutions and more options to civil litigants. Finally, civil ADR services are available through community ADR programs."

Verfassungsrecht wieder. Er wird in der Praxis aber häufig durch den vorschnellen Hinweis auf Art. 92 GG verdeckt, der die rechtsprechende Gewalt den Richtern vorbehält. Es ist zwar richtig, dass die Verwirklichung der Privatautonomie maßgeblich von den Möglichkeiten zur Rechtsdurchsetzung abhängt[9]. Verfassungsrechtlich garantierte Freiheit wird so zur Legitimationsquelle für staatliches Handeln durch Urteile staatlicher Gerichte. Daraus folgt nicht zwingend, dass die Privatautonomie der Parteien nur durch staatliche Gerichtsverfahren geschützt werden muss.

In den Rechtsordnungen einzelner Transformationsstaaten werden Formen außergerichtlicher Streitbeilegung als Mittel angesehen, um Defizite staatlicher Justizgewähr zu beseitigen[10]. Schließlich zeigen die Erfahrungen mit der gerichtsnahen Mediation in Niedersachsen, dass für die Beteiligten die ‚selbst gestaltete' Verfahrens- und Verteilungsgerechtigkeit eine zentrale Rolle spielt[11]. In der gegenwärtigen gesetzgeberischen Diskussion geht es nicht darum, ob ein existierendes Justizsystem abgeschafft und durch eine private Alternative ersetzt werden soll[12]. Vielmehr sind die Grenzen zwischen staatlicher Justiz und privaten Alternativen auch durch die ökonomische Analyse zu bestimmen.

2. Ökonomische Rahmenbedingungen

a. Zur Theorie der öffentlichen Güter

In der ökonomischen Theorie des Verfahrensrechts stellt das Ergebnis des richterlichen Entscheidungsprozesses, der in einem Gerichtsverfahren gewonnene Rechtssatz, ein öffentliches Gut dar[13], das jedermann zugänglich ist[14]. Diese

---

9 Vgl. *Weber*, Europäisches Zivilprozessrecht und Demokratieprinzip, Veröffentlichungen zum Verfahrensrecht 61 (2009), 135 f.

10 Vgl. *Spamann*, Legal Origin, Civil Procedure, and the Quality of Contract Enforcement, JITE 166 (2010), 149 f.

11 S. *Spindler*, Abschlussbericht zum Forschungsprojekt ‚Gerichtsnahe Mediation in Niedersachsen', Göttingen September 2006 (http://lehrstuhl-spindler.uni-goettingen.de/pub/web/fileadmin/Forschungsbericht-Mediation.pdf).

12 S. jetzt auch den Referentenentwurf des Bundesjustizministeriums für ein Gesetz zur Förderung der Mediation und anderer Verfahren außergerichtlicher Streitbeilegung vom August 2010 (http://www.bmj.bund.de/files/2480108f7c1dd56b96c0843ef109fb3c/4646/RefE_Mediationsgesetz_20100803.pdf).

13 Vgl. *McGovern*, Toward a Functional Approach for Managing Complex Litigation, 53 U. Chi. L. Rev. 440 (443 f.) (1986); *Verkuil*, Privatizing Due Process, 57 Admin. L. Rev. 963 (985) (2005).

14 Diese Einschätzung trifft auch dann noch zu, wenn in einzelnen Rechtsordnungen der Weg zur staatlichen Justiz prohibitiv kostspielig ist. Anders als bei den sog. Club-Gütern ist kein besonderer Zulassungsakt durch die anderen Club-Mitglieder erforderlich (vgl. George/Guthrie, Induced Litigation, 98 Nw. U. L. Rev. 545 (555 f.) (2004)). Zu prüfen ist dann aber, ob durch die Privatisierung des Justizgewährungsanspruchs

positiven externen Effekte staatlicher Rechtsprechungstätigkeit[15] rechtfertigen die Subventionierung durch den Steuerzahler[16]. Gegenstand der Justizpolitik ist, wie hoch diese Subventionierung ausfallen soll[17]. Indem die Zivilverfahren allen Rechtssuchenden zugänglich sind, verwirklichen sie den verfassungsrechtlich geschützten Justizgewährungsanspruch. Dabei trägt der Justizgewährungsanspruch selbst Merkmale eines öffentlichen Gutes in sich. Von ihm gehen Impulse aus, für eine möglichst effiziente Allokation knapper Ressourcen zu sorgen[18]. Damit ist zu überprüfen, in welchem Umfang das öffentliche Gut ‚Rechtsfortbildung durch Rechtsprechung' einer Überbeanspruchung ausgesetzt ist und einer effizienteren Nutzung zugeführt werden muss.

Die hier skizzierten Zusammenhänge sind in der Literatur plakativ unter dem Stichwort der Tragödie der öffentlichen Güter (‚tragedy of the commons')[19] beschrieben worden. Es herrscht Einigkeit darüber, dass sich einer derartigen Überbeanspruchung durch eine partielle Privatisierung entgegensteuern lässt, wobei die Einführung von Marktmechanismen eine effizientere Nutzung gewährleisten soll. Die Verfahren zur alternativen Streitbeilegung weisen in diese Richtung. Umgekehrt kann die misslungene Ausgliederung von Streitbeilegungsverfahren aus dem staatlichen Bereich Externalitäten hervorrufen, die einen erneuten staatlichen Eingriff erfordern[20]. In diesem Zusammenhang spielen die verfahrensrechtlichen Gewährleistungen eine maßgebliche Rolle, die für die Verfahren der außergerichtlichen Streitbeilegung entwickelt worden sind. Eben-

---

nicht nur ein Kosteneffekt für die öffentlichen Haushalte sondern auch ein Zugewinn an Rechtsschutz für die Rechtssuchenden entsteht.

15 Vgl. *Hylton*, Agreements to Waive or to Arbitrate Legal Claims: An Economic Analysis, 8 Sup.Ct. Econ Rev. 209 (236) (2000).

16 Vgl. *Schäfer*, Kein Geld für die Justiz – Was ist uns der Rechtsfrieden wert?, in: Bundesministerium der Justiz/Lewisch/Rechberger (Hrsg.), 100 Jahre ZPO – Ökonomische Analyse des Zivilprozesses (Wien 1998), 251 (256 f.); *Easterbrook*, Justice and Contract in Consent Judgments, 1987 U. Chi. Legal F. 19 (27 f.); Longa, Congress, the Courts, and the Long Range Plan, 46 Am. U. L. Rev. 625 (662 f.) (1997).

17 *Posner*, The Federal Courts – Challenge and Reform (1996), 196 f.

18 So Merrill, Dolan v. City of Tigard: Constitutional Rights as Public Goods, 72 Denv. U. L. Rev. 859 (883) (1995), im Hinblick auf das verfassungsrechtlich geschützte Recht auf Entschädigung bei einer Enteignung.

19 S. *Pritchard*, Auctioning Justice: Legal and Market Mechanisms for Allocating Criminal Appellate Counsel, 34 Am. Crim. L. Rev. 1161 f. (1997); *Daniels*, Emerging Commons and Tragic Institutions, 37 Envt'l. L. 515 f. (2007).

20 Krit. *Heller*, The Tragedy of the Anticommons: Property in the Transition from Marx to Markets, 111 Harv. L. Rev. 621 (622 f.) (1998); und *Pearlstein*, The Justice Bazaar: Dispute Resolution Through Private Ordering as a Superior Alternative to Authoritarian Court Bureaucracy, 22 Ohio St. J. Disp. Resol. 739 (764 f.) (2007), der die gerichtsnahen Mediationsverfahren als Hindernis auf dem Weg zu einem Markt für private Streitschlichtung ansieht.

so sind die negativen Außenwirkungen zu berücksichtigen, die von verfahrensbeendenden Mediationsvereinbarungen ausgehen können[21].

b. Private Präferenzen: Streitige Verfahren und Vergleichsabschluss

Bei der Entscheidung für ein streitiges Verfahren bleiben die sozialen Kosten der privaten Nutzenmaximierung regelmäßig außer Betracht[22]. Für den einzelnen bleibt die Rechtsverfolgung im Rahmen eines Zivilverfahrens vorteilhaft, solange der private Nutzen regelmäßig höher als die Kosten ausfällt[23]. Erfolgreiche Mediationsverfahren machen die Subventionierung des Gerichtswesens durch den Gesetzgeber (teilweise) überflüssig, weil die Parteien vor Eröffnung eines förmlichen Hauptverfahrens einen Vergleich schließen. Die Attraktivität staatlicher Programme zur alternativen Streitbeilegung hängt davon ab, wie sich die positiven und negativen Wirkungen eines Vergleichs zu denen einer verfahrensbeendenden Gerichtsentscheidung verhalten.

Bei einem Vergleich verkauft der Kläger das Recht an den Beklagten und verspricht, den Prozess nicht bis zum Endurteil fortzusetzen[24]. Mediationsverfahren enthalten den (zeitweiligen) Verzicht auf das Recht, einen förmlichen Rechtsstreit zu führen, und begründen die Verpflichtung zu Vergleichsverhandlungen im Rahmen einer Mediation. Mit dem Abschluss einer derartigen Verhandlung privatisieren die Beteiligten das öffentliche Gut „Streitentscheidung durch den Richter" und weisen ihrer gegenseitigen Ansprüchen die Eigenschaft von Verfügungsrechten (*property rights*) zu, über die sie ohne die Einschaltung eines staatlichen Gerichts zu verhandeln. Die Vergleichsverhandlungen werden damit der vertragstheoretischen Analyse zugänglich.

Der Erfolg der Verhandlungen hängt davon ab, ob ausreichend rechtliche und ökonomische Anreize bestehen, unter Marktbedingungen zu einem Ergebnis zu

---

21 S. in diesem Zusammenhang den Hinweis von *Regan*, The Problem of Social Cost Revisited, 15 J. L. & Econ. 427 (437) (1972), mit vom Coase-Theorem diktierten Transaktionskostenansatz werde nicht die Untersuchung überflüssig, welche Externalitäten ein Vertragsabschluss gegenüber Dritten entfalte, die an den Verhandlungen nicht teilgenommen hätten. Ähnl. *Ledebur*, The Problem of Social Cost, 26 Am. J. Econ. & Soc. 399 (412) (1967). *Kovach*, Privatization of Dispute Resolution: In the Spirit of Pound; But Mission Incomplete: Lessons Learned in a Possible Blueprint for the Future, 48 S. Tex. L. Rev. 1003 (1029 f.) (2007), beschränkt sich darauf, die sozialen Kosten eines privaten Systems alternativer Streitbeilegung zu beschreiben, verzichtet aber auf eine Analyse der „Drittwirkungen" von verfahrensbeendenden Vergleichen, die sich in einzelnen Rechtsgebieten besonders nachteilig auswirken.

22 Vgl. *Shavell*, The Fundamental Divergence between the Private and the Social Motive to Use the Legal System, 26 J. Legal Stud. 575 f. (1997).

23 *Lewisch*, Der Zivilprozeß – Soziales Übel oder soziale Wohltat?, in: 100 Jahre ZPO, FN 16, 97 (101); vgl. *Bone*, Civil Procedure – The Economics of Civil Procedure (2003), 20 f.

24 *Posner*, Economic Analysis of Law (6. Aufl. 2003), 576.

kommen, dessen Nutzen über dem durch einen Prozess zu erzielenden liegt. Das Verfahrensrecht kann private Streitbeilegungstätigkeit fördern, indem es einklagbare Rechte aus Mediationsvereinbarungen und den im Rahmen der Mediation abgeschlossenen verfahrensbeendenden Vergleichen gewährt. In rechtspolitischer Sicht erkennt das Recht in den USA die Teilprivatisierung eines öffentlichen Gutes durch private Vereinbarung an und weist damit der Entscheidung einer rechtlichen Auseinandersetzung größere Bedeutung zu als dem Präjudizienrecht. Bei den Parteien entscheidet dann die persönliche Nutzenanalyse über die Bereitschaft, eine Auseinandersetzung durch einen Vergleich abzuschließen[25].

c. Kostenerwägungen bei Vergleichsverhandlungen

Vereinbarungen über alternative Streitbeilegungsmechanismen werden im Bereich der gerichtsnahen Mediation regelmäßig *ex post* abgeschlossen. Dabei stehen die Beteiligten im Wesentlichen vor zwei Entscheidungssituationen. Lässt die Analyse ein eindeutiges Ergebnis des bevorstehenden Rechtsstreits erwarten, ist es im Interesse beider Parteien, einen verfahrensbeendenden Vergleich zu schließen[26]. Schwierigkeiten bereiten dagegen Verfahren zur alternativen Streitbeilegung, bei denen sich wegen Unsicherheit keine Einschätzung über den möglichen Verfahrensausgang geben lässt[27]. Für die Parteien besteht unter diesen Umständen keine Veranlassung, ein Verfahren der alternativen Streitbeilegung zu wählen. An dieser Stelle setzen sich in den USA die staatlichen Regulierungen zur zwingenden Durchführung von Mediationsverfahren über die mikroökonomisch begründeten Bedenken der Parteien hinweg. Die gerichtsnahen Mediationsverfahren werden aus justizpolitischen Gründen angeordnet und verändern die einem Rechtsstreit zugrunde liegenden Anreizstrukturen, obwohl im Einzelfall unsicher sein kann, dass ausschließlich positive Kosteneffekte eintreten. Für die Parteien, die trotz Ungewissheit über das zu erwartende Ergebnis an einem Verfahren teilnehmen, besteht die Hoffnung, im Rahmen eines freiwilligen Informationsaustausches mit Hilfe eines Mediators mehr Einblick in die strategischen Erwägungen der Gegenseite zu erhalten als bei einem *discovery*-Verfahren. Aus der Perspektive eines öffentlichen Gutes trägt die Veränderung der privaten Anreizstrukturen dazu bei, vor allem die Streitbeilegung zu fördern.

---

25 Vgl. *Lieberman/Henry*, Lessons from the Alternative Dispute Settlement Resolution Movement, 53 U. Chi. L. Rev. 424 (430 f.) (1986).
26 Vgl. *Hylton*, FN 15, 8 Sup. Ct. Econ. Rev. 209 (226) (2000).
27 *Shavell*, Alternative Dispute Resolution, 24 J. Legal Stud. 1 (15 f.) (1995).

II. US-amerikanisches Recht der Mediation - Regelungsmodelle

1. Rahmenbedingungen

In den USA haben die zivilrechtlichen Streitbeilegungsverfahren im Rahmen der Alternative Dispute Resolution ihren Ausgangspunkt im Familienrecht genommen[28]. 1981 hat Kalifornien als erster Staat die Durchführung eines Mediationsverfahrens bei Auseinandersetzungen über das Recht der elterlichen Sorge und den Umfang des Besuchsrechts für Kinder vorgeschrieben[29]. Das National Center for State Courts definiert Mediation als Verfahren zur Verfahren zur alternativen Streitbeilegung, in dem die Beteiligten (‚disputants') unter Hilfe eines neutralen Dritten, des Mediators, selbstbestimmt eine beiderseits zufriedenstellende Lösung finden[30]. Vergleichbare Definitionen finden sich im Recht von Kalifornien[31], Texas[32] und Florida[33]. Zu den führenden Staaten im Mediationsrecht zählen heute Kalifornien, Florida und Ohio und in geringerem Umfang auch Texas[34].

---

28 *Rosenberg/Folberg*, Alternative Dispute Resolution: An Empirical Analysis, 48 Stanf. L. Rev. 1487 (1994).

29 *Lawrence*, Capitulate or Else: San Diego's Mandatory Mediation Process and Procedural Fairness, 16 J. Contemp. Legal Issues 247 (248) (2007).

30 National Center for State Courts, Alternative Dispute Settlement Resolution (ADR), Mediation – An Overview (http.//www.ncsconline,org/wc/CourTopics/overview.asp?topic=ADRMed).

31 § 1775.1 (a) des kalifornischen Code of Civil Procedure lautet: "…, "mediation" means a process in which a neutral person or persons facilitate communication between the disputants to assist them in reaching a mutually acceptable agreement."

32 § 154.023 (Mediation) des Texas Civil Practice & Remedies Code lautet: Mediation is a forum in which an impartial person, the mediator, facilitates communication between parties to promote reconciliation, settlement, or understanding among them. A mediator may not impose his own judgment on the issues for that of the parties…

33 § 44.1011 (2) der Florida Statutes lautet: „Mediation" means a process whereby a neutral third person called a mediator acts to encourage and facilitate the resolution of a dispute between two or more parties. It is an informal and nonadversarial process with the objective of helping the disputing parties reach a mutually acceptable and voluntary agreement. In mediation, decisionmaking authority rests with the parties. The role of the mediator includes, but is not limited to, assisting the parties in identifying issues, fostering joint problem solving, and exploring settlement alternatives...

34 S. die Berichte bei *Sander*, Developing the MRI (Mediation Receptivity Index), 22 Ohio St. J. on Disp. Resol. 599f. (2007); *Nieuwveld*, Florida Continues to Lead the Nation in Mediation, 81-Aug. Fla. B. J. 48f. (2007); *Tetunic*, Florida Mediation Case Law: Two Decades of Maturation, 28 Nova L. Rev. 87f. (2003); *Scott*, The Law of Mediation in Texas, 37 St. Mary's L. J. 325f. (2006).

Das geschriebene US-amerikanische Recht zur alternativen Streitbeilegung stützt sich auf Normen des Bundesrechts, einzelstaatliche Mediationsgesetze und die Verfahrensordnungen, die die einzelnen Gerichte für den Bereich ihres Bezirks erlassen haben. Vor diesem Hintergrund haben sich an die örtlichen Gegebenheiten angepasste Streitbeilegungsmodelle entwickelt, die mit unterschiedlicher Intensität die Durchführung eines Mediationsverfahrens fördern. Neben Anreizstrukturen, die sich auf indirekte, finanzielle Sanktionen beschränken, finden sich im Rahmen des richterlichen Ermessens gegebene verfahrensleitende Anordnungen, nach Klageerhebung zunächst ein Mediationsverfahren durchzuführen. Die mediationsrechtliche ‚Reife' des einzelstaatlichen Rechts hängt sicherlich vom Umfang des kodifizierten Rechts und des Richterrechts ab. Daneben spielt eine nicht zu unterschätzende Rolle, in welchem Umfang die Parlamente der einzelnen Bundesstaaten bereit sind, Haushaltsmittel für die Durchführung von Pilotprojekten und ständigen Mediationsprogrammen zur Verfügung zu stellen. Dabei stößt die gesetzgeberische Aufforderung, durch örtliche Ausführungsvorschriften die alternative Streitbeilegung zu unterstützen, auf richterliche Zurückhaltung, wenn auf die Ausweitung der Mediation eine Verlagerung der Mittel aus dem klassischen Geschäftsbereich heraus folgt[35]. In den letzten Jahren hat die mediationsrechtliche Diskussion auch die Berufungsgerichte erreicht, die vor ähnlichen Herausforderungen stehen wie die erstinstanzlichen Gerichte. Offenbar ist nicht beabsichtigt, die Belastungen der Gerichte durch eine Erschwerung der Berufungszulassungsvoraussetzungen zu mildern. Vielmehr wird erwogen, die Prozessflut durch die Einführung von Mediationsverfahren zu kanalisieren[36].

Die Prozessordnungen des Bundes und der Einzelstaaten gestatten den Richtern, im Interesse einer möglichst schnellen und effizienten Erledigung des Rechtsstreits ein umfassendes Verfahrensmanagement zu betreiben, ohne dass die Eröffnung des Hauptverfahrens unter Beteiligung einer Jury notwendig wird. Die prozessuale Vorbereitungsphase ist häufig von größerer Bedeutung als die seltener werdenden Hauptverfahren[37]. In sog. *pre-trial conferences* erörtern der

---

35 *Brazil*, Court ADR 25 Years after Pound; Have We Found a Better Way?, 18 Ohio St. J. on Dispute Resol. 93 (128) (2002).

36 *Torregrossa*, Appellate Mediation in the Third Circuit – Program Operations: Nuts, Bolts and Practice Tips, 47 Villanova L. Rev. 180f. (2002); *Chambers*, The Alabama Appellate Mediation Program: How and Why It Will Work, 65 Ala. Law. 180 (182f). (2004); *Becker*, Mediation in the New Mexico Court of Appeals, 1 J. App. Prac. & Process 367f. (1999) (zu einem Pilotprojekt an dem Berufungsgericht von New Mexico); *Newman/Friedman*, Appellate Mediation in Pennsylvania, 75 Pa. B.A.Q 93 (102f.) (2004).

37 S. *Stipanowich*, ADR and the "Vanishing Trial": The Growth and Impact of "Alternative Dispute Resolution", 1 J. Emp. Leg. Stud. 843f. (2004); krit. hierzu *Welsh*, The Place of Court-Connected Mediation in a Democratic Justice System, 5 Cardozo J. Conflict Res. 117 (135f.) (2004).

zuständige Richter und die Parteien den weiteren Verlauf des Rechtsstreits und suchen nach Möglichkeiten zur Erledigung durch Vergleich[38]. Diese Zusammenhänge erklären, warum sich die Mechanismen zur Streitbeilegung ohne größere Schwierigkeiten in die bestehenden Verfahrensabläufe haben integrieren lassen[39].

2. *Verfahrensrechte, Dispositionsfreiheit und Privatautonomie*

Die weitgehende Institutionalisierung und Instrumentalisierung der Mediationsverfahren hat in den USA die Diskussion um die Verfahrensrechte der Parteien neu belebt[40]. Vordergründig geht es dabei um die Frage, in welchem Umfang der Mediator seine lediglich vermittelnde Rolle zugunsten einer wertenden, die Streitentscheidung vorwegnehmende Verfahrensleitung aufgeben darf. Im Kern sind hierbei die Dispositionsfreiheit und die Privatautonomie der Parteien berührt, denen ihr Recht auf ein Verfahren nicht entzogen werden darf[41]. Die Gerichte müssen aus einem verfahrensrechtlichen Dilemma des Mediationsrechts herausfinden[42]. Die Dispositionsfreiheit der Parteien und ihre Bereitschaft zu einem Verfahren der außergerichtlichen Streitbeilegung lassen sich nur aufrechterhalten, wenn sie keinem Zwang ausgesetzt werden[43] und die Vertraulichkeit während des Meditationsgesprächs gewahrt bleibt[44]. Umgekehrt besteht ein

---

38 Vgl. *Friedenthal/Kane/Miller*, Civil Procedure (4. Aufl. 2005), § 7.8; und *Marcus/ Sherman*, Complex Litigation (4. Aufl. 2004), 938f.

39 Vgl. *Sherman*, The Impact on Litigation Strategy of Integrating Alternative Dispute Resolution into the Pretrial Process, 168 F.R.D. 75 (77f.) (1996); *Della Noce/Folger/ Antes*, Assimilative, Autonomous, or Synergistic Visions: How Mediation Programs in Florida Address the Dilemma of Court Connection, 3 Pepp. Disp. Resol. L. J. 11 (26f.) (2002).

40 S. die Übersicht über Rechtsprechung und Schrifttum bei: *Lynch*, Problems With Court-Annexed Mandatory Arbitration: Illustrations from the New Mexico Experience, 32 N.M. L. Rev. 181 (191f.) (2002).

41 Vgl. *Riskin*, Understanding Mediators' Orientations, Strategies, and Techniques: A Grid for the Perplexed, 1 Harv. Negot. L. Rev. 7f. (1996); *Bush/Folger*, The Promise of Mediation – The Transformative Approach to Conflict (Neubearb. Aufl. 2005), 41f.

42 Vgl. *Sherman*, Court-Mandated Alternative Dispute Resolution: What Form of Participation Should Be Required?, 46 SMU L. Rev. 2079 (2085f.) (1993).

43 *Welsh*, The Thinning Vision of Self-Determination in Court-Connected Mediation, 6 Harv. Negot. L. Rev. 1 (79f.) (2001).

44 *Coben/Thompson*, Disputing Irony: A Systematic Look at Litigation about Mediation, 11 Harv. Negot. L. Rev. 43 (57f.) (2006); *Wissler*, The Effects of Mandatory Mediation: Empirical Research on the Experience of Small Claims and Common Pleas Courts, 33 Willamette L. Rev. 565 (573f.) (1997); vgl. *Doré*, Secrecy by Consent: The Use and Limits of Confidentiality in the Pursuit of Settlement, 74 Notre Dame L. Rev. 283 (289f.) (1999).

Bedürfnis nach Sanktionsmechanismen, um die Ernsthaftigkeit der Verhandlungen während des Mediationsverfahrens zu gewährleisten.

3. Mediationsrechtliche Verfahrensvoraussetzungen

a. Einleitung

Kalifornien hat sich nicht vollständig von den informellen Anfängen der Streitbeilegung im staatsfernen Raum durch die sog. *Community Justice*-Programme gelöst. Mediationen für Bagatellstreitigkeiten werden von privaten Streitbeilegungsorganisationen durchgeführt, deren Tätigkeit der kalifornische Staat durch Zuschüsse unterstützt[45]. Von größerer Bedeutung sind jedoch die Normen über die ,gerichtsnahe' Mediation. Hier arbeitet das kalifornische Zivilverfahrensrecht mit einer Experimentierklausel. Die Mediation darf für allgemeine zivilrechtliche Verfahren angeordnet werden[46], deren Streitwert den Betrag von US $ 50.000 nicht übersteigt. Eine entsprechende Anordnung ergeht unabhängig von der Höhe des Streitwerts, wenn die Parteien sich auf die Durchführung der Mediation geeinigt haben. In der Praxis bemühen sich die Gerichte, den Übergang von vollständiger Dispositionsfreiheit zur zwingenden Mediation gleitend zu gestalten. Die örtlichen Verfahrensordnungen geben einer Parteivereinbarung zur Gestaltung des Verfahrens auch dann noch Vorrang, wenn das Gesetz – wie etwa im Familienrecht – ein streitiges Verfahren nur zulässt, wenn zuvor eine Mediation stattgefunden hat. Gleichzeitig illustrieren die örtlichen Verfahrensordnungen, dass die Mechanismen zur alternativen Streitbeilegung umfassender in das zivilprozessuale Vorverfahren integriert sind, als der Wortlaut der kalifornischen Zivilverfahrensordnung vermuten lässt.

In einigen Gerichtsbezirken ist bereits bei der Case Management Conference ein sog. Mediation Statement vorzulegen[47], das die Möglichkeiten zur Erledigung des Rechtsstreits durch Vergleich erörtert und durch die Vorlage einzelner Dokumente Teile des Discovery-Verfahrens vorwegnimmt. Andere lokale Verfahrensordnungen sehen lediglich die Vorlage eines Mediation Statements an den Mediator vor[48]. In Ohio kann das Gericht *ex officio*, auf Antrag einer Partei

---

45 S. Alternative Dispute Resolution in Civil Cases, FN 8, 44f.

46 Dagegen ist die Mediation in Familiensachen zwingend.

47 S. Rule 1.0106 der Local Court Rules des Superior Court of the County of Riverside und Superior Court Sacramento; für das sog. Civil Appeal Mediation State in Berufungsverfahren: Rule 1 (b) der Local Rules (Mediation in Civil Appeals) des California Court of Appeal, Third Appellate District.

48 S. Rule 6.12 der Court-Directed Mediation Rules des Superior Court in and for the County of Monterey; Rule 207 der Local Rules for the Superior Court of Contra Costa County, App. C (Rules of Practice for Alternative Dispute Resolution Programs); Rule 3.24 der Local Court Rules des Superior Court of the County of Ventura.

oder eines von den Parteien bereits ausgewählten Mediators ein Verfahren in die Mediation verweisen. Gegen einen Überweisungsbeschluss kann eine Partei Einwendungen vorbringen[49]. Der dann ergehende Beschluss ist nicht selbständig anfechtbar[50]. Parteien, die einem Mediationsverfahren fernbleiben, können mit Sanktionen belegt werden. Andere Gerichte Ohios legen wie in Kalifornien eine Obergrenze von US $ 50.000 für die Durchführung von Mediationsverfahren fest[51].

In Florida werden zivilrechtliche Bagatellstreitigkeiten durch die sog. Citizen Dispute Settlement Centers beigelegt, ohne dass bereits eine Klageschrift eingereicht werden muss[52]. Das Zivilverfahrensrecht Floridas konkretisiert anders als in Kalifornien und Ohio das richterliche Auswahlermessen bei der Anordnung eines zwingenden Mediationsverfahrens. Bei Schadensersatzklagen ist die Mediation unabhängig von einer Einzelprüfung einzuleiten, wenn eine der Parteien einen Antrag stellt und bereit ist, die anfallenden Kosten allein zu tragen, oder die zu erwartenden Kosten nach Billigkeitsgerichtspunkten unter den Parteien aufgeteilt werden können. Im Übrigen kann die Mediation *ex officio* angeordnet werden. Die Parteien sind verpflichtet, an den Mediationssitzungen teilzunehmen. Auf Antrag einer Partei kann das Mediationsverfahren beendet werden, wenn in der gleichen Sache bereits ein früheres Verfahren stattgefunden hat, lediglich Rechtsfragen streitig sind oder ein triftiger Grund zur Verfahrensbeendigung vorliegt[53]. Familienrechtliche Mediationsverfahren finden sich in allen Gerichtsbezirken Floridas[54]. Abhängig vom Einkommen der Parteien werden vom Gericht finanzierte Mediatoren zur Verfügung gestellt. Finanzielle Anreize zur Durchführung der Mediation werden für allgemeine zi-

---

49 Supreme Court of Ohio – Proposed Mediation Practice Rule (General), 17.11.2006.

50 So für das Recht von Texas: Materials Evolution Development USA, Inc. v. Jablonowski, 949 S.W.2d 31 (33) (Tex.App.-San Antonio, 1997); Scott, FN 22; 37 St. Mary's L. J. 325 (363 FN 230) (2006); Illinois: Short Bros. Const., Inc. v. Korte & Luitjohan Contractors, Inc, 828 N.E.2d 754 (755) (Ill.App. 5th Dist., 2005); für das US-Bundesrecht: Tutu Park, Ltd. v. O'Brien Plumbing Co., Inc., 180 FS 2d 673 (677) (D. V.I., 2002).

51 Planning Mediation Programs: A Deskbook for Common Plea Judges, The Ohio Supreme Court/The Ohio State University College of Law (2000), 7-7.

52 *Reshard*, Florida Mediation & Arbitration Programs: A Compendium – Dispute Resolution Center, Office of the State Courts Adminstrator, Tallahassee (19. Aufl. 2007), 21; *Gelfand*, Alternative Dispute Resolution, in: The Florida Bar, Florida Condominium Law and Practice, Chapter 11 (2003), § 11.4.

53 Rule 1.700 (2) (b) der Florida Rules of Civil Procedure.

54 In familienrechtlichen Streitigkeiten findet regelmäßig eine zwingende, automatische Überleitung des Verfahrens in die Mediation statt: S. ,The Mediations Process Instructions for Automatic Referrals in Family Law Cases, St. Petersburg Family Law Sections', St. Petersburg Circuit Court Administrative Order PI-CIR-2005-031, (http://www.jud6.org/ContactInformation/AlternativeDispute/AUTOCASESinstructionsSP0707.pdf).

vilrechtliche Streitigkeiten gegeben, soweit ihr Streitwert nicht US $ 15.000 übersteigt. Die Parteien haben sich innerhalb von zehn Tagen nach der richterlichen Anordnung, ein Mediationsverfahren durchzuführen, auf einen Mediator zu verständigen, mit dem sie eine Honorarvereinbarung zu treffen[55]. Kommt eine Einigung nicht zustande, ernennt das Gericht den Mediator[56].
Im Gegensatz zu Florida kennt das texanische Prozessrecht kein Recht auf ein *opt-out*. Die Parteien können gegen die Durchführung eines Mediationsverfahrens Einwendungen vorbringen[57]. Jedoch kann das Gericht eine Mediationsanordnung durchsetzen, wenn es im Gegensatz zu den Parteien der Meinung ist, ein Mediationsverfahren werde Chancen für eine Erledigung des Rechtsstreits durch Vergleich bieten[58]. Das kalifornische Recht respektiert den Vorrang der Entscheidung der Parteien bei der Auswahl des Mediators. Gleichzeitig haben die Gerichte in Zusammenarbeit mit den örtlichen Anwaltsvereinigungen und privaten Streitbeilegungsorganisationen eine Liste gerichtlich bestellter Mediatoren gebildet, die vor allem für die vom Gericht angeordneten Mediationsverfahren zur Verfügung stehen. In Florida hat der oberste Gerichtshof umfangreiche Regeln für zertifizierte und vom Gericht ernannte Mediatoren erlassen. So dürfen nur zertifizierte Mediatoren familienrechtliche Mediationsverfahren durchführen[59].

b. für die Eröffnung des Hauptverfahrens

In der Praxis schiebt eine Kombination von gesetzlichen Prozesshindernissen und privatrechtlichen Mediationsabreden die Eröffnung eines Hauptverfahrens hinaus. Verletzt eine Partei ihre Pflichten aus einer Mediationsabrede, können verfahrens- und materiell-rechtliche Sanktionen eintreten. So kann ein gerichtliches Verfahren bis zur Durchführung des Mediationsverfahrens ausgesetzt werden, wenn die Parteien sich früher auf die alternative Streitbeilegung

---

55 Florida Mediation & Arbitration Programs, *Reshard*, Florida Mediation & Arbitration Programs: A Compendium – Dispute Resolution Center, Office of the State Courts Adminstrator, Tallahassee (19. Aufl. 2007), 73.

56 Rule 1.720 (f) der Florida Rules of Civil Procedure.

57 S. § 154.022 (Notification and Objection) des Texas Civil Practice & Remedies Code:
(a) If a court determines that a pending dispute is appropriate for referral under Section 154.021 [Referral of Pending Disputes for Alternative Dispute Resolution Procedure], the Court shall notify the parties of its determination.
(b) Any party may, within 10 days after receiving the notice under Subsection (a), file a written objection to the referral.
(c) If the court finds that there is a reasonable basis for an objection filed under Subsection (b), the court may not refer the dispute under Section 154.021".

58 Decker v. Lindsay, 824 S.W. 2d 247 (249f.) (Tex. App. – Hous. [1st Dist.] (1992).

59 Florida Eighteenth Judicial District Administrative Order No. 07-19-B – In Re: Mediation – Family Mediation – Mandatory Referral of All Contested Family Law Cases to Mediation (§2 Family Mediators) (25. Juni 2007).

geeinigt hatten[60]. Ein kalifornisches Gericht hat eine Mediationsabrede gebilligt, mit der einer Partei die gesamten Anwaltskosten des späteren Prozesses aufgebürdet werden, wenn sie vor der Klageerhebung nicht an einem Mediationsverfahren teilnimmt[61].

c. Kostenfragen - Prozesskostenhilfe

Obwohl die Justizverwaltungen in den USA finanzielle Anreize zur Durchführung von Mediationsverfahren geben, existiert kein einheitliches Kostenrecht. Haushaltspolitische Erwägungen können sich so unmittelbar auf die Gestaltung der Gebührenmodelle für die von den Gerichten entwickelten Mediationsprogramme auswirken. Mit der deutschen Prozesskostenhilfe vergleichbare Mechanismen hängen davon ab, ob die Finanzierung gesichert ist[62]. In den Verfahrensrechten der einzelnen Bundesstaaten werden Gebühren für das Mediationsverfahren auf der Grundlage von Parlamentsgesetzen, der Verfahrensordnungen der obersten Gerichtshöfe und der Verfahrensvorschriften der örtlichen Gerichte festgesetzt.

Für förmliche Gerichtsverfahren ist anerkannt, dass einkommensschwache Parteien von den Kosten befreit werden können[63]. Einzelne Bundesstaaten lassen die Staffelung der Kosten nach dem Einkommen der Beteiligten zu[64]. In Kalifornien müssen sich Mediatoren zu einem Minimum an *pro-bono*-Tätigkeit verpflichten, wenn sie in die Liste der örtlich zugelassenen Mediatoren aufge-

---

60 Philadelphia Housing Authority v. Dore & Associates Contracting, Inc., 111 FS 2d 633f. (E.D. Pa., 2000); US v. Bankers Insurance Co., 245 F. 3d 315 (321f.) (4th Cir., 2001); Lynn v. General Electric Company, 2005 WL 701270 (D. Kan., 2005). Dazu: *Coben/Thompson*, FN 44, 11 Harv. Negot. L. Rev. 43 (108f.) (2006).

61 Leamon v. Krajkiewcz, 107 Cal. App. 4th 424 (433) (Cal. App. 5th Dist., 2003): "The economic inefficiency of this result may have been avoided if, prior to the judicial proceedings, a disinterested mediator had explained to Leamon and the Krajkiewczes the costs of litigating the dispute through to a judgment or a final resolution by an appellate court."

62 S. in diesem Zusammenhang die vom Superior Court of San Diego County zum 1.1.2008 beabsichtigte Neufassung der Local Rules of Court, die das bisher im Hinblick auf die Mediatorengebühren bestehende Verfahren für einkommensschwache Parteien („a pro bono/modest means procedure … available to qualified parties") beendet.

63 *Schopler*, 11 A.L.R. 2d 607f.; *Levin/Williams*, 20 C.J.S. Costs § 99, (jeweils mit Nachweisen aus der Rechtsprechung der Gerichte des Bundes und der Einzelstaaten).

64 S. Anmerkungen zu § 13.1 (Funding of Programs and Compensation of Mediators) der National Standards for Court-Connected Mediations Programs, FN 48. In Florida sind die Anwälte nicht verpflichtet, pro bono tätig zu werden. Jedoch besteht eine gesetzliche Verpflichtung darüber zu berichten, ob eine Kanzlei pro bono-Leistungen anbietet: *D'Alemberte*, in: Centennial Reflections on Roscoe Pound's The Causes of Popular Dissatisfaction with the Administration of Justice – Transcript of Panel Discussions, 48 S. Tex. L. Rev. 1079 (1117) (2007).

nommen werden wollen[65]. Der Superior Court von Sacramento erstattet die Mediatorenkosten vollständig, wenn das Verfahren innerhalb von drei Stunden beendet worden ist.

III. Zur Struktur eines Mediationsverfahrens

1. Verfahrensablaufs – Einzelheiten

a. ‚Staatsferne'

Obwohl Mediationsverfahren in den USA durch die Gerichtsprogramme zur alternativen Streitbeilegung weitgehend institutionalisiert worden sind, hat sich in den Verfahrensordnungen der Bundesstaaten ein ‚staatsfreier' Kern erhalten: Es fehlen fast vollständig kodifizierte Normen, die den Verfahrensablauf strukturieren. So bleibt die Gestaltungsfreiheit der Parteien gewahrt. Sie sollen unbeeinflusst von künftigen Sanktionen Chancen für eine einvernehmliche Lösung erkunden. Florida hat Ausführungsbestimmungen zu den Pflichten des Mediators erlassen, aus denen sich Anhaltspunkte für die rechtlich gebotene Strukturierung eines Mediationsverfahrens gewinnen lassen. Die Beteiligten sind darauf hinzuweisen, dass das Verfahren von der Zustimmung der Beteiligten getragen ist, der Mediator unvoreingenommen zwischen den Parteien vermittelt und die Kommunikationen zwischen den Parteien – vorbehaltlich entgegenstehender Bestimmungen – vertraulich sind. Der Mediator darf keinen Rechtsrat erteilen. Doch ist er befugt, auf das mögliche Ergebnis des Rechtsstreits bei streitiger Verhandlung im Hauptverfahren hinzuweisen und die sachliche Begründetheit eines Parteivortrags zu erörtern[66]. Bei Abschluss der Mediation durch Vergleich hat der Mediator auf die Protokollierung hinzuwirken und mit den Parteien und

65 S. § 10.781 (b) (Requirements to be on lists) der California Rules of Court:In order to included on a court list of ADR neutrals, an ADR neutral must sign a statement or certificate agreeing to: Comply with all applicable ethics requirements and rules of court; and serve as an ADR neutral on a pro-bono or modest-means basis in at least one case per year, not to exceed eight hours, if requested by the court. The court must establish the eligibility requirements for litigants to receive, and the application process for them to request, ADR services on a pro bono or modest-means basis.

66 S. Rule 10.370 (c) (Advice, Opinions, or Information): Personal or Professional Opinion. A mediator shall not offer a personal or professional opinion intended to coerce the parties, unduly influence the parties, decide the dispute, or direct a resolution of any issue. Consistent with the standards of impartiality and preserving party self-determination however, a mediator may point out possible outcomes of the case and discuss the merits of a claim or defense. A mediator shall not offer a personal or professional opinion as to how the court in which the case has been filed will resolve the dispute.

den Anwälten zu besprechen, wie die Einigung formalisiert und umgesetzt werden kann[67].

b. Sanktionen

Nach den Verfahrensordnungen des Bundes und der Einzelstaaten können die Parteien in unterschiedlichem Umfang gezwungen werden, an einer Mediation teilzunehmen. Jedoch besteht keine Verpflichtung, an einem verfahrensabschließenden Vergleich teilzunehmen. Die Gerichte scheuen Sanktionen, die Parteien veranlassen könnten, eine bestimmte Verhandlungsstrategie zu verfolgen[68]. So orientieren sich die Sanktionen eher an formalen Kriterien. Missbraucht eine Partei das vorprozessuale Verfahren für ihre Zwecke und torpediert dann das Mediationsverfahren, kann das Gericht die nachfolgende Klage als unzulässig abweisen. Unter Umständen hat ein Anwalt, der ein gesetzlich vorgeschriebenes Mediationsverfahren scheitern lässt, auch mit standesrechtlichen Konsequenzen zu rechnen[69]. Kalifornische und texanische Gerichte haben einer Partei, die sich dem Abschluss eines verfahrensbeendenden Vergleichs verweigert hatte, die Kosten des gesamten Mediationsverfahrens auferlegt, weil die andere Seite im nachfolgenden Hauptverfahren obsiegte[70].

c. Beendigung des Mediationsverfahrens – Durchsetzung des Vergleichs

Im Bereich der gerichtlich angeordneten Mediation verpflichten die Verfahrensordnungen den Mediator, dem Gericht Mitteilung über den Ausgang des Verfahrens zu machen. Legen die Parteien den Rechtsstreit nicht bei, wird das Gerichtsverfahren wieder aufgenommen. Schließen die Parteien einen verfah-

---

67 Rule 10.420 (c) der Florida Rules for Certified & Court-Connected Mediators. In der Praxis protokolliert der Mediator häufig den verfahrensbeendenden Vergleich: *Soto*, Environmental Regulatory Mediation, 8 Tex. Tech. Admin. L.J. 253 (258f.) (2007); *Sharp*, The Many Faces of Mediation Confidentiality, 53-NOV Disp. Resol. J. 56 (62) (1998); *Blau*, Available Dispute Resolution Processes Within the Reauthorized Individuals with Disabilities Education Improvement Act (IDEIA) of 2004: Where Do Mediation Principles Fit In?, 7 Pepp. Disp. Resol. L.J. 65 (81) (2007).

68 S. Texas Parks and Wildlife Department v. Davis, 988 S.W. 370 (375f.) (Tex. App. – Austin, 1999).

69 Zum gewandelten Rollenverständnis der Anwälte in Mediationsverfahren: *Kovach*, Good Faith in Mediation – Requested, Recommended, or Required? A New Ethic, 38 S. Tex. L. Rev. 575 (604f.9 (1997).

70 Zum kalifornischen Recht: Gibson v. Bobroff, 49 Cal. App. 4th 1202 (1208f.) (Cal. App. 1st Dist., 1996); Trends v. Dale Pope Development, 1997 WL 33800614 (Cal. App. 2nd Dist., 1997); zum texanischen Recht: Paul v. Paul, 870 S.W. 2d 349 (350) (Tex. App.-Waco, 1994); State and County Mutual Fire Insurance Company Through Southern United Agency of Texas, Inc. v. Walker, 2002 WL 34157225 (Tex. App.-Fort Worth, 2002).

rensbeendenden Vergleich, empfiehlt es sich, die Einigung schriftlich festzuhalten. Die Anforderungen an die Schriftform sind in den Verfahrensordnungen der USA nicht einheitlich. Im Wesentlichen bestimmen die Rahmenbedingungen für die Durchsetzung der Rechte aus dem Vergleich die formellen Anforderungen an die Dokumentation der Einigung. Im Bereich der ‚gerichtsnahen' Mediation wird der Vergleich oft zu Protokoll des Gerichts gegeben[71]. Kommt eine der Parteien ihren Pflichten aus dem Vergleich nicht nach, ist eine vertragsrechtliche Klage zu erheben.

Verfahrensbeendende Vergleiche werden so weit wie möglich durchgesetzt, um die mit einem Mediationsverfahren erzielte Kostenersparnis nicht zu gefährden[72]. Die US-amerikanische Rechtsprechung legt die Vergleiche grundsätzlich nach vertragsrechtlichen Gesichtspunkten aus. Hierbei kommt es jedoch immer wieder zu Schwierigkeiten, weil an der Schnittstelle zwischen Streitbeilegung und kontradiktorischem Verfahren vertrags- und prozessrechtliche Wertungen aufeinandertreffen. So stellt sich etwa die Frage, ob auch Grundsätze über den mündlichen Abschluss von Verträgen berücksichtigt werden dürfen[73]. Ist etwa der protokollierte Vergleich unvollständig, besteht das Bedürfnis, ihn mit Hilfe von Zeugenaussagen auszulegen.

2. Spätere richterliche Prüfung des Mediationsverfahrens und -vergleichs?

Mediationsverfahren führen zu einem Verlust an Öffentlichkeit. Die praktischen Konsequenzen erschließen sich unmittelbar für das Produkthaftungsrecht. Die für produkthaftungsrechtliche Gerichtsverfahren typische Warnfunktion geht verloren, wenn die Verbraucher von der Beendigung eines Rechtsstreits durch Vergleich keine Kenntnis erhalten und dadurch eine produkthaftungsrechtliche Gefahrenlage fortbesteht[74]. Damit stellt sich die Frage, unter welchen

---

71 In Florida sind Bestrebungen, die Voraussetzungen für die gerichtliche Registrierung eines verfahrensbeendenden Vergleichs zu kodifizieren, gescheitert. Danach wäre ein Vergleich in einem schriftlichen Verfahren durch einen Gerichtsbeschluss gebilligt worden: S. *Johnson*, Confidentiality in Mediation: What Can Florida Glean From the Uniform Mediation Act?, 30 Fla. St. U. L. Rev. 487 (497) (2003).

72 Treasure Coast, Inc. V. Ludlum Construction Co., Inc., 760 So. 2d 232 (234) (Fla. App. 4th Dist., 2000): "…Settlements are highly favored as a means to conserve judicial resources, and will be enforced when it is possible to do so."

73 Zur Anwendung der vertragsrechtlichen Grundsätze des common law auf die ein Mediationsverfahren beendenden Vergleiche: *Thompson*, Enforcing Rights in Court-Connected Mediation – Tension Between the Aspirations of Private Facilitative Process and the Reality of Public Adversarial Justice, 19 Ohio St. J. on Disp. Resol. 509 (520f.) (2004).

74 S. den *von Brennowitz*, Deadly Secrecy: The Erosion of Public Information Under Private Justice, 19 Ohio St. J. on Disp. Resol. 679 (2004), geschilderten tödlichen Unfall,

Voraussetzungen die Vertraulichkeit der Mediationsverhandlungen eingeschränkt werden muss[75].

Die Gerichte weisen ohne Rückgriff auf die besonderen Beweisverwertungsverbote des Mediationsrechts den Rücktritt einer Partei von den Verpflichtungen aus einem Vergleich zurück, der im Übrigen wirksam abgeschlossen worden ist[76]. Einige Staaten in den USA überlassen den Richtern die Entscheidung, wie weit sie im Einzelfall in einem späteren Prozess Kommunikationen zwischen den Parteien eines Mediationsverfahrens einer vertragsrechtlichen Überprüfung unterziehen wollen. Eine entgegengesetzte Position nimmt das kalifornische Zivilverfahrensrecht ein. Dort erfasst ein weitgehendes Beweisverwertungsverbot schriftliche oder mündliche Kommunikationen, die im Vorfeld oder während eines Mediationsverfahrens gemacht worden sind[77]. Zeugenaussagen über den Ablauf eines Mediationsverfahrens sind ebenfalls unzulässig. Sofern nicht alle Beteiligten zustimmen, darf der Mediator dem Gericht nur mitteilen, ob ein Vergleichsvertrag zustande gekommen ist[78]. Der Schutz der Vertraulichkeit gilt auch nach Abschluss des Verfahrens[79]. Ausnahmsweise dürfen Beweismittel in einem späteren Verfahren nur verwendet werden, wenn sie nur in ein Mediationsverfahren eingeführt worden sind, nicht aber Gegenstand der Verhandlungen gebildet oder als Grundlage für den Vergleich gedient haben[80]. Sonst darf die Vertraulichkeit des Mediationsverfahrens nur mit Zustimmung der Parteien durchbrochen werden.

Im Gegensatz zu der Rechtsprechung des obersten Gerichts von Kalifornien haben Instanzgerichte die Auffassung vertreten, der gesetzliche Schutz der alter-

---

nachdem sich bereits eine Reihe vergleichbarer Fälle aufgrund eines fehlerhaften Produkts ereignet hatten, die aufgrund der Beilegung in einem Verfahren der alternativen Streitbeilegung der Öffentlichkeit nicht bekannt gemacht worden waren.

75 Krit. *Doré*, Public Courts Versus Private Justice: It's Time to Let Some Sun Shine in on Alternative Dispute Resolution, 81 U. Chi.-Kent L. Rev. 463 (499f.) (2006); dies., Settlement, Secrecy, and Judicial Discretion: South Carolina's New Rules Governing the Sealing of Settlements, 55 S.C. L. Rev. 791 (804f.) (2004).

76 *Coben/Thompson*, FN 44, 11 Harv, Negot. L. Rev. 43 (78f.) (2006); *Scott*, The Law of Mediation in Texas, 37 St. Mary's L. J. 325 (366f. (2006); *Tetunic*, Florida Mediation Case Law: Two Decades of Maturation, 28 Nova L. Rev. 87 (113f.(2003); s. auch Sponga v. Warro, 698 So. 2d 621 (625) (Fla. App. 5th Dist., 1997); Murchison v. Grand Cypress Hotel Corporation, 13 F. 3d 1483 (1487) (11th Cir., 1994).

77 S. § 1119 des kalifornischen Evidence Code und den Überblick bei *Coben/Thompson*, FN 44, 11 Harv. Negot. L. Rev. 43 (64f.) (2006); *Stoll*, Comment – „We Decline to Address“: Resolving the Unanswered Questions Left By Rojas v. Superior Court to Encourage Mediation and Prevent Improper Shielding of Evidence, 53 UCLA L. Rev. 1549 (1559f.) (2006); *Scallen*, Relational and Informational Privileges and the Case of the Mysterious Mediation Privilege, 38 Loy. L. A. L. Rev. 537f (2004).

78 S. § 1121 des kalifornischen Evidence Code.

79 § 1126 des kalifornischen Evidence Code.

80 Wimsatt v. Superior Court, 152 Cal. App. 4th 137 (157) (Cal. App. 2nd Dist., 2007).

nativen Streitbeilegung sei sinnlos, wenn nicht überprüft werden könne, ob die Parteien und ihre Anwälte in ‚good faith' verhandelt hätten[81]. So sei auch für kalifornisches Recht eine *in camera*-Anhörung des Mediators zu erwägen[82]. Jedenfalls hat das oberste kalifornische Gericht nicht beanstandet, dass ein Mediator in einem Jugendstrafverfahren zur Aussage verpflichtet worden war, nachdem der Geschädigte im Mediationsverfahren zugegeben hatte, eine Falschaussage gemacht zu haben[83].

Der Uniform Mediation Act, den Ohio in leicht veränderter Form übernommen hat, bemüht sich um einen Ausgleich zwischen dem öffentlichen Interesse an Transparenz und den Bedürfnissen der Parteien[84]. Das Beweisprivileg erlischt, wenn alle Beteiligten eine entsprechende Vereinbarung unterzeichnet haben oder aufgrund zwingender gesetzlicher Bestimmungen ihre Mediationskommunikation der Öffentlichkeit zugänglich machen müssen. Hierzu zählen vor allem Mediationskommunikationen, in denen eine Straftat angedroht oder verborgen werden soll. Ebenso dürfen Informationen aufgedeckt werden, wenn damit Ansprüche wegen Verletzung der beruflichen Sorgfaltspflichten durchgesetzt oder Verfehlungen im Bereich der Betreuung von Kindern oder hilfsbedürftigen Erwachsenen geahndet werden sollen.

Das Modellgesetz gestattet nach einer *in camera*-Anhörung durch das zuständige Gericht *discovery*-Verfahren, wenn nur auf diesem Wege die Partei ihren Anspruch auf Rücktritt oder Abänderung eines Mediationsvergleiches geltend machen oder eine Haftungsklage aus dem Vergleich abwehren kann. Allerdings erstreckt sich die Ausnahme von dem Beweisverwertungsverbot nicht auf die *mündlichen* Kommunikationen zwischen den Verfahrensbeteiligten. So darf der Mediator auch nicht zu einer Zeugenaussage über die Mediationsverhandlungen gezwungen werden. Der Uniform Mediation Act bleibt hinter lokalen

---

81 Foxgate Homeowners' Association v. Bramalea California, Inc., 92 Cal. Rptr. 2d 916 (926f.) (Cal. App. 2nd Dist., 2000), dazu: *Lowry/Robinson*, Mediation Confidential, 24-May L.A. Lawyer 28 (32f.) (2001). S. die Rechtsprechungsanalysen in: Eisendrath v. Superior Court of Los Angeles County, 109 Cal. App. 4th 351 (360f.) (Cal. App. 2nd Dist., 2003); Stewart v. Preston Pipeline, Inc., 134 Cal. App. 4th 1565 (1572f.) (Cal. App. 3rd Dist., 2005); Wimsatt v. Superior Court of Los Angeles, 152 Cal. App. 4th 137 (152f.) (Cal. App. 2nd Dist., 2007). Vgl auch die Kritik von *Cole*, Protecting Confidentiality in Mediation: A Promise Unsettled?, 54 U. Kan. L. Rev. 1419 (1424f.) (2006), die vor missbräuchlichem Verhalten durch die Parteien und ihre Anwälte warnt.

82 Olam v. Congress Mortgage Company, 68 FS 2d 1110 (1131f.) (N.D. Cal., 1999), und Lande, Using Dispute System Design Methods to Promote Good-Faith Participation in Court-Connected Mediation Programs, 50 UCLA L. Rev. 69 (86f.) (2002).

83 S. Foxgate Homeowners' Association v. Bramalea California, Inc., 108 Cal. Rptr. 2d 642 (654f.) (Cal., 2001), und Rinaker v. Superior Court of San Joaquin County, 62 Cal. App. 4th 155 (Cal. App. 3rd Dist., 1998).

84 S. die Anmerkungen zu § 4 Uniform Mediation Act (2a. Rationale for privilege): „... The privilege structure carefully balances the needs of the justice system against party and mediator needs for confidentiality. ..."

Verfahrensordnungen zurück, die die Parteien verpflichten, in *good faith* zu verhandeln. Nach dem Modellgesetz lässt sich eine Obstruktion durch die Parteien nur verhindern, soweit sie mehrfach unentschuldigt fehlt.

3. Rechte und Pflichten der Mediatoren

In der Praxis beschränken sich die Mediatoren nicht darauf, lediglich den Dialog zwischen den Beteiligten zu moderieren. Vielmehr geben sie Bewertungen über die Erfolgschancen des Rechtsstreits ab[85], die aus der Sicht der Parteien den Eindruck der Verfahrensgerechtigkeit erhöhen[86]. Formelle Beschwerdeverfahren sind selten. Nur 17 Staaten haben bindende (staatliche) Verhaltenskodices erlassen, während für die rein privaten Mediatoren keine staatlich gesetzten Verhaltensnormen existieren[87]. Einige Staaten haben für den Bereich der ‚gerichtsnahen' Mediation einheitliche Beschwerdeverfahren eingeführt[88], während Kalifornien mit Sanktionssystemen arbeitet, die bei dem Gericht eingerichtet sind, das das konkrete Mediationsprogramm eingeführt hat[89]. Faktisch präzisieren auch die Gerichtsentscheidungen zu Wahrung der Vertraulichkeit des Verfahrens die Aufgaben des Mediators.

In der US-amerikanischen Diskussion ist die Präzisierung der Mediatorenpflichten unmittelbar mit der Verrechtlichung der Mediationsverfahren verknüpft. Dabei findet eine Abwägung zwischen dem Wunsch nach mehr Qualitätskontrolle und den möglichen negativen Anreizen statt, die ermessensbeschränkende und haftungsrechtliche Normen bei Mediatoren erzeugen können[90]. Das Verfahrensrecht von Florida stellt ‚gerichtsnahe' Mediatoren von haftungsrechtlichen Konsequenzen weitgehend frei[91]. Allerdings sind berufsrechtliche

85 S. *Menkel-Meadow*, Ethics and Professionalism and Non-Adversarial Lawyering, 27 Fla. St. U. L. Rev. 153 (174f.) (1999).

86 *McAdoo/Welsh*, Look Before You Leap and Keep on Looking: Lessons from the Institutionalization of Court-Connected Mediation, 5 Nev. L. J. 399 (423) (2004/2005); *Wissler*, Court-Connected Mediation in General Civil Cases: What We Know from Empirical Research, 17 Ohio St. J. on Disp. Resol. 641 (679f., 684f.) (2002).

87 *Young*, Take It or Leave It. Lump It or Grieve It: Designing Mediator Complaint Systems that Protect Mediators, Unhappy Parties, Attorney, Courts, the Process, and the Field, 21 Ohio St. J. on Disp. Resol. 721 (725 f.) (2006).

88 *Young*, FN 87, 21 Ohio St. J. on Disp. Resol. 721 (749f.) (2006); dies., Rejoice! Rejoice! Rejoice, Give Thanks, and Sing: ABA, ACR, and AAA Adopt Revised Model Standards of Conduct for Mediators, 5 Appalachian J. L. 195 (233 FN 234) (2006).

89 Vgl. Rules of the Superior Court, County of Yolo, State of California, Appendix #6 (Unified Family Court Protocols), § 6.8 Grievances.

90 S. die abwägende Analyse aus richterlicher Sicht bei Brazil, Continuing the Conversation about the Current Status and the Future of ADR: A View from the Courts, 2000 J. Disp. Resol. 11 (34).

91 S. § 44.107 (2) der Florida Statutes.

Sanktionen zulässig. In der Praxis sollen Beschwerdeverfahren den gesetzlich angeordneten Haftungsausschluss für Mediatoren kompensieren, wobei anreiztheoretische Erwägungen außer Betracht bleiben.
Gegenwärtig sind für die Pflichten des Mediators vor allem Regelungen des Anwaltsrechts, die von den Gerichten erlassenen Verhaltenskodices und die allgemeinen Haftungsregeln des *common law* heranzuziehen. Eine Entschließung der American Bar Association aus dem Jahre 2002 regt Verhaltensregeln für Mediatoren an, die nicht als Anwälte zugelassen sind[92]: Die Mediatoren dürfen rechtliche Aspekte der Mediation erörtern, müssen aber darauf hinweisen, dass nicht anwaltlich vertretene Parteien vor Abschluss des verfahrensbeendenden Vergleichs Rechtsrat einholen sollten.

IV. Ausblick

„Mediation“, so die Autoren eines US-amerikanischen Standardwerks, „ist ein einfacher Prozess, aber die Gesetze zur Mediation sind komplex“[93]. Damit ist zutreffend die Zersplitterung des US-amerikanischen Verfahrensrechts beschrieben. Die heutigen ‚gerichtsnahen' Verfahren gehen auf Pilotprojekte zurück, die die Richterschaft mit Unterstützung der Gesetzgeber entwickelt hat, um die Flut zivilrechtlicher Verfahren einzudämmen. Mittlerweile hat das Institut der alternativen Streitbeilegung durch Mediation seine zivil- und familienrechtlichen Ursprünge verlassen und empfiehlt sich in den USA auch für arbeitsrechtliche Streitigkeiten und Verfahren im Straf- und öffentlichen Recht.

Die Kritik an der alternativen Streitbeilegung ist in den USA nie erloschen. Hinter mikroökonomischen und demokratietheoretischen Erwägungen[94] steht die realistische Einschätzung, dass die Entscheidungsabläufe der Mediation wenig transparent sind. Die gleichzeitig beobachtete Verrechtlichung der Mediationsverfahren unterstreicht, dass streitig durchgeführte Gerichtsverfahren an Bedeutung verloren haben. Die Kontrolle der Verfahrens*abläufe* während der Mediation erfüllt in dem Ausmaß zunehmend kompensatorische Funktionen, wie die materiell-rechtlichen Gesichtspunkte des Rechtsstreits an Bedeutung verlie-

92 ABA Section of Dispute Resolution, Resolution on Mediation and the Unauthorized Practice of Law, adopted by the Section on February 2, 2002 (erhältlich über www.abanet.org/dispute/resolution2002.pdf).

93 *Cole/McEwen/Rogers*, Mediation: Law, Policy and Practice (2. Aufl., Stand November 2006), § 13:1: “Mediation is a simple process, but the laws related to mediation are complex.”

94 S. die demokratietheoretischen Erwägungen bei *Reuben*, Democracy and Dispute Resolution: Systems Design and the New Workplace, 10 Harv. Negot. L. Rev. 11 (44f.) (2005), und die Kritik von *Welsh*, FN 43, 6 Harv. Negot. L. Rev. 1 (21f.) (2001), die Institutionalisierung der ‚gerichtsnahen Mediation' wirke sich zu Lasten der prozessualen Dispositionsfreiheit der Parteien aus.

ren. Dabei lassen sich in den meisten Staaten der USA Regelungsdefizite bei der Konkretisierung der Mediatorenpflichten und den entsprechenden haftungsrechtlichen Anreiz-Systemen feststellen.

Die Rechtspolitik ist aufgefordert, einen Ausgleich zwischen effizientem Rechtsschutz[95], Fortentwicklung des Rechts durch die staatlichen Gerichte, der optimalen Allokation knapper Ressourcen[96] und verfassungsrechtlichen Gewährleistungen herzustellen. Größere Aufmerksamkeit verdienen die sozialen Kosten von verfahrensbeendenden Mediationsvergleichen, die bisher vor allem im Bereich des Verbraucherschutzes und des Wettbewerbsrechts zutage getreten sind. In rechtsvergleichender Hinsicht führt die unterschiedliche Ausgestaltung der nationalen Prozessrechte dazu, dass finanzielle Anreizstrukturen zur Durchführung von Mediationsverfahren unmittelbar in Bezug zu den Kosten eines erstinstanzlichen Zivilrechtsstreits gesetzt werden müssen.

---

95 Vgl. *Gottwald*, Die ökonomische Analyse zur Kritik und Reform des Zivilprozeßrechts, in: *Holzhammer/Jelinek/Böhm* (Hrsg.), Festschrift für Fasching (1988), 181 (189 f.); Dimde, FN 2, 35 f., unter Hinweis auf die Rechtsprechung des Bundesverfassungsgerichts. S. dagegen den Vorschlag *Landes*, How Much Justice Can We Afford?: Defining the Courts' Roles and Deciding the Appropriate Number of Trials, Settlement Signals, and other Elements Needed to Administer Justice, 2006 J. Disp. Resol. 213 (247 f.) (2006), durch Straffung der Verfahrensabläufe die Hemmschwelle vor einem Prozess zu senken.

96 Zu den Zielkonflikten zwischen Klageselektion und Kostendeckung: *Schmidtchen/Kirstein*, Abkoppelung der Prozeßkosten vom Streitwert? – Eine ökonomische Analyse von Reformvorschlägen, in: *Prütting/Rüßmann* (Hrsg.), Verfahrensrecht am Ausgang des 20. Jahrhunderts – Festschrift für Gerhard Lüke (1997),741 (753 f.); vgl. *Baudenbacher,* Rechtsverwirklichung als ökonomisches Problem – Zur Überlastung der Zivilgerichte, Zürcher Studien zum Verfahrensrecht 61 (1985), 30 f.

Die Regelung der Mediation in Deutschland

Tina de Vries, Regensburg[*]

I. Einführung

1. Begriffliche Vorklärung

Art. 3 lit a) der RL 2008/52/EG vom 24.5.2008 definiert Mediation als „ein strukturiertes Verfahren unabhängig von seiner Bezeichnung, in dem zwei oder mehr Streitparteien mit Hilfe eines Mediators auf freiwilliger Basis selbst versuchen, eine Vereinbarung über die Beilegung ihrer Streitigkeiten zu erzielen. Dieses Verfahren kann von den Parteien eingeleitet oder von einem Gericht vorgeschlagen oder angeordnet werden oder nach dem Recht eines Mitgliedstaats vorgeschrieben sein. Es schließt die Mediation durch einen Richter ein, der nicht für ein Gerichtsverfahren in der betreffenden Streitsache zuständig ist."

2. Unterschiedliche Methoden und Ziele in der Mediation

Tatsächlich ist innerhalb der Fachdisziplin Mediation die Klärung, was Mediation genau beinhaltet, nicht abgeschlossen, es gibt hier Unterschiede hinsichtlich der Rolle des Rechts[1] in der Mediation, der Behandlung von psychologischen Faktoren[2] in der Mediation und über die Aufgaben des Mediators. So werden die verschiedenen Mediationsstile unterschieden in fachspezifische Beratungsmediation, *Wise-Elder*-Mediation, die Vergleichsmediation, sowie die moderierende und die therapeutische Mediation[3]. Mit dieser Unterscheidung sind damit zum Teil auch nur Elemente bezeichnet, die mehr oder weniger stark in einem Mediationsstil enthalten sind. Es findet eine Vermischung der Ansätze statt.

---

* *Wissenschaftliche Referentin für polnisches Recht am Institut für Ostrecht München, Rechtsanwältin und Mediatorin in München, zahlreiche Publikationen mit dem Schwerpunkt auf Themen des polnischen Rechts.*

1 Vgl. allgemein zur Problematik von Recht und Mediation auch *L. Ripke*, Recht und Gerechtigkeit in der Mediation, in: *Haft/ Schlieffen* (Hrsg.), Handbuch Mediation, 2. Aufl. München 2008, S. 137 ff;

2 Vgl. z.B. *J. Risse*, Wirtschaftsmediation, München 2003, S. 28 ff, bezüglich der unterschiedlichen Methoden bei der mehr therapeutisch angelegten Mediation im Bereich Jugend und Familie und der Wirtschaftsmediation.

3 Vgl. hierzu ausführlich: *N. Alexander*, Mediation: ein Metamodell, Perspektive Mediation 2004/ 2, S. 72 ff.

3. Heterogene Zwecksetzungen in der Mediation

Die Mediation erfüllt auch unterschiedliche Funktionen innerhalb des Justizsystems. Da die Mediation sich ausgehend von den USA entwickelt hat, werden diese verschiedenen Zwecke der Mediation zwar zunächst in den USA beobachtet, die Ergebnisse lassen sich aber durchaus auch auf andere Länder übertragen. Betont wird, dass die Mediation zu einer Justizentlastung führen kann. Im Rahmen dieses Zwecks bzw. dieser Funktionen ist z.B. die Einführung von gerichtsinterner Mediation sinnvoll. Als weiterer Zweck der Mediation wird die Stärkung der *Community-Justice* genannt. In den Gemeinden, aber auch in Schulen und anderen (öffentlichen) Einrichtungen sollen Mediationszentren den Umgang mit Konflikten innerhalb der Gemeinde/Institution regeln. Die Mediatoren arbeiten dabei in der Regel ehrenamtlich oder werden von den Gemeinden bezahlt. Ausdruck dieser Funktion ist die Sichtweise, dass durch dieses zivilgesellschaftliche und ehrenamtliche Engagement des Einzelnen das Zusammenleben in den Gemeinden verbessert wird. Ein weiterer Aspekt ist sicher auch der Zugang zu den Gerichten für Personen, denen es ansonsten schwer fällt, ihre Ansprüche vor Gericht geltend zu machen (Arme, geringwertige Ansprüche etc.). Schließlich wird als weiterer Aspekt die Privatisierung von Justiz angeführt. Die Justiz soll von den einzelnen Bürgern eigenverantwortlich übernommen werden.
Diese Aufzählung bietet einen gewissen Überblick, welche Funktionen die Mediation innerhalb der Justiz erfüllen kann, ist aber keinesfalls abschließend.

4. Erscheinungsformen der Mediation

Ebenso wie die Arten der Mediation und ihre Funktionen kann man auch nach ihren Erscheinungsformen unterscheiden in gerichtsnahe und privatautonome Mediation, die Mediation durch Juristen oder durch andere Berufsgruppen (insbesondere in der Familienmediation), die Verbrauchermediation, die Online Mediation, wie sie z.B. von dem Tschechischen Schiedsgericht[4] als ein alternatives Streitbeilegungsverfahren (ADR) für EU-Domain-Streitigkeiten angeboten wird.

---

4 Schiedsgericht bei der Wirtschaftskammer und der Landwirtschaftskammer der Tschechischen Republik mit Sitz in Prag von EURid (European Registry of Internet Domain Names), http://eu.adr.eu/index.php.

II. Die Regelung der Mediation bislang in der Bundesrepublik Deutschland

Das BVerfG hat in seinem Beschluss vom 14. Februar 2007 entschieden, dass der Gesetzgeber befugt ist, Anreize für eine einverständliche Streitbewältigung zu schaffen. Der Weg zu einer Streitentscheidung durch die staatlichen Gerichte muss aber eröffnet bleiben[5]. Im Bereich der Mediation in Handels- und Zivilsachen praktizieren zahlreiche Projekte[6] erfolgreich gerichtsinterne Mediation. Jedoch wurde dazu eine Rechtsgrundlage (§ 278 ZPO) gewählt, die als nicht ausreichend erachtet wird, um Mediationsverfahren effizient in die Ziviljustiz zu integrieren. Eine gesetzliche Regelung in der ZPO ist erforderlich zudem gibt die Verabschiedung der europäischen Mediationsrichtlinie den Zeitrahmen vor, innerhalb dessen ein deutsches Mediationsgesetz verabschiedet werden muss.

III. Die Entstehung des deutschen Mediationsgesetzes

Am 21. Mai 2008 trat die Richtlinie des Europäischen Parlaments und des Rates über bestimmte Aspekte der Mediation in Zivil- und Handelssachen in Kraft[7]. Der Anwendungsbereich der Richtlinie erstreckt sich nach Art. 1-3 MediationsRL über:

- Zivil- und Handelssachen,
- allein in grenzüberschreitenden Verfahren,
- außergerichtliche und gerichtliche Verfahren

Nach Art. 12 MediationsRL musste die Umsetzung der Richtlinie in nationales Recht bis zum 21. 5. 2011 erfolgen. Im Bundesjustizministerium[8] wurde für die Umsetzung bereits frühzeitig eine Expertengruppe einberufen, welche die Arbeiten an einem Referentenentwurf unterstützt und begleitet hat. Außerdem hat das BMJ eine rechtsvergleichende Studie über die rechtliche Regelung der Mediation in verschiedenen europäischen und außereuropäischen Ländern in Auftrag gegeben[9]. Die Mediation war Thema des 67. Juristentags in Erfurt (2008), der sich in einer eigenen Abteilung mit der Mediation und weiteren Ver-

---

5 BVerfG 14.2.2007, Beschluss 1 BvR 1351/07 <www.bverfg.de/entscheidungen/rk 20070214_ 1bvr135101.html>;

6 Wie z.B. das Göttinger-Modell im Bereich der Zivil-und Handelssachen, das Münchner Modell im Bereich des Familienrechts u.a..

7 2008/52/EG, ABl. EU 2008 L 136/3, (nachfolgend abgekürzt: „MediationsRL").

8 Nachfolgend abgekürzt: „BMJ".

9 *Hopt/Steffek* (Hrsg.), Mediation – Rechtstatsachen, Rechtsvergleich, Regelungen, Tübingen, 2008.

fahren konsensualer Streitbeilegung beschäftigt hat und zahlreiche Beschlüsse zum Regelungsbedarf im Verfahrens- und Berufsrecht gefasst hat[10]. Im Januar 2011 legte das BMJ einen ersten Expertenentwurf für ein Gesetz zur Förderung der Mediation vor[11]. Dieser enthielt zunächst keine Regelungen hinsichtlich der Berufsausübung der Mediatoren und enthielt für die Bundesländer durch eine Änderung des § 15 GVG (Art. 2 des 1. Entwurfstextes) die Möglichkeit, gerichtsinterne Mediation ergänzend zu regeln. Im April 2011 wurde dieser erste Entwurf vom Deutschen Bundestag in seinen Rechtsausschuss überwiesen. Im Mai 2011 fand im Rechtsausschuss eine Anhörung der Experten statt[12]. In der Anhörung wurden eben diese strittigen Punkte nochmals erörtert.
Nach der Verhandlung dieses Entwurfs und der Abänderung durch den Rechtsausschuss wurde der geänderte Entwurf schließlich im Dezember 2011 vom Bundestag beschlossen[13] und dem Bundesrat zugeleitet. Dieser leitete den Entwurf dem Vermittlungsausschuss zu, mit dem Ziel, eine Lösung zu erreichen, die die gerichtsinterne Mediation, wie sie momentan in verschiedenen Modellversuchen praktiziert wird, ausdrücklich im Entwurf verankert. Ende Juni schließlich wurde der Gesetzentwurf verabschiedet. Es wurde nochmals klargestellt, dass die Möglichkeit einer gerichtsinternen Mediation mit dem Güterrichtermodell gegeben ist.

IV. Das Gesetz zur Umsetzung der MediationsRL in nationales Recht im Einzelnen

1. Überschießende Umsetzung der MediationsRL

Zu entscheiden galt es, ob eine überschießende Umsetzung der Richtlinie, d.h. eine Erstreckung auch auf innerstaatliche Mediationen, angestrebt werden sollte. Das BMJ folgte schon in dem ersten Entwurfstext den Empfehlungen, die sich für die überschießende Umsetzung aussprachen, weil ansonsten die Gefahr einer Rechtszersplitterung gedroht hätte. Es schien wenig sachgerecht, nahezu identische Sachverhalte allein wegen formaler Kriterien wie dem Wohnsitz oder

---

10 Vgl. insbes.: *B. Hess*, Verhandlungen des 67. Deutschen Juristentages Erfurt 2008, Band I: Gutachten / Teil F: Mediation und weitere Verfahren konsensualer Streitbeilegung, Regelungsbedarf im Verfahrens- und Berufsrecht?, München, 2008.

11 Gesetzentwurf der Bundesregierung Drucksachen 17/5335, 17/5496 des 17. Deutschen Bundestags.

12 http://www.bundestag.de/presse/hib/2011_05/2011_211/01.html, (zuletzt aufgerufen am 9. 5. 2012). Beschlussempfehlung und Bericht des Rechtsausschusses (6. Ausschuss) zu dem Gesetzentwurf der Bundesregierung – Drucksachen 17/5335, 17/5496 des 17. Deutschen Bundestags – , Drucksache 17/8058 des 17. Deutschen Bundestags, S. 16.

13 Ebd.

dem gewöhnlichen Aufenthalt der Parteien unterschiedlich zu behandeln. Auch die zweite Fassung des Entwurfs blieb hier bei diesen Vorgaben und gilt auch für rein inländische Sachverhalte.

Neben dem Bereich des Handels-und Zivilrechts erstreckt sich der deutsche Entwurf auch auf die Gebiete des Familien-, Arbeits-, und Sozialrechts sowie des Verwaltungs-, Finanz- Patent- und Markenrechts. Der Entwurf enthält dagegen keine Regelungen zum Täter-Opfer-Ausgleich da es sich hierbei nach Ansicht der Verfasser trotz der Nähe zur Mediation um eine gesetzlich bereits geregelte Spezialmaterie handelt[14].
Darüber hinaus galt, dass die Regelungen der EU-Richtlinie zur Verjährung, Vollstreckung und Vertraulichkeit der Mediation zwingend umzusetzen sind. Daneben existiert aber auch ein großer Bereich, in dem die Bundesrepublik Deutschland tätig werden kann. Dieser Bereich sind vor allem Regelungen zur Förderung der Mediation, die gesetzliche Ausgestaltung der gerichtsinternen bzw. der gerichtsnahen Mediation sowie die Schaffung von berufsrechtlichen Regelungen für Mediatoren.

2. Definition der Mediation

Die Definition der Begriffe Mediator und Mediation wurde im Gesetz an die MediationsRL angelehnt (Art. 1 MG). Das Gesetz setzt aber insofern andere Akzente als die MediationsRL, indem bereits in der Definition der Mediation ihre Vertraulichkeit betont wird. Weitere konstituierende Merkmale der Mediation sind die Freiwilligkeit der Parteien, die Eigenverantwortung der Parteien während der Mediation, die Unabhängigkeit des Mediators sowie seine Neutralität.

3. Die Aufgaben des Mediators

Die Aufgaben des Mediators werden in Art. 1 § 2 des Gesetzes geregelt. Die Aufgaben entsprechen den Grundsätzen der Mediation wie z.B. der Freiwilligkeit, indem klargestellt wird, dass die Parteien den Mediator auswählen und die Mediation jederzeit abbrechen können. Es wird ausdrücklich auch verankert, dass der Mediator getrennte Gespräche mit den Parteien führen kann, also die Möglichkeit hat, eine Shuttle-Mediation durchzuführen. Die Parteien können zustimmen, dass Dritte in die Mediation einbezogen werden, etc. Zum Verhältnis des Rechts in der Mediation ist geregelt, dass wenn die Parteien ohne fachliche Beratung – hierunter ist wohl in erster Linie die Beratung durch einen Rechtsanwalt oder einen Steuerberater zu verstehen – in die Mediation kommen, der Mediator die Parteien auf die Möglichkeit hinzuweisen hat, die Vereinba-

---

14 Begründung des Entwurfs, Fn. 1, S. 14.

rung, d.h. das Ergebnis der Mediation, bei Bedarf durch externe Berater überprüfen zu lassen. In der ersten Fassung des Entwurfs war noch geregelt, dass der Mediator auf diese Möglichkeit hinweisen soll.

4. Hemmung der Verjährung

Art. 8 Abs. 1 MediationsRL lautet: „Die Mitgliedstaaten stellen sicher, dass die Parteien, die eine Streitigkeit im Wege der Mediation beizulegen versucht haben, im Anschluss daran nicht durch das Ablaufen der Verjährungsfristen während des Mediationsverfahrens daran gehindert werden, ein Gerichts- oder Schiedsverfahren hinsichtlich derselben Streitigkeit einzuleiten."

Im deutschen Gesetz ist vorgesehen (Art. 2, Nr. 6 Gesetz, Entwurf des neuen § 278a ZPO), dass für den Fall, dass in einem anhängigen Verfahren das Gericht den Parteien eine außergerichtliche Mediation vorschlägt und sich die Beteiligten hierfür entscheiden, das Verfahren vor Gericht ruht bzw. in Familiensachen (Art. 3 Nr. 5, Entwurf des neuen § 35 FGG) ausgesetzt wird. Weitere Regelungen zur Hemmung der Verjährung sind nicht vorgesehen, die bisherigen Regelungen wurden als ausreichend angesehen.

5. Titulierung der Vereinbarung

Die MediationsRL bestimmt: „Art. 6 (1) Die Mitgliedstaaten stellen sicher, dass von den Parteien - oder von einer Partei mit ausdrücklicher Zustimmung der anderen - beantragt werden kann, dass der Inhalt einer im Mediationsverfahren erzielten schriftlichen Vereinbarung vollstreckbar gemacht wird. Der Inhalt einer solchen Vereinbarung wird vollstreckbar gemacht, es sei denn, in dem betreffenden Fall steht der Inhalt der Vereinbarung dem Recht des Mitgliedstaats, in dem der Antrag gestellt wurde, entgegen, oder das Recht dieses Mitgliedstaats sieht die Vollstreckbarkeit des Inhalts nicht vor.

(2) Der Inhalt der Vereinbarung kann von einem Gericht oder einer anderen zuständigen Behörde durch ein Urteil, eine Entscheidung oder eine öffentliche Urkunde nach dem Recht des Mitgliedstaats, in dem der Antrag gestellt wurde, vollstreckbar gemacht werden."

Für die Vollstreckung aus Mediationsvereinbarungen sieht das deutsche Recht bislang die Möglichkeiten einer Vollstreckbarerklärung des Anwaltsvergleichs, der Vollstreckbarerklärung durch das Prozessgericht, sowie der Vollstreckbarerklärung durch einen Notar (§§ 796a- 796c ZPO) vor. Im ersten Entwurf des Mediationsgesetzes wurde zu diesen Regelungen ein neuer § 796 d ZPO vorgeschlagen, der vorsah, dass eine Mediationsvereinbarung durch das zuständige Amtsgericht für vollstreckbar erklärt werden kann bzw. durch einen Notar, wobei in beiden Fällen in der Entscheidung für die nötige Bestimmtheit der Erklärung gesorgt wird und eine Überprüfung der Mediationsvereinbarung daraufhin stattfindet, in welcher festgestellt wird, ob sie unwirksam ist oder gegen die öffentliche Ordnung verstößt. In dem neuen Gesetz wurde diese Regelung gestrichen, weil davon ausgegangen wurde, dass die Möglichkeiten zur Vollstreckbarkeit nach den §§ 794 ff ZPO durch die bisherigen, oben erwähnten Vollstreckungsmöglichkeiten ausreichend sind, um die Anforderungen der MediationsRL zu erfüllen, sodass es eines weiteren Verfahrens nicht bedarf.

6. Sicherung der Vertraulichkeit der Mediation

Art. 7 MediationsRL

(1) Da die Mediation in einer Weise erfolgen soll, die die Vertraulichkeit wahrt, sorgen die Mitgliedstaaten - sofern die Parteien nichts anderes vereinbaren - dafür, dass weder Mediatoren noch in die Abwicklung des Mediationsverfahrens eingebundene Personen gezwungen sind, in Gerichts- oder Schiedsverfahren in Zivil- und Handelssachen Aussagen zu Informationen zu machen, die sich aus einem Mediationsverfahren oder im Zusammenhang mit einem solchen ergeben, es sei denn,

a) dies ist aus vorrangigen Gründen der öffentlichen Ordnung (*ordre public*) des betreffenden Mitgliedstaates geboten, um insbesondere den Schutz des Kindeswohls zu gewährleisten oder eine Beeinträchtigung der physischen oder psychischen Integrität einer Person abzuwenden, oder

b) eine Auskunft über den Inhalt der im Mediationsverfahren erzielten Vereinbarung ist für die Erfüllung oder Vollstreckung dieser Vereinbarung erforderlich.

Nach bisheriger Rechtslage bestand in diesem Bereich eine Lücke für Mediatoren, die kein Zeugnisverweigerungsrecht aufgrund ihres Quellberufs haben, d.h. für alle Mediatoren, die keine zugelassenen Rechtsanwälte oder Ärzte sind. Als Lösung für dieses Problem wurde ein Beweisthemenverbot erwogen, das gegebenenfalls auch auf das Straf- und Verwaltungsprozessrecht erstreckt werden könnte.

In das Gesetz wurde die Verschwiegenheitspflicht in § 4 aufgenommen. Dabei handelt es sich im Wesentlichen um die Umsetzung des vorgeschlagenen Beweisthemenverbots im Hinblick auf das Mediationsverfahren, das u.a. von den Ausnahmetatbeständen des Art. 7 I MediationsRL begrenzt wird. Damit folgt der Entwurf im Wesentlichen auch den Empfehlungen des Gutachters des 67. Juristentags[15]. Allerdings steht die Verschwiegenheitspflicht, so wie sie nun geregelt ist, nicht zur Disposition der Parteien. Die Verschwiegenheitspflicht ist ebenso eng gefasst wie die Vorgabe der MediationsRL, indem sie dem *Ordre-Public* Rechnung trägt. Die Verschwiegenheit ist dann nicht zu wahren, wenn

15 Siehe Fn. 10.

die Einhaltung zu Ergebnissen führen würde, die mit den Grundwerten der deutschen Rechtsordnung nicht zu vereinbaren wäre.

7. Regelung der gerichtsinternen Mediation

Jenseits des zwingenden Anwendungsbereichs der MediationsRL enthielt der erste Referentenentwurf einen Hinweis auf die gerichtsinterne Mediation, deren Regelung dem Landesgesetzgeber obliegen sollte. (Art. 3 Abs. 5 Entwurf). Der Rechtsausschuss des Bundestages hat die Möglichkeit der gerichtsinternen Mediation, die bislang erfolgreich in einigen Bundesländern mit Pilotprojekten getestet wurde, allerdings abgelehnt. Er hat sich stattdessen für ein erweitertes Güterichtermodell entschieden, in dem die Mediation dann ihren Platz finden könnte. Dieses Modell soll nicht nur bei den Zivilgerichten praktiziert werden, sondern auch Anwendung finden auf die Verfahren vor den Arbeits-, Sozial-, Verwaltungs-, Patent-, Marken-, und Finanzgerichten[16]. Grund für die Streichung der gerichtsinternen Mediation war der Wunsch, die außergerichtliche Mediation in ihrer Entwicklung mehr zu unterstützen. Außerdem soll dies zu einer klaren, gesetzlichen Trennung der richterlichen Streitschlichtung von der Mediation führen[17]. Das vorgeschlagene Güterichtermodell unterscheidet sich von der Mediation insofern, als dass der Güterichter u.a. rechtliche Bewertungen vornehmen und den Parteien Lösungen für den Konflikt vorschlagen kann. Zudem wurde eine Regelung vorgesehen, nach der der Güterichter auch ohne die Zustimmung der Parteien in Gerichtsakten Einsicht nehmen kann und auf Wunsch der Parteien den erzielten Vergleich protokollieren kann. Diese Möglichkeiten geben einem Güterichter weitergehende Möglichkeiten als einem Richtermediator, der nach den Grundsätzen des Mediationsverfahrens vorgeht. Andererseits bleibt die Möglichkeit der Durchführung einer vertraulichen Mediation, wenn ein als Mediator ausgebildeter Richter dies will, weiterhin offen, da durch die Neuregelung des § 159 ZPO die Vertraulichkeit der Güterichtersitzung weiterhin gewährleistet wird, und ein Protokoll über die Güterichterverhandlung nur geführt werden darf, wenn beide Parteien dem zustimmen[18]. Nach dem Kompromiss, der im Vermittlungsausschuss gefunden wurde, ist die Mediation als eine ADR-Methode, die der Güterichter anwenden kann, ausdrücklich in das Gesetz aufgenommen worden und es wurde somit klargestellt, dass die Mediation durch Richter weiterhin praktiziert werden soll.

Nicht im Gesetz enthalten ist eine Vorschrift, nach der vor Gericht anhängige Fälle an Mediatoren, die nicht bei den Gerichten beschäftigt sind, verwiesen

16 Bundestagsdrucksache 17/8058, S. 17.
17 Ebd.
18 Vgl. Protokoll der Bundestagssitzung vom 15. 12. 2011, Deutscher Bundestag, 17. Wahlperiode, S. 17838.

werden. Es gibt auch keine Bestimmungen über die Zulassung von externer Mediatoren an einem bestimmten Gericht.

8. Berufsrechtliche Regelungen

Die Frage nach Regelungsbedarf im Berufsrecht liegt im Wesentlichen jenseits der zwingenden Umsetzung der MediationsRL. In der Diskussion vor der Verabschiedung des Referentenentwurfs wurde z.B. die Schaffung eines Mediatorenregisters vorgeschlagen, die Schaffung allgemeiner Ausbildungsstandards erörtert sowie Regelungen bei den sogenannten Quellberufen für notwendig erachtet. Für die Regelung des Berufsrechts der Mediatoren spricht der Gesichtspunkt der Qualitätssicherung der Mediation. Bislang ist die Berufsbezeichnung „Mediator" nicht geschützt und besonders für die Bestellung eines Mediators oder die Abgabe von Fällen in die Mediation durch die Gerichte oder die Rechtsschutzversicherungen ist es erforderlich, bestimmte Qualitätsstandards einzuhalten, die sich üblicherweise auf die Stundenzahl und den Inhalt der Ausbildung beziehen. Gleichzeitig bestehen hinsichtlich der Ausbildungsstandards momentan große Unterschiede in den einzelnen Verbänden, wobei allerdings auch die Bemühungen der Verbände festzustellen sind, die Ausbildungsstandards zu vereinheitlichen. Allgemein lässt sich sagen, dass hier ein Spannungsverhältnis besteht zwischen einem effektiven Verbraucherschutz und einer freien Weiterentwicklung der Mediation.

Im ersten Referentenentwurf war die Aus-und Fortbildung in die Eigenverantwortung des Mediators gelegt. Diese sehr kurze Regelung enthielt weder einen Hinweis auf die Verbände, die Ausbildungsstandards festlegen könnten, noch einen Hinweis auf berufsständische Regelungen in den einzelnen Quellberufen. Sie machte es, insbesondere in Hinblick auf das Verschwiegenheitserfordernis, schwierig, zu erfahren, wer Mediator ist und wer sich deswegen in einem gerichtlichen Prozess auf sein Aussageverweigerungsrecht berufen kann. In dem Gesetz sind nun sehr detaillierte Ausbildungsvorgaben geregelt. In Art. 1, § 5, Abs. 1 werden die Anforderungen an die Grundkenntnisse und Kernkompetenzen eines Mediators präzisiert. Von dem durch das BMJ initiierten Arbeitskreis „Zertifizierung für Mediatorinnen und Mediatoren" wurden nähere Ausbildungsinhalte entworfen. Diese spiegeln sich in der Norm des Art. 1, § 5, Abs. 1 wieder. Durch die Abs. 2 und 3 wird die Bezeichnung „zertifizierter Mediator" gesetzlich verankert. In § 6 ist eine Verordnungsermächtigung geregelt, nach der die näheren Voraussetzungen, die für das Führen der Bezeichnung „zertifizierter Mediator" erfüllt sein müssen, festgelegt werden. In der Begründung zum Entwurf wird eine Mindestausbildungsstundenzahl von 120 Stunden als notwendig erachtet sowie eine entsprechende zeitliche Gewichtung der „Grundthemen" der Ausbildung die ebenfalls durch den Arbeitskreis erarbeitet wurde[19]. Zudem werden im Zusammenspiel mit der nach § 6 zu erlassenen Verordnung die Voraussetzungen festgelegt, die für das Führen der Bezeichnung „zertifizierter Mediator" notwendig sind. Dies dient der Sicherung der Qualität der Mediation und der Markttransparenz und somit dem Verbraucherschutz. Nach dem Inkrafttreten der Verordnung gibt es einen Übergangszeitraum von einem Jahr für die Entwicklung einer einheitlichen Vorgehensweise unter den Mediationsverbänden zur Zertifizierung von Ausbildungsinstituten durch eine privatrechtliche Stelle, die dann die Ausbildung zum zertifizierten Mediator anbieten[20].

9. Förderung der Mediation

Das Gesetz, das sich ja ausdrücklich als ein Gesetz zur Förderung der Mediation und anderer Verfahren der außergerichtlichen Konfliktbeilegung bezeichnet, enthält in Art. 1, § 7 eine Vorschrift zur Förderung der Mediation, die im Wesentlichen vorsieht, dass Bedürftige die Kosten einer Mediation im Rahmen von Forschungsvorhaben vom Staat ersetzt bekommen. Im ersten Entwurf war dies noch auf Familienmediationen begrenzt. Hierüber entscheidet das für das Verfahren zuständige Gericht. Eine weiter Regelung, die sicherlich die Mediation fördern wird, ist darin zu sehen, dass nach der Änderung der ZPO jede Klagschrift die Angabe enthalten muss, ob der Klageerhebung der Versuch einer Mediation oder eines anderen ADR-Verfahrens vorausgegangen ist, bzw. ob einem solchen Verfahren Gründe entgegenstehen. Dies zwingt die Rechtsanwälte, die Parteien in jedem Fall über die Möglichkeit einer Mediation zu informieren, und trägt somit zum Bekanntwerden dieser Institution bei. Schließlich wurden Kostenanreize in Form einer Reduktion der Gerichtsgebühren geschaffen bei Verfahren, die durch Mediation oder eine anderes ADR-Verfahren durch Zurücknahme des Antrags beendet werden. Diese Regelungen dienen sicherlich der Förderung der Mediation. Positiv ist zu bewerten, dass das Gesetz nach Ablauf von fünf Jahren durch die Bundesregierung evaluiert werden soll, um zu prüfen, wie sich die Mediation in dieser Zeit entwickelt hat.

---

19 Bundestagsdrucksache 17/8058, S. 18.

20 Ebd.

Die rechtliche Regelung der Mediation in Polen

Tina de Vries, Regensburg[*]

I. Einleitung

Ins polnische Recht wurde eine erste Regelung zur Mediation relativ früh, nämlich bereits 1991 ins kollektive Arbeitsrecht aufgenommen. In das Zivilverfahrensgesetz fand die Mediation 2005 Eingang. Das polnische Recht regelt Mediation in folgenden Bereichen:

- im individuellen und kollektiven Arbeitsrecht;
- im Verwaltungsrecht;
- im Strafverfahrensrecht (Täter- Opfer- Ausgleich);
- im Jugendverfahrensrecht, (Täter- Opfer- Ausgleich);
- bei Familienrechtsstreitigkeiten im Bereich der Trennung und Scheidung;
- im Zivilverfahrensrecht allgemein für zivil-und handelsrechtliche Streitigkeiten,

II. Regelung der Mediation im Arbeitsrecht

Im Arbeitsrecht ist die Mediation zur Schlichtung kollektiver Streitigkeiten bereits seit 1991 geregelt.[1] Im individuellen Arbeitsrecht ist sie seit 2005 aufgrund von Art. 10 i. V. m. Art. 184 und Art. 1 ZVerfGB nach den allgemeinen Grundsätzen, die für zivil- und handelsrechtliche Verfahren gelten, zulässig.[2]

Die Mediation im kollektiven Arbeitsrecht ist eines von mehreren abgestuften ADR-Verfahren, das beim Vorliegen des Tatbestands eines kollektiven Konflikts[3], durchgeführt werden muss, um einen Streik, der nur das äußerste Mittel der Auseinandersetzung ist, zu vermeiden. Beim Vorliegen eines kollektiven Konflikts finden zunächst Verhandlungen zwischen dem Arbeitgeber und den

---

* *Wissenschaftliche Referentin für polnisches Recht am Institut für Ostrecht München, Rechtsanwältin und Mediatorin in München, zahlreiche Publikationen mit dem Schwerpunkt auf Themen des polnischen Rechts.*

1 *Niedźwiedzka*, Länderteil Polen, in *Hopt; Steffek*, (Hrsg.) Mediation, Rechtstatsachen, Rechtsvergleich, Regelungen, Tübingen 2008, S. 798. Vgl. zur Thematik allgemein auch *de Vries/ Schubert-Panecka*, Die Regelung der Mediation in Polen, WiRO 2010, S. 97-102.

2 *Romer,* Ugoda w postępowaniem procesowym i pojednawczym, (der Vergleich im Prozess- und Einigungsverfahren), Monitor Prawa Pracy, 2005, Heft 11, S. 8.

3 „Spór zbiorowy", Art. 7 Ustawa o rozwiązaniu sporów zbiorowych,(Gesetz über die Lösung kollektiver Konflikte) Dz. U. 1991, Nr. 55, Pos. 236, mit späteren Änderungen.

Gewerkschaften statt, scheitern diese, so ist auf zweiter Stufe eine Mediation durchzuführen. Erst wenn auch die Mediation ohne Einigung bleibt, steht den Arbeitnehmern die Möglichkeit offen, entweder ein Verfahren vor einem sozialen Schlichtungskollegium einzuleiten oder einen Streik zu beginnen. Als Mediator kommt eine Person in Betracht, die von beiden Parteien anerkannt wird und die neutral ist. Der Arbeitsminister führt eine Mediatorenlisten. Weitere Anforderungen an den Mediator gibt das Gesetz nicht vor, die einzelnen Qualifikationskriterien werden von den Mediatorenverbänden aufgestellt. Können sich die Parteien innerhalb von 5 Tagen nicht auf einen Mediator einigen, wird er auf Antrag einer Partei vom Arbeitsminister ernannt. Die Vergütung des Mediators wird durch Verordnung geregelt. Verweigert der Arbeitgeber die Teilnahme an der Mediation, so liegen die Voraussetzungen für die Durchführung eines Streiks vor. Während der Mediation kann der Mediator verschiedene Maßnahmen anregen, wie z.B. dass noch mehr Feststellungen über die Natur des Streits getroffen werden sollen, oder dass die wirtschaftliche und finanzielle Situation des Betriebs geprüft werden soll, u.a.. Diese Anregungen sind allerdings für die Parteien nicht verbindlich. Der Mediator hat in dem Streit keine Entscheidungsbefugnis. Die Mediation schließt mit einer Vereinbarung ab oder mit einem Protokoll, in dem die unterschiedlichen Standpunkte der Parteien dargelegt werden.

III. Im Strafrecht

Im Strafprozessrecht wurde bereits in der Neufassung des Strafverfahrensgesetzbuchs[4] 1997 eine Regelung über die Mediation in Art. 320 aufgenommen, die nach fünfjähriger Geltung einer Evaluierung unterzogen und dann durch Art. 23 a ersetzt wurde[5]. Ergänzt wird diese Regelung durch eine Verordnung über das Mediationsverfahren in Strafsachen[6]. Durch die Aufnahme der Mediation in das Strafverfahren wurde in den Strafprozess der Täter-Opfer-Ausgleich eingeführt.

Eine Mediation kann in verschiedenen Stadien des Strafverfahrens initiiert werden. Im Ermittlungsverfahren kann entweder die Staatsanwaltschaft oder die Polizei die Rechtssache in die Mediation geben. Bei Offizialklagedelikten kann

---

4 Nachfolgend abgekürzt: „StVerfG".

5 *Morek*, Mediacja w kodeksie postępowania cywilnego – uwagi porównawcze na tle przepisów o mediacji w postępowaniach: karnym, w sprawach nieletnych oraz przed sądami administracyjnymi, (Die Mediation im Zivilverfahren – vergleichende Bemerkungen vor dem Hintergrund der Mediation im Strafverfahren, im Jugendstrafverfahren sowie im Verfahren vor den Verwaltungsgerichten), Beilage zum MoP 2006, Heft 20, S. 2.

6 Rozporządzenie Ministra Sprawiedliwości z 13. 6. 2003, w sprawie postępowania mediacyjnego w sprawach karnych, (Verordnung des Justizministers vom 13. 6. 2003, über das Mediationsverfahren in Strafsachen) Dz. U. 2003, Nr. 108, Pos. 1020.

der Richter im Zwischenverfahren bei der Prüfung der Verfahrenseröffnung die Rechtssache in die Mediation leiten. In Privatklagedelikten überweist das Gericht und im Vollstreckungsverfahren das Vollstreckungsgericht die Rechtssache in die Mediation. Nach Art. 23 a StVerfG kann eine Mediation zum Täter-Opfer-Ausgleich nur mit Zustimmung des Angeklagten und des Opfers stattfinden. Der Richter bzw. derjenige, der die Sache in die Mediation verweist, hat dabei genau zu prüfen, ob die gesetzlichen Voraussetzungen, insbesondere die Freiwilligkeit, vorliegen, dies kann z.B. bei psychischen Störungen problematisch sein.

Die Mediation im Strafverfahren ist an enge Fristen gebunden, sie darf nicht länger als einen Monat dauern, und nur in Ausnahmefällen kann die Frist verlängert werden. Mediator im Täter-Opfer-Ausgleich dürfen weder Berufsrichter, Staatsanwälte, Anwälte, Rechtsberater oder Referendare für einen dieser Berufe sein, und der Mediator darf auch nicht bei Gericht oder der Staatsanwaltschaft beschäftigt sein. Die Einzelheiten werden durch VO des Justizministers[7] geregelt. Die Mediatoren, die im Täter-Opfer-Ausgleich tätig sind, werden entweder als einzelner Mediator oder als Verband in ein Register aufgenommen, das beim Bezirksgericht geführt wird. Ein Einzelmediator muss bestimmte, im Gesetz geregelte Voraussetzungen erfüllen. Insbesondere muss er die entsprechenden Qualifikationen besitzen und älter als 26 Jahre sein. Nach der Durchführung der Mediation hat der Mediator ein Protokoll zu erstellen.

IV. Im Jugendverfahrensrecht

Im Jugendverfahrensrecht[8] ist die Mediation seit dem Jahr 2001 enthalten. Hier kann der Richter nach Art. 3a Jugendverfahrensgesetz[9] in allen Stadien des Verfahrens aus eigener Initiative oder auf Vorschlag des Jugendlichen oder des Geschädigten das Verfahren in eine Mediation einmünden lassen. Auch im Bereich des Jugendrechts geht es in der Mediation um die Fälle des Täter-Opfer-Ausgleichs im Bereich des Jugendstrafrechts und auch hier gelten für die Durchführung der Mediation die bereits zum Strafrecht genannten Voraussetzungen, d.h. der Täter und das Opfer müssen ihr zustimmen, die Freiwilligkeit der Mediation muss gewährleistet sein und der Richter hat auch in diesem Bereich das Vorliegen dieser Voraussetzungen festzustellen. Dies muss der Richter sehr sorgfältig abwägen. Bei dieser Prüfung sollte er auch Umstände, die im polnischen Recht nicht näher behandelt werden, berücksichtigen, ob beispielsweise

---

7 Ebd.

8 Ustawa o postępowaniu w sprawach nieletnich z dnia 26. 10. 1982 r., tekst jednolity z dnia 25. 1. 2002 r. (Gesetz über das Verfahren in Jugendsachen vom 26. Oktober 1982, einheitliche Fassung vom 25. 1. 2002), Dz. U. 2002, Nr. 11, Pos. 109.

9 Nachfolgend abgekürzt: „JugVerfG".

ein Abhängigkeitsverhältnis zwischen dem jugendlichen Täter und dem Opfer besteht, oder andere Umstände, wie sie in der Empfehlung des Europarats in der Frage der Hilfestellung für Opfer von Verbrechen, enthalten sind[10]. Die Einzelheiten dieses Mediationsverfahrens, die Anforderungen an Mediationsverbände und Mediatoren, ihre Registrierung und Schulung usw. werden in einer Verordnung des Justizministers geregelt[11]. Neben den allgemeinen Anforderungen wie der Vollendung des 26. Lebensjahrs u.a. dürfen Mediatoren im Bereich des Jugend(straf)rechts keine Juristen sein. Im Anhang an diese VO werden auch Standards für die Schulung der Mediatoren geregelt, ohne dass eine Stundenvorgabe für die Schulung gemacht wird.

V. Im Familienrecht

In Trennungs- und Scheidungssachen bestimmte Art. 436 ZVerfG vor seiner Reform 2005, dass der Vorsitzende Richter die Parteien vor der Festsetzung eines Termins zur ersten mündlichen Verhandlung zum persönlichen Erscheinen bei Gericht zu einer Versöhnungssitzung einlädt. Im Jahr 2005 wurden die Regelungen über die Mediation ins ZVerfG aufgenommen. Mit diesen ist anstelle der Versöhnungssitzung in Art. 436 ZVerfG nun die Mediation getreten, in die der Richter die Parteien verweisen kann, wenn er Anzeichen dafür erkennt, dass eine Versöhnung möglich ist. Dessen Abs. 4 bestimmt seit April 2010, dass wenn die Parteien keinen Mediatoren bestimmt haben, das Gericht ihnen einen nennt, der über die entsprechenden Kenntnisse verfügt und eine Ausbildung im Bereich der Psychologie, der Pädagogik, der Soziologie oder des Rechts abgeschlossen hat und praktische Erfahrungen mit Mediationen im Familienbereich besitzt. Auch in Scheidungssachen und Scheidungsfolgesachen, ist eine Mediation im Bereich Familie möglich. Darüber hinaus bestimmt Art. 570^2 ZVerfG für die elterliche Sorge, dass in Rechtssachen, in denen ein Vergleich zulässig ist, das Gericht die Beteiligten in die Mediation verweisen kann. Neben den bereits erwähnten Spezialregelungen gelten auch die allgemeinen Regelungen über die Mediation in Zivil- und Handelssachen für Familienverfahren, die weiter unten erläutert werden. Schließlich hat nach der Reform des Familien- und Vormundschaftsgesetzbuchs[12] 2009 das Gericht die Pflicht, im Urteil über die Scheidung und die elterliche Sorge auch über das Umgangsrecht zu entscheiden. In Art. 58

10 (Rec (2006) 8) vom 14. Juni 2006, vgl. hierzu ausführlich: Mediacja w sprawach nieletnych, (Mediation in Jugendsachen), Broschüre des Justizministeriums der Republik Polen, Warschau, 2009.

11 Rozporządzenie Ministra Sprawiedliwości w sprawie postępowania mediacyjnego w sprawach nieletnich z dnia 18. 5. 2001 r. (Verordnung des Justizministers über die Mediation in Jugendsachen vom 18. 5. 2001), Dz. U. 2001, Nr. 56, Pos. 591.

12 Dz. U. 1964, Nr. 9, Pos. 59 (mit späteren Änderungen), nachfolgend abgekürzt: „FVGB“.

FVGB wird darauf hingewiesen, dass die Eltern diese Fragen möglichst im Einvernehmen selbst oder durch eine Mediation regeln sollen.

VI. Im Verwaltungsrecht

Im Verwaltungsrecht[13] ist die Mediation an verschiedenen Stellen[14] geregelt[15]. Mediator in einem Mediationsverfahren vor dem Verwaltungsgericht ist ein Richter (dies kann auch der Berichterstatter sein) oder ein Gerichtsreferendar, der vom Leiter der Abteilung benannt wird. Eine Mediation wird im Rahmen eines verwaltungsgerichtlichen Verfahrens durchgeführt, um die tatsächlichen und rechtlichen Umstände der Rechtssache zu erhellen und zu erläutern, damit die Parteien Feststellungen treffen können, wie sie die Rechtssache im Rahmen des geltenden Rechts erledigen können[16]. In der Mediation geht es somit ausdrücklich auch um die Erörterung der Rechtssache. Ein Mediationsverfahren wird i.d.R. auf Antrag einer Partei eingeleitet, es kann allerdings auch ohne einen Antrag der Parteien stattfinden. Für das Mediationsverfahren müssen die Parteien anwesend sein. Über den Verlauf des Mediationsverfahrens wird ein Protokoll erstellt, das den Standpunkt der Parteien enthält und zudem insbesondere die Feststellungen der Parteien, wie die Angelegenheit erledigt werden soll. Aufgrund dieser Feststellungen, hebt das Verwaltungsorgan einen Verwaltungsakt auf oder nimmt die beschlossenen Maßnahmen im Rahmen seiner Zuständigkeiten vor. Halten die Parteien sich nicht an ihre Vereinbarungen, so wird die Rechtssache durch das Gericht entschieden. Gegen den Verwaltungsakt, der in Ausführung der Feststellungen in der Mediationsvereinbarung erlassen wurde, ist wiederum die Beschwerde zum Verwaltungsgericht zulässig, das darüber zusammen mit der Rechtssache, in der die Mediation durchgeführt wurde, entscheidet. Wird keine Beschwerde eingelegt, hat also die Mediation zu einer Lösung geführt, so stellt das Gericht das Verfahren ein.

An dieser Regelung wird kritisiert, dass die Mediation mit der Feststellung der Sach-und Rechtslage stark vermischt wird. Insbesondere, wenn der Berichterstatter auch der Mediator ist, kann dies zur Befangenheit des Richters in einem anschließenden Verfahren führen[17].

---

13 Art. 115 ff des Verwaltungsgerichtsverfahrensgesetzes, Dz. U. 2002, Nr. 153, Pos. 1270 (mit späteren Änderungen), nachfolgend abgekürzt: „VerwGVerfahrensG".

14 In Art. 27 Verwaltungsgerichtsverfassungsgesetz, Dz. U. 2002, Nr. 153, Nr. 1269 (mit späteren Änderungen), nachfolgend abgkürzt: „VerwGVerfassungsG":

15 Art. 36 Abs. 2 der Verordnung des Präsidenten über die innere Verfahrensordnung der Woiwodschaftsverwaltungsgerichte, Dz. U. 2003, Nr. 169, Pos. 1646 (mit späteren Änderungen), nachfolgend abgekürzt: „VO".

16 *Harczuk*, Mediacja i mediator przed sądem administracyjnym, (Die Mediation und der Mediator vor dem Verwaltungsgericht), Monitor Prawniczy (MoP) 2008, Heft 8, S. 420.

17 Ebd.

VII. In Zivil- und Handelssachen

1. Generelle Vorschriften

In das ZVerfG wurde die Mediation 2005[18] eingeführt. Die Regelung entspricht – nach Einschätzung der Literatur[19] – dem Entwurf der EU-Richtlinie zur Mediation 2004 und der Mediationsrichtlinie[20].

Allgemein ist die Mediation in Art. 10 ZVerfG enthalten, der bestimmt, dass in Rechtssachen, in denen ein Vergleich zulässig ist, das Gericht zu jedem Zeitpunkt des Verfahrens auf eine gütliche Erledigung hinzuwirken hat. Die Parteien können diesen Vergleich auch vor einem Mediator schließen. Der Vergleich und die Mediation werden als zwei Methoden einer gütlichen Streitbeilegung gewertet.

Die speziellen Regelungen zur Mediation finden sich in den Art. 183^{1}- 183^{15} ZVerfG. Weitere Regelungen sind in Art. 98^{1} (Kosten der Mediation) sowie in dem schon erwähnten Art. 436 ZVerfG (Trennung- und Scheidung), enthalten.

2. Die Freiwilligkeit der Mediation

Die Freiwilligkeit der Mediation gewährleistet Art.183^{1} §1 ZVerfG. Die Parteien müssen ausdrücklich einer Mediation zustimmen, sie haben aber auch das Recht, sie jederzeit abzubrechen (Art. 183^{1} § 2; Art. 183^{6} ZVerfG).

3. Externe, gerichtsinterne oder gerichtsnahe Mediation

Eine Mediation kann vor der Eröffnung oder während eines gerichtlichen Verfahrens mit Zustimmung der Parteien durchgeführt werden (Art. 183^{1} § 4 ZVerfG). In Polen erfolgt die Durchführung von gerichtsnaher Mediation so, dass durch Gerichtsbeschluss eine Rechtssache an externe Mediatoren verwiesen wird. Das ZVerfG verbietet ausdrücklich Richtern, die aktiv im Beruf stehen, Mediationen durchzuführen (Art. 183^{2} § 2 ZVerfG). Eine parallele Regelung findet sich auch in Art. 1170 § 2 ZVerfG für Schiedsrichter.

---

18 Gesetz vom 28.7.2005 über die Änderung des Zivilverfahrensgesetzbuch und einiger anderen Gesetze, Dz. U. 2005, Nr. 172, Pos. 1438.

19 *Cioch*; *Nowińska*, Postępowanie cywilne (Zivilverfahren) Warschau 2007, S. 142.

20 Vorschlag für eine Richtlinie des Europäischen Parlaments und des Rates über bestimmte Aspekte der Mediation in Zivil- und Handelssachen SEK (2004) 1314, KOM (2004) 718 endg. 2004/0251(COD).

a. Rechtssachen, die in die Mediation kommen

Die Mediation kann grundsätzlich in allen Fällen durchgeführt werden, in denen ein Vergleich zulässig wäre. Das ist der Fall, wenn die Parteien über ihre Rechte selbst verfügen können, d.h. i.d.R. in Vermögenssachen[21]. Unzulässig ist dagegen ein Vergleich in Sozialversicherungssachen, bei der Entscheidung über unerlaubte Vertragsmusters (Art. 479^{41} ZVerfG) und in Personenstandsachen (Art. 477^{12} ZVerfG). Eine Mediation ist auch ausgeschlossen im Urkundsprozess oder im Mahnverfahren sowie im vereinfachten Verfahren (Art. 183^{8} § 4 ZVerfG)[22]. Der Ausschluss der Mediation im vereinfachten Verfahren wird kritisiert, weil ein wichtiger Anwendungsbereich der Mediation gerade in den sog. *small claim procedures* gesehen wird[23]. Zweifel ergeben sich auch aufgrund der Stellung des Mediationsverfahrens im Kapitel „der Prozess“ darüber, ob eine Mediation auch in Verfahren der freiwilligen Gerichtsbarkeit (z.B. bei der Aufhebung von Miteigentum oder der Teilung der Erbschaft) durchgeführt werden darf. Soweit diese Frage in der Literatur erörtert wird, wird eine Mediation für zulässig erachtet und darauf hingewiesen, dass die allgemeine Regel hier den Ausschlag gibt, nach der immer wenn ein Vergleich möglich ist, das Gericht auch eine Mediation vorschlagen kann[24]. Dies würde in logischer Konsequenz auch für Verfahren in der Berufungs- und Revisionsinstanz gelten müssen.

b. Initiierung einer Mediation

Nach Art. 183^{1} § 2 ZVerfG wird eine Mediation entweder aufgrund eines Vertrags durchgeführt oder die Parteien werden aufgrund eines Gerichtsbeschlusses in die Mediation verwiesen. Haben die Parteien schon im Vorfeld des Rechtsstreits einen Mediationsvertrag geschlossen bzw. in ihren Vertrag eine Mediationsklausel aufgenommen, so muss das Gericht die Parteien auf Antrag des Beklagten in die Mediation verweisen (Art. 202^{1} ZVerfG). Allerdings wird die Verweisung nur dann wirksam, wenn keine Partei die Mediation ablehnt, da die Durchführung einer Mediation freiwillig ist (Art. 183^{1} ZVerfG)[25]. Nach Art. 183^{1} § 3 ZVerfG sollte ein Mediationsvertrag, den die Vertragsparteien

21 *Niedźwiedzka*, Fn. 1, S. 788.

22 *Romer*, Fn. 2, S. 7.

23 *Morek*, Fn. 5, S. 19.

24 *Morek*, ebd.

25 *Zegadło*, Mediacja w toku postępowania cywilnego, (Mediation im Laufe des Zivilprozesses), in Rozprawy prawniczy, Księga pamiątkowa Prof. Maksymiliana Pazdana, (Rechtliche Debatten, Festschrift für Maksymilian Pazdan), *Ogiegły; Popiołek; Szpunar, Maciej* (Hrsg.), Zakamycze, 2005, S. 1533- 1543, S. 1539.

aufgrund ihrer Vertragsautonomie regeln, vor allem den Gegenstand der Mediation, die Person des Mediators bzw. die Methode seiner Wahl enthalten.

Ist kein Mediationsvertrag vorhanden, so kann die Mediation auf der Grundlage eines Gerichtsbeschlusses durchgeführt werden (Art. 183^{1} § 1 Satz 2 ZVerfG). Die Verweisung in die Mediation ist fakultativ und die Entscheidung darüber trifft das Gericht bzw. der Vorsitzende Richter. Der Beschluss ergeht von Amts wegen oder aufgrund des Antrags einer Partei[26]. Nach Schluss der ersten mündlichen Verhandlung kann das Gericht nur noch aufgrund eines gemeinsamen Antrags der Parteien einen solchen Beschluss treffen (Art. 183^{8} ZVerfG). Der Beschluss über die Durchführung der Mediation wird in nichtöffentlicher Sitzung gefasst und darf nur einmal während des Verfahrens ergehen (Art. 183^{8} § 2 ZVerfG), aufgrund eines Antrags der Parteien aber wohl auch mehrmals. Er sollte den Mediator benennen, die Parteien können aber auch einen anderen Mediator bestimmen (Art. 183^{9} ZVerfG).

Die Parteien müssen einer Mediation immer zustimmen, damit sie zustande kommt. Der eigentliche Mediationsvertrag kommt durch Zustimmung einer Partei zu einem Antrag der anderen Partei auf Durchführung einer Mediation nach Art.183^{6} ZVerfG zustande.

c. Beginn der Mediation

Der Zeitpunkt des Beginns einer Mediation aufgrund eines Vertrags, ist derjenige, zu dem dem Mediator der Antrag auf Durchführung einer Mediation zusammen mit einem Zustellungsnachweis einer Abschrift des Beschlusses an die andere Partei zugestellt wurde (Art. 183^{6} ZVerfG). Diese Zustellung wird aber nach h.M. nicht durch die Hinterlegung des Schriftstücks bei einer Poststelle bewirkt[27]. Eine Mediation aufgrund eines Gerichtsbeschlusses beginnt mit der Verkündung bzw. der Zustellung dieses Gerichtsbeschlusses[28].

In beiden Fällen beginnt die Mediation aber nicht, wenn innerhalb einer Woche nach Zustellung des Antrags (Art. 183^{6} § 2 ZVerfG) bzw. der Verkündung oder der Zustellung des Beschlusses (Art. 183^{8} § 3 ZVerfG) die Parteien einer Mediation nicht zustimmen, oder der Mediator die Durchführung der Mediation ablehnt.

d. Dauer der Mediation

Bei einer vertraglichen Mediation ist ihre Dauer nicht festgelegt. Eine Mediation aufgrund eines Gerichtsbeschlusses dauert i.d.R. einen Monat, auf Antrag der Parteien kann sie verlängert werden (Art. 183^{10} ZVerfG). Nach Zugang des

---

26 Ebd., S. 1538.

27 *Morek*, Fn. 5, Art. 1836, Rz. 3.

28 *Morek*, ebd., Rz. 1.

Antrags oder des Beschlusses setzt der Mediator unverzüglich einen Termin und einen Ort für die Durchführung der Mediation fest (Art. 183^{11} ZVerfGB). Auch die Durchführung einer Pendelmediation ohne gleichzeitige Anwesenheit der Parteien ist mit Zustimmung der Parteien möglich (Art. 183^{11} S. 2 ZVerfG).

e. Beendigung der Mediation

Die Mediation ist beendet, wenn entweder die Parteien sie abbrechen, oder wenn ein Vergleich zustande gekommen ist. Über den Verlauf der Mediation hat der Mediator ein Protokoll anzufertigen (Art. 183^{12} ZVerfG). In ihm müssen enthalten sein:

- Ort und Zeit der Mediation,
- Namen und Adressen der Parteien und des Mediators,
- Ergebnis der Mediation,
- Unterschrift des Mediators,
- gegebenenfalls der von den Parteien unterzeichnete Vergleich.

Das Protokoll ist den Parteien auszuhändigen und beim zuständigen Gericht einzureichen.

4. Die Rolle des Mediators

Mediator kann eine natürliche Person sein, die voll geschäftsfähig ist und die über die öffentlichen Rechte verfügt und kein Richter im aktiven Dienst ist (Art. 183^{2} § 1 ZVerfG).

Neben *ad hoc* bestimmten Mediatoren können ständige Mediatoren gewählt werden, die von gesellschaftlichen oder beruflichen Organisationen berufen werden und in eine Liste bei diesen Organisationen eingetragen sind (Art. 183^{2} § 3 ZVerfG). Diese Listen werden an die Präsidenten der Bezirksgerichte übermittelt und stehen dort zur Einsicht zur Verfügung. Schließlich kann das Gericht auch einen Mediator benennen. Mediator kann nur eine natürliche Person sein, nicht ein Mediationszentrum oder ein Mediationsbüro. In einem Mediatiorenteam hat den Status als Mediator nach Ansicht der Literatur nur eine Person innerhalb des Teams[29].

Der Mediator muss bei der Durchführung der Mediation unparteiisch sein (Art. 183^{3} ZVerfG). Besondere Vorschriften über die Inkompatibilität oder die Abwählbarkeit eines Mediators aufgrund einer befürchteten Parteilichkeit enthält das Gesetz nicht, da die Parteien es jederzeit in der Hand haben, den Mediator zu wechseln. Der Mediator hat einen Anspruch auf Entlohnung seiner Leistung und auf die Erstattung seiner in Zusammenhang mit der Mediation

29 *Morek*, Fn. 5, Art. 1832, Rz. 6 f.

getragenen Ausgaben, er kann aber auch auf diesen Anspruch verzichten. Diese Kosten sind von den Parteien zu tragen (Art. 183^5 ZVerfG).
Der polnische Gesetzgeber hat sich bei der gesetzlichen Ausgestaltung der Mediation gegen ein Konzessionssystem oder ein verwaltungsrechtliches Zulassungssystem zum Mediatorenberuf gewandt und die Fragen der beruflichen Qualifikation der Mediatoren den berufsständischen Organisationen überlassen, die die Standards in diesem Bereich festlegen[30].

5. Die Vertraulichkeit der Mediation

Die Pflicht zur Vertraulichkeit trifft den Mediator und schließt ein Zeugnisverweigerungsrecht ein, Art. 183^4 § 1 ZVerfG. Der Mediator kann im Zivilprozess nicht über Umstände, über die er im Mediationsverfahren Kenntnis erlangt hat, als Zeuge vernommen werden. Die Parteien können ihn von dieser Pflicht befreien (Art. 183^4 § 2 ZVerfG)[31]. Es ist unwirksam, sich in einem Gerichts- oder Schiedsgerichtsprozess auf Erklärungen zu berufen, die in der Mediation gemacht wurden. Die Regelungen über das Mediationsprotokoll wahren den Grundsatz der Vertraulichkeit, da in ihm nur die äußeren Rahmenbedingungen, aber keine Details über den Mediationsverlauf enthalten sind.

6. Die Unterbrechung der Verjährung

Eine Mediation soll vor der Aufnahme des Gerichtsverfahrens durchgeführt werden, kann mit Zustimmung der Parteien aber auch im Laufe eines Verfahrens aufgenommen werden. Die Einleitung einer Mediation hat keine Auswirkungen auf einen laufenden Gerichtsprozess. Auch während der Dauer einer Mediation kann man klagen und eine Mediation, die nach Klageerhebung eingeleitet wurde, hat auf diesen Prozess *per se* keinerlei Auswirkungen[32]. Nach Art. 123 § 1 Pkt. 3 ZGB unterbricht die Mediation allerdings materiell-rechtlich die Verjährung von Ansprüchen sofern sie aufgrund eines Vertrags zustande kommt. Für den Fall, dass in eine Mediation durch Gerichtsbeschluss verwiesen wurde, tritt die Unterbrechung der Verjährung bereits aufgrund der Rechtshängigkeit der Rechtssache ein. Die Verjährung wird unterbrochen und nicht nur gehemmt[33]. Die Verjährung beginnt von neuem mit der Beendigung der Mediation zu laufen. Wann dies genau der Fall ist, hat der Gesetzgeber nicht ausdrücklich geregelt. Es wird angenommen, dass der Zeitpunkt der Beendigung der Mediation

---

30 Siehe dazu unten, Gliederungspunkt VII, 9.
31 *Cioch; Nowińska*, Fn. 19, S. 143.
32 *Niedźwiedzka*, Fn. 1, S. 790.
33 *Morek*, Fn. 5, Art. 183^6, Rz. 9 ff.

derjenige ist, der im Protokoll angegeben wird[34]. Daraus wird gefolgert, dass die Mediatoren das Ende der Mediation zeitlich genau festzulegen haben[35].

7. Die Titulierung der Abschlussvereinbarung

Endet die Mediation mit einem Vergleich, so kann diesem, wenn die Vereinbarung vollstreckbar ist, durch das zuständige Gericht die Vollstreckungsklausel erteilt werden. Das Verfahren dazu wird auf Antrag einer Partei umgehend durchgeführt. Ist der Vergleich nicht vollstreckbar, so bestätigt ihn das Gericht auf Antrag einer Partei (Art. 183^{14} § 2 ZVerfG). Der Vergleich, der vor einem Mediator geschlossen wurde, hat dann nach Art. 183^{15} ZVerfG dieselbe Rechtskraft, die ein Gerichtsvergleich entfaltet. Er ist auch sofort vollstreckbar, da er durch die Verleihung der Klausel gleichzeitig als gerichtlicher Vergleich anerkannt und vollstreckbar wird[36]. Das Gericht prüft bei der Anerkennung den Vergleich daraufhin, ob er gegen die Grundsätze des gesellschaftlichen Zusammenlebens verstößt oder unklar bzw. widersprüchlich ist.

8. Kosten

Nach Art. 183^{5} ZVerfG hat der Mediator einen Anspruch auf eine Vergütung sowie auf Ersatz der Kosten, die ihm durch die Durchführung der Mediation entstanden sind. Im Fall einer Mediation aufgrund Gerichtsbeschlusses bestimmt Art 98^{1} ZVerfG, dass die Kosten der Mediation zu den unerlässlichen Prozesskosten zählen. Die Kosten der Mediation tragen die Parteien. Im Fall einer Mediation aufgrund Gerichtsbeschluss werden die Kosten nach einer Verordnung des Justizministers berechnet[37]. Allgemein sind dort die Kosten bei einem Kostensatz von 1. 000 PLN (ca. 250 Euro) für die Mediation insgesamt gedeckelt. Dieser Satz wird allgemein als zu gering eingeschätzt[38]. Der soziale Rat für ADR hat inzwischen einen neuen Verordnungsentwurf vorgelegt, nachdem dieser Satz auf 5.000 PLN erhöht werden soll[39].

---

34 *Morek*, ebd., Rz. 12.

35 *Niedźwiedzka*, Fn. 1, S. 797.

36 *Morek*, Fn. 5, Art. 183^{15}, Rz. 2.

37 Rozporządzenie Ministra Sprawiedliwości z dnia 30.10. r. w sprawie wysokości wynagrodzenia i podlegających zwrotowi wydatków mediatora w postępowaniu cywilnym, (VO des Justizministers vom 30.10.2005 über die Höhe der Vergütung sowie den Ersatz der Kosten des Mediatioren im Zivilverfahren), Dz. U. 2005, Nr. 239, Pos. 2018.

38 *Morek*, Fn. 5, Art. 183^{5}, Rz. 6, m.w.N.

39 http://www.ms.gov.pl/mediacje/kadencja1rada_adr.php (zuletzt aufgerufen am 9.5.2012).

9. Die Praxis der Mediation in Polen

Für die Sicherung der Qualifikation der Mediatoren ist der Soziale Rat für ADR-Verfahren beim Justizminister zuständig[40], dieser wurde in seiner zweiten Amtsperiode durch Anordnung des Justizministers vom 3. April 2009 aufgrund des Gesetzes über den Ministerrat als Beratungsgremium des Justizministers für fünf Jahre berufen[41]. Der Rat und die einzelnen Berufsverbände haben verschiedene Erklärungen zu Mediationsstandards und Ethikkodizes für die Durchführung von Mediationen vorgelegt[42], die als Selbstverpflichtungserklärungen von einzelnen Mediatoren übernommen werden können. Die Ausbildungsstandards für Mediatoren wurden zunächst 2001 für den Täter-Opfer-Ausgleich im Jugendstrafrecht ausgearbeitet[43]. Für die übrige Mediatorenausbildung wurden sie durch den Rat im Jahr 2007 verabschiedet. Um als Mediator tätig werden zu können, ist hiernach eine theoretische und praktische Schulung von mindestens 40 Stunden notwendig.

40 Nachfolgend „Rat" genannt. Der Rat wurde zum ersten Mal im August 2005 einberufen (Dz. Urz. Min. Sprawiedl., 2005, Nr. 5, Pos. 19).

41 http://www.ms.gov.pl/mediacje/adr/zarz_24-09pr_adr.pdf, (zuletzt aufgerufen am 9.5.2012).

42 Vgl. hierzu die einzelnen Erklärungen, auf http://www.ms.gov.pl/mediacje/kadencja1rada_adr.php (zuletzt aufgerufen am 9.5.2012).

43 Diese Ausbildungsstandards werden im Anhang zur Verordnung des Justizministers über die Mediation in Jugendsachen vom 18.5.2001 (Fn. 11) geregelt.

VIII. Statistiken zur Mediation in Polen

Über die Häufigkeit der Anwendung von Mediation gibt es einige Statistiken des Justizministeriums für die Jahre bis 2010:

Mediation in Jugendverfahren vor den ordentlichen Gerichten [44]

Jahr	Allgemein	Ergebnisse der Mediationsverfahren		
		Vergleich	Kein Vergleich	Andere Weise
2004	254	220	24	10
2005	343	281	37	25
2006	366	298	44	24
2007	326	276	28	22
2008	261	223	20	18
2009	293	256	22	15
1. Halbjahr 2010	177	134	26	17

44 Angaben auf der Homepage des Justizministeriums: http://bip.ms.gov.pl/pl/dzialalnosc/statystyki/statystyki-2010/download,731,31.html (zuletzt aufgerufen am 9.5.2012).

Mediation in Strafverfahren [45]

Jahr	Rechtssachen, die in die Mediation gegeben wurden	Beendigung der Mediation mit einem Vergleich
1998	12	8
1999	408	264
2000	824	524
2001	826	501
2002	1056	627
2003	1929	1154
2004	3780	2353
2005	5161	3277
2006	6499	4136
2007	6090	4191
2008	5397	3776
2009	5010	3547
1. Halbjahr 2010	2341	1798

45 Angaben auf der Homepage des Justizministeriums: http://bip.ms.gov.pl/pl/dzialalnosc/statystyki/statystyki-2010/download,731,30.html sowie http://bip.ms.gov.pl/pl/dzialalnosc/statystyki/statystyki-2010/download,731,29.html (zuletzt aufgerufen am 9. 5. 2012), es wurden die Mediationen, die bereits im Ermittlungsverfahren eingeleitet wurden und die aus dem Hauptverfahren zusammen gezählt.

Mediation in Zivil- und Handelssachen bei den Rayons und Bezirksgerichten [46]

Jahr	Zahl der Mediationen	Einstellung des Gerichtsverfahrens aufgrund der Bestätigung des Mediationsvergleichs
2006	1704	144
2007	1657	175
2008	1665	162
2009	2382	188
1. Halbjahr 2010	1509	139

Mediation in Familiensachen[47]

Jahr	Allgemein	Ergebnisse der Mediationsverfahren		
		Vergleich	Kein Vergleich	Andere Weise
2006	270	127	83	60
2007	326	155	95	76
2008	427	216	146	65
2009	716	340	247	129
1. Halbjahr 2010	433	204	144	85

Insgesamt zeigen die Statistiken eine Zunahme der Inanspruchnahme von Mediation. Allerdings sind sie, da sie sich nur auf die ersten Jahre der Einführung von Mediation in Zivil-und Handelssachen beziehen, noch nicht aussagekräftig genug, um genauere Schlussfolgerungen ableiten zu können. Im Vergleich zu der Gesamtzahl der Gerichtsverfahren macht die Mediation in dem Zeitraum aber nur einen geringen Anteil aus.

46 http://bip.ms.gov.pl/pl/dzialalnosc/statystyki/statystyki-2010/download,731,27.html sowie http://bip.ms.gov.pl/pl/dzialalnosc/statystyki/statystyki-2010/download,731,28.html (zuletzt aufgerufen am 9. 5. 2012).

47 http://bip.ms.gov.pl/pl/dzialalnosc/statystyki/statystyki-2010/download,731,26.html (zuletzt aufgerufen am 9. 5. 2012).

IX. Zusammenfassung

Polen hat mit der Regelung der Mediation in einigen Rechtsgebieten relativ früh begonnen. Die Mediation ist für die einzelnen Rechtsgebiete sehr unterschiedlich, zum Teil geradezu gegensätzlich geregelt. Dennoch lassen sich einige Grundsätze, die für alle Bereiche gelten, aufzeigen. Die polnische Rechtsordnung enthält bislang keine abschließende Definition der Mediation und auch keine abschließende Konkretisierung des Berufsbilds des Mediators. Diese Fragen werden bewusst offen gelassen, damit sie durch die Mediatorenverbände bzw. den Rat geregelt werden können und sich der Diskussion und der Entwicklung der Mediation anpassen können. Das polnische Recht verankert die Mediation im Verfahrensrecht und lässt gerichtsnahe bzw. gerichtsinterne Mediation zu. Es besteht eine Verzahnung zwischen den Verbänden und den staatlichen Stellen, indem z.B. Mediatorenlisten bei den Gerichten geführt werden. Besondere Punkte, die noch der Reform bedürfen, sind die Vergütung der Mediatoren und die Sicherung der Standards für Mediation. Hinsichtlich ihrer praktischen Bedeutung kann man sich der Einschätzung anschließen, dass die Mediation in Polen nach wie vor ein Nischenthema mit hohem Wachstumspotential[48] ist. Sie wird allerdings aktiv gefördert durch die Mediatoren und die zuständigen staatlichen Stellen, so dass man hoffen darf, dass dieses Wachstumspotential in Zukunft weiter erschlossen wird.

48 *Niedźwiedzka*, Fn. 1, S. 803.

Ukrainische Perspektiven der gesetzlichen Verankerung des Einsatzes der Mediation

*Oleh V. Zajchuk, Kiew**

Der Begriff „Mediation“ (lat. *Mediatio* – Vermittlung) hat in der Wissenschaft mehrere Bedeutungen, und zwar:

1) im internationalen Recht bei Streitigkeiten zwischen Subjekten des internationalen Rechts ist die Mediation die Vermittlung durch einen dritten unbeteiligten Staat;
2) im Privatrecht ist die Mediation eine der außergerichtlichen Methoden der Streitbeilegung. Mit Einverständnis der Parteien hilft ein unparteilicher Vermittler, der Mediator, den Parteien eine beiderseitig vorteilhafte und freiwillige Vereinbarung im Wege von Verhandlungen zu erreichen. Die Entscheidung wird nicht durch den Mediator, sondern von den Parteien selbst getroffen.

Im Unterschied zu anderen außergerichtlichen Methoden der Streitbeilegung (Schiedsgericht u.ä.) richtet sich die Aufmerksamkeit der Streitparteien formell nicht auf bestimmte rechtliche Positionen, sondern auf ihre Interessen. Das heißt, der Mediator hilft den Streitparteien nur bei der Führung der Verhandlungen und dem Erreichen einer Einigung, die allen Parteien gerecht wird.

Es haben sich bereits bestimmte Prinzipien der Beilegung von Streitigkeiten im Wege der Mediation gebildet. Dazu gehören u.a. folgende Prinzipien: Vertraulichkeit, Neutralität, Freiwilligkeit und Verantwortlichkeit der Parteien. Die Vereinbarung der Parteien, welche im Rahmen der Mediation erzielt wurde, wird schriftlich festgehalten und von den Streitparteien unterzeichnet. Das heißt, die Mediation ist eine schnelle und zuverlässige alternative Methode der Beilegung von Streitigkeiten im Familien-, Erb- und Wirtschaftsrecht. Die Mediation ersetzt nicht das gerichtliche Verfahren, fordert aber auch keine wesentlichen materiellen Verluste. Die Vergütung der Arbeit des Mediators erfolgt durch die Streitparteien zu gleichen Anteilen.

In einigen Ländern (z.B. in den USA) sind die Voraussetzungen und das Verfahren des Transfers einer Sache von einem Gericht zur Behandlung vor einem Mediator gesetzlich geregelt. Die Mediation wird heute durch das Führen von Verhandlungen und den Abschluss von Vereinbarungen genauso erfolgreich eingesetzt. Dadurch werden zweifellos die Gerichte entlastet.

---

* *Erster Stellvertretender Direktor des Instituts für Gesetzgebung der Verchovna Rada der Ukraine, Kiew, Prof. Dr., Verdienter Jurist der Ukraine.*
Übersetzung: Antje Himmelreich, Wissenschaftliche Referentin für Russland, die Ukraine und die sonstigen GUS-Staaten, Institut für Ostrecht München e.V.

Es gibt eine ganze Reihe von völkerrechtlichen Dokumenten zur Mediation. Im Rahmen der Vereinten Nationen sind das die Resolution des Wirtschafts- und Sozialrates der Vereinten Nationen vom 4. Mai 1999 „Entwicklung und Verwirklichung von Methoden der Vermittlung und der ausgleichsorientierten Justiz auf dem Gebiet der Strafrechtspflege“, die Bangkoker Deklaration „Synergien und Maßnahmen: Strategische Allianzen auf dem Gebiet der Verbrechensverhütung und Strafrechtspflege“, die auf dem 11. Kongress der Vereinten Nationen für die Verbrechensverhütung und Strafrechtspflege vom 18. bis 25. April 2005 in Bangkok verabschiedet wurde, und die Resolution des Wirtschafts- und Sozialrates der Vereinten Nationen vom 24. Juli 2002 „Grundprinzipien für den Einsatz von Programmen der ausgleichsorientierten Justiz in Strafsachen“.

Im Rahmen der Europäischen Union und des Europarates sind zu nennen: die Richtlinie 2008/52/EG des Europäischen Parlaments und des Rates vom 21. Mai 2008 „Über bestimmte Aspekte der Mediation in Zivil- und Handelssachen“, die Empfehlung Nr. R (98) 1 des Ministerkomitees an die Mitgliedstaaten über die Mediation in Familiensachen; die Empfehlung Rec (2002) 10 des Ministerkomitees an die Mitgliedstaaten über die Mediation in Zivilsachen; die Empfehlung Nr. R (99) 19 des Ministerkomitees an die Mitgliedstaaten über die Mediation in Strafsachen; der Rahmenbeschluss des Rates vom 15. März 2001 „Über die Stellung der Opfer von Straftaten im Strafverfahren“; die Empfehlung Rec (2006) 8 des Ministerkomitees an die Mitgliedstaaten über die Hilfe für Opfer von Straftaten; die Empfehlung Rec (2003) 20 des Ministerkomitees an die Mitgliedstaaten zu neuen Wegen im Umgang mit Jugendkriminalität und der Rolle der Jugendgerichtsbarkeit u.ä.

In der Ukraine gibt es ebenfalls eine ganze Reihe von normativen Rechtsakten, die die Gerichtspraxis sowie die Konzeption über die Mediation zusammenfassen. Das sind insbesondere:

- Ukaz des Präsidenten der Ukraine Nr. 615/1998 vom 11. Juni 1998 „Über die Bestätigung der Strategie der Integration der Ukraine in die EU“;
- Ukaz des Präsidenten der Ukraine Nr. 311/2008 vom 8. April 2008 „Über den Beschluss des Nationalen Sicherheits- und Verteidigungsrates vom 15. Februar 2008 ‚Über die Reformierung des Systems der Strafrechtspflege und der Organe des Rechtsschutzes“;
- Konzeption der gesetzlichen Regelung für den Einsatz von Programmen der vermittelnden Justiz (Mediation) in der Strafgerichtsbarkeit der Ukraine;
- Beschluss des Plenums des Obersten Gerichts der Ukraine Nr. 13 vom 2. Juli 2004 „Über die Gerichtspraxis zur Anwendung der Gesetzgebung, die Rechte für die Opfer von Straftaten vorsieht“;
- Beschluss des Plenums des Obersten Gerichts der Ukraine Nr. 5 vom 16. April 2004 „Über die Gerichtspraxis der Ukraine zur Anwendung der Gesetzgebung in Strafverfahren gegen Jugendliche“;

- Beschluss des Plenums des Obersten Gerichts der Ukraine Nr. 2 vom 25. Januar 1974 „Über die Gerichtspraxis in Strafverfahren, die nur auf Klage des Geschädigten eröffnet werden".

Eine große Bedeutung für die Festlegung einer optimalen Strategie für die rechtliche Regelung der Mediation in der Ukraine haben die Erfahrungen anderer Länder. In diesem Kontext sind folgende Rechtsakte zu nennen: Gesetz über das Mediationsverfahren von Bosnien-Herzegowina; Gesetz über die Mediation der Republik Moldawien; Gesetz der Republik Bulgarien über die Mediation (Vermittlung); Verfügung des polnischen Justizministers vom 18. Mai 2001 „Über die Durchführungsordnung des Mediationsverfahrens in Strafsachen" u.ä.

Um zu den ukrainischen Perspektiven der gesetzlichen Verankerung des Einsatzes der Mediation zurückzukehren, muss ich die Aufmerksamkeit auf die Konzeption zur Reformierung der Strafrechtspflege der Ukraine lenken (die durch Beschluss des Nationalen Sicherheits- und Verteidigungsrates der Ukraine vom 15. Februar 2008 und Ukaz des Präsidenten der Ukraine Nr. 311/2008 vom 8. April 2008 bestätigt wurde).

In der Konzeption wird deutlich davon gesprochen, dass „grundsätzliche Änderungen in den sozial-politischen und anderen Lebensbedingungen der Gesellschaft und Bürger in der gegenwärtigen Phase der Entwicklung der Ukraine und die Verabschiedung der Verfassung der Ukraine die Voraussetzungen für eine Reformierung des Systems der Strafrechtspflege in Richtung einer weiteren Demokratisierung, Humanisierung und Stärkung des Schutzes der Menschenrechte und Grundfreiheiten entsprechend den Anforderungen der internationalen Rechtsakte und der Verpflichtungen unseres Staates gegenüber der europäischen und der Weltgemeinschaft geschaffen haben".

Änderungen erfolgten sowohl im Strafgesetzbuch als auch im Strafvollzugsgesetzbuch der Ukraine. So wurde mit der Verabschiedung des Strafgesetzbuchs im Jahr 2001 ein bedeutender Schritt in Richtung des Schutzes der Rechte und Freiheiten der Menschen gemacht. Auch die Änderungen und Ergänzungen des Gesetzbuchs in den letzten Jahren, z.B. die Einführung der Strafbarkeit des Menschenhandels und der Legalisierung (Geldwäsche) von durch strafbare Handlungen erzielten Gewinnen, waren notwendig und zeitgemäß.

Auch die Strafprozessgesetzgebung wurde in den letzten Jahren geändert, wodurch die Anforderungen der Konvention zum Schutz der Menschenrechte und Grundfreiheiten verwirklicht werden sollten. Insbesondere in Bezug auf die Gewährleistung der Rechte der Beteiligten eines Strafverfahrens wurden der kontradiktorische Charakter des Verfahrens und die Rechte des Geschädigten erweitert, die Tendenz des Gerichts zur Unterstützung der Anklage beseitigt, die gerichtliche Kontrolle über die Einschränkung der verfassungsmäßigen Rechte und Freiheiten auf der Ebene des vorgerichtlichen Verfahrens in Strafsachen und die Möglichkeit der gerichtlichen Anfechtung von Beschlüssen der Untersuchungs- und Ermittlungsorgane und des Staatsanwalts erweitert.

Eine gewisse Humanisierung erfolgte auch im Strafvollzugsgesetzbuch der Ukraine, das am 11. Juli 2003 verabschiedet wurde.

Insgesamt muss eingeräumt werden, dass das bestehende System der Strafrechtspflege nicht in vollem Umfang den veränderten gesellschaftlichen Verhältnissen in der Ukraine entspricht und dass es kein angemessenes Niveau der Gewährleistung der öffentlichen Ordnung, des effektiven Schutzes der Individuen, der Gesellschaft und des Staates vor Angriffen auf soziale Werte, Rechte und gesetzliche Interessen gewährleisten kann.

Das System der Strafrechtspflege ist umständlich, in sich widersprüchlich, kompliziert und nicht durchweg wissenschaftlich fundiert. Es gibt Überschneidungen von Kompetenzen, formalistische Verfahrensvorschriften und es fehlen klare Definitionen und Abgrenzungen der Zuständigkeiten der Subjekte der Strafrechtspflege und der dergleichen.

Obwohl die Straftaten nach ihrer Schwere eingeteilt sind, sieht das geltende Strafgesetzbuch der Ukraine für Personen, die wegen einer Tat verurteilt werden, eine einheitliche Rechtsfolge vor: solche Personen sind vorbestraft. Abgesehen davon weisen einige der durch das Strafgesetzbuch der Ukraine mit Strafe bedrohten Handlungen nicht den Grad an gesellschaftlicher Gefährlichkeit auf, der die einschneidende Beschränkung der Rechte und Freiheiten des Menschen und Bürgers, die das Strafrecht darstellt, rechtfertigen würde.

Gleichzeitig gibt es in der Gesetzgebung der Ukraine Ordnungswidrigkeitstatbestände, über die durch Gericht zu entscheiden ist und die mit ähnlichen Rechtsfolgen wie Straftaten bedroht sind (kurzfristiger Arrest, Beschlagnahme des Vermögens, Entzug spezieller Rechte und dergleichen). Personen, welche wegen solcher Rechtsverletzungen zur Verantwortung gezogen werden, genießen nicht die erforderlichen prozessualen Garantien, insbesondere hinsichtlich des Rechts auf Rechtsbeistand und des Rechts zur Anfechtung gerichtlicher Entscheidungen u.ä., die durch die Konvention zum Schutze der Menschenrechte und Grundfreiheiten vorgesehen sind.

Die vorherigen zahlreichen Änderungen in der Struktur der Organe der Strafrechtspflege erfolgten ohne systematischen Zusammenhang. Sie waren überwiegend auf behördliche Interessen zurückzuführen und nicht auf die Schaffung eines optimalen Systems der Vorbeugung, Aufdeckung und Ermittlung von Straftaten und der Bestrafung schuldiger Personen. Das System der herkömmlich als Organe des „Rechtsschutzes“ bezeichneten Organe (Organe des Innenministeriums, der Sicherheitsdienst der Ukraine, der Staatliche Grenzdienst der Ukraine, die Steuerpolizei und andere Organe, die zur Ermittlung und Verhängung administrativer Sanktionen befugt sind) wurde seinerzeit als Mechanismus zur Verfolgung und Repression geschaffen und nicht in ein Institut des Schutzes und der Wiederherstellung verletzter Rechte von Personen transformiert. Vor dem Hintergrund eines hohen Niveaus von Korruption im gesamten System besteht kein hinreichendes Vertrauen der Gesellschaft in diese Organe. Das heißt, in der Ukraine besteht eine objektive Notwendigkeit, das System der Strafrechtspflege entsprechend der geltenden ukrainischen Gesetzgebung, den europäischen Werten in Bezug auf den Schutz der Menschenrechte und Grundfreiheiten sowie den Bestimmungen der internationalen Verträge der Ukraine, deren verbindlicher Anwendung die *Verchovna Rada* der Ukraine zugestimmt hat, zu reformieren.

In der genannten Konzeption betreffend die Mediation gibt es eine Bestimmung, in der betont wird, dass „die Anwendung von Verfahren der vermittelnden und versöhnenden Justiz, nach der das Gericht Beschlüsse über eine Vereinbarung über die Anerkennung der Schuld oder eine Versöhnung des Beschuldigten mit dem Geschädigten fasst", wesentlich erweitert werden müsste.

Angesichts des Gesagten möchte ich Ihre Aufmerksamkeit auf die wichtigsten Bestimmungen des Entwurfs eines Gesetzes über die Mediation lenken.

Das Gesetz besteht aus 5 Kapiteln und 33 Artikeln. Im ersten Kapitel (Allgemeine Bestimmungen) werden der Begriff, die Durchführung der Mediation und die anzuwendende Gesetzgebung sowie die Prinzipien der Mediation (Freiwilligkeit, Zulässigkeit, Gleichheit der Parteien, Unvoreingenommenheit und Unabhängigkeit des Mediators, Vertraulichkeit der Mediation) bestimmt.

Das zweite Kapitel (Mediation) umfasst solche Fragen wie die Teilnehmer der Mediation, die Rechte und Pflichten der Parteien während der Durchführung der Mediation, die Aussetzung der Mediation und den Austausch des Mediators, die Einstellung der Mediation, das Verfahren der Festsetzung, Aussetzung und Einstellung der Mediation, die Form und den Inhalt sowie die Erfüllung des Versöhnungsvertrags, den Bericht über die Durchführung der Mediation u.ä.

Das dritte Kapitel (Grundlagen der Tätigkeit des Mediators) enthält Anforderungen an den Mediator, die Organisationsformen der Tätigkeit des Mediators, die Rechte und Pflichten des Mediators, die Vergütung der Arbeit des Mediators, die Besteuerung der Einnahmen des Mediators und die Verantwortung des Mediators.

Das vierte Kapitel betrifft die berufliche Selbstverwaltung der Mediatoren. Dazu gehören die Grundlagen der beruflichen Selbstverwaltung der Mediatoren, der Kongress und der Rat der Mediatoren der Ukraine, die Hauptversammlungen und der Rat der Mediatoren der Region, die finanzielle Versorgung der Tätigkeit der Organe der beruflichen Selbstverwaltung der Mediatoren, die Verbände und andere gesellschaftliche Vereinigungen der Mediatoren.

Dies ist eine allgemeine Charakteristik des Gesetzentwurfs. Gleichzeitig möchte ich nachfolgend den Gesetzentwurf in seinem ganzen Inhalt zur Kenntnisnahme vorstellen.

Entwurf[1]
GESETZ DER UKRAINE Über Mediation

Kapitel 1. Allgemeine Bestimmungen

Artikel 1. Begriffsbestimmung

In diesem Gesetz werden die unten genannten Begriffe in folgender Bedeutung verwendet:

Versöhnungsvertrag – Vertrag über die Versöhnung zwischen den Parteien in Zivil- und Wirtschaftssachen oder zwischen dem Geschädigten auf der einen Seite und dem Beschuldigten oder Angeklagten auf der anderen Seite in Strafsachen, der mit Hilfe eines Mediators auf der Grundlage gegenseitiger Zugeständnisse und einer freiwilligen Befriedigung der Forderungen des Klägers oder des Geschädigten abgeschlossen wird;

Bericht über die Durchführung der Mediation – Dokument, das vom Mediator nach den Ergebnissen der Durchführung der Mediation schriftlich erstellt wird;

Mediator – Person, deren Aufgabe darin besteht, den Parteien in Zivil- und Wirtschaftssachen mit dem Ziel zu helfen, eine Einigung zu erreichen, sowie den Geschädigten auf der einen Seiten und den Beschuldigten oder Angeklagten auf der anderen Seite in Strafsachen mit dem Ziel zu helfen, sich zu versöhnen;

Mediation – Verfahren, das durch den Mediator unter Teilnahme der Parteien in Zivil- und Wirtschaftssachen oder unter Teilnahme des Geschädigten auf der einen Seite und des Beschuldigten oder Angeklagten auf der anderen Seite in Strafsachen mit dem Ziel durchgeführt wird, zwischen ihnen eine Einigung und/oder eine Versöhnung in Bezug auf die Streitigkeit (den Konflikt) im Wege der Ausarbeitung einer beiderseitig anerkannten Entscheidung zu erreichen;

Behörde oder Amtsperson, in deren Verfahren sich die Sache befindet – Gericht, Richter, Staatsanwalt, Untersuchungsführer, Ermittler;

Parteien der Mediation (folgend – Parteien) – natürliche und/oder juristische Personen in Zivil- und Wirtschaftssachen oder der Geschädigte auf der einen Seite und der Beschuldigte oder Angeklagte auf der anderen Seite in Strafsachen, die vereinbart haben, eine Streitigkeit (einen Konflikt) mit Hilfe eines Mediators beizulegen.

Artikel 2. Durchführung der Mediation und Gesetzgebung über Mediation

1. Mediation kann in Straf-, Zivil- und Wirtschaftssachen entsprechend diesem Gesetz unter Berücksichtigung der im Strafgesetzbuch der Ukraine sowie

1 Vorliegende Übersetzung basiert auf einer dem Institut für Ostrecht München e.V. von der IRZ-Stiftung zur Verfügung gestellten Übersetzung eines früheren Gesetzentwurfs der Ukraine „Über Mediation".

der Strafprozess-, Zivilprozess- und Wirtschaftsprozessordnung der Ukraine (folgend – Prozessgesetzgebung) vorgesehenen Besonderheiten durchgeführt werden.

2. Bei der Regulierung von Streitigkeiten, die in Rechtssachen vor ausländischen Rechtspflegeorganen unter Beteiligung eines ausländischen Subjekts und der Ukraine verhandelt werden, wird die Mediation entsprechend den internationalen Verträgen durchgeführt. Die Vorgehensweise der ukrainischen Seite wird in diesem Fall durch das Ministerkabinett der Ukraine bestimmt.

3. Die Verwendung der Wörter „Mediator“, „Mediation“ oder ähnlicher Wörter in allen Formen und Fällen in der Bezeichnung juristischer Personen ist verboten, mit Ausnahme der Bezeichnung von Zusammenschlüssen der Mediatoren, gesellschaftlicher Vereinigungen der Mediatoren und der Organe der beruflichen Selbstverwaltung der Mediatoren.

Artikel 3. Freiwilligkeit der Mediation

1. Die Parteien nehmen an der Durchführung der Mediation freiwillig teil und können auf die Teilnahme in jeder Phase der Mediation verzichten.

2. Die Teilnahme des Beschuldigten oder Angeklagten an der Durchführung der Mediation in Strafsachen kann nicht als Anerkennung seiner Schuld durch ihn angesehen werden.

3. Die Teilnahme der Parteien an der Durchführung der Mediation in Zivil- und Wirtschaftssachen kann nicht als Anerkennung der entsprechenden Forderungen der Klage angesehen werden.

Artikel 4. Zulässigkeit der Durchführung der Mediation

Die Durchführung der Mediation ist in jeder Phase des Verfahrens in Straf-, Zivil- und Wirtschaftssachen zulässig, bis sich das Gericht ins Beratungszimmer zur Entscheidungsfindung oder zum Urteilserlass zurückzieht.

Artikel 5. Gleichheit der Parteien

1. Die Parteien haben während der Durchführung der Mediation gleiche Rechte.

2. Es dürfen keine Privilegien oder Einschränkungen im Zusammenhang mit Rasse, Hautfarbe, politischer, religiöser oder anderer Überzeugungen, Geschlecht, ethnischer oder sozialer Abstimmung, Vermögensstand, Wohnort, Sprache bzw. anderer Merkmale entstehen.

Artikel 6. Unvoreingenommenheit und Unabhängigkeit des Mediators

1. Der Mediator muss seine Pflichten unvoreingenommen erfüllen, wobei er sich auf den Sachverhalt der Sache stützt, die Meinung der Parteien berücksichtigt und die Parteien nicht zu einer bestimmten Entscheidung zwingt. Während der Durchführung der Mediation werden die Entscheidungen im gegenseitigen Einverständnis der Parteien getroffen.

Der Mediator ist in seiner Tätigkeit unabhängig und unterliegt nur dem Gesetz.

Artikel 7. Vertraulichkeit der Mediation

1. Die Informationen, die der Mediator während der Durchführung der Mediation erhält, sind vertraulich und dürfen durch den Mediator nicht ohne vorherige Zustimmung der Parteien bekannt gegeben werden.

2. Der Mediator darf über Informationen, die ihm während der Durchführung der Mediation bekannt wurden, sowie solche, die unmittelbar die Mediation betreffen, nicht vernommen werden, mit Ausnahme der Fälle, in denen die Parteien gegen die Bekanntgabe solcher Informationen keine Einwände haben.

Kapitel 2. Mediation

Artikel 8. Teilnehmer der Mediation

1. Teilnehmer der Mediation sind die Parteien, ihre Vertreter und der Mediator.

2. Verwandte und andere Personen, wenn sie keine Vertreter der Parteien sind, dürfen während der Mediation nur mit Zustimmung der Parteien teilnehmen.

3. Das Verfahren der Bestimmung des Mediators und des Austauschs des Mediators, der Parteien oder ihrer Vertreter wird durch die Prozessgesetzgebung festgelegt.

Artikel 9. Rechte und Pflichten der Parteien bei der Durchführung der Mediation

1. Die Parteien haben während der Durchführung der Mediation folgende Rechte:

1) auf die Teilnahme an der Mediation zu verzichten;

2) die Kandidatur des Mediators vorzuschlagen;

3) über das Wesen der Mediation und ihre Ergebnisse informiert zu werden;

4) zur Durchführung der Mediation Verwandte sowie andere Personen mit Zustimmung der anderen Partei heranzuziehen, wobei der Mediator darüber unterrichtet wird; eine Zustimmung ist nicht erforderlich, wenn solche Personen Vertreter der Partei sind;

5) die Leistungen eines Dolmetschers in Anspruch zu nehmen;

6) andere durch die Prozessgesetzgebung bestimmte Rechte.

2. Die Parteien sind während der Durchführung der Mediation verpflichtet, mit dem Mediator zusammenzuarbeiten und die Durchführung der Mediation nicht zu verhindern, insbesondere durch die Verzögerung der Mediation.

Artikel 10. Vertretung bei der Mediation

1. Die Parteien können bei der Durchführung der Mediation Vertreter haben, auf die sich die durch die Prozessgesetzgebung vorgesehenen Vollmachten der Prozessvertreter erstrecken.

Die Vertreter nehmen an der Durchführung der Mediation nur zusammen mit der Partei teil, die sie vertreten.

2. Rechte, Freiheiten und Interessen von minderjährigen, geschäftsunfähigen oder in ihrer Geschäftsfähigkeit beschränkten Personen werden durch ihre gesetzlichen Vertreter (Eltern, Adoptiveltern, Vormünder, Pfleger oder andere durch Gesetz bestimmte Personen) vertreten.

Artikel 11. Dauer der Durchführung der Mediation

1. Die Durchführung der Mediation muss innerhalb eines Monats nach der Entscheidung über deren Festsetzung abgeschlossen werden.

2. Die Zeit, in der über die Frage des Austauschs des Mediators verhandelt wurde, wird bei in der in Abs. 1 dieses Artikels vorgesehenen Frist nicht berücksichtigt.

3. In Ausnahmefällen kann die Dauer der Durchführung der Mediation auf begründeten Antrag des Mediators und der Parteien bis zu zwei Monate durch die Person oder Behörde, in deren Verfahren sich der Fall befindet, verlängert werden.

Artikel 12. Durchführung der Mediation

1. Der Mediator soll ab dem Zeitpunkt des Erhalts der Entscheidung über die Festsetzung der Mediation durch die Person oder Behörde, in deren Verfahren sich der Fall befindet:

1) Maßnahmen zur Herstellung des Kontakts mit den Parteien ergreifen sowie das Datum und den Ort der Durchführung des Treffens mit jeder Partei bestimmen;

2) ein Vorgespräch mit den Parteien in beliebiger Form nach Vereinbarung durchführen, das Wesen der Mediation und die Rechte der Parteien erläutern sowie eine schriftliche Bestätigung ihrer freiwilligen Zustimmung zur Teilnahme an der Durchführung der Mediation erhalten;

3) den Parteien helfen, eine Einigung über die streitigen Fragen (den Konflikt) zu erreichen und den Inhalt des Versöhnungsvertrags zu formulieren.

2. Für den Fall, dass es unmöglich ist, ein unmittelbares Treffen der Parteien zu organisieren, kann der Mediator auf Wunsch der Parteien die Mediation mittelbar durchführen, wobei er jede Partei über den Standpunkt der anderen Partei in Bezug auf die Regelung der streitigen Fragen informiert.

Artikel 13. Aussetzung der Mediation und Austausch des Mediators

1. Die Durchführung der Mediation wird ausgesetzt, falls der Mediator oder eine der Parteien oder ihr Vertreter ausgetauscht werden.

2. Der Mediator ist auszutauschen, falls:

1) Umstände eintreten, die durch Artikel 22 Abs. 1 Punkt 4 dieses Gesetzes bestimmt sind;

2) ein Strafverfahren in Bezug auf den Mediator eingeleitet wurde;

3) gegen den Mediator Disziplinarstrafen verhängt wurden, die durch Artikel 26 Abs. 4 Punkt 2 und 3 dieses Gesetzes bestimmt sind;

4) die Geschäftsfähigkeit des Mediators beschränkt oder er für geschäftsunfähig erklärt wurde;

5) der Mediator seine Pflichten aufgrund des Gesundheitszustands nicht erfüllen kann;

6) der Mediator stirbt.

3. In den Fällen, die in Abs. 2 dieses Artikels vorgesehen sind, wird die Durchführung der Mediation bis zur Bestimmung eines anderen Mediators ausgesetzt, jedoch nicht länger als zehn Tage.

Artikel 14. Einstellung der Mediation

Die Durchführung der Mediation wird eingestellt, falls:

1) eine Einigung erreicht und ein Versöhnungsvertrag durch die Parteien unterzeichnet wurde;

2) eine der Parteien auf die weitere Teilnahme an der Durchführung der Mediation verzichtet;

3) eine der Parteien stirbt, wenn keine Rechtsnachfolger festgestellt werden;

4) eine juristische Person beendet wird (einschließlich der Liquidation), wenn keine Rechtsnachfolger festgestellt werden.

Artikel 15. Verfahren der Festsetzung, Aussetzung und Einstellung der Mediation

Das Verfahren zur Festsetzung, Aussetzung und Einstellung der Mediation wird durch die Prozessgesetzgebung bestimmt.

Artikel 16. Form und Inhalt des Versöhnungsvertrags

1. Der Versöhnungsvertrag wird durch die Parteien schriftlich geschlossen und muss enthalten:

- Datum des Abschlusses;
- Angaben über die Parteien;
- Informationen über den Streitgegenstand (Konflikt);
- Vertragsbedingungen, Verfahren und Erfüllungsfristen;
- Familien-, Vor- und Vatersnamen des Mediators;
- Unterschrift der Parteien und des Mediators.

2. Der Versöhnungsvertrag kann auch andere durch seine Parteien abgestimmte Bestimmungen enthalten, die den gesetzlichen Anforderungen nicht widersprechen.

3. Der Versöhnungsvertrag wird durch einen Beschluss des Gerichts bestätigt oder anerkannt.

Artikel 17. Erfüllung des Versöhnungsvertrags

1. Die Parteien sind verpflichtet, den Versöhnungsvertrag zu erfüllen.

2. Die Nichterfüllung des nach den Ergebnissen der Mediation abgeschlossenen Versöhnungsvertrags führt im Fall des Antrags einer der Parteien zur zwangsweisen Erfüllung des Vertrags und zum Eintritt der gesetzlich vorgesehenen Folgen.

Artikel 18. Bericht über die Durchführung der Mediation

1. Im Bericht über die Durchführung der Mediation werden aufgeführt:

1) Aktenzeichen des Verfahrens;

2) Familien-, Vor- und Vatersname des Mediators;

3) Angaben über die Parteien und Informationen über die Anzahl der durchgeführten individuellen und gemeinsamen Treffen;

4) Informationen über die Ergebnisse der Mediation;

5) Unterschrift des Mediators.

2. Der Bericht über die Durchführung der Mediation muss innerhalb von drei Tagen nach Abschluss der Mediation erstellt werden.

3. Der Bericht über die Durchführung der Mediation darf keine Informationen über die Gründe des Nichterreichens einer Einigung sowie über das Verhalten der Parteien während der Treffen enthalten.

4. Dem Bericht über die Durchführung der Mediation wird der Versöhnungsvertrag beigefügt.

5. Der Bericht über die Durchführung der Mediation wird zusammen mit dem Versöhnungsvertrag spätestens an dem seiner Erstellung folgenden Tag der Person oder Behörde, in deren Verfahren sich die Sache befindet, zugeleitet und zu den Materialien des Verfahrens hinzugefügt.

Kapitel 3. Grundlagen der Tätigkeit des Mediators

Artikel 19. Anforderungen an den Mediator

1. Mediator kann eine Person sein, die das Alter von 25 Jahren erreicht hat, über eine vollständige Hochschulbildung und mindestens zweijährige Arbeitserfahrungen im Bereich der Psychologie, Soziologie, Pädagogik oder des Rechts verfügt und einen Schulungskurs für Mediatoren absolviert hat.

2. Mediator kann keine Person sein, die im gerichtlichen Verfahren für geschäftsunfähig erklärt oder für die Begehung einer vorsätzlichen Straftat verurteilt wurde, sofern die Vorstrafe in dem dafür festgelegten Verfahren nicht aufgehoben oder getilgt wurde.

3. Die Aus- und Fortbildung der Mediatoren erfolgt in Hochschulen der nachuniversitären Ausbildung, die in dem gesetzlich festgelegten Verfahren die Berechtigung zur Ausbildung von Mediatoren erworben haben. Als Ergebnis der

Aus- und Fortbildung wird dem Mediator von der entsprechenden Hochschule eine Bescheinigung (ein Zertifikat) ausgestellt.

Artikel 20. Organisationsformen der Tätigkeit des Mediators

1. Der Mediator ist berechtigt, seine Tätigkeit individuell auszuüben oder sich zur Schaffung von Bedingungen für die organisatorische, materielle und technische Absicherung seiner Tätigkeit mit anderen Mediatoren zusammenzuschließen, insbesondere eine Vereinigung der Mediatoren zu gründen.

2. Die Vereinigung der Mediatoren ist eine juristische Person, die von mindestens drei Mediatoren gegründet wird und auf der Grundlage einer von den Gründern bestätigten Satzung handelt. Gründer einer Vereinigung der Mediatoren können ausschließlich Mediatoren sein.

Die Registrierung der Vereinigung der Mediatoren erfolgt durch das Justizministerium der Ukraine in dem vom Ministerkabinett der Ukraine bestimmten Verfahren.

Falls ein Mediator Mitglied einer Vereinigung der Mediatoren ist, wird der in Artikel 23 dieses Gesetzes vorgesehene Vertrag über die Durchführung der Mediation zwischen dem Mediator, der von der genannten Vereinigung beauftragt wird, und den Parteien oder einer der Parteien geschlossen.

Die Vereinigung der Mediatoren ist eine nichtkommerzielle Organisation.

Artikel 21. Rechte des Mediators

1. Ein Mediator ist berechtigt:

1) sich entsprechend dem von der Prozessgesetzgebung vorgesehenen Verfahren mit Informationen, die das Wesen der Sache betreffen, sowie anderen Informationen über die Parteien mit ihrer Zustimmung vertraut zu machen;

2) Gespräche mit den Parteien (einer Partei) unter Bedingungen zu führen, die die Einhaltung der Vertraulichkeit sichern, darunter auch mit einer Person, die sich in Haft befindet und Partei der Mediation ist;

3) den Parteien bei der Vorbereitung des Textes des Versöhnungsvertrags zu helfen;

4) andere Rechte, die durch dieses Gesetz und die Prozessgesetzgebung vorgesehen sind.

2. Ein Mediator ist nicht berechtigt, die Parteien zu Fragen zu beraten, die nicht das Mediationsverfahren betreffen, darunter auch zu Rechtsfragen.

3. Ein Mediator, der die Mediation zwischen den Parteien durchführt, kann diese Parteien nicht vor Gericht vertreten.

Artikel 22. Pflichten des Mediators

1. Der Mediator ist verpflichtet:

1) den Parteien die Durchführung der Mediation zu erklären;

2) die Einhaltung der Rechte und Freiheiten, der Gleichheit der Parteien und der Unantastbarkeit ihres Privatlebens während der Durchführung der Mediation sicherzustellen;

3) alle durch Gesetz vorgesehenen Maßnahmen zu ergreifen, um über die streitigen Fragen (Konflikte) innerhalb der festgelegten Frist eine Einigung durch die Parteien zu erreichen;

4) auf die Einführung des Verfahrens zu verzichten, falls ein Umstand entsteht, der von seiner Voreingenommenheit gegenüber einer der Parteien oder beiden Parteien zeugt;

5) die Anforderungen an die Vertraulichkeit der Umstände, Tatsachen und anderer Informationen, die er während der Durchführung der Mediation erhalten hat, einzuhalten;

6) der Person oder Behörde, in deren Verfahren sich die Sache befindet, den Bericht über die Durchführung der Mediation und eine Kopie des Versöhnungsvertrags innerhalb der festlegten Frist vorzulegen;

7) sich in dem vom Rat der Mediatoren der Ukraine bestimmten Verfahren fortzubilden;

8) die Beschlüsse der Hauptversammlungen und des Rates der Mediatoren der Region, des Kongresses der Mediatoren der Ukraine und des Rates der Mediatoren der Ukraine zu erfüllen;

9) sich im Register der Mediatoren der Ukraine einzutragen.

2. Bei der Ausübung ihrer Tätigkeit sind die Mediatoren verpflichtet, ein eigenes Archiv, ein Verfahrensregister und die Buchhaltung zu führen sowie die Finanz- und Steuerberichterstattung vorzunehmen.

Artikel 23. Vergütung der Arbeit des Mediators

1. Die Vergütung der Arbeit des Mediators für die Durchführung der Mediation in Zivil- und Wirtschaftssachen erfolgt auf der Grundlage eines Vertrags, der zwischen dem Mediator und den Parteien oder einer der Parteien mit Zustimmung der anderen Parteien abgeschlossen wird.

2. Die Vergütung der Arbeit des Mediators für die Durchführung der Mediation in Strafsachen erfolgt aus Mitteln des Beschuldigten oder Angeklagten auf der Grundlage eines Vertrags, der zwischen dem Mediator und den Parteien oder einer der Parteien mit Zustimmung der anderen Partei abgeschlossen wird.

3. Nicht in die Höhe der Vergütung der Arbeit des Mediators eingerechnet werden die Kosten, die von den Parteien oder einer der Parteien zur Deckung der Ausgaben, die mit der Erfüllung des Vertrags über die Durchführung der Mediation verbunden sind, eingezahlt werden, sofern durch diesen Vertrag nichts anderes vorgesehen ist.

4. Falls der Beschuldigte oder Verdächtige ein gering Verdienender ist, erfolgt die Vergütung der Arbeit des Mediators für die Durchführung der Mediati-

on in Strafsachen aus Mitteln des Staatshaushalts aufgrund eines Beschlusses der Behörde oder Person, in deren Verfahren sich die Sache befindet.

Das Verfahren der Vergütung der Arbeit des Mediators für die Durchführung der Mediation in Strafsachen aus Mitteln des Staatshaushalts wird durch das Ministerkabinett der Ukraine bestimmt.

Artikel 24. Sozialer Schutz und Rentenversorgung des Mediators

1. Ein Mediator, dessen Haupttätigkeit die Durchführung von Mediationen ist, hat das Recht auf alle Arten der Auszahlung der allgemeinen staatlichen Sozialpflichtversicherung.

2. Der Versicherungsbeitrag zur allgemeinen staatlichen Sozialpflichtversicherung ist durch den Mediator gleich einer Person zu bezahlen, die sich für ihre Arbeit selbständig versichert.

3. Die Mediatoren (Vereinigung der Mediatoren) und die Organe der beruflichen Selbstverwaltung der Mediatoren können nichtstaatliche Rentenfonds entsprechend dem Gesetz der Ukraine „Über die nichtstaatliche Rentenversorgung“ einrichten.

Artikel 25. Besteuerung der Einnahmen des Mediators

Die Besteuerung der Einnahmen der Mediatoren erfolgt entsprechend der Steuergesetzgebung, wobei vom Status des Mediators als selbständiger Person und unter Berücksichtigung des nicht gewinnbringenden Charakters dieser Tätigkeit auszugehen ist.

Artikel 26. Verantwortung des Mediators

1. Der Mediator trägt die disziplinarische Verantwortung in den Fällen der Verletzung der Anforderungen dieses Gesetzes oder der Normen der Berufsethik der Mediatoren.

2. Die Partei der Mediation, die meint, dass ihre Rechte durch die Handlungen des Mediators verletzt wurden, kann diese Handlungen mit einer Beschwerde vor dem Rat der Mediatoren der Region anfechten.

3. Der Rat der Mediatoren der Region leitet ein Disziplinarverfahren ein, klärt die in der Beschwerde dargelegten Umstände und erörtert in den Fällen, in denen in den Handlungen des Mediators ein Disziplinarverstoß festgestellt wurde, die Frage über dessen Heranziehung zur Verantwortung.

4. Folgende Disziplinarstrafen können gegen einen Mediator verhängt werden:

1) Mahnung;

2) vorübergehende Löschung aus dem Register der Mediatoren;

3) (endgültige) Löschung aus dem Register der Mediatoren.

5. Der Rat der Mediatoren der Region, der die Beschwerde über die Handlungen des Mediators behandelt hat, übersendet dem Mediator im Fall der Verhängung einer Disziplinarstrafe gegen ihn den entsprechenden Beschluss.

6. Der Mediator und die Person, die das Disziplinarverfahren initiiert hat, sind berechtigt, den Beschluss des Rates der Mediatoren der Region vor dem Rat der Mediatoren der Ukraine anzufechten.

7. Das Verfahren der Verhängung einer Disziplinarstrafe gegen einen Mediator sowie das Verfahren der Anfechtung des entsprechenden Beschlusses wird durch die Ordnung über das Disziplinarverfahren gegen die Mediatoren festgelegt, die durch den Kongress der Mediatoren der Ukraine bestätigt wird.

8. Falls der Rat der Mediatoren der Region, der die Beschwerde behandelt, in den Handlungen des Mediators die Merkmale einer Straftat entdeckt, übersendet er die entsprechenden Unterlagen an die Rechtsschutzbehörden.

9. Der Mediator trägt keine disziplinarische Verantwortung, wenn als Ergebnis der Durchführung der Mediation die Parteien keinen Versöhnungsvertrag abgeschlossen haben; er haftet auch nicht für die Nichterfüllung der Bedingungen des Versöhnungsvertrags durch die Parteien.

Kapitel 4. Berufliche Selbstverwaltung der Mediatoren

Artikel 27. Grundlagen der beruflichen Selbstverwaltung der Mediatoren

1. Die berufliche Selbstverwaltung der Mediatoren handelt mit dem Ziel, die Unabhängigkeit der Mediatoren zu sichern, Bedingungen für eine effektive Erfüllung ihrer beruflichen Pflichten zu schaffen, ihre beruflichen Rechte zu schützen und ihre Interessen in den Beziehungen zu den Staatsorganen und den Organen der örtlichen Selbstverwaltung zu vertreten.

2. Zum System der Organe der beruflichen Selbstverwaltung der Mediatoren gehören: auf nationaler Ebene – der Kongress der Mediatoren der Ukraine und der Rat der Mediatoren der Ukraine; auf regionaler Ebene – die Hauptversammlungen der Mediatoren der Autonomen Republik Krim, der Bezirke und der Städte Kiew und Sewastopol (folgend – Regionen) sowie die Räte der Mediatoren der Autonomen Republik Krim, der Bezirke und der Städte Kiew und Sewastopol (folgend – Regionen).

3. Das Recht zu wählen und in die Selbstverwaltungsorgane der Mediatoren gewählt zu werden, steht ausschließlich den Mediatoren zu. Die Selbstverwaltung der Mediatoren basiert auf den Grundsätzen der Gleichheit der Rechte aller Mediatoren und der Sicherung des Rechts, an der Selbstverwaltung ungehindert teilzunehmen und Delegierte des Kongresses der Mediatoren der Ukraine zu wählen.

Artikel 28. Kongress der Mediatoren der Ukraine

1. Der Kongress der Mediatoren ist das höchste Selbstverwaltungsorgan der beruflichen Selbstverwaltung der Mediatoren und fasst entsprechend diesem Gesetz für alle Mediatoren verbindliche Beschlüsse.

2. Die Delegierten des Kongresses der Mediatoren der Ukraine werden durch allgemeine Wahlen der Mediatoren in den Regionen im Wege einer ge-

heimen Abstimmung durch Stimmenmehrheit der an den Wahlen Beteiligten unter der Bedingung gewählt, dass für den Delegierten mindestens die Hälfte der im Register der Mediatoren der Ukraine eingetragenen Mediatoren in der entsprechenden Region abgestimmt hat.

3. Der Kongress der Mediatoren gilt als rechtmäßig einberufen, wenn an seiner Arbeit mindestens zwei Drittel der gewählten Delegierten teilnehmen.

4. Die Arbeitsordnung und die Befugnisse des Kongresses der Mediatoren der Ukraine werden durch dieses Gesetz und die Geschäftsordnung des Kongresses der Mediatoren der Ukraine bestimmt.

5. Zu den Befugnissen des Kongresses der Mediatoren der Ukraine gehören:

1) Bestätigung der Geschäftsordnung des Kongresses der Mediatoren der Ukraine und anderer Akte der beruflichen Selbstverwaltung der Mediatoren sowie deren Änderung und Ergänzung;

2) Bildung des Rates der Mediatoren der Ukraine, die Wahl des Vorsitzenden des Rates der Mediatoren der Ukraine und seines Stellvertreters aus den Mitgliedern des Rates sowie die Beschlussfassung über deren Abberufung;

3) Bestätigung des Tätigkeitsprogramms des Rates der Mediatoren der Ukraine, der Fristen seiner Befugnisse, des Kostenplans und der Berichte des Rates der Mediatoren der Ukraine, darunter über die Umsetzung des Kostenplans;

4) Bestätigung des Haushaltsplans des Apparats des Rates der Mediatoren der Ukraine;

5) Bestätigung des Verfahrens zur Führung des Registers der Mediatoren der Ukraine;

6) Bestätigung der Satzung und der Geschäftsordnung des Rates der Mediatoren der Ukraine;

7) Bestätigung der Ordnung über das Disziplinarverfahren gegen einen Mediator und der Bestimmungen über ständige und provisorische Ausschüsse (zu Fragen der Berufsethik, dem Schutz der Rechte der Mediatoren und dergleichen) sowie deren Änderungen;

8) Bestätigung der Grundsätze der Berufsethik der Mediatoren und deren Änderungen;

9) Bestätigung des Mindest- und Höchstbetrags sowie des Verfahrens der Entrichtung der jährlichen Beiträge der Mediatoren, die dem Rat der Mediatoren der Ukraine und den Räten der Mediatoren der Regionen zur Erfüllung der durch dieses Gesetz bestimmten Aufgaben zugeleitet werden;

10) Vorbereitung von Vorschlägen für das Lehrprogramm zur Aus- und Fortbildung der Mediatoren sowie des Verfahrens zur Fortbildung der Mediatoren;

11) Festlegung der Mindest- und Höchstgebühren für den Lehrgang zur Aus- und Fortbildung der Mediatoren;

12) Bestätigung der Form des Zertifikats (der Bescheinigung), das (die) zur Durchführung von Mediationen berechtigt;

13) Bestätigung der Modellordnung über den Rat der Mediatoren der Region;

14) Entscheidung anderer Fragen, die im Zusammenhang mit der Organisation der Tätigkeit der Mediatoren stehen.

6. Die Beschlüsse des Kongresses der Mediatoren der Ukraine werden mit einfacher Stimmenmehrheit der auf dem Kongress anwesenden Delegierten gefasst.

Artikel 29. Rat der Mediatoren der Ukraine

1. Der Rat der Mediatoren der Ukraine ist das ständig tätige Kollegialorgan der beruflichen Selbstverwaltung der Mediatoren. Der Rat der Mediatoren der Ukraine wird durch den Kongress der Mediatoren im Wege einer geheimen Abstimmung für einen Vertreter jedes Rates der Mediatoren der Region aus der Anzahl der Kandidaten gewählt, die durch die Hauptversammlungen der Mediatoren in den Regionen bestimmt werden.

2. Zu den Befugnissen des Rates der Mediatoren der Ukraine gehören:

1) Vertretung der Interessen der Mediatoren in den Beziehungen zu den Staatsorganen und den Organen der örtlichen Selbstverwaltung sowie zu juristischen und natürlichen Personen;

2) Sicherung des Schutzes der sozialen und beruflichen Rechte der Mediatoren;

3) Organisation und materielle und technische Sicherstellung der Durchführung des Kongresses der Mediatoren der Ukraine;

4) Koordination der Tätigkeit der Räte der Mediatoren der Regionen;

5) Einnahme der Gebühren für die Fortbildung der Mediatoren;

6) Organisation der Versorgung der Mediatoren mit Informationen;

7) Einberufung des ordentlichen und außerordentlichen Kongresses der Mediatoren der Ukraine;

8) Führung des Registers der Mediatoren der Ukraine;

9) Ergreifen von Maßnahmen zur Einhaltung der Grundsätze der Berufsethik der Mediatoren;

10) Entscheidung über Beschwerden gegen Beschlüsse der Räte der Mediatoren der Regionen über die disziplinarische Verantwortung der Mediatoren;

11) Beschlussfassung in Bezug auf die Verfügung über Vermögen und Mittel des Rates der Mediatoren der Ukraine in Übereinstimmung mit dem Kostenplan und dem festgelegten Vermögen, die durch den Kongress der Mediatoren der Ukraine bestätigt wird;

12) Bestimmung der Höhe der Gebühren für die Erteilung eines Zertifikats (einer Bescheinigung), das (die) zur Durchführung von Mediationen berechtigt;

13) Wahrnehmung anderer Befugnisse, die durch dieses Gesetz, den Kongress der Mediatoren der Ukraine sowie die Satzung und die Geschäftsordnung des Rates der Mediatoren der Ukraine bestimmt werden.

3. Die Beschlüsse des Rates der Mediatoren der Ukraine zu Fragen, die zu ihren Kompetenzen gehören, sind für alle Mediatoren der Ukraine verbindlich.

4. Der Rat der Mediatoren der Ukraine ist eine juristische Person, die vom Justizministerium der Ukraine in dem vom Ministerkabinett der Ukraine festgelegten Verfahren registriert wird, über Stempel und Siegel mit seiner Bezeichnung verfügt und in dem durch die Gesetzgebung festgelegten Verfahren Bankkonten eröffnet.

5. Der Rat der Mediatoren der Ukraine ist eine nichtkommerzielle Organisation.

Artikel 30. Hauptversammlung der Mediatoren der Region

1. Die Hauptversammlung der Mediatoren der Region ist das höchste Organ der beruflichen Selbstverwaltung der Mediatoren in der Region. Die Hauptversammlungen der Mediatoren der Region werden auf Beschluss des Rates der Mediatoren der Region mindestens einmal im Jahr einberufen.

2. Die Hauptversammlungen der Mediatoren der Region gelten als rechtmäßig einberufen, wenn an ihrer Arbeit mindestens zwei Drittel der Mediatoren teilnehmen, die im Register der Mediatoren der Ukraine für die entsprechende Region eingetragen sind.

3. Zu den Befugnissen der Hauptversammlungen der Mediatoren gehören:

1) Wahl des Vorsitzenden und der Mitglieder des Rates der Mediatoren der Region und die Beschlussfassung über die vorfristige Aufhebung ihrer Befugnisse;

2) Annahme der Ordnung über den Rat der Mediatoren der Region, welche aufgrund der Modellordnung über den Rat der Mediatoren der Region angenommen wird, sowie deren Änderung und Ergänzung;

3) Wahl der Delegierten des Kongresses der Mediatoren der Ukraine;

4) Bestätigung der Höhe der jährlichen Beiträge der Mediatoren in den durch Beschluss des Kongresses der Mediatoren der Ukraine über deren Mindest- und Höchstbeträge vorgesehenen Grenzen unter Berücksichtigung der regionalen Besonderheiten;

5) Bestätigung der Kandidaturen für die Wahl des Vertreters vor dem Rat der Mediatoren der Region zum Rat der Mediatoren der Ukraine;

6) Bestätigung des Kostenplans des Rates der Mediatoren der Region;

7) Bestätigung der Berichte des Rates der Mediatoren der Region, darunter auch über die Erfüllung des Kostenplans des Rates;

8) Bestätigung des Haushaltsplans des Apparats des Rates der Mediatoren der Region;

9) Annahme anderer Beschlüsse entsprechend diesem Gesetz.

4. Die Beschlüsse der Hauptversammlungen der Mediatoren der Region werden durch einfache Stimmenmehrheit der in den Versammlungen anwesenden Mediatoren gefasst.

Artikel 31. Rat der Mediatoren der Region

1. Der Rat der Mediatoren der Region ist das ständig tätige Kollegialorgan der beruflichen Selbstverwaltung der Mediatoren in der entsprechenden Region.

2. Der Rat der Mediatoren der Region übt folgende Befugnisse aus:

1) Vertretung der Interessen der Mediatoren in den Beziehungen zu den Staatsorganen und den Organen der örtlichen Selbstverwaltung in der entsprechenden Region;

2) Schutz der beruflichen und sozialen Rechte der Mediatoren;

3) Einberufung der ordentlichen und außerordentlichen Hauptversammlungen der Mediatoren der Region;

4) Organisation und materielle und technische Sicherstellung der Durchführung der Hauptversammlungen der Mediatoren der Region;

5) Durchführung der Registrierung der Mediatoren der Region;

6) Ergreifen von Maßnahmen zur Veröffentlichung der Listen der Mediatoren der Region in dem durch den Rat der Mediatoren der Ukraine bestimmten Verfahren;

7) Behandlung von Fragen betreffend die disziplinarische Verantwortung der Mediatoren;

8) Beschlussfassung in Bezug auf die Verfügung über Vermögen und Mittel des Rates der Mediatoren der Region in Übereinstimmung mit dem Kostenplan und dem festgelegten Vermögen, die von den Hauptversammlungen der Mediatoren der Region bestätigt wird;

9) andere Befugnisse, die durch die Hauptversammlungen der Mediatoren der Region, den Kongress der Mediatoren der Ukraine, den Rat der Mediatoren der Ukraine und die Ordnung über den Rat der Mediatoren der Region bestimmt werden.

3. Der Rat der Mediatoren der Region ist eine juristische Person, die von den territorialen Justizorganen in dem vom Ministerkabinett der Ukraine festgelegten Verfahren registriert wird, über Stempel und Siegel mit seiner Bezeichnung verfügt und in dem durch die Gesetzgebung festgelegten Verfahren Bankkonten eröffnet.

4. Der Rat der Mediatoren der Region ist eine nichtkommerzielle Organisation.

Artikel 32. Finanzielle Versorgung der Organe der beruflichen Selbstverwaltung der Mediatoren

1. Die Finanzierung der Tätigkeit der Organe der beruflichen Selbstverwaltung der Mediatoren erfolgt aus folgenden Mitteln:

1) Gebühren für die Fortbildung der Mediatoren und Beiträgen der Mediatoren;

2) Einnahmen aus der Durchführung von Konferenzen, Seminaren und anderen Maßnahmen zur Fortbildung der Mediatoren;

3) jährlichen Beiträgen der Mediatoren für die Sicherstellung der beruflichen Selbstverwaltung der Mediatoren und freiwilligen Beiträgen der Mediatoren und Vereinigungen der Mediatoren;

4) freiwilligen Beiträgen und der Wohlfahrtshilfe (Spenden) juristischer und/oder natürlicher Personen;

5) anderen Quellen, die durch die Gesetzgebung nicht verboten sind.

2. Die jährlichen Beiträge der Mediatoren gehören zu den Mitteln des Rates der Mediatoren der Ukraine und der Räte der Mediatoren der Regionen und werden von ihnen entsprechend dem Kostenplänen ausgegeben, die vom Kongress der Mediatoren der Ukraine und den Hauptversammlungen der Mediatoren bestätigt werden.

Artikel 33. Verbände und andere gesellschaftliche Vereinigungen der Mediatoren

1. Die Mediatoren sind berechtigt, örtliche, nationale und internationale Verbände, andere gesellschaftliche Vereinigungen und Wohlfahrtsfonds zu gründen.

2. Internationale Beziehungen gesellschaftlicher Vereinigungen der Mediatoren und ihrer Verbände erfolgen entsprechend dem Gesetz der Ukraine „Über die Vereinigung von Bürgern".

Kapitel 5. Abschlussbestimmungen

1. Dieses Gesetz tritt mit dem Tag seiner amtlichen Veröffentlichung in Kraft.

[2.-8.] … von einer Übersetzung wurde abgesehen.

Anmerkungen zum Entwurf des Mediationsgesetzes der Ukraine

Präsident des OLG Braunschweig a.D. Edgar Isermann

Präsident des Landgerichts Braunschweig Wolfgang Scheibel, Braunschweig[*]

I. Vorbemerkungen

Im Auftrag der IRZ-Stiftung haben wir im Jahr 2008 ein Gutachten zum Entwurf eines Mediationsgesetzes der Ukraine erstellt. Der Entwurf datiert aus dem Jahr 2007. Mit anderen Worten: Wir sprechen über die Vergangenheit.

Das ist aber für einen Richter keine Besonderheit. Er beurteilt stets Dinge der Vergangenheit. Mit demselben Vorbehalt, der deswegen einer richterlichen Bewertung zukommt, bitten wir Sie, auch unsere heutigen Ausführungen zu verstehen.

Möglicherweise gibt es inzwischen einen neuen Entwurf, der uns aber nicht bekannt ist. Der Entwurf zeichnet sich durch zwei Merkmale aus:

- Er sieht die Möglichkeit der Einschaltung einer außergerichtlichen Mediation in Verfahren vor, die bereits bei Gericht anhängig sind.
- Ferner soll die Möglichkeit einer Verfahrenserledigung durch Mediation nicht nur für allgemein zivilrechtliche und für wirtschaftsrechtliche Verfahren gelten, sondern auch für das Strafverfahren.

Unsere Sichtweise resultiert dabei aus einer langjährigen Befassung mit der Mediation, insbesondere mit dem Modell der „Gerichtsmediation" bzw. „Richtermediation" (*„in-court-mediation"*).

Der Kollege Scheibel hat das in Deutschland äußerst erfolgreiche „Göttinger Modell" der „Gerichtsmediation" seit Beginn an betreut und maßgeblich entwickelt. Beide sind wir als Richtermediator tätig bzw. tätig gewesen.

Im Bezirk des Oberlandesgerichts Braunschweig sind in den vergangenen 7 Jahren bei allen seinen 19 Gerichten (Amtsgerichte, Landgerichte, Oberlandesgericht) ca. 3000 Gerichtsverfahren durch eine „Richtermediation" abgeschlossen worden. Die Erfolgsquote, also die Erledigung per Vergleich, lag bei knapp 90%. Deshalb stößt dieses Modell auf große Resonanz bei den Parteien und bei den Anwälten, aber auch in der gesamten deutschen Justiz.

---

* *E. Isermann ist Präsident des Oberlandesgericht Braunschweig a.D. und Leiter der Schlichtungsstelle für den öffentlichen Personenverkehr, Berlin; W. Scheibel ist Präsident des Landgerichts Braunschweig, beide sind Initiatoren des „Göttinger Projekts" zur gerichtsinternen Mediation.*

Bei inzwischen mehr als 130 deutschen Gerichten und von mehr als 350 „Richtermediatoren“ (Zahlen nach dem Stand von 2008) wird die „Gerichtsmediation“ als moderne Dienstleistung der Justiz angeboten und wahrgenommen.

II. Allgemeines zum Gesetzentwurf der Ukraine

Der vorliegende Gesetzentwurf ist ein wichtiger und mutiger Schritt zu einer neuen Konfliktkultur und zu einem neuen Verständnis von der Justiz allgemein. Er beschreitet den Weg, den die Justiz in anderen Ländern auch eingeschlagen hat.

Tragender Gedanke dabei ist, dass eine Konfliktlösung im Konsens für die streitenden Parteien sehr oft besser ist als eine streitige Schwarz-Weiß-Entscheidung durch das Gericht.

Nach den in Deutschland gemachten Erfahrungen bringt die Einführung der Mediation in das Gerichtsverfahren aber nicht nur Vorteile für die streitenden Parteien des Verfahrens. Auch für die Justiz selbst ist sie von großem Vorteil. Die Justiz erfährt mit diesem Dienstleistungsangebot einen Imagegewinn. Die Bürger erleben die Justiz nicht ausschließlich als repressiv und autoritär. Vielmehr hilft ihnen die Justiz bei der eigenverantwortlichen und autonom motivierten Lösung ihrer Konflikte. Dies führt zu einer verbesserten Akzeptanz der Justiz in der Gesellschaft und stärkt das Ansehen der Dritten Gewalt erheblich.

Ein weiterer Aspekt ist für die Parteien und für die Justiz von Bedeutung. Es ist der Aspekt einer höheren Effizienz beim Einsatz der finanziellen und personellen Ressourcen. Wenn mit Hilfe der Mediation Verfahren in deutlich kürzerer Zeit erledigt werden können, kommt das allen Beteiligten zugute.

Wir haben in unserem Gutachten sehr ausführlich zu den einzelnen Regelungen des Gesetzentwurfes Stellung genommen. Das kann hier mit Rücksicht auf das Tagungsprogramm nicht im Einzelnen wiederholt werden. Wir bitten deshalb um Verständnis. Einige Vorschläge des Entwurfs wollen wir jedoch vorstellen und um Fragen ergänzen, die uns wichtig erscheinen.

III. Überlegungen zur Gesetzessystematik

Der Entwurf des Mediationsgesetzes enthält keine abschließende Regelung zur Einführung der Mediation in das Gerichtsverfahren. Gleichzeitig liegen Entwürfe zu Änderungen des Strafgesetzes, der Strafprozessordnung, der Zivilprozessordnung und der Wirtschaftsprozessordnung gemäß Verordnung des Ministerkabinetts vom 26. April 2007 nebst Erläuterungen vor. Diese prozessualen Neuregelungen sollen mit dem Mediationsgesetz korrespondieren.

Es ist in der Sache richtig, dass auch die Prozessordnungen und sonstigen Gesetze inhaltlich auf das neue Mediationsgesetz abgestimmt werden. Damit wird eine einheitliche Rechtsordnung gewährleistet. Das ist zu begrüßen. Wir geben jedoch zu bedenken, ob die praktische Umsetzung dieser Absicht nicht vereinfacht werden kann. Das würde für die Gesetzesanwender zu mehr Transparenz und Eindeutigkeit führen.

Die Lektüre zeigt, dass die gesetzlichen Vorschriften zur Mediation selbst (nebst Regelungen zum Status des Mediators und der Organisation einer Selbstverwaltung der Mediatoren) vollständig oder zumindest sinngemäß in den Vorschriften zu den Prozessordnungen (Art.130-1 der Strafprozessordnung, Art. 175-1 der Zivilprozessordnung, Art. 78-1 der Wirtschaftsprozessordnung) wiederholt werden.

Zur Vereinfachung halten wir es für sinnvoll, alles, was die Mediation selbst betrifft, nur in ein einziges Gesetz zu fassen (hier in das Gesetz „Über Mediation").

In diesem Gesetz sollten die Grundsätze für die Einführung der Mediation, den Ablauf der Mediationsverfahren und die berufsrechtlichen Voraussetzungen der Mediatoren geregelt werden. Das umfasst insbesondere die wichtige Frage, wer über die Befähigung zum Mediator entscheidet und welche Qualifikationsnachweise erforderlich sind.

In den Prozessordnungen sollte auf das Mediationsgesetz dann lediglich Bezug genommen werden. Nur soweit Besonderheiten in den verschiedenen Prozessordnungen eine Rolle spielen, wären diese dort ergänzend aufzuführen.

IV. Einzelregelungen im Entwurf des Mediationsgesetzes

Im Folgenden wollen wir kurz auf einige Regelungen des Gesetzentwurfs eingehen.

1. Vom Gerichtsverfahren zum außergerichtlichen Mediationsverfahren

Der Gesetzentwurf sieht hinsichtlich der Durchführung von Mediationsverfahren eine „Kann-Vorschrift" vor und normiert in Art. 3 das Prinzip der Freiwilligkeit. Dieser Vorschlag trägt dem Mediationsgedanken zutreffend Rechnung und ist deshalb aus gesetzgeberischer Sicht absolut folgerichtig und geboten.

Nach unseren Erfahrungen liegt die eigentliche Problematik für den Transfer eines Konflikts vom Gericht zur Mediation jedoch nicht im normativen Bereich. Entscheidend ist die praktische Umsetzung im Gerichtsalltag. Das Problem liegt in der Bereitschaft bei den beteiligten Personen. Vielen Anwälten und ihren Parteien, aber auch vielen Richtern gilt die Mediation als eher exotisch. Sie finden keinen inneren Zugang zu einer anderen Art der Konfliktbeilegung in gerichtlichen Verfahren als der Beendigung des Prozesses im traditionellen Stil.

Diese Beobachtung und Erfahrung haben wir in der deutschen Justiz gemacht. Wir haben aber auch feststellen können, dass diese Vorbehalte abnehmen, wenn durch eine über Sinn und Vorteil des Mediationsgedankens zur Beilegung von Konflikten und damit zur Erledigung von Gerichtsverfahren intensiv informiert wird.

Diesem Problem wird sich auch die ukrainische Rechts- und Justizpraxis stellen müssen.

Wir empfehlen daher, begleitend zu dem Gesetzgebungsverfahren gut organisierte Informationsveranstaltungen zu planen. Nur dann wird auch dort der Hauch von Exotik, der für viele mit der Mediation noch verbunden ist, abgebaut werden können – wie in anderen Ländern auch.
Zur effizienteren Einführung der Mediation sollte der Gesetzgeber die Notwendigkeit solcher Informationsveranstaltungen vorgeben.

2. Beauftragung eines außergerichtlichen Mediators

Nach dem Gesetzentwurf sollen gerichtliche Verfahren an einen außergerichtlichen Mediator verwiesen werden. Es wird also die gerichtliche mit der außergerichtlichen Streiterledigung kombiniert.

Die Verlagerung der Konfliktlösung einer bei Gericht bereits anhängig gemachten Sache in den außergerichtlichen Bereich ist auch in Deutschland mehrfach versucht worden. Sie hatte bisher keinen Erfolg, jedenfalls nicht den Erfolg, der von einigen anderen europäischen Ländern berichtet wird.

Wir sehen den Grund zunächst darin, dass die Einschaltung einer außergerichtlichen Mediation weitere Kosten für die Parteien entstehen lässt. Diese Kostenproblematik wird sich auch in der Ukraine stellen, soweit jedenfalls Zivil- und Wirtschaftssachen betroffen sind. Bei den Strafsachen ist eine Drittfinanzierung der Mediation beabsichtigt, so dass hier die zusätzlichen Kosten kein Hemmnis für die Wahrnehmung von Mediationsverfahren bedeuten dürften.

Neben der Kostenfrage haben die Erfahrungen in Deutschland ferner gezeigt, dass die Parteien mit der zunächst erfolgten Anrufung des Gerichts ausdrücklich davon Abstand genommen haben, bereits vorprozessual die Angebote der außergerichtlichen Mediation wahrzunehmen. Das wirkt zurück auf die Bereitschaft, ein bei Gericht bereits anhängiges Verfahren noch einmal in den außergerichtlichen Bereich zu verlagern.

Von großer Bedeutung ist zudem, dass der anwaltliche Konkurrenzdruck dann eine Rolle spielt, wenn der außergerichtliche Mediator ein Anwaltskollege ist. Es entsteht leicht ein Konkurrenzneid. Dieser Kollege leitet die Mediationssitzung möglicherweise mit großem Geschick. Dann können Spannungen entstehen, weil der Anwaltsmediator dem Anwalt der Verfahrenspartei gewollt oder ungewollt dessen bisherige Mandanten für spätere Verfahren abwirbt.

Vor dem Hintergrund dieser Probleme ist der besondere Erfolg der gerichtsinternen Mediation in Deutschland zu verstehen. Auch die Länder Norwegen, Kanada und Slowenien haben sich z.B. für das Modell einer „Gerichtsmediation" entschieden („*in-court-mediation*").

Gleichwohl bestehen keine Bedenken, wenn der von der Ukraine mit dem Gesetzentwurf eingeschlagene Weg weiter beschritten wird. Jede Variante von Mediation ist den Versuch wert.

3. Qualifikation der Mediatoren

Erfolg und Misserfolg einer Einführung der Mediation sind eng mit der Frage nach der Qualifikation der Mediatoren verbunden.

Der Entwurf regelt in Art. 18 die „Anforderungen an einen Mediator". Diese beschreiben jedoch lediglich äußere Kriterien (Alter, Handlungsfähigkeit). Im Übrigen wird auf Schulungskurse verwiesen. Zum Inhalt der als notwendig angesehenen Schulung und damit zum fachlichen Qualifikationsanspruch besagt das Gesetz nichts. Wichtig ist aus unserer Sicht aber, dass das Mediationsgesetz selbst die Voraussetzungen für die Qualifikationsstandards definiert. Konkrete Vorschläge haben wir dazu in unserem Gutachten gemacht.

Ein besonderer Aspekt gilt nach deutscher Diskussion der Frage, welche Dauer eine Mediatorenausbildung haben muss. Dabei sollte unterschieden werden nach den beruflichen Voraussetzungen der Bewerber. Welcher allgemeine Studienabschluss liegt vor? Welche berufliche Praxiserfahrung ist gegeben?

Dieses Problem ist besonders aktuell, wenn als außergerichtliche Mediatoren auch Nicht-Juristen beauftragt werden können. Juristen, speziell Richter, haben am ehesten noch theoretische Kenntnisse und praktische Erfahrungen mit Konfliktanalysen, mit Kommunikations- und Fragetechniken in Konfliktsituationen und der Herstellung eines Konsenses zum Streitgegenstand.

Allgemein wird in Deutschland eine Ausbildungsdauer von ca. 150 Stunden für erforderlich gehalten. Das mag erforderlich sein bei nicht-juristischem Ausbildungsstand. Eine Besonderheit dürfte für Bewerber mit juristischen Kenntnissen und juristischer Berufserfahrung gelten. Diese verfügen in den oben genannten Ausbildungsthemen regelmäßig über praktische und theoretische Kenntnisse. Außerdem üben Sie z.B. als Richter oder auch als Rechtsanwalt häufig bereits eine Vermittlerrolle aus, weshalb insoweit ein geringerer Zeitaufwand für die Ausbildung benötigt wird.

Für die in Deutschland tätigen „Richtermediatoren" der „*in-court-mediation*" wird allgemein eine Ausbildungszeit von rund 35 Stunden für ausreichend angesehen, jedoch ergänzt um Hospitationsbesuche in Mediationssitzun-

gen ihrer Kollegen und nachfolgende Supervisionen. Ähnlich wird der Aufwand für die „Richtermediatoren“ in Norwegen und Slowenien gesehen.
Ob die Ausbildung privat oder staatlich organisiert wird, ist nicht entscheidend. Die Anerkennung, dass ausreichende Qualifikationsnachweise erworben wurden, sollte aber durch eine staatliche Stelle erfolgen. Das hat einen einfachen Grund. Wenn das Ergebnis der außergerichtlichen Mediation Folgen für das staatliche Justizverfahren haben soll, dann muss auch sichergestellt sein, dass die Mediation durch einen ausreichend qualifizierten Mediator stattgefunden hat.

4. Vertraulichkeit als elementarer Grundsatz der Mediation

Sinn und Zweck einer Mediation sind nur verwirklicht, wenn für alle am Gespräch Beteiligten der Grundsatz der Vertraulichkeit gilt. Das betrifft vorrangig den Mediator, denn nur so gewinnt dieser das Vertrauen für ein offenes Gespräch. Der Grundsatz gilt aber gleichermaßen für die Prozessparteien

Da zu dem Gespräch auch weitere Personen hinzugezogen werden können oder hinzugezogen werden sollten, die nicht Prozesspartei, aber in den Konflikt im weiteren Sinn eingebunden sind (Verwandte, Wirtschaftspartner und sonstige, die nicht schon Zeugen des Gerichts sind), müssen auch sie zur Vertraulichkeit verpflichtet sein. Eine Mitwirkung dieser Drittpersonen hat in vielen Fällen erfahrungsgemäß eine hohe Befriedungsfunktion, weil sie Informationen oder Emotionen einbringen können, die für die Prozessbeteiligten Bedeutung haben.
Diesem Grundsatz trägt Art. 4 Ziffer 1 nicht ausreichend Rechnung. Dort ist die Weitergabe von Informationen „durch den Mediator“ angesprochen, sofern die Parteien zustimmen. Dagegen ist nichts einzuwenden. Klarstellend sollte aber hervorgehoben werden, dass die Vertraulichkeit im Grundsatz für alle Beteiligten gilt.

5. Gegenstand der Mediation

Der Entwurf begrenzt die inhaltliche Kompetenz des Mediators auf den Streitgegenstand des prozessualen Verfahrens (siehe Art. 5 Ziffer 1, Art.15 Ziffer 1 Strich 3). Eine solche Einschränkung mag auf den ersten Blick pragmatisch sein. Sie trägt aber der Mediationspraxis und den mit der Mediation verbundenen Vorteilen nicht ausreichend Rechnung.

Die Mediation zeichnet sich dadurch aus, dass die Parteien gerade die Möglichkeit bekommen, ihren Konflikt allumfassend zu regeln, also nicht nur bezogen auf den Klagegegenstand. Das entspricht nach unseren Erfahrungen dem oft geäußerten Wunsch der Parteien.

So kann beispielsweise bei der Klärung streitiger Fragen zum Gesellschaftsrecht und zur Verflechtung von Firmen das eigentliche, erst in der Mediation zur

Sprache gebrachte Problem im Familienrecht liegen, weil etwa zur Trennung von Geschäftspartnern auch die Trennung von beteiligten Eheleuten oder Familienangehörigen zählt und Regelungen für die familiäre Zukunft zu treffen sind (Übertragung von Firmenanteilen auf Ehepartner und Kinder, Scheidungsmodalitäten, Festlegung der Unterhaltshöhe).

Es können auch bei anderen Gerichten anhängige Gerichtsverfahren oder drohende neue Gerichtsverfahren durch ein und dasselbe Mediationsgespräch mit erledigt werden. Eine solche Erweiterung des Verhandlungsgegenstands dürfte in nicht seltenen Fällen die Bereitschaft zur „Versöhnung" steigern.

In dem Zusammenhang ist es auch wichtig, die Rolle des Mediators klarzustellen. Seine Rolle beschränkt sich nicht nur auf die bloße Neutralität. Richtiger ist es, im Gesetz seine „Allparteilichkeit" zu betonen. Das heißt: Er muss sich bemühen, die Sichtweise aller Parteien gleichermaßen zu verstehen und ihnen bei aller Wahrung der Parteiautonomie Raum für die Darstellung und Durchsetzung der Interessen verschaffen.

6. Bestätigung durch gerichtlichen Beschluss

Nach dem Entwurf soll Ergebnis der Mediation ein „Versöhnungsvertrag" sein. Um aus diesem „Vertrag" aber durchsetzbare Rechtsfolgen ableiten zu können und die Grundlage für eine Vollstreckung durch den Gerichtsvollzieher zu schaffen, muss es eine gesetzliche Regelung geben. Diese kann darin bestehen, dass der Vertrag durch das Gericht zu bestätigen ist. So sieht es der Entwurf vor. Es erscheint uns ratsam, dabei noch folgendes zu bedenken:
a) Zivilprozessordnung Art. 175-1 und Wirtschaftsprozessordnung Art. 78-1:

- Die Regelungen in Absatz 5 der jeweiligen Vorschriften sollten noch konkreter formuliert werden. Dort oder in Art. 16 des Mediationsgesetzes („Erfüllung des Versöhnungsvertrags") sollte gesagt werden, dass ein durch das Gericht bestätigtes Ergebnis eines Versöhnungsvertrags die Wirkung eines rechtskräftigen Urteils hat. Erst dann ist eine gerichtlich durchsetzbare Vollstreckbarkeit bewirkt. Erst sie macht das Ergebnis einer Mediation attraktiv für die Parteien.
- Ein weiterer Aspekt ist zu beachten. Er resultiert aus der Möglichkeit, dass Nicht-Juristen die Aufgabe des Mediators übernehmen. Weil der Nicht-Jurist Schwierigkeiten haben könnte, den Streitgegenstand genau zu definieren, sollte das Gericht zuständig dafür sein, durch Beschluss zu bestimmen, in welchem Umfang mit dem Versöhnungsvertrag der Gegenstand des Klageverfahrens tatsächlich erledigt ist.

Strafprozessordnung Art. 130-5:

- Die dortige Regelung greift den Gedanken auf, der uns aus dem deutschen Recht als sog. Täter-Opfer-Ausgleich bekannt ist. Gerade nach begangenen

Straftaten ist das Bemühen um Wiederherstellung der persönlichen Integrität des Opfers und das Bemühung um eine Schadenskompensation von großer Bedeutung. Erst dann kann Rechtsfrieden geschaffen werden. Deshalb ist der Gesetzentwurf gerade zu diesem Aspekt grundsätzlich sehr zu begrüßen. Ein wesentlicher Unterschied in den Regelungen nach deutschem und ukrainischem Recht ist aber zu bedenken.

- Dieser Unterschied besteht in der Regelung des Art. 68-1 zur Ermäßigung der Strafe im Fall der gerichtlichen Bestätigung („...Frist und Höhe... kann zwei Drittel der größten Frist und Höhe der schwersten Straftat nicht überschreiten..“). Dort ist unter bestimmten Voraussetzungen also eine gesetzliche Automatik für die weiteren Folgen mit einem möglichen Straferlass vorgesehen. Das sollte kritisch überdacht werden.
- Die Möglichkeit einer Strafmilderung ist nach deutschem Recht ausgerichtet auf die Person des Beschuldigten und sein Verhalten gegenüber dem Opfer nach der Straftat. Strebt er ernsthaft eine Wiedergutmachung an und zeigt er das durch sein konkretes, nach außen erkennbares Verhalten, dann – und nur dann - „kann“ das Gericht nach deutschem Recht die Strafe mildern. Der Beschuldigte hat also eine Art von Bringschuld.
- Hängt die Strafmilderung aber von einem „Versöhnungsvertrag“ ab, liegt es allein in der Hand des Opfers als einer der Vertragsparteien, die Rechtsfolgen zu bestimmen. Damit wird dem Opfer die Chance zur Erpressung des Täters eingeräumt. Das dürfte nicht beabsichtigt sein. Es muss die eigenverantwortliche Lösung des Konflikts auf beiden Seiten bestehen bleiben. Deshalb sollte letztlich das Gericht entscheiden können, ob und inwieweit eine Strafmilderung in Betracht kommt.

7. Vereinigung und Selbstverwaltung der Mediatoren

Der Gesetzentwurf enthält nicht nur Vorschriften zur Mediation allgemein und zum vorgesehenen Mediationsverfahren, sondern auch zum Status und zur Selbstverwaltung der Mediatoren.

Zunächst ist zu begrüßen, dass den Mediatoren die Möglichkeit einer Bildung von Berufsorganisationen eröffnet und die Befugnis zur Selbstverwaltung eingeräumt wird.

Zur besseren Funktionsfähigkeit dieser Organisationen könnte folgendes überlegt werden:

Der Entwurf sieht vor, dass Mediatoren sich zu Vereinigungen zusammenfinden können, sofern 3 Gründungsmitglieder vorhanden sind (Art. 28 Ziffer 3, Art. 26 Ziffer 1).

Im Ergebnis kann das dazu führen, dass eine große Vielzahl von sehr kleinen Vereinigungen entsteht, die über das ganze Land verstreut sind. Es könnte hilfreich sein, eine größere Zahl von Gründungsmitgliedern vorzuschreiben.

Ferner könnte sich anbieten, das Regionalprinzip einzuführen. Dann gäbe es für einen bestimmten Bezirk nur eine Vereinigung. Beides könnte zu mehr Transparenz und zu einer effizienteren Wahrnehmung von Interessen der Mediatoren führen.
In Art. 30 Ziffer 1 wird von der Bildung eines Kongresses und eines Rats der Mediatoren gesprochen. Die weiteren Absätze bedürfen einer inhaltlichen Konkretisierung, um einen sonst absehbaren Streit unter den Mediatoren zu vermeiden.

- Es fehlt eine Klarstellung, wer den Kongress einberufen kann. Ziffer 4 besagt nur, dass er einmal im Jahr einzuberufen ist und dass es der Rat ist, der einen etwaigen außerordentlichen Kongress einberufen kann. Wer aber beruft den ordentlichen Kongress ein? Das könnte problematisch werden.
- Beispiel eines Konflikts: Es gibt in der Ukraine 20 Vereinigungen. 10 Vereinigungen wollen einen Kongress, 10 nicht. Gelten dann Beschlüsse eines sich zusammen findenden Kongresses nur für die dort vertretenen Vereinigungen?
- Der Kongress soll sich nach Abs.5 aus je einem Delegierten jeder Vereinigung zusammensetzen. Dann sind Vereinigungen mit 3 Mitgliedern genau so stark repräsentiert wie Vereinigungen mit 30 Mitgliedern. Damit dürften weitere Konflikte vorprogrammiert sein.

8. Haushaltsmittel und Mediation

In der „Erläuterungsschrift“ zum Mediationsgesetzentwurf (gleichlautend in der „Erläuterungsschrift“ zu den Prozessordnungen gemäß Verordnung vom 26. April 2007) werden Überlegungen finanzieller Art angesprochen, insbesondere im Hinblick auf die Finanzierungsmöglichkeit der Mediation im Strafverfahren.

Die bisherigen Kalkulationen sind als ein wagemutiger Griff in die Zukunft zu verstehen. Darin ist ein Problem verborgen.

Es sollte bedacht werden, dass nicht aus heutiger Sicht allein auf die „Anzahl potentieller Mediationen“ abgestellt werden kann und diese Anzahl sich auch nicht allein aus der Statistik der Strafverfahren ableiten lässt.

Weil auch nach Art.130-1 der Strafprozessordnung die Durchführung der Mediation auf Freiwilligkeit beruht, muss die tatsächliche Entwicklung in der Akzeptanz der Mediation abgewartet werden, um valide Kostenfaktoren in Ansatz bringen zu können. Es wird – in der Ukraine nicht anders als in Deutschland – eine lange Zeit dauern, bis der Mediationsgedanke sich in der Öffentlichkeit und damit auch bei den Verfahrensbeteiligten verbreitet hat.

Die aus staatlicher Sicht positiven finanziellen Auswirkungen dürften für längere Zeit noch deutlich niedriger sein. Das muss bei der Kostendiskussion einkalkuliert werden.

V. Schlussbemerkung

Wir müssen uns hier auf diese Ausführungen beschränken. Viele wichtige Details, zu denen wir im Gutachten Stellung genommen haben, konnten wir nicht vortragen. Dennoch bleibt im Ergebnis festzuhalten:

Das Gesetzesvorhaben ist sehr zu begrüßen. Es trägt der Entwicklung in der Europäischen Union Rechnung und wird einen großen Schritt zur Modernisierung der Justiz in der Ukraine darstellen. Die Mediation ist immer und überall ein wichtiger Beitrag zur weiteren Verbesserung der Rechts- und Streitkultur in einer Gesellschaft.

Wichtig bleibt aber auch hier: Alles, was auf dem Papier steht, ist gut. Alles, was in der Praxis mit Leben erfüllt wird, ist besser. In dem Sinn wünschen wir dem Gesetzgebungsvorhaben einen guten Erfolg.

Die Prinzipien von *Restorative Justice*

*Halyna Grigorivna Sereda, Kiew**

Als Rechtsprechung wird die rechtsanwendende Tätigkeit der Gerichte nach den im Gesetz festgelegten Beschlussverfahren in Zivil-, Verwaltungs-, Straf- und anderen Rechtssachen anerkannt, die bezweckt die Rechte und Freiheiten des Staatsbürgers, sowie die Interessen der Gesellschaft und des Staates zu schützen. Nach Artikel 124 der Verfassung der Ukraine erfolgt die Rechtsprechung in der Ukraine ausschließlich durch die Gerichte. Durch die Ausübung der Rechtsprechung wird in der Ukraine die Justiz realisiert. Im Gesetzentwurf des Gerichtsverfassungsgesetzes ist angegeben, dass die Judikative durch Richter ausgeübt wird. Dies geschieht durch die Verwirklichung der Rechtsprechung im Rahmen bestimmter Gerichtsverfahren. Man kann also behaupten, dass in der Ukraine eine neue Vorstellung über das eigentliche Wesen der Justiz geboren wird. Als ihr Sinn werden nicht der abstrakte Schutz, die Verteidigung von Interessen, die Besserung des Verbrechers usw. verstanden, sondern die tatsächliche Wiederherstellung der Gerechtigkeit.

Es ist allgemein anerkannt, dass jede Tätigkeit oder ihre Gewährleistung, unter Berücksichtigung bestimmter Grundsätze, auf denen sie basiert, erfüllt wird. D.h. sie ist den allgemeinen Anforderungen untergeordnet. Die Grundsätze der Tätigkeit werden als ihre Prinzipien bezeichnet. Mit anderen Worten, die Prinzipien der Organisation oder Ausübung einer bestimmten Sache, darunter auch der Justiz, als realer Ausdruck der richterlichen Gewalt, gehören zu den Grundsätzen ihrer Verwirklichung. Die Prinzipien sind die Quellen der entsprechenden Rechtsnormen, durch die sie reflektiert und realisiert werden. Die Rechtsnormen als Erscheinung der unteren Ebene im Vergleich zu den Grundsätzen müssen den letzteren entsprechen. Eine solche Übereinstimmung gewährleistet erst eigentlich die Stabilität und die Wirksamkeit des Rechtssystems insgesamt.

Die Grundsätze der Ausübung der Justiz sind in unserem Staat durch das Grundgesetz festgelegt. Nach Art. 129 der ukrainischen Verfassung gehören zu diesen Grundsätzen:

1) Die Legalität;
2) die Gleichheit aller Prozessteilnehmer vor dem Gesetz und vor Gericht;
3) die Gewährleistung des Schuldbeweises;
4) das kontradiktorische Verfahren und die Freiheit der Parteien auf Einbringung der Beweismittel zur Prüfung ihrer Bedeutung vor Gericht;

* *Aspirantin am Institut für Gesetzgebung der Verkhovna Rada der Ukraine, Lehrbeauftragte am Lehrstuhl zur Unterstützung der öffentlichen Anklage der Nationalen Akademie der Staatsanwaltschaft der Ukraine, Notarassistentin.*

5) die Anklageerhebung durch den Staatsanwalt vor Gericht im Namen des Staates;
6) der Anspruch des Angeklagten auf eine Verteidigung;
7) die Öffentlichkeit des Verfahrens sowie die komplette Verfahrensaufzeichnung durch technische Mittel;
8) das Recht auf Anfechtung einer Gerichtsentscheidung mittels Berufung oder Kassationsantrag, außer in den gesetzlich vorgesehenen Fällen;
9) die bindende Wirkung von Gerichtsentscheidungen.

Zur Zeit der Verabschiedung der oben genannten Verfassungsnormen in der Ukraine wurde die Frage nach möglichen Alternativen zur traditionellen Justiz, insbesondere zur Straf- und repressiven Justiz, wenn wir über die Kriminaljustiz sprechen, nicht erörtert. Aber schon damals hat der Gesetzgeber im Abs. 4 des Art. 129 der Verfassung der Ukraine vorgesehen, dass „das Gesetz für spezielle Gebiete der Rechtsprechung und Spezialgerichte andere Grundsätze festlegen kann." In der Tat betrifft diese Bestimmung einen etwas anderen Aspekt der Ausübung der Rechtsprechung, aber die Möglichkeit, selbst die Liste der Justizgrundsätze zu erweitern, besteht zweifelsfrei.

Es gibt Gründe zu behaupten, dass zu den Grundsätzen der Strafjustiz auch die so genannte *Restorative Justice* gehört oder – mit anderen Worten – der Grundsatz der Wiederherstellung der Lage, wie sie vor der Begehung der Straftat existierte. Die Verwirklichung dieses Prinzips wird nach seinen eigenen inneren Grundsätzen ausgeführt. Sie verdienen eine separate Behandlung. Am Beispiel der Justiz in Strafsachen (der Kriminaljustiz) beschreiben wir zuerst das eigentliche Wesen von *Restorative Justice* als einem der allgemeinen Grundsätze für die Ausübung von Justiz.

Im menschlichen Bewusstsein wird das Begehen eines Verbrechens traditionell assoziiert mit der Bestrafung des Täters. In der Rechtswissenschaft spiegelt sich diese Auffassung in dem Prinzip der Unvermeidbarkeit der Strafe wieder. Aber neben der Strafe reagierte die menschliche Gesellschaft immer auch anders auf verübte Verbrechen, so strebte sie nämlich auch die Versöhnung des Verbrechers mit seinem Opfer an. Dementsprechend gab es in der Gesellschaft zwei Arten der Justiz: die Strafjustiz oder repressive Justiz und die *Restorative Justice* oder Versöhnungsjustiz.

Das Verhältnis der gekennzeichneten Justizmodelle in der Praxis dieser oder jener Gesellschafts-und Staatsordnung hängt von einer Reihe von Umständen ab, darunter auch von der Bestimmung des Wesens der Straftat. Nimmt man an, dass das Verbrechen ausschließlich eine Straftat ist, die die Gesellschaft gefährdet, dann bevorzugt man entsprechend die punitive Justiz. Wenn man aber das Verbrechen als einen Konflikt zwischen dem Verbrecher und dem Opfer betrachtet, so versucht man ihn durch die Versöhnung der daran beteiligten Subjekte zu lösen.

Schrittweise begreift die Menschheit, dass punitive Justiz in manchen Fällen ineffektiv ist und daher verwendet sie vermehrt die Idee der Verbreitung des Anwendungsbereichs der *Restorative Justice.* Als Zeitalter der Renaissance der Idee von *Restorative Justice* kann man die zweite Hälfte des 20. Jahrhunderts bezeichnen. In dieser Zeit beobachtete man die breite Einführung dieser Form von Justiz in Australien und Neuseeland, später findet ihre Verbreitung in Westeuropa statt, anfangs in Belgien, dann in der Schweiz sowie in den anderen Ländern des Kontinents. Heute findet dieses Justizmodell Anwendung in den Vereinigten Staaten von Amerika und in den südamerikanischen Ländern. Langsam durchdringt die Idee von *Restorative Justice* auch den afrikanischen Kontinent, angefangen mit der Republik Südafrika.

In der Ukraine wurde diese Idee – so wie im Übrigen die Mehrzahl der progressiven Entwicklungen – zu Beginn durch gesellschaftliche Interessengruppen befürwortet, später auch durch die Wissenschaft. Dank der Tätigkeit von NGOs, vor allem – des Ukrainischen Zentrums für Verständigung (*Center for Common Ground*), und der Zusammenarbeit mit den wissenschaftlichen Institutionen, zeigten das Gerichtssystem und die Staatsanwaltschaft in der Ukraine Interesse für *Restorative-Justice.* In letzter Zeit wird die Idee der Einführung von *Restorative-Justice* auch auf der höchsten staatlichen Ebene unterstützt. Nach dem Reformkonzept der Kriminaljustiz, bestätigt (genehmigt) durch den Erlass des Präsidenten der Ukraine im April 2008, akzeptiert man die Einführung von *Restorative Justice* als eine der Aufgaben zur Reform des Justizsystems.

Und das ist kein Zufall, denn die im Vergleich zur Strafjustiz positiven Folgen von *Restorative Justice* sind offensichtlich. Im System der Strafjustiz fühlen sich die Rechtssubjekte des Kriminalkonflikts (der Straftat) nicht als vollwertige Rechtssubjekte, denn einer von ihnen wird als Opfer bezeichnet, der andere – als Verbrecher und der Staat misst sich die Funktion des Herrschers über einen Konflikt bei, zu dem er oft keinen unmittelbaren Bezug hat. Unter solchen Bedingungen übernimmt der Rechtsverletzer nicht freiwillig die Verantwortung für das von ihm verursachte Übel, sondern er fühlt sich selbst als ein Opfer der Umstände. Dies bewegt den Rechtsverletzer dazu, die Verantwortlichkeit mit allen ihm zur Verfügung stehenden Mitteln abzuwenden. Der Betroffene kann unter diesen Umständen seinen Zorn auf denjenigen, der ihn beleidigt hat, nicht zum Ausdruck bringen und entwickelt Rachegefühle. Im Ergebnis wird, selbst wenn es zur Bestrafung des Verbrechers kommt, der soziale Frieden kaum noch wieder herzustellen sein. Anders liegen die Dinge, wenn im Lauf einer Versöhnung des Opfers mit dem Täter, dieser seine Schuld eingesteht, sich bei dem Opfer für das begangene Übel entschuldigt, das Opfer schnell und in vollem Umfang entschädigt, indem er den zugefügten Schaden wiedergutmacht und der Betroffene dem Täter verzeihen kann und sein Rachegefühl überwinden kann. Genau unter solchen Umständen gewinnen die Beziehungen zwischen den Menschen einen zivilisierten Charakter, dadurch verbessert sich auch die allgemeine soziale Umgebung in dem Staat.

Zusammenfassend kann man als Vorteile von *Restorative Justice* für den Betroffenen aufzählen: Die Möglichkeit unmittelbar die Lösung des Konflikts sowie den Entschädigungsprozess zu beeinflussen, viel schneller im Vergleich zu den Möglichkeiten der Strafjustiz eine Entschädigung zu erhalten. Denn bei der Strafjustiz wartet man auf die Entschädigung oft Jahre und oft werden die Erwartungen überhaupt enttäuscht. Ein wichtiger Vorteil für den Betroffenen ist die Auflösung der emotionalen Spannung während des Versöhnungsprozesses, sowie die Möglichkeit „gehört zu werden" und das Gefühl zu haben, die Situation selbst lösen zu können.

Positiv für den Täter ist, dass er im Versöhnungsprozess seine Selbstachtung wiedergewinnen kann, dass er Selbstvertrauen bekommt, und dass er das Bedürfnis sich zu entschuldigen und die Situation wiedergutzumachen verwirklichen kann. Dieses Bedürfnis ist – wie allgemein bekannt – bei der Mehrheit der Menschen vorhanden, obwohl es tief in ihrem Unterbewusstsein verborgen ist. Der Täter bekommt zudem eine Chance, den Ausschluss aus der normalen Gesellschaft zu vermeiden, und den Makel eines Verbrechers loszuwerden. Im Prozess der opferorientierten Justiz (*Restorative Justice*) ist der „Verbrecher" - nicht nur ein Verdächtiger oder Angeklagter, er ist eine Person, die tatsächlich auf den Prozess der Konfliktlösung einwirkt. Unter anderem ermöglicht ihm dies, die Gründe für seine Taten angemessen zu verstehen und Maßnahmen zu ergreifen, um dasselbe in Zukunft zu verhindern. Eine besondere Rolle bei der Ausübung der opferorientierten Justiz spielt der Mediator, d.h. eine Person, die die Rolle eines Friedensstifters zwischen den Konfliktparteien übernimmt. Der Mediator ist gezwungen in zwei gegensätzliche Welten einzutauchen – in die der Interessen des Betroffenen und die der Interessen der Person, die ein Verbrechen begangen hat. Dabei wird er nicht zum Richter. Das Ziel des Mediators ist einzig eine gegenseitige Versöhnung der Konfliktparteien und die Weiterleitung der Ergebnisse der Mediation an die offiziellen Vertreter der Justiz. Aus diesem Ziel ergeben sich die notwendigen Anforderungen an den Mediator, dieser kann nur ein gut ausgebildeter und erfahrener Mensch sein, ein Mensch, der mit positiven moralischen Eigenschaften ausgestattet ist. Das Hauptproblem auf dem Wege der Umsetzung von *Restorative Justice* (opferorientierter Justiz) in der Ukraine ist der Rückstand der nationalen Gesetzgebung bei der Idee der *Restorative Justice* und ihrer wissenschaftlichen Begründung. Kürzlich wurden zur straf- und strafprozessrechtlichen Gesetzgebung einige Bestimmungen eingebracht, die es ermöglichen, die Tatsache der Versöhnung der Parteien im Kriminalkonflikt zu berücksichtigen. Beispielsweise sieht das Gesetz die Möglichkeit vor, eine Person von der Verantwortlichkeit für die Straftat zu befreien, wenn sie nur ein Vergehen begangen hat und sich mit dem Betroffenen (dem Opfer) versöhnt hat, dieses Vorgehen des Absehens von Strafe ist aber unnötig kompliziert, weil es zu lange dauert. Nach geltendem Recht kann von der strafrechtlichen Verantwortlichkeit nur das Gericht befreien, das erfordert aber eine lange Vorbereitung der Materialien zu dem Fall seitens der Voruntersuchungsorgane und der Staatsanwaltschaft. Rationale Argumente sind für die Verabsolutierung einer solchen Ordnung des Absehens von Strafe nicht vorhanden. Die historische, die nationale und die internationale Erfahrung deuten auf das Gegenteil. Nach dem Strafgesetzbuch der Ukraine aus dem Jahre 1960 konnte die Person unter den oben genannten Umständen – auch durch den Staatsanwalt – von der strafrechtlichen Verantwortlichkeit befreit werden. Eine ähnliche Praxis besteht in einigen europäischen Ländern, z.B. in der Schweiz. Es wäre angebrachter auch in der Ukraine zu dieser Praxis zurückzukehren, um die Justiz in Strafsachen zu vereinfachen und zu beschleunigen, die sich heute über viele Monate, sogar Jahre hinweg hinauszögert, und die damit die Parteien des Konflikts vor allem zwingt, passiv die Ergebnisse sowie die Beilegung des Konflikts durch das Gericht abzuwarten. Große Hoffnungen für die Lösung dieses und vieler anderer Probleme, die auf dem Wege der Umsetzung von *Restorative-Justice*-Standards in der Ukraine entstehen, legt die Öffentlichkeit auf die Reform der einheimischen Strafjustiz, wobei der Reformprozess aber leider nach wie vor nicht dynamisch genug verläuft. Die praktische Umsetzung von *Restorative-Justice*-Programmen der in der Ukraine begann im Jahre 2003 mit der Unterstützung der Britischen Botschaft, dem Institut für Nachhaltige Gemeinschaften (*Institute for Sustainable Communities*) und später der Europäischen Kommission, der Schweizer Direktion für Entwicklung und Zusammenarbeit (*Swiss Agency for Development and Cooperation*) sowie anderen internationalen Organisationen. Heutzutage ist in verschiedenen Regionen der Ukraine eine Reihe von Organisationen tätig, die die Programme von *Restorative Justice* durchführen. Es ist klar, dass sie nicht in der Lage sind, Dienstleistungen für alle Interessenten zu erbringen. Im Idealfall müsste jedes lokale Gericht, jede Ermittlungsabteilung der Polizei oder der Bezirksstaatsanwalt die Möglichkeit haben, die Beteiligten des Konflikts an eine Organisation zu vermitteln, wo Mediatoren arbeiten, die solche Programme durchführen.

De facto können selbst in Ländern, wo *Restorative Justice* ein integraler Bestandteil der Justiz ist, nicht alle, die in die Kriminalität geraten sind, einem Versöhnungsprozess unterworfen werden. So werden nicht in allen Staaten in den USA solche Programme angeboten, während in Kanada jeder Minderjährige an dem Programm teilnehmen kann, und dies ein Teil der nationalen Jugendjustiz ist. Die vollständige Institutionalisierung von *Restorative Justice* wurde z.B. in einigen Kantonen der Schweiz und in Norwegen erreicht. Mediationsdienste sind dort ein Teil des strafrechtlichen Systems. Das Treffen zwischen den Parteien können dort als Mediatoren auch Bewährungshelfer oder die Assistenten der Staatsanwälte durchführen. In der Tschechischen Republik werden die *Restorative-Justice*-Programme auch durch die Bewährungshilfe durchgeführt, in Belgien wirken diese Programme in den Strafvollzugsanstalten: In jedem Gefängnis gibt es einen Berater zu *Restorative Justice*. Allerdings besteht in einem Großteil der Länder *Restorative Justice* nur als ein Attribut der Zivilgesellschaft, da eines ihrer Prinzipien die aktive Beteiligung der Gemeinde an den Lösungen von Fragen ist, die mit dem Verbrechen verbunden sind. Kennzeichnend ist das Beispiel von Kanada, wo zunächst alle Offiziere der *Royal Canadian Mounted Police* (RCMP) durch Programme ausgebildet wurden, um Fähigkeiten im Täter-Opfer-Ausgleich zu erwerben. Dies veränderte die Natur des Systems grundlegend und das Verständnis der Ziele hinsichtlich der Kriminalität. Nach einer gewissen Zeit jedoch ergab eine Analyse, dass wenn ein Polizeibeamter ein Programm der Versöhnung durchführte, er von den Beteiligten als ein Repräsentant des Systems wahrgenommen wurde, und dies die Atmosphäre und die Art der Kommunikation zwischen den Teilnehmern des Verfahrens veränderte. Deswegen werden jetzt die *Restorative-Justice*-Programme in Kanada von Vertretern der Gemeinde durchgeführt und die Polizisten sind im selben Prozess als Vertreter des Systems anwesend, die erklären, was geschieht, wenn die Parteien diese oder jene Entscheidung treffen. In der Ukraine werden *Restorative-Justice*-Programme in der Gemeinde und in *Restorative-Justice*-Zentren durchgeführt. Die allgemeine Öffentlichkeit ist jedoch wenig vertraut mit diesen Programmen, ebenso die offiziellen Vertreter der Justiz. Obwohl es drei Verordnungen der Plenen des Obersten Gericht der Ukraine über diese Fragen gibt, verstehen nur sehr wenige Richter was *Restorative Justice* ist, und welche Bedeutung sie für die Strafjustiz hat. Vertrauter mit dem Verfahren von *Restaurative Justice* sind die Staatsanwälte und die Mitarbeiter der Jugendkriminalpolizei dank der aktiven Zusammenarbeit von NGOs mit der Generalstaatsanwaltschaft und der Abteilung der Jugendkriminalpolizei des Innenministeriums der Ukraine. Ein Schritt in Richtung der Institutionalisierung von *Restorative Justice* war die Erarbeitung eines Mechanismus der Zusammenarbeit zwischen der Staatsanwaltschaft und den NGOs bezüglich der Umsetzung der *Restorative-Justice*-Programme. Nach Art. 45 und 46 des StGB der Ukraine kann als Folge der tätigen Reue und der Versöhnung des Opfers mit dem Täter bei milderen Straftaten, die zum ersten Mal begangen wurden, das Strafverfahren eingestellt werden. In diesem Fall kann der Staatsanwalt einen Einstellungsantrag vor Gericht stellen, wenn der betreffende Sachverhalt unter den Tatbestand von Art. 45, 46 des StGB der Ukraine fällt. Wurde eine schwere Straftat begangen, die nicht unter den oben genannten Artikel fällt, so sieht die überwiegende Mehrheit der Richter die Information über die Versöhnung zwischen den Parteien und den Schadensausgleich als einen mildernden Umstand nach Art. 66 StGB der Ukraine an. Dadurch haben die Staatsanwälte, die eine Entscheidung im Strafprozess treffen, ein Handlungsschema, wie sie die Teilnehmer in das *Restorative-Justice*-Programm leiten können und die durch Täter-Opfer-Ausgleich erzielten Ergebnisse im Rahmen des Strafprozesses nutzen können, vorausgesetzt dass eine unterzeichnete Vereinbarung über die Versöhnung zwischen den Konfliktparteien bereits besteht. Auf dem Mechanismus der Zusammenarbeit zwischen der Anwaltschaft und den *Restorative-Justice*-Zentren basierend wird jetzt ein allgemeiner Mechanismus der Zusammenarbeit der Gemeinde mit den Organen der Rechtspflege bezüglich der Anwendung der Praxis von *Restorative Justice* ausgearbeitet. Es ist zu erwähnen, dass in der Ukraine keine rechtliche Beschränkungen bestehen, die die Umsetzung von *Restorative Justice* in die nationale Justiz verhindern würden. Die überwiegende Mehrheit der Argumente, die gegen *Restorative Justice* vorgebracht werden, zeigt nur die Unkenntnis des Problemkerns. Die fehlenden Kenntnisse sind wahrscheinlich der wichtigste Faktor, der die Umsetzung der *Restorative-Justice*-Programme behindert.

Der zweite Faktor ist der Mangel an Spezialisten auf diesem Gebiet, vor allem der Mangel an Mediatoren. Die Besonderheit der Mediatorenausbildung ist es, dass eine solche Ausbildung nur eine Person durchführt, die theoretische und praktische Erfahrung besitzt und diese und die eigenen mediatorischen Fertigkeiten weitergeben kann. Dazu gehören: Die Demonstration des Mediationsprozesses, qualifizierte Antworten auf die Fragen der Teilnehmer, das Verständnis wie der Mediationsprozess abläuft. Denn die Mediation verlangt von den Leuten in erster Linie, ihre Einstellungen über den Prozess der Konfliktlösung zu verändern. Unter diesen Umständen kommt es zu der Vorstellung, dass eine dritte Person (der Mediator) eine Entscheidung bezüglich der Situation trifft, in der durch die kriminelle Handlung dem Opfer ein Schaden verursacht wurde. Der Mediator trifft aber keine Entscheidung, seine Aufgabe ist es den Parteien zu helfen, ihren eigenen Weg zu finden und darin liegt der Vorteil der *Restorative-Justice* gegenüber der traditionellen Justiz. Bei der Mediation bekommen die Konfliktparteien die Möglichkeit, eigenverantwortlich über ihr eigenes Schicksal und ihre eigene Zukunft zu entscheiden. Sie nehmen aktiv teil an der Diskussion, an den Vereinbarungen und Verhandlungen. Die Kunst der Mediation liegt darin, dass sie es den Konfliktparteien ermöglicht, selbständig zu einer Übereinstimmung zu kommen. Das einzige, worauf der Mediator aufpasst, ist, dass das *Restaurative-Justice*-Prinzip während des gesamten Prozesses beachtet wird. Deswegen ist es die Aufgabe des Mediator, eine Unterstützung bei den Verhandlungen zu gewährleisten, um damit den Parteien zu helfen, den Kontakt zueinander zu suchen, eine Atmosphäre des Vertrauens herzustellen, den Respekt und eine gegenseitige Wahrnehmung zu schaffen, damit es zu einer tatsächlichen und nicht zu einer formellen Versöhnung kommt. Daher muss der Mediator die Fähigkeit besitzen, mit den Menschen zu kommunizieren, den Teilnehmern den Zweck und die Ziele des Prozesses und die Mittel, mit denen sie erreicht werden können, zu erklären. Außerdem muss der Mediator selbst den Mediationsprozess gut kennen, insbesondere den Verfahrensablauf, Fragetechniken, d.h. er muss wissen, welche Fragen man stellen darf, damit die Übernahme von Eigenverantwortung durch die Partei für ihre eigene Handlung gefördert wird und umgekehrt, welche Fragen den Mediationsprozess behindern. Die Ausbildung von Mediatoren könnten heutzutage am besten die Organisationen durchführen, die Erfahrungen bei der Umsetzung von *Restorative-Justice*-Programmen haben und den anderen die Grundsätze von *Restorative Justice*, die Kenntnisse, sowie die Fertigkeiten vermitteln können. Eine dieser Organisationen ist das Ukrainische *Center for Common Ground* und obwohl allein schon dies Zentrum eine beträchtliche Erfahrung in der Ausbildung von Mediatoren hat, gibt es momentan in den 13 Regionen der Ukraine noch weitere, ähnliche Organisationen. Ein wichtiger Aspekt der Gewährleistung des Grundsatzes von *Restorative Justice* bei der Ausübung der judikativen Gewalt ist die Unterstützung der Bemühungen der Zivilgesellschaft durch den Staat auf verschiedenen Ebenen, in erster Linie auf der Ebene der Rechtsordnung und der Strafrechtspflege. Heute unterstützt das Oberste Gericht der Ukraine die Umsetzung von *Restorative Justice*, die wiederherstellende Herangehensweise (*restaurative approach*) fand Anerkennung in den entsprechenden Verordnungen des Plenums des Obersten Gerichts der Ukraine sowie in den Rechtsakten bezüglich der Reform der Jugendgerichtsbarkeit in der Ukraine. Zudem wurde eine Kooperation mit dem Justizministerium der Ukraine ins Leben gerufen. Beim Justizministerium bestand eine Arbeitsgruppe, die erstmals die Konzeption der gesetzlichen Regelung der Mediation in Strafsachen formulierte, später entwickelte diese Gruppe den Entwurf des Gesetzes „Über die Schlichtung (Mediation) in Strafsachen“, danach wurde durch den Einfluss des Europarates in der Ukraine dieser Entwurf erweitert. Parallel wurden die entsprechenden Änderungsentwürfe zum Strafgesetzbuch (StGB) und zur Strafprozessordnung (StPO) ausgearbeitet.

Verständnis für die Notwendigkeit der Umsetzung von *Restorative Justice* zeigt auch die Generalstaatsanwaltschaft der Ukraine, das belegt ein Schreiben des Generalstaatsanwalts der Ukraine „Über die Anwendung von Schlichtungsverfahren in Strafsachen und den Ausbau von Alternativen zur Strafverfolgung“. Ein wichtiger Schritt ist die Einführung des Fachs *Restorative Justice* für die Studenten der Nationalen Akademie der Generalstaatsanwaltschaft der Ukraine.

Die Mitwirkung der Einheiten des Innenministeriums der Ukraine bei der Entwicklung eines auf der wiederherstellenden Herangehensweise (*restaurative approach*) basierenden Modells zur Prävention von Kinderkriminalität zeigt, dass auch die Polizei die mögliche Anwendung von *Restorative-Justice*-Programmen als Instrument zur Verhinderung von Straftaten bei Kindern und Jugendlichen einschätzt.

Leider gibt es bis jetzt vom Staat keine finanzielle Unterstützung für die Entwicklung von *Restorative-Justice*-Programmen. So wurde der Gesetzesentwurf „Über die Schlichtung in Strafsachen“ von der Regierung (dem Kabinett) aus rein finanziellen Gründen abgelehnt, obwohl er nur eine geringe finanzielle Unterstützung für die Versöhnungsprogramme in Strafsachen vorsah, und zwar wenn die Täter die Leistungen des Mediators nicht bezahlen können (analog zu den bestehenden Normen der Prozesskostenhilfe). Die wirtschaftliche Begründung der Einführung von *Restorative Justice* in der Ukraine zeigt, dass der Staat daraus große Einsparungen erwarten kann, weil sich die Zahl der verurteilten Personen reduziert. Aber es hat sich herausgestellt, dass das System der Finanzierung unserer Vollzugsanstalten so aufgebaut ist, dass die tatsächliche Zahl der Häftlinge in den Gefängnissen keinen wesentlichen Einfluss auf den Gefängnishaushalt hat, denn die Finanzierung hängt nicht von der Zahl der Insassen ab, sondern von den in der Vollzugsanstalt vorgesehenen Plätzen. Das ist ein völlig unflexibler Mechanismus, der darauf hinweist, dass der Staat diesen Bereich mit ineffizienten Instrumenten verwaltet.

Noch wichtiger ist der sozialpsychologische Aspekt des Problems. Die Verbreitung der Einführung von *Restorative Justice* könnte das moralische Gesicht der Gesellschaft positiv verändern, indem sich die Zahl der verurteilten Personen reduziert und die Zahl der Personen die tatsächlich Entschädigung und Befriedigung bekommen, sich vergrößert.

Es ist zu betonen, dass das Wesen von *Restorative Justice* sich nicht nur auf die Versöhnung der Parteien und die Lösung des konkreten Streitfalles bezieht. *J. Braithwaite*, der bekannte Kriminologe, Anthropologe und Soziologe, der Autor des Buches „Verbrechen, Scham und Reintegration[1]" meint zu Recht, dass *Restorative Justice* nicht nur ein Reformmittel der gesamten Strafjustiz, des Familienlebens, der Beziehungen am Arbeitsplatz und der politischen Beziehungen ist. Es besteht zudem überhaupt das Bewusstsein der globalen Veränderung in den Ansätzen zur Festlegung der Grundsätze von Gerechtigkeit. Zunächst gibt es echte, positive Veränderungen auf der Ebene der Gemeinschaft. Wenn die Menschen Erfahrungen in der Konfliktlösung durch die Zusammenarbeit zwischen den Parteien und durch die Wiederherstellung, Entschuldigung und Vergebung sammeln, stärkt dies die Beziehungen in der Gemeinschaft und schafft ein gemeinsames Verständnis von moralischen Werten.

D.h. die Gemeinschaft ist die am meisten interessierte Partei in der Entwicklung von *Restorative-Justice*-Programmen. Es ist kein Zufall, dass die Initiative und die Anträge auf Ausführung solcher Programme in erster Linie von NGOs kommen, die die Vorteile dieser Programme verstehen. Insbesondere konzentriert das ukrainische *Center for Common Ground* seine Aktivitäten auf die Entwicklung der *Restorative-Justice*-Praxis und auf die Sicherung ihrer Lebensfähigkeit.

Die früheren Phasen des Projekts „Unterstützung der Strafjustizreform: die Umsetzung der Mediation in die Tätigkeit der Organe des Rechtssystems" (der Hauptpartner dieses Projekts ist das oben erwähnte Zentrum für Verständigung), waren hauptsächlich auf die Arbeit mit den Organen des Rechtssystems ausgerichtet wie die Förderung ihres Bewusstseins und ihres Interesses an der An-

---

1 Titel des Originals: "Crime, Shame and Reintegration", Cambridge University Press, 1989 (Anm. des Hrsg.).

wendung der Mittel von *Restorative Justice*, die Schaffung eines Rechtsrahmens für die systematische Umsetzung von *Restorative Justice*. Es wurde der Entwurf eines nationalen Programms zur Umsetzung von *Restorative Justice* vorbereitet. Damit aber das Programm auf staatlicher Ebene übernommen wird, müsste ein Staatsorgan die Verantwortung für dessen Implementierung übernehmen. Denn momentan wird der Prozess der Umsetzung von *Restorative Justice* vor allem „von unten" durch die Bemühungen der Gemeinschaft unterstützt.

In der nächsten Phase des Projekts bestand die Aufgabe, eine Strategie für die Lebensfähigkeit von *Restaurative-Justice*-Programmen zu entwickeln. Die erste, technische Strategie sieht die Schilderung des Mechanismus der Zusammenarbeit aller Organe (von den Ermittlungsbehörden bis zu den Gerichten) des Rechtssystems bei der Implementierung von *Restaurative-Justice*-Programmen vor. D.h. es wird festgestellt, in welchem Stadium und in welchem Fall die Konfliktparteien und die *Restaurative-Justice*-Zentren der Gemeinschaft über die Möglichkeit der Mediation, der Familiengruppensitzungen (*family group conference*) oder der Versöhnungsrunden (*rounds of reconciliation*) informiert werden können; wie dieses Mediationsprogramm durchgeführt werden kann; wie lange dieses Programm dauert; welche Folgen es haben kann; und wie diese Folgen in jedem Stadium des Strafprozesses berücksichtigt werden. Die zweite – organisatorische Strategie bestimmt die für die *Restorative-Justice*-Programme notwendige Infrastruktur: Die Organisationen, die Experten und den rechtliche Rahmen für ihre Tätigkeit usw.

Die Strategie der finanziellen Lebensfähigkeit von *Restaurative-Justice*-Programmen wird aufgrund der Erfahrung mit der Arbeit in den Regionen geplant, in denen Mechanismen der finanziellen Unterstützung der Mediatorentätigkeit in den Gemeinden bereits existieren. Die lokalen Haushalte und die sozialen staatlichen Förderprogramme sind die möglichen Finanzierungsquellen für *Restorative-Justice*-Zentren in der Gemeinschaft.

Obwohl in den Zeiten der Wirtschaftskrise die gezielte Förderung durch staatliche Programme zurückgegangen ist, bestehen im Staatshaushalt weiterhin Posten, die man für die Entwicklung von *Restorative Justice* verwenden kann. Als Beispiel sind hier zumindest die Programme der Kriminalprävention zu nennen, die Bestimmungen über die Verstärkung der Zusammenarbeit zwischen dem Rechtssystem und der Öffentlichkeit, mit dem Ziel, der wachsenden Anzahl von Verbrechen entgegenzuwirken, enthalten. Auch das gesamtstaatliche Programm „Nationaler Aktionsplan zur Umsetzung der UNO Übereinkommen über die Rechte des Kindes" (UNKRK, 1989) umfasst die Aufgaben, die mit den Aufgaben der *Restorative-Justice*-Zentren in der Gemeinde vereinbar sind. Was lokalen Haushalte angeht, so sind die die zuverlässigste Finanzierungsquelle für *Restorative-Justice*-Zentren, denn die Gemeinden wollen Kriminalitätsprobleme vermeiden, sie sind die ersten, die sich für die Arbeit von solchen Programmen interessieren.

Schließlich besteht eine weitere (dritte) Strategie zur Erhaltung der Funktion von *Restorative-Justice*-Programmen in der Ukraine in einer Werbestrategie, die die Aufklärung der Gemeinde beinhaltet, damit die potenziellen oder tatsächlichen Opfer und Täter über die Möglichkeit der Einleitung von Mediationsverfahren Bescheid wissen und damit die Vertreter der Rechtsordnung wissen und verstehen, wie *Restorative Justice* mit ihren eigenen beruflichen Aufgaben übereinstimmt, wie sie als Fachleute mit den *Restorative-Justice*-Zentren zusammenarbeiten können und welchen Vorteil die Gemeinde von der Tätigkeit solcher *Restorative-Justice*-Programme erlangt.

Ein Bestandteil von *Restorative Justice* ist die sogenannte „wiederherstellende Verantwortlichkeit". Die Frage der wiederherstellenden Verantwortlichkeit muss unter Berücksichtigung des allgemeinen Inhalts der Theorie von *Restorative Justice* und dem Verständnis der Gerechtigkeit, die innerhalb dieser Theorie existiert, erörtert werden. *Howard Zehr* schreibt, dass das Verhalten des Täters oft das Ergebnis seiner Verantwortungslosigkeit sei, daher würde die einfache Mitteilung der gegen ihn durch das Gericht verhängten Strafe nur weiter seine Verantwortungslosigkeit unterstützen. Die Verantwortung für das eigene Handeln bedeutet dagegen erstens, dass das Bewusstsein und die Anerkennung des verursachten Schadens besteht und zweitens, dass konkrete Maßnahmen getroffen werden, um diesen Schaden zu beheben.

Daher ist die wiederherstellende Verantwortlichkeit ein besonderes soziales und rechtliches Phänomen, das seinen Ausdruck objektiv bei der Wiederherstellung der Rechtsordnung, der sozialen Gerechtigkeit und sozialen Verbindungen findet und subjektiv darin, dass der Täter die Verpflichtung übernimmt, den zugefügten Schaden zu ersetzen. Damit befriedigt er die Interessen der betroffenen Partei des Konfliktes, der Gesellschaft und des Staates.

Eines der wichtigen Themen von wiederherstellender Verantwortlichkeit, sowohl in der Theorie, als auch in der Praxis – ist die Frage nach den prozessualen Formen ihrer Verwirklichung.

Die wiederherstellende Verantwortlichkeit kann durch spezielle Verfahren innerhalb der *Restorative Justice* realisiert werden. Das sind: Die Mediation, *Round Tables*, die Familienkonferenzen und die Familiengruppensitzungen. Solche Verfahren sind längst der Öffentlichkeit in den entwickelten Ländern der Welt wie den USA, Kanada, Neuseeland, Australien und in den Ländern Westeuropas bekannt. In Osteuropa, auf dem Gebiet der GUS-Staaten haben diese Verfahren auch ihre Anhänger gefunden, aber die Umsetzung basiert allein auf der Begeisterung der daran interessierenden NGOs und wird in der Regel durch eine stillschweigende Missachtung des Staates begleitet. Dies wiederum erschwert die Umsetzung der so dringend für die Gesellschaft benötigten fortschrittlichen Mechanismen der Konfliktlösung.

Die Verfahren von *Restorative Justice*: Die Mediation, die Justizrunden, die Familienkonferenzen, die Familiengruppensitzungen, die die Formen der Verwirklichung von *Restorative Justice* sind, brauchen für ihre effektive Umsetzung in die ukrainische Rechtsordnung eine Anpassung innerhalb der nationalen und in den meisten Fällen – innerhalb der regional-spezifischen Tradition. Eine solche Anpassung kann dadurch stattfinden, dass man:

1) Die globalen Ideen über *Restorative Justice* untersucht und die Experten sowie die Bevölkerung darüber informiert;
2) die dem ukrainischen Volke innewohnenden und der nationalen Tradition inhärenten Methoden der Konfliktlösung erforscht;
3) zunächst die schrittweise Integration der einzelnen Elemente durchführt und dann die Programme von *Restorative Justice* im Allgemeinen in die nationale Rechtsordnung implementiert;
4) schließlich soll die Anpassung durch die Wiederbelebung des Bewusstseins des Einzelnen und der Gemeinschaft insgesamt sowie durch die Bedeutung der Teilnahme des Einzelnen an der Konfliktlösung und die Umsetzung der wiederherstellenden Verantwortlichkeit stattfinden.

Die gegenwärtige Gesetzgebung der Ukraine beginnt allmählich mit der Umsetzung und versucht den oben angeführten Tendenzen zur Einführung des wiederherstellenden Ansatzes im Justizvollzug formal rechtlich zu bestimmen. Es wurde eine Reihe von Gesetzesentwürfen zur Regelung der Mediation in der Ukraine ausgearbeitet. Die schrittweise Einführung der Konzeption von *Restorative Justice* in das nationale Recht, zeigt den Erfolg der Aktivisten dieser Bewegung in der Ukraine, die Tatsache aber, dass ein solches Konzept im Wesentlichen auf der Ebene von Gesetzesentwürfen bleibt, zeigt wiederum die Komplexität des Problems.

Die Veränderung der traditionellen Vorstellungen über Justiz, über die Orientierungspunkte der strafrechtlichen Politik, der Übergang zu einer breiten Umsetzung von wiederherstellender Verantwortlichkeit und der Verfahrensformen, ihrer Verwirklichung durch *Restorative-Justice*-Verfahren ist ein schwieriger Prozess, der nicht nur Zeit erfordert, sondern auch eine entscheidende Veränderung im öffentlichen Bewusstsein. Doch die Theorie von der wiederherstellenden Verantwortlichkeit muss entgegen der Untätigkeit des politischen und rechtlichen Denkens schon heute als effiziente und moderne Richtung der Bekämpfung von Kriminalität entwickelt werden. Eines der praktischen Ergebnisse der wissenschaftlichen Arbeit in dieser Richtung ist das theoretische Modell des Gesetzes der Ukraine „Über die Mediation“. Ein wichtiges Merkmal dieses Entwurfs ist darin die Formulierung der Grundsätze von *Restorative Justice*.

In diesem Zusammenhang ist die Möglichkeit des Auftretens eines neuen rechtlichen Phänomens festzustellen: „die Wiederherstellung“ (*restoration*) als einer der Justizgrundsätze wird nach eigenen Grundsätzen verwirklicht, und zwar den Grundsätzen der Freiwilligkeit der Mediation, ihrer Zulässigkeit, der

Gleichheit der Parteien, der Unparteilichkeit und Unabhängigkeit des Mediators sowie der Vertraulichkeit der Mediation.

Der erste dieser Grundsätze besteht darin, dass die Parteien auf freiwilliger Basis an der Mediation teilnehmen und in jedem Stadium der Mediation die Teilnahme verweigern können.

Die Teilnahme des Beschuldigten oder des Angeklagten im Strafverfahren an der Mediation kann nicht als Anerkennung seiner Schuld verstanden werden. Die Teilnahme von Parteien in Zivil und Handelssachen an der Mediation kann nicht als Anerkennung der Forderungen/Ansprüche durch den Antragsgegner verstanden werden.

Der Grundsatz der Zulässigkeit der Mediation ist wie folgt definiert:

Die Mediation ist in jedem Stadium des Strafverfahrens, der Verfahren in Zivil- und Handelssachen bevor das Gericht den Beratungsraum betritt, um einen Beschluss zu fassen oder das Urteil zu verabschieden, erlaubt.

Die Parteigleichheit – als Grundsatz von *Restorative Justice* – liegt darin, dass die Parteien die gleichen Rechte während der Mediation haben. Es darf keine Privilegien oder Beschränkungen aufgrund der Rasse, der Hautfarbe, der politischen, religiösen und anderen Überzeugungen, des Geschlechts, der ethnischen oder sozialen Herkunft, des Vermögens, sprachlicher oder anderer Merkmale geben.

Der nächste Grundsatz der Unparteilichkeit und Unabhängigkeit des Mediators ist, dass er seine Aufgaben unparteiisch zu erfüllen hat, bezogen auf die Umstände des Falls, unter Berücksichtigung der Stellungnahme der Parteien und dass er die Parteien nicht zwingen darf, bestimmte Entscheidungen zu treffen. Während der Mediation werden die Entscheidungen im gegenseitigen Einvernehmen getroffen. Der Mediator ist in seiner Tätigkeit unabhängig und handelt in Übereinstimmung mit dem Gesetz.

Schließlich bedeutet die Wahrung der Privatsphäre als ein Prinzip der Mediation, dass während der Mediation ausgetauschte Informationen nicht ohne vorherige Zustimmung der Parteien offengelegt werden dürfen. Der Mediator darf nicht über die Information, die ihm während der Mediation bekannt geworden ist oder unmittelbar in Zusammenhang mit der Mediation steht, vernommen werden, ausgenommen sind Fälle, in denen die Parteien der Offenlegung dieser Information zustimmen.

Die Umsetzung der Idee von *Restorative Justice* in Polen

Dr. Ing. Elżbieta Dobiejewska, Breslau (Wrocław)[*]

Wir erwerben unsere Identität nicht auf dem Feld des Bösen.
Die Grundlage für die Identität ist die Überzeugung, dass das was besteht, „gut ist".
Wenn es anders ist, haben wir die Illusion von Identität.
Pater Józef Tischner

I. Einführung

Restorative Justice, die in Polen wiederherstellende Gerechtigkeit genannt wird, kann dem Opfer nicht nur als materieller Schadensersatz für erlittenes Unrecht dienen, sondern auch als eine moralische Wiedergutmachung für durch den Täter verursachten moralischen Schaden. Die wiederherstellende Gerechtigkeit betrifft damit nicht nur das Strafrecht, sondern auch das Zivilrecht, darunter besonders das Familienrecht.
Eine Verbesserung können beide Seiten des Konflikts erfahren, der Täter und das Opfer, weil die wiederherstellende Gerechtigkeit:

- Die Reparatur der sozialen Beziehungen durch den Bau – oder den Wiederaufbau – der zwischenmenschlichen Bindungen bezweckt, die auf die Achtung der Menschenwürde jedes Menschen sowie seines Rechts auf Achtung und Zuwendung seitens anderer Personen basieren;
- ein Verfahren, in dessen Verlauf die Parteien, die durch das Verbrechen betroffen sind, festlegen, wie sie selbst in Zukunft am besten mit seinen unmittelbaren Folgen und Konsequenzen umgehen;
- eine Art auf ein Verbrechen zu reagieren ist, die sich auf die Bedürfnisse des Opfers konzentriert und das allen unmittelbar Betroffenen – den Opfer, den Täter, ihren Familien und den Mitgliedern der Gesellschaft – die aktive Teilnahme am Prozess der Wiedergutmachung des Unrechts, das durch das Verbrechen angerichtet wurde, ermöglicht.

Die wiederherstellende Gerechtigkeit gibt darüberhinaus:

- Hilfe und Unterstützung für die Opfer,
- sie repariert emotionale und materielle Schäden, die von dem Opfer und der Gesellschaft erlitten wurden,

---

* *Mitbegründerin des Niederschlesische Mediationszentrums (DOM), Mitglied desSozialen Rats zur alternativen Konfliktlösung beim Justizministerium.*

- sie gibt den Parteien des Konflikts die Chance zur Entwicklung ihrer sozialen Kompetenz und trägt zu einer gelungenen Reintegration bei,
- sie verbessert die öffentliche Sicherheit durch den Aufbau und die Gesundung der Gemeinschaft darunter der Familie und der örtlichen Gemeinschaft.

Wie sich aus der vorangegangenen Definition ergibt, ist die Gerechtigkeit nicht nur eine nützliche sondern auch eine wunderschöne Idee. Warum aber ist es so schwierig, eine weit verstandene Gesellschaft: Täter und Opfer, die Angestellten der Institutionen, die die Angelegenheiten in die Mediation geben – Polizisten, Staatsanwälte und Richter sowie die Strafvollzugsbehörden davon zu überzeugen? Vielleicht deswegen, weil unsere Zivilisation uns so geformt hat, dass es leicht ist, Schuld und Strafe zu assoziieren, die Verurteilung nicht nur des Bösen selbst, sondern auch desjenigen, der es begeht. Das Symbol für die Justiz ist doch die Justitia mit der Waage, dem Schwert und den verbundenen Augen. Der Verurteilende soll nicht den Menschen sehen, sondern allein eine empfindliche Strafe zumessen, die dem Übel entspricht, das durch die Straftat zugefügt wurde.

Die Philosophie der wiederherstellenden Gerechtigkeit schafft die Chance einer grundsätzlichen Umwandlung der Werte in der Strafpolitik, die bislang allein auf der Bestrafung aufbaute und einer solchen, die aufbaute auf die Behandlung einer devianten Neigung des Täters. Die wiederherstellende Gerechtigkeit sieht nämlich das Verbrechen als einen Konflikt zwischen dem Täter und dem Opfer und dem Umfeld, in dem das Verbrechen verübt wurde. Ihr Ziel ist die Lösung des Konflikts unter gleichzeitigem Engagement sowohl des Täters, wie auch des Opfers und des Umfelds bei seiner Beseitigung.

Vor allem jedoch zwingt die Idee der wiederherstellenden Gerechtigkeit zur Begrenzung der Ausschließlichkeit des Staates als rechtsprechende Gewalt, die die Rechtsprechung ausübt. Der Staat eignet sich den Konflikt zu, aber dank der wiederherstellenden Gerechtigkeit und der Mediation gibt er ihn dem Täter und dem Opfer zurück.

II. Sieben Etappen der Einführung des Täter-Opfer-Ausgleichs in Polen

In Kürze stelle ich Ihnen in sieben Punkten vor, wie die Institution der Mediation darunter die zwischen dem Täter und dem Opfer einer Straftat in Polen, d.h. in einem Land, das seine politische Unabhängigkeit und ein rechtsstaatliches System erst im Jahr 1989 erarbeitet und erlangt hat, eingeführt wurde.

1. Man darf nicht vergessen, dass der Kommunismus ein allumfassendes System ist, das in einem gewissen Sinne jeden Menschen deformiert hat, der in ihm gelebt hat. Nach zwanzig Jahren seit der Wiedererlangung der Freiheit im

Jahr 1989 hat sich gezeigt, dass das Abwerfen des Jochs des Kommunismus überhaupt erst der Anfang eines sehr schwierigen Demokratisierungsprozesses war. Die Transformation aller Lebenssphären darunter der politischen und ökonomischen fordert große Opfer von allen Mitgliedern der Gesellschaft. Nicht immer gelang und gelingt es ihr, sich an die neuen Realien anzupassen, solchen wie: Freiheit, die Offenheit des politischen Lebens, die Selbstverwaltung, ökonomische Krisen, ein unvorhergesehenes Wachstum der Arbeitslosigkeit und das mit diesem einhergehende Wachstum der Armut und der Kriminalität. Die Transformation trifft auf eine stereotypes Denken der Bürger, z.B.: „ Der Staat soll geben, der Staat soll sicher stellen", und die Behäbigkeit der staatlichen Strukturen, die ebenfalls mit dem Ballast des Kommunismus beschwert sind, vor allem mit der zentralen Verwaltung und dem zentralen Treffen von Entscheidungen.

2. Im Jahr 1994 hatte eine Gruppe von Personen, die in einer NGO organisiert war, deren Aufgabe die Hilfe für Gefangene ist, dank der *Heinrich-Böll*-Stiftung die Möglichkeit in Deutschland die Institution der Mediation (den Täter-Opfer-Ausgleich) kennen zu lernen. Diese Visite mündete in eine Reihe von Arbeiten, die der polnischen Gesellschaft den Begriff der Mediation als einer alternativen Form der Justiz zur Lösung von strafrechtlichen, zivilrechtlichen und Familienkonflikten und Streitigkeiten näher brachte.

1995 wurde in Warschau eine erste internationale polnisch-deutsche-österreichische Konferenz zum Thema Theorie und Praxis des Täter-Opfer-Ausgleichs organisiert[1]. Die Neuheit aber auch die Kontroverse über die im Verlauf der Konferenz besprochene Institution der Mediation führte zu vielen weiteren Seminaren, Konferenzen und Schulungen, in denen die Vorteile aber auch die Faktoren des gesellschaftlichen Widerstands gegen die Einführung von Mediation im Bereich des Täter-Opfer-Ausgleichs festgestellt wurden. Letzterer war die Folge einer

- langjährigen Entmündigung der Gesellschaft durch das totalitäre Regime,
- der Inhumanität der Justiz, die sehr restriktiv war,
- der mentalen Belastung der Justiz und der Gesellschaft durch das repressive Recht,
- dem Fehlen von zuverlässigen Informationen über die Kriminalität und die Art der Strafverbüßung einer Freiheitsstrafe ohne Bewährung.

In den Jahren der Volksrepublik Polen war dies ein Tabuthema und heute gibt es häufig eine Gier nach sensationeller Information bzw. sogenannten „*News*". Darüber hinaus fehlte es auch auf allen Ebenen der Justiz an Wissen über alternative Streitbeilegungsmechanismen als Reaktion auf Kriminalität,

1 Die Konferenzmaterialien, (Hrsg.) *E. Bieńkowskiej*, Warschau 1995, „Theorie und Praxis des Täter-Opfer-Ausgleichs" dort *E. Dobiejewska*, „Die Strafgefangenen der Strafanstalten in Breslau und Glogau über den Täter-Opfer-Ausgleich", S. 83-90.

darunter insbesondere über die Mediation als Mittel der Bewährung. Zudem verspäteten und verspäten die fortdauernden finanziellen Einschränkungen der Justiz ihre tiefgreifende Reorganisation. Erst im Jahr 2009 wurde die Generalstaatsanwaltschaft vom Justizministerium – d.h. von der Politik – getrennt.

Man darf auch nicht vergessen, dass seit dem Ende der 80er Jahre die weit verstandene Gesellschaft sich in einem Schockzustand befunden hat und zum Teil immer noch befindet. Sie war und ist im Zustand eines Traumas, das zum Handeln mobilisiert und zur individuellen und sozialen Aktivität aufruft, allerdings nur für eine begrenzte Zeit. In Polen wurden gleichzeitig vier Prozesse durchgeführt, denen die polnischen Bürger unterworfen wurden: Die System- und Wirtschaftstransformation, die Modernisierung, die Globalisierung und seit 2004 die Integration in die europäischen Strukturen, wozu seit 2007 auch die Mitgliedschaft in der Schengengruppe zählt. Alle diese Prozesse konnten sich natürlich nicht in der „geschlossenen" Gesellschaft des real existierenden Sozialismus entwickelt, der politisch von einem totalitären System gelenkt wurde. Die sprunghafte Entwicklung der mittelost- und osteuropäischen Staaten, darunter Polens, erforderte und erfordert weiterhin eine große langanhaltende Anstrengung, die sich nicht einfach beschleunigen lassen.

3. Am 12. Dezember 1995 entstand in Polen die Gruppe zur Einführung von Mediation. Sie wurde geschaffen von Mitgliedern der NGOs der Gefangenenhilfe (der Strafvollzugsgesellschaft *Patronat* und der Breslauer Gesellschaft für die Gefangenenhilfe), Praktikern und Wissenschaftlern aus dem juristischen Bereich, der Psychologie und dem Gefängniswesen, die ihre Kräfte verbanden zur Einführung von Mediation in die polnische Wirklichkeit. Ziel dieser Gruppe war es:

- Ein experimentelles Mediationsprogramm zum Täter-Opfer-Ausgleich zu entwickeln und durchzuführen;
- rechtliche Regelungen hinsichtlich der Mediation zu entwickeln;
- Programme zu entwickeln und Schulungen zu organisieren für Mediatoren und Personen, die Rechtssachen in die Mediation leiten;
- Seminare und Konferenzen zu organisieren;
- Informationen über wiederherstellende Gerechtigkeit und Mediation zu publizieren.

Die Gruppe entwarf ein „experimentelles Mediationsprogramm zwischen dem minderjährigen Täter und seinem Opfer" für die Dauer von drei Jahren[2]. Dank dieses Programms wurden in fünf Städten experimentelle Mediationszentren für die Mediation zwischen dem Opfer und dem minderjährigen Täter gegründet. Die Rechtssachen leiteten die Richter an den Familiengerichten in die

2 Das „Versuchsprogramm Mediation zwischen jugendlichen Tätern und ihren Opfern" – Gruppe zur Einführung von Mediation zwischen Opfern und Tätern des Verbrechens", Mediator, 1996/1, S. 5.

Mediation[3] und sie entschieden auch darüber, wie die Effekte des erzielten Vergleichs zu verwenden sind.

Bis 1999 wurden 150 Mediationen durchgeführt, deren Bericht und Analyse im Jahr 2001 zur gesetzlichen Einführung der Mediation als Institut ins Gesetz über die Strafbarkeit Minderjähriger führte (Art. 3a) sowie zur Verordnung des Justizministers über die Berufung von Mediatoren für Jugendsachen.

Unter der finanziellen Unterstützung der *Heinrich-Böll*-Stiftung aus Köln und dem Komitee für wissenschaftliche Untersuchungen aus Warschau sowie dank der inhaltlichen Hilfe der Deutschen Bewährungshilfe aus Köln sowie des Zentrums für Verhandlungen der Universität Warschau fanden in den Jahren 1997 und 1998 erste Schulungen von Mediatoren statt.

4. Mitte des Jahres 1996 wurde eine Meinungsumfrage im Auftrag der Kommission für Menschenrechte und Rechtsstaatlichkeit des Senats der Republik Polen unter der Teilnahme der Gruppe zur Einführung von Mediation und der Breslauer Gesellschaft für die Gefangenenhilfe zum Thema der Zweckmäßigkeit der Anwendung von Mediation[4] im polnischen Strafrecht unter den *Woiwodschafts*- und Rayonsgerichtsrichtern und Staatsanwälten, den Direktoren der Strafanstalten und den Gefangenen durchgeführt. Die geringste ca. 50% Akzeptanz für die Institution der Mediation zeigten die Richter und Staatsanwälte bei den Rayonsgerichten, also die Personen, die die Rechtssachen in die Mediation leiten können.

Im Dezember 1996 wurden die „Vorschläge bezüglich der Grundsätze und der Art der Einführung von Mediation zwischen Opfern und minderjährigen und erwachsenen Tätern einer Straftat“ entwickelt[5], die im April 1997 auf der Konferenz zum Thema: „Mediation In Polen – Stand und Perspektiven”[6] im Kreis

---

3 Gesetz über das Verfahren in Jugendsachen, Art. 3a §1: „In Jugendsachen soll man sich vor allem nach seinem Wohl richten, und versuchen günstige Veränderungen in der Persönlichkeit und dem Verhalten des Jugendlichen zu erzielen sowie im Rahmen des Nötigen zu einer ordnungsgemäßen Erfüllung ihrer Verpflichtungen gegenüber dem Minderjährigen durch die Eltern oder den Vormund, wobei das gesellschaftliche Interesse zu berücksichtigen ist.” Art. 6 Pkt. 11: „Gegenüber Minderjährigen kann das Familiengericht: andere Mittel, die nach diesem Gesetz in die Zuständigkeit des Familiengerichts fallen anwenden, sowie die Maßnahmen, die im Familien und Vormundschaftsgesetzbuch vorgesehen sind“.

4 *J. Waluk,* Mediation zwischen dem Opfer und dem Täter eines Verbrechens, Kanzlei des Senats, Büro der Dienstleistungen für die Senatoren, Bulletin 1996/4, S. 39. *E. Dobiejewska*, Mediation zwischen dem Opfer und dem Täter eines Verbrechens, Politechnika Wrocławska, Wrocławskie Towarzystwo Opieki nad Więźniami, Konfernezmaterialien, Kalisz 1997, Opole 1997.

5 *E. Dobiejewska*, „Vorschläge hinsichtlich der Grundsätze und Arten der Einführung von Mediation zwischen den Opfern und den minderjährigen und erwachsenen Tätern einer Straftat” –Version V, Jurysta 1998/4.

6 *Dobiejewska E.*, „Mediation in Polen – Stand und Perspektiven”, Konferenz, Kalisz 1997.

von Wissenschaftlern und Praktikern aus den Bereichen Recht und Psychologie, Staatsanwälten, Richtern, Polizisten, Angestellten des Strafvollzugswesens sowie Mitgliedern von NGOs, die sich für Gefangene und Opfer von Verbrechen einsetzen, erörtert wurden. Es wurde damals anerkannt, dass der Mediator ein Vermittler ist und ein unabhängiger Wächter eines von der Justiz unabhängigen Verfahrens, dessen Ziel der Abschluss eines außergerichtlichen Vergleichs oder sogar die Versöhnung der Parteien ist. Es wurde auch anerkannt, dass als Folge des Abschlusses des Mediationsvergleichs eine Einstellung des Verfahrens ohne Auflage bewirkt werden kann, eine Einstellung unter Auflage, die Auswahl einer milderen Sanktion, das Absehen von der Verhängung oder die Verkürzung der Dauer der Strafe.
Auf der Grundlage dieser Feststellungen stellte die Gruppe zur Einführung von Mediation in Polen ihre Erwägungen über die Möglichkeit der Einführung einer Vorschrift über die Mediation in die erarbeiteten neuen gesetzlichen Kodifizierungen der Senatskommission für Menschenrechte und Rechtsstaatlichkeit des polnischen Parlaments vor. Die Kommission erkannte die Zweckdienlichkeit der vorgestellten Erwägungen an und auf ihrer Grundlage brachte sie Änderungen ein, die die Anwendung von Mediation im Strafrecht ermöglichten. Diese Änderungen, die vom Parlament übernommen wurden, näherten das polnische Gesetzbuch den Strafgesetzbüchern, die in den Staaten der Europäischen Union gelten, an. Aus ihnen ergibt sich, dass Mediation angewendet werden kann:

- Bei Offizialklagedelikten für minderjährige und erwachsene Täter auf Anordnung der Staatsanwaltschaft, des Gerichts und der Polizei aufgrund der Initiative eines Prozessorgans oder mit Einwilligung der Parteien auf der Grundlage von Art. 23a, 339 §4, 325 §2, 618 §1 Pkt. 8, 619 § 2 Strafverfahrensgesetzbuch[7];
- In Privatklagedelikten auf Anordnung des Gerichts gestützt auf die Vorschrift Art. 489 §2 StVerfG, in Übereinstimmung mit dem Antrag oder der Zustimmung der Parteien;
- In Angelegenheiten der minderjährigen Straftäter auf der Grundlage eines Beschlusses des Familien und Vormundschaftsgerichts nach Art. 3a § 3 des Gesetzes vom 26. 10. 1982 über das Verfahren in Jugendsachen[8];
- In Angelegenheiten, die den Vollzug einer Freiheitsstrafe ohne Bewährung betreffen nach Art. 162 §1 Strafvollzugsgesetzbuch[9] (eine Vorschrift ohne praktische Bedeutung);

Die Novellierung des StVerfG, die im Juni 2003 durchgeführt wurde, stellt fest, dass die Mediation in Strafsachen als allgemeiner Rechtsgrundsatz Anwendung findet, der im gesamten Strafverfahren gilt (23a StVerfG). Leider wird die

7 Nachfolgend abgekürzt: „StVerfG".
8 Dz. U. 1982, Nr. 35, Pos. 228 mit späteren Änderungen.
9 Nachfolgend abgekürzt: „StVollG".

Mediation im Strafvollzugsgesetzbuch, StVollG, nicht erwähnt. Sie ist allerdings auch nicht verboten und mit Erfolg könnte sie als ein individuelles Mittel zur erzieherischen Einwirkung nach Art. 67, 89 § 1 und 2 sowie Art. 95 StVollG eingesetzt werden. Ein abgeschlossener Mediationsvergleich kann auch die Anwendung von Belobigungen i.S.v. Art. 137 ff StVollG begründen und ein Argument liefern für den Antrag an den Direktor der Vollzugsanstalt auf eine vorzeitige Entlassung unter Auflagen i.S.v. Art. 161 § 2 StVollG.

Dank der Seminare und der Schulungen des Strafvollzugspersonals erarbeitete im Jahr 2000 die Breslauer Gesellschaft für Gefangenenhilfe, im Jahr 2001 das Polnische Mediationszentrum, im Jahr 2007 der gesellschaftliche Rat zur Lösung von Konflikten und Streitigkeiten mit alternativen Streitbeilegungsmethoden beim Justizministerium das „experimentelle Projekt Mediation nach dem Strafurteil", das dem Justizminister und der Zentralen Leitung des Gefängniswesens vorgestellt wurde. Diese Projekte bezüglich der Mediation nach einem Strafurteil, das eine Strafe ohne Bewährung ausspricht, finden nicht so viele Anhänger innerhalb der Regierung wie auch innerhalb der Gesellschaft.

Die Mediation zielt auf die Beruhigung oder die Beseitigung eines Strafkonflikts zwischen den Parteien und darauf, dass das Opfer eines Verbrechens oder der Geschädigte eine entsprechende moralische oder Vermögenswiedergutmachung erhält. Das Mediationsverfahren kann dazu führen, dass es zwischen den Parteien zu einem außergerichtlichen Vergleich kommt und zur Versöhnung sowie zur Erzielung von Vollzugseffekten gegenüber dem Täter. Ein außergerichtlicher Vergleich und die Versöhnung der Parteien kann auf die Art und die Höhe der verhängten Strafe oder des Strafmittels nach Art. 53 §3, 56, 60 §2 pkt. 1 i 2, 66 §3 StGB Einfluss haben, und auch auf die Art der Verhandlung der Rechtssache nach Art. 335 und 387 StVerfG.

Die Bedingungen, denen die Institutionen und die Personen entsprechen müssen, die Mediation durchführen, die Art ihrer Berufung und Abberufung, der Umfang und die Bedingungen für die Akteneinsicht sowie die Art und Weise des Mediationsverfahrens bestimmen:

- Bei Offizialklagedelikten und bei Privatklagedelikten für minderjährige und erwachsene Straftäter die Verordnung des Justizministers vom 13. Juni 2003 über das Mediationsverfahren in Strafsachen[10];
- In Angelegenheiten der Straftaten für minderjährige Täter, die Verordnung des Justizministers vom 18. Mai 2001 über das Mediationsverfahren in Jugendsachen[11].

Ein solches Verfahren wird erwähnt im Beschluss der Generalversammlung der UN vom 29 Juli 1995, in der Deklaration über die „Grundsätze der Gerechtigkeit für die Opfer und den Machtmissbrauch", Im Rahmenbeschluss des Rats

10 Dz. U. 2003, Nr. 108, Pos. 1020 (mit späteren Änderungen).

11 Dz. U. 2001, Nr. 56, Pos. 591 (mit späteren Änderungen).

der Europäischen Union vom 15. März 2001 über den Status des Opfers im Strafverfahrens sowie in acht Empfehlungen des Europarats von 1983 bis 2001.

Seit Beginn der Achtzigerjahre bemüht sich der Europarat nämlich andere als die traditionellen Mittel zur Reaktion auf eine Straftat zu finden. Seine Empfehlungen beschäftigen sich insbesondere mit den Opfern einer Straftat und versuchen die Richtigkeit einer Änderung der Strafgerechtigkeit (einer adäquaten) hin zu einer wiederherstellenden Gerechtigkeit (einer entschädigenden) aufzuzeigen, deren grundsätzliches Element das Mediationsverfahren ist, das die Möglichkeit bietet, den materiellen Schaden zu beseitigen, und den moralischen Schaden zu beheben.

5. Wie ich bereits erwähnte, traten die Gesetzbücher am 1. September 1998 in Kraft und wurden am 1. Juli 2003 novelliert. Nach ihnen besteht die Möglichkeit einer Mediation in Bezug auf jedes Verbrechen und innerhalb jedes Verfahrensabschnitts bis zum Tag der Verkündung des rechtskräftigen Urteils. Nach den Vorschlägen der Gruppe zur Einführung von Mediation in Polen bezieht sich dies allerdings nicht auf die organisierte Kriminalität und den wiederholten Rückfall bei einem Kapitalverbrechen. In die Mediation werden Rechtssachen geleitet, deren Umstände in einem allgemeinen Rahmen keine Zweifel aufkommen lassen. Ausgeschlossen sind von ihr Personen mit einer tief gestörten Persönlichkeitsstruktur, mit einem ausgeprägten Anspruchsdenken und Querulanten. Bei der Überleitung einer Angelegenheit in die Mediation kann der Staatsanwalt, der Richter und der Polizist im Rahmen des Notwendigen die Meinung eines Mediators hinsichtlich der Sachgemäßheit dieser Überleitung berücksichtigen.

Für die Mediation eignen sich insbesondere die Fälle, deren Grundlage zwischenmenschliche Konflikte sind, besonders in einer kleinen abgeschlossenen Umgebung. Dies können solche Straftaten sein wie: fahrlässige Delikte, Vermögensdelikte (z.B. Diebstahl, Wohnungseinbruch), Körperverletzungsdelikte, Delikte, die die Freiheit verletzen, gegen Familienmitglieder (mit Ausnahme von dramatischen und drastischen Situationen) sowie gegen staatliche Funktionäre in geschlossenen Gruppen (z.B. in der Armee, der Polizei oder in Strafanstalten). Aus Informationen des Justizministeriums ergibt sich, dass in Polen Angelegenheiten aus den folgenden kriminologischen Bereichen in die Mediation geleitet werden:

- Gegen die Familie und den Vormund, darunter auch Fälle der Trunkenheit von Minderjährigen;
- gegen die Ehre und die körperliche Unversehrtheit. Dies sind in der Regel Nachbarschaftskonflikte in kleinen Gemeinden;
- gegen das Leben und die Gesundheit: Prügeleien, Schlägereien, Körperverletzung, Beeinträchtigung der Körperfunktionen;
- gegen die Freiheit, darunter die Bedrohung, die Vergewaltigung und die Nötigung;

- gegen das Vermögen: Raub, Unterschlagung, das Erschleichen einer Leistung und Einbruchsdiebstahl;
- Verkehrsunfälle.

6. Durch Anordnung vom 7. September 2004 berief der Justizminister den sozialen Rat zur Lösung von Konflikten und Streitigkeiten mit alternativen Methoden beim Justizministerium ein (ADR-Rat). In ihm sind 20 Rechtssubjekte, darunter das niederschlesische Mediationszentrum (DOM) aus Breslau vereinigt und er ist ein Beratungsgremium im Justizministerium. Neben laufenden Angelegenheiten und Gutachten zu rechtlichen Dokumenten, erarbeitete der Rat und übergab dem Justizminister und den Organen, die die Rechtssachen in die Mediation überleiten und den Nichtregierungs-Mediations-Gesellschaften:

- Die Standards für die Ausbildung der Mediatoren – 2005,
- die Standards zur Durchführung von Mediationen und dem Verhalten des Mediators – 2006,
- den Ethikkodex für polnische Mediatoren – 2008.
- In Vorbereitung befindet sich das „Grünbuch zur Mediation in Polen".

7. Die Institution der Mediation in Zivilsachen, darunter in Familiensachen wurde in das polnische Rechtssystem durch die Novellierung vom 25. Juli 2005[12] eingeführt. Die bestehende Rechtsgrundlage ermöglicht die Anwendung von Mediation in Konflikten mit Beteiligung von zwei Nationalitäten, insbesondere wenn sie aus Ländern stammen, die Signatarstaaten der Konvention zum Schutze der Rechte des Kindes[13] und der Haager Konvention[14] sind.

Die Öffnung der polnischen Grenzen sowie der Beitritt zur Struktur der Europäischen Union erhöhte die Migration der Bevölkerung, wodurch eine Erhöhung der Zahl der binationalen Kontakte erfolgte. Sie entstehen durch die einfache Möglichkeit zu reisen, die Entwicklung des Tourismus, die Aufnahme von Arbeit und Studium und schließlich durch die Verbindung in Ehe und Partnerschaft mit Kindern[15]. Die Auflösung einer ehelichen Gemeinschaft oder einer

---

12 Ustawa z dnia 28 lipca 2005 r. o zmianie ustawy - Kodeks postępowania cywilnego oraz niektórych innych ustaw (Gesetz vom 28. Juli 2005 zur Änderung des Zivilverfahrensgesetzbuchs sowie einiger anderer Gesetze), Dz. U. 2005, Nr. 172, Pos. 1438.

13 Konwencja o prawach dziecka przyjęta przez Zgromadzenie Ogólne Narodów Zjednoczonych, 20 listopada 1988 r. (Kinderrechtskonvention, angenommen von der Generalversammlung der UN, 20.11.1988), Dz. U. 1991, Nr. 20, Pos. 526.

14 Konwencja dotycząca cywilnych aspektów uprowadzenia dziecka za granicę z dnia 25 października 1980 r. (Das Haager Übereinkommen über die zivilrechtlichen Aspekte internationaler Kindesentführung vom 25. Oktober 1980), (Dz. U. 1995, Nr. 108, Pos. 528.

15 *E. Dobiejewska, A. Rękas*, Współpraca oraz sposoby rozwiązywania konfliktów i sporów transgranicznych, (Zusammenarbeit und Möglichkeiten der Lösung von grenzüberschreitenden Konflikten), Materiały seminarium (Seminarmaterialien) pt. „Sprawiedliwość naprawcza w rozwiązywaniu konfliktów lokalnych i trans-

Partnerschaft von Personen, die aus zwei Ländern kommen ist psychisch sehr belastend auch im sozialen Bereich und bezüglich der materiellen Lebensbedingungen. Dies gilt besonders, wenn eine Partei in ihre Heimat zurückkehrt. Der Kulminationspunkt in dem ausgetragenen Streit zwischen den Eheleuten (den Eltern) ist die Entführung des Kindes durch einen von ihnen in sein Herkunftsland. Ein solches Verfahren bewirkt bei dem zurückgelassenen Elternteil Angst vor dem Verlust des Kindes, das Gefühl der Hilflosigkeit und der fehlenden Verantwortung für die eigene Familie. Darüber hinaus besteht bei beiden Partnern die Befürchtung einer Ungleichbehandlung durch die Justiz eines fremden Landes. Diesen Behinderungen kann die Mediation entgegenwirken.
Deswegen und weil es das Wohl des Kindes im Sinn hat, machte das Mediationsbüro beim Europäischen Parlament (*European Parliament Mediation for Internationale Parental Child Abduction*) dem Niederschlesischen Mediationszentrum in Breslau (DOM) den Vorschlag zur Gründung einer deutsch-polnischen Gruppe von Familienmediatoren. Das DOM nahm die Zusammenarbeit mit der Bundesarbeitsgemeinschaft für Familienmediation (BAFM) in Berlin auf und gemeinsam organisierten sie vier Seminare, z.B. zum Thema: „Mediation bei deutsch-polnischen Kindschaftskonflikten". Das zweite Seminar im Oktober 2007 endete mit der Verabschiedung der Breslauer-Erklärung. Diese enthält Richtlinien zur Bearbeitung von Familienkonflikten in binationalen Familien, nämlich:

- Die Mediation sollte als Comediation von zwei Mediatoren durchgeführt werden – einer Frau und einem Mann,
- Die Mediatoren sollten aus den Ländern der Parteien kommen, damit sichergestellt ist, dass die Kultur und die Tradition beider Eltern vertreten sind.
- In dem Mediatorenteam sollte ein Jurist und ein Psychologe bzw. Pädagoge vertreten sein. Die Dynamik des Konflikts erfordert die Fähigkeit zu kommunizieren, psychologisches Wissen und juristisches Wissen aus dem Bereich des Familienrechts sowie des Verfahrens im Fall der Entführung eines Kindes durch ein Elternteil.
- Von den Mediatoren wird verlangt, dass sie bereit sind, innerhalb von zwei Wochen nachdem sie den Auftrag erhalten haben, die Mediation aufzunehmen.

In Familienkonflikten kann die Mediation die rechtliche Institution sein, die den erwachsenen Familienmitgliedern – den Eltern – hilft, sich auf das Wohl des Kindes als ihrer grundlegenden Aufgabe zu konzentrieren. Dann kann die Scheidung und die Trennung der Eltern wie jede Krise nicht nur das Risiko der Pathologie in sich tragen, sondern eine Entwicklungschance bieten. Die Scheidung beendet dann nicht die Existenz der Familie, sondern bewirkt den Über-

granicznych" (Wiederherstellende Gerechtigkeit bei der Lösung von lokalen und grenzüberschreitenden Konflikten) Wrocław 24-25 September 2004.

gang zu einer anderen Form des Familienlebens. Wobei zu berücksichtigen ist, dass die wiederherstellende Gerechtigkeit im Falle eines Familienkonflikts dem entgegenwirkt, was „die gegenwärtige technische Zivilisation bewirkt, dass wir Wesen werden, die mehr und mehr gegenüber den Anderen abstumpfen. Immer weniger verstehen wir den Anderen, immer mehr sind wir auf der Flucht vor dem konkreten Schmerz. Wenn wir auch gegenüber dem Menschen erblinden, sollten wir uns wenigstens bemühen, uns an die Grundsätze des Verhaltens ihm gegenüber zu erinnern. Die Treue gegenüber den Grundsätzen ersetzt die Treue, die wir dem Menschen schuldig sind[16].“

III. Zusammenfassung

Bei der Tätigkeit des menschlichen Geistes muss die Sorge um den Menschen mit ethischer Sensibilität verbunden werden. Dieser Gedanke kennzeichnet die wiederherstellende Gerechtigkeit als eines der Mittel der Bewährung im Strafprozess und der Wiedergutmachung im Familienprozess. In der wiederherstellende Gerechtigkeit werden die Parteien des Konflikts, das Opfer und der Täter, zu Subjekten und der Konflikt ist ihr Eigentum, wodurch sie als Personen teilnehmen, als Subjekte im Prozess der Verhängung und des Vollzugs der Strafe.

Dank der wiederherstellenden Gerechtigkeit verringert sich beim Opfer das Gefühl der Gefahr, die vom Täter ausgeht, und die Überzeugung wird gemildert, dass in seiner Angelegenheit nicht genug unternommen wird. Dieses Verfahren ermöglicht es den Parteien ihre Emotionen schneller abzureagieren und erleichtert ihnen die Lösung des Konflikts. Ein Opfer, das an dem Täter-Opfer-Ausgleich teilnimmt, hat eine höhere Chance, eine moralische und materielle Entschädigung für die Verletzung und den Schaden, der durch das Verbrechen entstanden ist, zu erlangen. Es wird auch – und dies ist von besonderer Bedeutung – vor einer erneuten Viktimisierung geschützt.

Dank der wiederherstellenden Gerechtigkeit sind die Vorteile für den Täter vor allem unter allgemeingesellschaftlichen Gesichtspunkten wichtig. Dadurch, dass es nicht zu einer Isolation des Täters kommt, bleiben die Familienbande erhalten und der Täter des Verbrechens und seine Familie werden nicht stigmatisiert. Die wiederherstellende Gerechtigkeit gibt dem Täter die Möglichkeit zur bewussten und freiwilligen Wiedergutmachung des Schadens und erlaubt es, die Verletzung des Opfers zu verstehen, was an sich schon eine deutliche Einwirkung zur Bewährung ist. Die wiederherstellende Gerechtigkeit und die Mediation können ein wichtiger Standard in der Erziehung sein und dadurch einem Rückfall in die Kriminalität vorbeugen.

---

16 *J. Tischner*, Myślenie według wartości (Denken nach Werten), Hrsg. Znak, Krakau 1993.

Die wiederherstellende Gerechtigkeit und die Mediation bringen auch der Justiz Vorteile, weil die Gerichte die Möglichkeit haben, sich wichtigeren Fällen zuzuwenden, was die Dauer des Strafprozesses verringert und an die Standards der EMRK (Art. 6) annähert. Dies kann auch zu einer Verringerung der Zahl der Gefangenen führen, wodurch der Staat finanzielle Vorteile hat.

Das Mediationsverfahren fördert die juristische Bildung der Gesellschaft, lehrt sie die zivilgesellschaftliche Beteiligung und stützt die soziale Ordnung.

Möglich sind auch die wiederherstellende Gerechtigkeit und die Mediation nach einem Strafurteil. Sie haben Einfluss auf die richtige Resozialisierung des Verurteilten, was die Zahl der Rückfälligen vermindert und dadurch das Gefühl der Sicherheit in der Gesellschaft erhöht. Dies kann die Grundlagen der Gesellschaft von einer repressiven Strafpolitik hin zu einer Erziehungs-und Entschädigungspolitik ändern.

Ich habe versucht Ihnen zu erläutern, dass die wiederherstellende Gerechtigkeit sich nicht auf die Strafe und die retributive Gerechtigkeit gründet. Ihr Hauptziel ist nicht die Strafe, sondern die Wiedergutmachung. Personen, die nach dem Recht die Rechtssache in die Mediation vor einem Urteil leiten können – Staatsanwälte, Richter und Polizisten und nach einem Urteil die Direktoren der Strafanstalten auf Antrag der Erzieher, Psychologen und Kaplane verstehen nicht immer den Gedanken der wiederherstellenden Gerechtigkeit und der außergerichtlichen Mediation. Auch populistische Politiker, die den Verlust von Stimmen fürchten oder die hoffen, Stimmen zu gewinnen, empfehlen häufig der Gesellschaft ein repressives Strafrecht als Maßnahme zur Stärkung des gesellschaftlichen Friedens.

Aus meinen Äußerungen ergibt sich, dass die wiederherstellende Gerechtigkeit den Grundlagen einer personalen Philosophie genügt. Der Täter ist nämlich im „Hier und Jetzt" mit einem konkreten Menschen, dem Opfer, und dies kann für ihn so wichtig sein, dass er sein Leben ändert. Es handelt sich um ein Treffen von „Dir und Mir" das der Wahrheit dienen kann und soll, und die „Wahrheit erscheint dort, wo gefragt wird und wo der Fragende den Anspruch auf eine Antwort erwirbt". Eben dieses Ziel haben alternative Streitbeilegungsmethoden im Verhältnis zur Verhängung einer Strafe auch der Strafe des Freiheitsentzugs. „Es wird nämlich keine Identität auf dem Feld des Bösen erworben. Die Grundlage für eine Identität ist die Erfahrung, dass das, was ist gut, ist. Wenn es anders ist haben wir nur die Illusion einer Identität"[17].

17 *Tischner J.*, Wobec wartości (Nach Werten) W drodze,HG, Poznań 2001.

Familienmediation in grenzüberschreitenden Konflikten

*Dagmar Lägler, Heilbronn**

I. Einführung

Die Arbeit von Mediatoren[1] in der Familienmediation in grenzüberschreitenden Konflikten lässt sich am besten mit der von Feuerwehrleuten vergleichen. Es brennt lichterloh, der Alarm geht bei der Berliner Notfallnummer 0049-(0)30 – 236 28 266 oder bei der Zentralen Behörde in Bonn ein.
Diese Berliner Telefonnummer wird von der Bundesarbeitsgemeinschaft für Familienmediation (kurz: BAFM) betreut. Ich selbst gehöre zum "Einsatzteam" der BAFM. Unser Sprecher, Herr Rechtsanwalt Christoph Paul, bedauert sehr, heute nicht persönlich zu Ihnen sprechen zu können. Ich darf Ihnen herzliche Grüße von ihm ausrichten.

II. Familienmediation in polnisch-deutschen Familienkonflikten

Geht ein Notruf bei einer der beiden (Feuerwehr-) Zentralen (BAFM in Berlin oder Zentrale Behörde in Bonn) ein, wütet der Brand erfahrungsgemäß lange und intensiv. Löschversuche Dritter waren ohne Erfolg, zum Leidwesen der betroffenen Personen – Mütter, Väter und Kinder. Es spielen sich Familiendramen ab.

Mein Praxisfall – anonymisiert – zeigt die Irrfahrt der kleinen Anja.

Unser polnisch-deutsches Paar lebt in Berlin und hat eine zwei Jahre alte Tochter Anja. Die Eltern teilen sich die Betreuung der Tochter. Eines Abends kommt die polnisch-stämmige Mutter nach Hause und die Wohnung ist nahezu leer geräumt; die Tochter und der deutsche Vater sind nicht mehr da. Über Handy kann die Mutter Kontakt mit dem Vater aufnehmen und erfährt, dass sie ihre Besuchskontakte mit dem Sohn über das Gericht einklagen kann. Dies tut sie.

---

* *Mediatorin und Rechtsanwältin, Mitglieder der Bundesarbeitsgemeinschaft für Familienmediation (BAFM e.V.) und des Vereins Mediation bei internationalen Kindschaftskonflikten MIKK.e.V.*

1 Aus rein pragmatischen Gründen der Lesefreundlichkeit wird auf die politisch korrekte Sprachform verzichtet und stets die männliche Form gewählt. Selbstverständlich sind damit Frauen und Männer gleichberechtigt gemeint. Die Zuhörerinnen und Leserinnen werden um Verständnis gebeten.

Mit Unterstützung einer Rechtsanwältin klagt die polnische Mutter bei einem Berliner Gericht mit dem Ziel, das Aufenthaltsbestimmungsrecht für Anja zu bekommen. In der ersten Instanz wird der Antrag der Mutter abgelehnt; sie geht in die Beschwerde. Während des gerichtlichen Verfahrens sieht die Mutter die kleine Anja einmal die Woche für zwei Stunden im Rahmen des begleiteten Umgangs. An dem Tag, an dem die Entscheidung der zweiten Instanz verkündet werden soll – die Mutter kennt die Entscheidung nicht – verliert die polnische Mutter die Nerven, sie nimmt das Kind, reist nach Polen und taucht in ihrem Heimatland unter. Dies war im November 2007.

Es beginnt nun die Suche des deutschen Vaters, der sich auch an die Öffentlichkeit wendet und einen privaten Fernsehsender dazu bringt, ihn auf der Suche – man könnte es auch als Jagd bezeichnen – zu begleiten. Im Berliner Regionalprogramm wird hierüber berichtet.

Von November 2007 bis Mai 2009 leben Anja und ihre Mutter im Untergrund. Sie wechseln ständig ihre Wohnorte und ihre Identität. Parallel dazu wird das gesamte juristische Repertoire bemüht: Es wird ein HÜK-Verfahren durch den Vater betrieben. Es wird ein europäischer Haftbefehl erlassen. Die polnische Polizei nimmt die Mutter im Januar 2009, entlässt sie nach sechs Stunden Vernehmung. Mittlerweile berichtet auch die polnische Presse über den Fall. Die Form der Berichterstattung in den polnischen Medien zeigt, wie schwierig sich nach wie vor die Darstellung von solchen hochstrittigen (Familien-) Konflikten auf die polnisch-deutschen Beziehungen auswirkt.

Im Mai 2009 ist das Ende der juristischen Fahnenstange erreicht. Die Mutter will vermeiden, dass auch der in zweiter Instanz bestätigte HÜK-Beschluss – die Entscheidung sagt: „Anja ist an den Vater herauszugeben und nach Berlin zurückzuführen" – vollstreckt wird.

III. Die Mediation in Krakau

Nach zwei getrennten Vorgesprächen – mit dem Vater und mit der Mutter – findet an zwei Tagen, am 21. und 22.04.2009, eine fast zwölfstündige Mediation in Krakau statt. Unser Mediatorenteam ist konsequenterweise binational besetzt: den männlichen Part übernahm mein polnischer Kollege *Konrad Sobczyk*, von Grundberuf, Politologe. Das deutsche Pendant war ich. Dank der hervorragenden Sprachkenntnisse der polnischen Mutter und meines polnischen Kollegen konnten wir diese Mediation in deutscher Sprache durchführen. Jeder, der sich bereits mit Mediation beschäftigt hat, weiß, wie wichtig Sprache und Kommunikation sind. Jeder, der schon einmal als Mediator nur zwei Tage Zeit für die Konfliktbearbeitung hatte, weiß, unter welchem zeitlichen Stress und unter welchem Erfolgsdruck Mediatoren stehen.

Die Mediation genießt den guten Ruf, ein klar strukturiertes und auf die Zukunft gerichtetes Verfahren zu sein. Manchmal ist es jedoch unumgänglich, von dieser Struktur abzuweichen. Berücksichtigt man, dass zwischen dem Auszug des Vaters im Oktober 2007 und dem Zusammentreffen in der Mediation im Mai 2009 ein Zeitraum von eineinhalb Jahre lag, konnten die Mediatoren nicht an der lieb gewonnenen Mediations-Struktur kleben, sondern mussten eine "kleine Reise in die Vergangenheit" zulassen.

Um im Interesse von Anja an guten Lösungen für die Zukunft zu arbeiten, war es aus unserer Sicht wichtig, den Blick auch auf die Vergangenheit zu lenken. Wir haben daher zum Einstieg Mutter und Vater gebeten, zu erzählen, wie es jeweils zu den Entführungen gekommen ist. Wir haben dabei jedem Raum gegeben, zu berichten, wie jeder die letzten eineinhalb Jahre erlebt hat und ob er sich vorstellen kann, wie sich der jeweils andere gefühlt hat.

Die Mutter berichtete, dass es ihr fast das Herz zerrissen habe, als sie in Berlin von der Arbeit in die leere Wohnung zurückgekehrt sei. Es habe sich alles gedreht und sie sei sehr verzweifelt gewesen. Sie hat auch unter Tränen berichtet, dass es ein großer Fehler gewesen sei, auf ihre Ratgeber zu hören und mit Anja wegzugehen. Die Zeit in Polen sei schrecklich gewesen, da sie ständig in Angst gelebt habe, entdeckt zu werden, und diese Angst habe sich auch auf Anja übertragen.

Gleiches berichtet der Vater, der einräumt, dass er wisse, dass es ein Fehler war, so mir nichts dir nichts auszuziehen, ohne im Vorfeld über die Probleme in der Ehe zu sprechen und eine gute Lösung gerade für Anja zu finden. Er habe "wie ein Hund gelitten", weil er zeitweise gedacht habe, dass es nie ein Wiedersehen geben werde. Aus dieser Verzweiflung habe er zu allen legalen und illegalen Mitteln gegriffen. Heute wisse er, dass dies nicht in Ordnung gewesen sei und er damit alles nur noch schlimmer gemacht habe.

Wenn Eltern bereit sind, sich in der Mediation zu öffnen, Fehler einzuräumen, ihr Tun bereuen, wird der Boden dafür bereitet, starre Positionen aus der Vergangenheit aufzubrechen und den Blick auf die Zukunft und die Bedürfnisse und Interessen des Kindes und beider Eltern zu richten.
Diese Einsichten sind häufig im Gerichtssaal nicht möglich. Anwälte werden diese Zugeständnisse realistischerweise aus "taktischen Gründen" nicht zulassen.

IV. Die Initiative der BAFM

Die Bundesarbeitsgemeinschaft für Familienmediation hat im Mai 2004 damit begonnen, Mediationsseminare für internationale Kindschaftskonflikte durchzuführen. Der Blick wurde dabei zunächst auf deutsch-englische, deutsch-amerikanische und deutsch-französische Verfahren gelenkt. Da polnische und deutsche Frauen und Männer aneinander Gefallen finden und heiraten, wurde auch nach der Trennung dieser polnisch-deutschen Liebschaften die Notwendigkeit gesehen, aktiv zu werden. Auf Initiative der BAFM wurde im Mai 2007 das Polnisch-Deutsche Mediatoren - Netzwerk gegründet.

V. Die Breslauer Erklärung vom 08. Oktober 2007

Im Zeitraum Mai 2007 bis September 2009 fanden vier Treffen im Wechsel in Berlin und in Breslau statt. Ein Höhepunkt dieser Zusammenarbeit war die Breslauer Erklärung, die im Oktober 2007 erarbeitet und unterzeichnet wurde. Zu den Vätern dieser Erklärung und den Unterzeichnenden gehört auch der hier anwesenden Referent Herr Eberhard Carl vom Bundesjustizministerium der Justiz.

VI. Ziel der Breslauer Erklärung vom 08. Oktober 2007

Ziel dieser Erklärung war es, im Interesse der betroffenen Kinder und Eltern in Ergänzung zu den vorhandenen Rechtsinstrumenten eine Anlaufstelle für die Konfliktbearbeitung zu schaffen. Wichtig war dabei, spiegelbildlich zu den Konfliktparteien ein Mediatorenteam zu schaffen: Polnisch-deutsches Paar/ polnisch-deutsches Mediatorenteam mit unterschiedlichen Berufen

VII. Breslauer Erklärung zur bi-nationalen Kindschaftsmediation

Im Mai 2007 haben sich zum ersten Mal deutsche und polnische Mediatorinnen und Mediatoren in Berlin getroffen und nun ein zweites Mediationsseminar im Oktober 2007 in Breslau durchgeführt. Wir beabsichtigen diesen fruchtbaren Austausch und die Zusammenarbeit in der Zukunft fortzusetzen.
Die Themen dieser beiden Seminare waren neben dem Austausch und dem Kennenlernen, die Erarbeitung von Grundsätzen der Lösung von binationalen Kindschaftskonflikten mit Hilfe der Mediation. Dabei wurde besonders darauf geachtet, die Mediationsverfahren in den Rahmen internationaler Übereinkünfte und Abkommen wie des HKÜ und der Brüssel IIa-Verordnung einzupassen. Basierend auf unseren Diskussionen und der bereits von deutscher Seite auch in den deutsch-französischen und den deutsch-amerikanischen Mediationsprojekten gewonnenen Erfahrungen für die Durchführung solcher binationalen Mediationen geben wir, die Teilnehmer des heutigen Seminars, die folgende Empfehlung ab:

1. Die Mediation soll als sogenannte binationale Co-Mediation durchgeführt werden.
2. Die Mediatoren sollen die gleiche nationale Herkunft wie die beiden Mediationsparteien haben. Bei einem deutsch-polnischen Entführungsfall soll also ein Mediator aus Polen und ein Mediator aus Deutschland kommen. Auf diese Weise reflektieren die beiden Mediatoren den kulturellen Hintergrund, den die Eltern in sehr unterschiedlicher Weise haben.
3. Bei den Mediatoren soll es sich um eine Frau und einen Mann handeln. So finden sich die Geschlechter von Vater und Mutter auch bei beiden Mediatoren wieder.
4. Ein Mediator soll aus der psychologischen/ pädagogischen Berufsgruppe, der andere Mediator aus der juristischen Berufsgruppe kommen. Die Verfahren bedürfen auf Grund ihrer hohen Konfliktdynamik besonderer psychologisch-kommunikativer Fähigkeiten eines Mediators. Der andere Mediator soll über die rechtlichen Besonderheiten von internationalen Kindesentführungsverfahren und anderen internationalen Kindschaftsverfahren (z.B. Sorge- und Umgangsrechtsverfahren) fortgebildet sein.
5. In Entführungsverfahren sollen beide Mediatoren bereit sein, nach Auftragserteilung möglichst innerhalb von ein bis zwei Wochen für die Durchführung einer Mediation zur Verfügung zu stehen.

Die beschriebene Vorgehensweise kann mit erhöhtem Aufwand und höheren Kosten verbunden sein. Dies ist aus folgenden Gründen gerechtfertigt: In den Mediationsverfahren können neben der Rückführung auch Fragen der elterlichen Sorge, des Umgangs und anderweitige Themen z.B. finanzieller Art nachhaltiger geregelt werden.

Die binationalen Mediationsverfahren stellen eine sinnvolle Ergänzung zu den bestehenden internationalen Rechtsinstrumenten dar. Damit können internationale Kindschaftskonflikte effektiv und an den Bedürfnissen und Interessen der betroffenen Kinder und Eltern orientiert geregelt werden. Breslau, den 8.10.2007.

VIII. Ein Blick in die Statistik

Ich möchte noch einen Blick auf die Statistik der BAFM werfen. Diese Statistik ist allerdings nicht repräsentativ und bezieht sich ausschließlich auf die Anfragen, die bei der Bundesarbeitsgemeinschaft der BAFM eingegangen sind.

Die Notwendigkeit, Mediation für polnisch – deutsche Familienkonflikte zu installieren, ergibt sich aus der Tatsache, dass jährlich über 1000 polnisch- deutsche Ehen geschieden werden und damit auch die Zahl der Kindesentführungen kontinuierlich zunimmt.

Auf dem Schaubild sehen Sie für die Jahr 2004 bis 2007
Unten: 11 / 8 / 14 / 15 Entführungsfälle von Deutschland nach Polen
Oben: 9 / 15 / 20 / 27 Entführungsfälle von Polen nach Deutschland

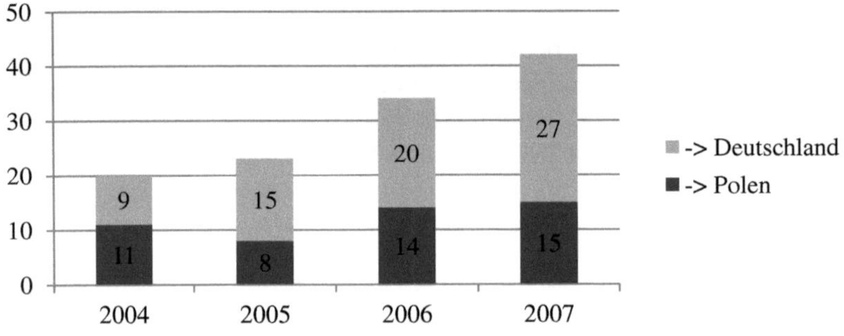

Kindesentführungsfälle in den Jahren 2004 bis 2007

Die Anfragen an die BAFM steigen jährlich. Im Jahr 2007 gab es 13, im Jahr 2008 40 und im Jahr 2009 60 Anfragen nach Mediation; darüber, wie viele Mediationen in der Folgezeit stattgefunden haben, kann keine Aussage getroffen werden, da die BAFM in erster Linie informiert und keine systematische Rückmeldung fordert.
Die BAFM sieht ihre zentrale Aufgabe darin, Fortbildungen für Mediatoren, aber auch für alle Personen und Institutionen anzubieten, die im Konfliktfall betroffen sind:

- Erfahrene Familienmediatoren aus Polen und aus Deutschland
- Richter und Anwälte aus beiden Ländern
- Polnische Botschaft und das polnische Konsulat in Hamburg
- Polnische und Deutsche Zentrale Behörde
- Polnische und Deutsche Justizministerium
- Mitarbeiter von Wohlfahrtsorganisationen beider Länder
- Polnische Ombudsvertreter für Kinderrechte
- Internationaler Sozialdienst - Deutschland

IX. Entwicklung der polnisch-deutschen Kooperation

Die polnisch-deutsche Kooperation ist in den vergangenen fünf Jahren gewachsen.

Ich selbst habe gemerkt, dass es hilfreich ist, wenn ich als Mediatorin meine Ansprechpartner – sei es beim Justizministerium, sei es bei der Zentralen Behörde, sei es im Polnischen Konsulat in Hamburg – persönlich kenne. Während

ich häufig großem Misstrauen begegne, wenn ich in solch schwierigen und heiklen Fällen telefoniere und erste Kontakte knüpfe mit dem Ziel, ein Mediationstreffen zu organisieren, erleichtert es mir – und allen am konkreten Fall betroffenen Personen und Institutionen – die Zusammenarbeit und den persönlichen Kontakt zu verbessern.
Kosten der Mediation – diesen Aspekt möchte ich kurz streifen. Grundsätzlich sind die Paare aufgerufen, selbst die Kosten der Mediation zu tragen. Sollte dies aus finanziellen Gesichtspunkten nicht möglich sein, springt die Bonner Behörde ein, übernimmt Reise- und Übernachtungskosten und bezahlt ein bescheidenes Honorar.

X. Ausblick in die Zukunft

Ich möchte zum Schluss nochmals gerne auf das Sprachbild der Feuerwehr zurückkommen.

Mediation kann immer nur ein Angebot der Konfliktbearbeitung sein. Mediatoren lösen keine Konflikte, sie löschen kein Feuer. Der Mediator kann der beste Feuermann sein, wenn die Hausbewohner das Feuer immer wieder anfachen oder weiterhin zündeln.

Mediation kann nur gelingen, wenn alle am Prozess Beteiligten zu der Einsicht gelangen, dass die Substanz erhalten bleiben soll. Zum Fundament der Familie gehören Eltern und Kinder; die Eltern müssen irgendwann begreifen, dass nur sie selbst und – wenn das nicht mehr funktioniert – mit Unterstützung der Mediatoren anpacken müssen, bevor alles – auch die Kinder – zugrunde gehen.

Mediation bietet also die Möglichkeit, aus der Konfliktspirale auszusteigen. Das braucht Zeit, viel Zeit und Geduld, um sich auszusprechen, Fehlverhalten einzuräumen und schrittweise wieder Vertrauen aufzubauen. Hier unterscheidet sich nach meiner Einschätzung die Familienmediation von Mediationen in anderen Konfliktfeldern.

Es sind in der Familienmediation nicht nur Lösungen gefragt, sondern es geht im wesentlichen um die Veränderung der Haltung der Eltern zueinander, es geht um den Aufbau des Vertrauens, es geht darum – im Interesse des Kindes – den Blick auf die Zukunft und die gemeinsame Verantwortung als Eltern zu lenken. Erfahrene Mediatoren in diesem heiklen Spannungsfeld wissen, dass Mediation eine Chance ist und es letztendlich den Eltern überlassen bleibt, diese Chance für einen Neuanfang zu nutzen

Mediation: Streitigkeiten im Gemeinwesen

*V. A. Ustymenko, Donezk**

Zweifellos ist die Anwendung eines geordneten Verfahrens zur Beilegung von Streitigkeiten, die zwischen den Mitgliedern der einen oder anderen Gesellschaft entstehen, eine Errungenschaft der menschlichen Zivilisation. Die Errichtung und Entwicklung eines Gerichtssystems kann an dieser Stelle nicht hoch genug bewertet werden. Und während früher viele Konflikte mittels physischer Gewalt (verschiedene Arten von Duellen, Schlachten) beigelegt wurden, so trat später in solchen Situationen die geistige Komponente in den Vordergrund.

Unter den modernen Bedingungen steigt die Anzahl der Streitigkeiten, die bei den Gerichten verhandelt werden. Dies ist natürlich auch mit dem Wachstum der Bevölkerung und dem Anstieg vielfältiger Rechtsbeziehungen zwischen den Rechtssubjekten zu erklären. Ist dies jedoch immer gerechtfertigt?

In der Ukraine sind die bei den Gerichten verhandelten zivilrechtlichen Streitigkeiten von 1990 bis 2009 um das 4,5-fache angestiegen. 1990 gab es 379.200 solcher Streitigkeiten; 2008 waren es schon 1.680.200. Ähnliche Verhältnisse sind auch für das Straf-, Verwaltungs- und Wirtschaftsverfahren charakteristisch. Dabei werden nur zwei Prozent der getroffenen Entscheidungen von den Parteien freiwillig erfüllt. In den anderen Fällen wird ein staatliches Organ tätig, der staatliche Vollstreckungsdienst, der weit davon entfernt ist, effektiv zu sein.

Vor diesem Hintergrund stellt sich die Frage nach alternativen Mitteln zur Beilegung von Konflikten, die zwischen den Subjekten verschiedener Rechtsverhältnisse entstehen.

In der Mitte des vergangenen Jahrhunderts tauchte in den USA die Mediation als Möglichkeit der außergerichtlichen Beilegung von Streitigkeiten im privatrechtlichen Bereich auf. Am weitesten verbreitet war die Mediation in dieser Zeit bei der Beilegung von Konflikten zwischen Ehegatten, die sich zur Beendigung ihrer familiären Beziehungen und zur Ehescheidung entschieden hatten. Den in diesem Bereich positiven Einfluss der Mediation betont *Dr. H.G. Bamberger,* Justizminister von Rheinland-Pfalz, indem er darauf hinweist, dass die Mediation die Berücksichtigung sämtlicher Interessen und Bedürfnisse einer Streitigkeit ermöglicht und zudem wirtschaftlich und flexibel ist. Gerade deswegen wird sie praktisch in allen deutschen Bundesländern praktiziert, wobei die

---

* *Stellvertretender Direktor des Instituts für Rechts- und Wirtschaftswissenschaften der Staatlichen Akademie der Wissenschaften der Ukraine, Donezk, Dr. habil, Verdienter Jurist der Ukraine.*
Übersetzung: Antje Himmelreich, Wissenschaftliche Referentin für Russland, die Ukraine und die sonstigen GUS-Staaten, Institut für Ostrecht München.

Mediation in Deutschland parallel zum Gerichtsverfahren stattfindet, das für die Durchführung des Mediationsverfahrens ausgesetzt wird. Die Erfolge sind nach den Worten von *Dr. Bamberger* groß; bis zu 80% der Streitigkeiten enden mit einem Vergleich, insbesondere bei der Regelung von Ehescheidungsprozessen.

Die Fortentwicklung der gesellschaftlichen Verhältnisse erforderte die Ausdehnung des Geltungsbereichs der Prinzipien zur Beilegung von Streitigkeiten, die für die Mediation charakteristisch sind, auf öffentlich-rechtliche Streitigkeiten. Heute werden in vielen Ländern Konflikte zwischen kleineren Gesellschaften und größeren Korporationen mit Hilfe von Mediatoren beigelegt. Dazu gehören Streitigkeiten innerhalb einer Gesellschaft, steuerrechtliche Streitigkeiten und viele andere Streitigkeiten. Noch mehr verbreitet ist die Mediation jedoch im internationalen Bereich.

Zum Beispiel nehmen in den USA große Gesellschaften die Dienste von Mediatoren in Anspruch, um Streitigkeiten mit ihren Kontrahenten beizulegen. Dies ist für sie bei weitem billiger, als sich an ein Gericht zu wenden. Die Anwendung eines Mediationsverfahrens wird als Vertragsklausel für den Fall aufgenommen, dass Meinungsverschiedenheiten oder Streitigkeiten entstehen. Bei größeren Gesellschaften gibt es etwas zu verlieren und deshalb ist es nur verständlich, dass es für sie unter dem Gesichtspunkt der Wahrung eines positiven Images und ihres guten Rufs vorteilhafter ist, die Dienste der Mediation in Anspruch zu nehmen. Genauso wichtig ist es, dass ein Wirtschaftssubjekt versucht, entstehende Konflikte möglichst zügig beizulegen, um negative oder manchmal sogar existenzbedrohende Einflüsse auf seine geschäftliche Tätigkeit gar nicht erst aufkommen zu lassen.

Die beschriebenen Methoden sind insgesamt charakteristisch für Verfahren zur Beilegung von Streitigkeiten in der internationalen Handelsschiedsgerichtsbarkeit und anderen Formen der Schiedsgerichtsbarkeit (die zum Beispiel in der UdSSR als Staatsarbitrage existierten). In den Rechtsnormen, welche die Tätigkeit und die Zuständigkeit dieser Institutionen regelten, wurde darauf hingewiesen, dass sie bei ihrer Tätigkeit das Prinzip der Streitschlichtung, d.h. der Versöhnung der Parteien, anwendeten. Es widerspricht der Natur geschäftlicher Tätigkeit, sich mit gerichtlichen Prozessen zu beschäftigen; der Geschäftsmann sollte sich wirtschaftlich betätigen, also Produkte herstellen, Dienstleistungen anbieten oder anderen Arten wirtschaftlicher Betätigung nachgehen.

In der Ukraine sind sowohl die Beziehungen, die durch die Tätigkeit eines Mediators geregelt werden, als auch das Mediationsverfahren nicht durch Rechtsnormen geregelt. Das heißt aber nicht, dass es sie nicht gibt. *Oleh Gromovij,* Rechtsanwalt bei der internationalen Anwaltsgruppe *Astapov-Lawyers*, führt ein positives Beispiel der Anwendung der Mediation an. Im Wesentlichen ging es um Folgendes: Die Streitigkeit entstand zwischen drei Beteiligten: Einer Einzelhandelsgesellschaft, dem Eigentümer einer Software und seinem Vertriebspartner der Einzelhandelsgesellschaft. Gemäß einem zwischen dem Vertriebspartner und der Einzelhandelsgesellschaft geschlossenen Vertrag verkaufte der Vertriebspartner der Einzelhandelsgesellschaft das Recht zur Nutzung der Software unter der Voraussetzung der Zahlung von drei gleichen jährlichen Raten. Der Preis der Software wurde in ukrainischen *Griwna* ohne Bezugnahme auf den Wechselkurs zum USD festgelegt. Zum Zeitpunkt der Vornahme der zweiten Ratenzahlung war die Finanzkrise auf ihrem Höhepunkt, der Dollarkurs war im Verhältnis zum ukrainischen *Griwna* um fast das Doppelte gestiegen. Der Einzelhandelsgesellschaft war die Erhöhung des Kurses völlig recht, für den Vertriebspartner war die Zahlung nach dem alten Kurs jedoch katastrophal nachteilig, weil er gegenüber dem Eigentümer der Software (Nichtresidenten) zur Zahlung in USD verpflichtet war. Monate lange Gespräche zwischen den Gesellschaften führten nicht zu dem gewünschten Ergebnis.

Die Einzelhandelsgesellschaft beharrte darauf, dass die Erhöhung der Zahlung wegen des Fehlens entsprechender Vertragsbedingungen darüber unbegründet ist. Der Vertriebspartner war mit der offensichtlich für ihn nachteiligen Zahlung nicht einverstanden. Im Grunde ging es den Parteien um die Schlüsselfrage, wer das Risiko und die Verluste im Zusammenhang mit dem sprunghaften Anstieg des USD-Kurses zu tragen hat. Schließlich schlugen die Manager des Vertriebspartners angesichts drohender langer gerichtlicher Auseinandersetzungen der Einzelhandelsgesellschaft vor, die Dienste eines Mediators in Anspruch zu nehmen. Die Einzelhandelsgesellschaft war damit einverstanden. Die Parteien einigten sich auf einen Mediator, unterschrieben eine Vereinbarung über die Mediation und bestätigten die Verfahrensordnung. Der Mediator untersuchte die Sachumstände, traf sich mit den Leitern jeder Partei und stellte deren Motivation fest. Am nächsten Tag fand in einem ruhigen Verhandlungszimmer ein Treffen statt. Jede Partei erklärte in Anwesenheit des Mediators ihre geschäftlichen Argumente in der Streitigkeit. Der Mediator hörte sich alle Parteien aufmerksam an und schlug die pragmatische Lösung vor, den Kursunterschied in drei gleiche Teile zu teilen und einen Teil des Verlusts auch dem Eigentümer der Software als dem letztendlich Begünstigten aufzuerlegen. Die Parteien unterstützten diesen Vorschlag, der Vertriebspartner lehnte es jedoch ab, diese Frage allein mit dem Eigentümer der Software zu besprechen. Daraufhin traf sich der Mediator mit dem Eigentümer und überzeugte ihn. Auf diese Weise musste die Einzelhandelsgesellschaft ihre laufende Zahlung nur um 33% erhöhen, konnte aber dafür die Software behalten und die Arbeit fortsetzen. Der Vertriebspartner und der Eigentümer der Software verloren weniger als das, was sie ohne die Mediation hätten zahlen müssen. Abgesehen davon sparten sie die Gerichtskosten. Darüber hinaus bewahrten alle Parteien ihre partnerschaftlichen Beziehungen.

Immer verbreiteter findet die Mediation in solchen Bereichen des öffentlichen Sektors wie den internationalen Beziehungen Anwendung. Als Beispiel kann die Regelung des Konflikts in den 70er Jahren des vergangenen Jahrhunderts zwischen Israel und Ägypten dienen. Im 21. Jahrhundert sehen wir bereits eine Vielzahl von Beispielen, in denen Staaten in Person ihrer Staatsoberhäupter als Initiatoren zur Regelung verschiedener zwischenstaatlicher Konflikte auftreten. Wie auch in den Fällen der Anwendung der Mediation in anderen öffentlichen Bereichen – Beziehungen zwischen Wirtschaftssubjekten oder zwischen dem Staat und den Bürgern oder Unternehmensstrukturen – tritt als Mediator gewöhnlich ein Vertreter mit höchster Autorität auf.

Die Tätigkeit eines bedeutenden Teils der internationalen Organisationen bei der Behandlung von Fragen, die ihre Mitgliedstaaten betreffen, wird im Wesentlichen durch die Arbeit von Mediatoren begleitet, um beidseitig annehmbare Lösungen zu finden, die alle Mitglieder zufriedenstellen.

Die weltweite Erfahrung zeigt, dass es notwendig ist, das Verfahren der Mediation in öffentlich-rechtlichen (und vor allem in steuerrechtlichen) Beziehungen äußerst überlegt und vorsichtig einzuführen. In den entwickelten Ländern wurde die Möglichkeit der Anwendung solcher Verfahren im Wege der Durchführung langfristiger Experimente geprüft. Dies erlaubte es, in der Gesetzgebung die Möglichkeit zu verankern, dass öffentliche Behörden Konflikte mittels der Anwendung von Elementen der Mediation beilegen können. Insbesondere hat in Deutschland eine öffentliche Behörde entsprechend dem Gesetz im Rahmen ihrer Kompetenzen und Ermessensspielräume festzustellen, ob der Abschluss eines Vergleichs zur Beseitigung von Unklarheiten zweckmäßig ist.

Die Bedeutung der Mediation im Leben der Öffentlichkeit wird in immer mehr Ländern anerkannt. Einige von ihnen halten es für zweckmäßig, die Tätigkeit der Mediatoren und das Mediationsverfahren in irgendeiner Art und Weise auf gesetzlicher Ebene zu regeln, die Mehrheit jedoch vertritt eine andere Meinung.

Erst vor kurzem (am 11. März 2010) hat in Russland der Präsident der Russischen Föderation einen Gesetzentwurf zur Erörterung in die Staatsduma eingebracht, der ein außergerichtliches Verfahren zur Regelung von Streitigkeiten unter Beteiligung eines Vermittlers (Mediationsverfahren) festlegt. Als grundlegende Aufgaben des Gesetzentwurfs werden genannt:

1) Bestimmung des Begriffs „Mediationsverfahren“ als eine Form der Regelung von Streitigkeiten mit Unterstützung eines Mediators auf der Grundlage eines freiwilligen Einvernehmens der Parteien mit dem Ziel, eine für die Streitparteien beiderseitig annehmbare Lösung zu erreichen. In diesem Sinne ist das Mediationsverfahren ein alternatives Gerichts- oder Verwaltungsverfahren;
2) Bestimmung des Anwendungsbereichs des Mediationsverfahrens;
3) Festlegung der rechtlichen Folgen der Anwendung des Mediationsverfahrens durch die Streitparteien;
4) Schaffung der rechtlichen Grundlagen für die Tätigkeit der Mediatoren.

In der Ukraine erfolgte die Einführung des Begriffs Mediation in die Gesetzgebung anlässlich eines vom Justizministerium erarbeiteten Gesetzentwurfs „Über die Mediation (Schlichtung)“ und „Über die Einführung von Änderungen in einigen Gesetzen in Bezug auf das Mediationsverfahren (Schlichtung)“.

In Verbindung mit dem Erlass des vorgelegten Entwurfs soll ein Mediationsverfahren, das auf die Versöhnung der Parteien mit dem Ziel der Erreichung eines Einvernehmens über die streitigen Fragen mit Hilfe eines Vermittlers (Mediators) gerichtet ist, sowie ein konkreter Mechanismus zur Gewährleistung des Rechts der Parteien auf Schlichtung in das ukrainische Gerichtsverfahren eingeführt werden. Nach Berechnung der Experten des Justizministeriums der Ukraine wird die Anzahl der Personen, in Bezug auf die das Schlichtungsverfahren angewandt werden kann, jährlich 101 000 betragen.

Der Anwendungsbereich des ukrainischen Gesetzentwurfs ist breiter als der des russischen Gesetzentwurfs, da er die bezeichneten Verfahren in großem Umfang auch auf Subjekte des öffentlichen Rechts anwendet und sich auf das Straf-, Zivil- und Wirtschaftsgerichtsverfahren erstreckt. Dies soll die Belastung der Gerichte und Richter verringern.

Bei der Betonung der im Ganzen positiven Meinung über den veröffentlichten Gesetzentwurf dürfen jedoch auch einige Abweichungen des Entwurfs von der Richtlinie 2008/52/EG des Europäischen Parlaments und des Rates vom 21. Mai 2008 „Über bestimmte Aspekte der Mediation in Zivil- und Handelssachen“ nicht verschwiegen werden. Insbesondere betrifft dies die Verengung der Mediation lediglich auf die „vorgerichtliche Mediation“. Neben dem Genannten ist es notwendig, die Aufmerksamkeit auf die persönlichen Qualitäten des Mediators zu richten, ohne die er seine Funktionen nicht erfüllen kann. Eine entsprechende Ausbildung ist eine notwendige, aber nicht die einzige Bedingung.

Besonders interessant kann der Einsatz der Mediation bei der Behandlung streitiger Situationen im Wirtschaftsleben sein, da die Länge der Gerichtsverfahren angesichts der Möglichkeit der Anfechtung einer Entscheidung eines Wirtschaftsgerichts der ersten Instanz in drei weiteren Instanzen der Herstellung einer öffentlichen Ordnung im Bereich des Wirtschaftslebens sowie der Beschleunigung des Umlaufs der wirtschaftlichen Ressourcen und folglich auch der Beschleunigung der Entwicklung der Volkswirtschaft entgegensteht.

Als ich im letzten Jahr hier vorgetragen habe, erwähnte ich die Behörden der örtlichen Selbstverwaltung, welche nicht selten die Funktion von Mediatoren im Fall von Konflikten im Bereich solcher öffentlicher Beziehungen wie dem Bau verschiedener Objekte sozialer oder kultureller Zweckbestimmung auf dem der Gemeindeverwaltung unterstellten Gebiet übernehmen. Um ihre Hauptaufgabe als Vertretung der Interessen sämtlicher Einwohner wahrzunehmen, tritt die Gemeindeverwaltung als eine Art Mediator bei der Regelung von Streitigkeiten zwischen verschiedenen sozialen und anderen Gruppen auf.

Ausgehend von dem oben Dargelegten kann die Schlussfolgerung gezogen werden, dass eine breitere Anwendung des Mediationsverfahrens und der Tätigkeit der Mediatoren im Bereich des Wirtschaftslebens unentbehrlich ist.

Mediation und Demokratie aus der Sicht der Bevollmächtigten der *Verchovna Rada* der Ukraine für Menschenrechte

Volodymyr Jacenko, Kiew[*]

Sehr geehrte Damen und Herren!

Vor allem möchte ich im Namen der Bevollmächtigten der *Verchovna Rada* der Ukraine für Menschenrechte *Nina Karpačova* alle Teilnehmer und Gäste der Konferenz herzlich begrüßen und uns allen eine fruchtbare Zusammenarbeit wünschen!

Ich bedanke mich herzlich bei den Organisatoren für die Gastfreundschaft und die Einladung zur Konferenz. Leider konnten unsere Kollegen aus dem Büro des Beauftragten für die Menschenrechte in Polen der Konferenz nicht beiwohnen, mit denen wir fruchtbar im Bereich des Menschenrechtsschutzes zusammenarbeiten.

Bald wird man das 20-jährige Jubiläum des Erlasses der Deklaration über die staatliche Souveränität der Ukraine begehen. Als ich damals Abgeordneter der Ukraine war, hatte ich die Ehre für diesen ersten Normativakt abzustimmen. Damit wurde die Gründung der demokratischen Gesellschaft in der Ukraine erklärt.

Es war damals sehr schwer, alle Herausforderungen und Konflikte auf diesem nicht leichten Weg vorherzusehen. Das damalige Leben wurde von solchen Realien geprägt wie Arbeitslosigkeit, rückständiger Lohn und Entstaatlichung, was die Verarmung des meisten Teils des Volkes und die ungerechtfertigte Bereicherung eines kleineren Teils der Gesellschaft zur Folge hatte.

Die Beziehungen zwischen den Menschen und dem Staat änderten sich zudem grundsätzlich. Die Bürger fühlten sich nicht nur freier in Bezug auf die Äußerung ihrer eigenen Meinungen, sondern auch bezüglich der Lösung solcher Probleme, für die vormals nur der Staat zuständig war. Dies alles benötigte die gesetzliche Festlegung neuer Regeln für die neuen gesellschaftlichen Beziehungen zwischen den Menschen und dem Staat und über ihre gegenseitige Verantwortung. Es sollten neue Methoden der gerichtlichen und außergerichtlichen Beilegung von Streitigkeiten eingeführt werden. In der neuen Verfassung der Ukraine, die 1996 verkündet wurde, ist das zweite und größte Kapitel den Rechten und Freiheiten der Menschen (47 Artikel) gewidmet.

Die Verfassung gründete eine für die Ukraine prinzipiell neue Institution des/der Bevollmächtigten der *Verchovna Rada* der Ukraine für Menschenrechte

---

* *Stellvertreter der Bevollmächtigten der Verchovna Rada der Ukraine für Menschenrechte.*

als Mittel zur parlamentarischen Kontrolle der Befolgung der Menschenrechte. Laut Art. 35 des Grundgesetzes hat jeder Mensch (sowohl ein Ukrainer als auch ein Ausländer bzw. eine Person ohne Staatsbürgerschaft) das Recht sich an den/die Bevollmächtigten für Menschenrechte für den Rechtsschutz gegen rechtswidrige Taten oder gegen die Unterlassung der Organe der öffentlichen Gewalt zu wenden.

1998 wurden diese wichtigsten gesetzlichen Bestimmungen im Gesetz der Ukraine „Über den Bevollmächtigten der *Verchovna Rada* der Ukraine für Menschenrechte" entwickelt. Den Geltungsbereich dieses Gesetzes bilden die Beziehungen zwischen den Menschen und den Organen der öffentlichen Gewalt. Die Tätigkeit des/der Bevollmächtigten ergänzt die bestehenden Mittel zum Schutz der in der Verfassung garantierten Freiheiten und Rechten der Menschen und der Bürger. Sie ersetzt die staatlichen Organe nicht, die für den Schutz und die Sicherung der Rechte und Freiheiten zuständig sind.

D.h. der/die Bevollmächtigte der *Verchovna Rada* der Ukraine für die Menschenrechte übt die Funktion eines Vermittlers zwischen den Menschen (der Gesellschaft) und der Staatsmacht aus.

Seit der Gründung der Institution des/der Bevollmächtigten der *Verchovna Rada* der Ukraine für Menschenrechte haben sich an ihn/sie mehr als eine Million Menschen wegen des Schutzes ihrer Rechte und Freiheiten, die von den Staatsorganen, den Selbstverwaltungsorganen auf lokaler Ebene oder ihren Angestellten verletzt wurden, gewandt.

Ein Ansuchen kann auf verschieden Weise eingebracht werden: schriftlich, persönlich im Parteienzimmer, per E-Mail, telefonisch per *Hot-Line* rund um die Uhr.

Ca. 51% der Nachrichten beziehen sich auf die Verletzung der Bürgerrechte, 17% der Wirtschaftsrechte, 16% der Sozialrechte und 13% der Privatrechte.

Im Grunde genommen ist das Verhandlungsverfahren der Mehrheit solcher Fälle ein außergerichtliches Mittel zur Beilegung der Konflikte zwischen den Menschen und dem Staat. Das Hauptinstrumentarium bilden die eigene Verhandlungen des/der Bevollmächtigten für Menschenrechte, Anfragen bei den Organen der öffentlichen Gewalt und ihren Angestellten, die für die Verletzung der Menschenrechte verantwortlich sind, Treffen des Bevollmächtigten mit Angestellten usw.

Als Beispiel kann die von der Bevollmächtigten für Menschenrechte durchgeführte Verhandlung im Fall des Rechtsschutzes von Bergleuten bezüglich ihres rückständigen Lohns dienen. Im „*Visnyk Upovnovaženoho z prav ljudyny*" (Informationsblatt des/der Bevollmächtigten für Menschenrechte) wurde dieses konkrete Beispiel einer durchgeführten Vermittlung der Bevollmächtigten zur Beilegung des Konflikts zwischen dem Hauptrichter des *Kirowohrader* Landesgerichts und der Belegschaft des Landesrundfunks dargestellt.

Zügig wurden durch die Vermittlung der Bevollmächtigten auch die Konflikte beigelegt, die aufgrund der Zerstörungen durch das Hochwasser in der Westukraine 2008 entstanden waren. Aufgrund der durchgeführten Untersuchungen äußerten die Bevollmächtigte für Menschenrechte bzw. ihre Vertreter während der Sitzung der Regierung Vorschläge. Diese Vorschläge bezogen sich auf die zusätzliche Überprüfung der Wohnhäuser von Verletzten, auf die Leistung materieller Hilfe, die Auszahlung von Schadensersatz sowie auf die Krankenbehandlung. Da die Entscheidungen sofort getroffen wurden, mussten die Menschen den Schutz ihrer Rechte nicht bei Gericht durchsetzen.

Die Teilnahme der Bevollmächtigten für Menschenrechte oder ihrer Vertreter an den Regierungssitzungen trägt zur Beilegung vieler Konflikte bei. Sie ist berechtigt, zu den auf der Regierungssitzung behandelten Fragen Stellung zu nehmen und Vorschläge zu äußern. Vor kurzem wurde z.B. das Recht auf Frührente verteidigt, dies stellt in der aktuellen Situation ein Problem dar. Auch das Recht auf den sozialen Schutz kinderreicher Familien wurde gesichert, im Falle einer Falschinformation über das Einkommen wurden harte Zwangsmaßnahmen gegen solche Familien angewendet.

Die Mediation der Bevollmächtigten in konkreten Fällen ermöglicht die Feststellung vieler Systemprobleme und Systemkonflikte in den Beziehungen zwischen den Menschen und der Staatsmacht. Solche Konflikte weisen einen allgemeinen Charakter auf, daher trägt ihre Lösung zum Rechtschutz vieler Menschen bei.

Zurzeit tritt die Bevollmächtigte für Menschenrechte als Vermittlerin im Konflikt zwischen den Frauenorganisationen und der Leitung der Regierung bezüglich der Beschäftigung von Frauen in den Staatsorganen während der Überwindung der Krise auf.

Die Bevollmächtigte für Menschenrechte verhandelt diesen Fall. Gerade jetzt wird das entsprechende Ansuchen an die obersten Amtsangestellten des Staats fertiggestellt.

Die Bevollmächtigte arbeitet systematisch auch im Bereich des Rechtschutzes ukrainischer Seeleute, die von Piraten gefangen genommen wurden. Aufgrund der Marktreform wurde die allgemeine Ladekapazität der ukrainischen Handelsflotte auf 1/5 der ursprünglichen Größe reduziert. Aus diesem Grund sind mehr als 100.000 ukrainischer Seeleute gezwungen, auf Schiffen ausländischer Unternehmen zu arbeiten. Ihre Familienangehörigen sind nicht in der Lage ihre Rechte vor Gericht zu sichern. Auch die ihnen zustehenden Rechte auf Schadensersatz, wenn ein Seemann in Gefangenschaft gerät oder sogar stirbt, sind nicht geschützt,

Die Bevollmächtigte für Menschenrechte bemüht sich um Verhandlungen, damit die Seeleute befreit werden können. Allein im letzten Jahr wurden etwa 50 solcher Fälle von der Bevollmächtigten für Menschenrechte verhandelt. Vor kurzem wurde das entsprechende Ersuchen von der Bevollmächtigten an den

Präsidenten der Ukraine bezüglich der Gründung eines zwischenbehördlichen Rats zur Lösung der Probleme der Seeleute und ihrer Familien eingebracht.

Die Bevollmächtigte versucht die Entstehung von Konfliktfällen zu verhindern. Auf Initiative der Bevollmächtigten wurde die Sammlung der Unterlagen „Die Schlussbemerkungen und Vorschläge der Organe des UN-Übereinkommen bezüglich des Beitrags der Ukraine im Bereich des Menschenrechtsschutzes" veröffentlicht. Bislang waren diese Unterlagen allein einem engen Kreis von Fachleuten bei den entsprechenden Ministerien und Ämtern zugänglich. Mit der Veröffentlichung dieser Sammlung wurden sie für die Öffentlichkeit zugänglich gemacht und dienen als Orientierungspunkt für die Tätigkeit aller Organe der Staatsmacht, für die Zivilgesellschaft und jeden Menschen.

Im Dezember 2008 hielt die Bevollmächtigte vor dem Parlament der Ukraine einen Vortrag zum Thema „die Befolgung der internationalen Normen bezüglich der Menschenrechte und Freiheiten in der Ukraine". Dieser Vortrag gilt als Orientierung für die Machtorgane auf dem Weg zur demokratischen Gesellschaft. Jede Amtsperson hatte die Möglichkeit zu überprüfen, ob ihr eigenes Handeln den internationalen Normen im Bereich der Menschenrechten und Freiheiten entspricht. Auf diese Weise können viele Konflikte vermieden werden.

Im Dezember 2008 organisierte die Bevollmächtigte für Menschenrechte eine internationale Konferenz zum Thema: „Moderne Herausforderungen im Bereich der Menschenrechte und Freiheiten" in der Hauptstadt der Ukraine, Kiew. Die Konferenz wurde dem 68. Jubiläum der Allgemeinen Erklärung der Menschenrechte gewidmet. An der Konferenz nahmen Ombudsleute und ihre Vertreter aus 43 Ländern aller Kontinente (ausgenommen Australien) teil. Die Schlussurkunde dieser Konferenz, die die bedeutendste Urkunde in der Geschichte der Ombudsleute ist, war das Kiewer Übereinkommen, welches die Hauptbedrohungen für die Menschenrechte und Freiheiten und die Konflikte, die die Welt bedrohen, festhält, und Möglichkeiten zu ihrer Lösung und zur Vorbeugung anführt.

Die weltweite Wirtschaftskrise, deren Folgen in fast allen Ländern der Welt spürbar waren, hat leider die Befürchtung der Ombudsleute bestätigt.

Unter den Maßnahmen für die Vorbeugung der Entstehung von Konflikten, die eine massenhafte Verletzung der Menschenrechte verursachen können, wurde die Verbesserung der Koordination der Tätigkeit der Organisation für Menschenrechte im UN-System vorgeschlagen. Es sollten ihre Funktionen und Befugnisse vergrößert werden, so dass ihre Teilnahme am Schutz der Menschenrechte auf jeder beliebigen Stufe des Zusammenwirkens der Menschen und der Macht möglich wäre.

Es handelt sich somit um eine Stärkung der Rolle der Institutionen zum Schutz der Menschenrechte als Vermittler sowohl auf internationaler als auch auf nationaler Ebene.

Die Situation in der Ukraine wurde in letzter Zeit durch die stürmischen politischen Ereignisse, die vielfältigen Konflikte zwischen größeren Gruppen von Menschen mit der Staatsmacht verursachten, geprägt. In allen Konflikten trat die Bevollmächtigte für Menschenrechte als Vermittlerin auf. Im Herbst und Winter 2004 arbeiteten wir fast rund um die Uhr. Im Büro der Bevollmächtigten empfingen wir Demonstranten, die sich dort aufwärmen konnten. Gleichzeit führten wir aktive Verhandlungen mit den Leitern der Opposition, damit die Amtspersonen zu ihren Arbeitsplätzen gelangen konnten. Die Bevollmächtigte traf sich persönlich mit dem damaligen Präsidenten der Ukraine und erhielt die Garantie, dass keine Gewalt gegen Demonstranten angewandt werden wird. Der Auftritt der Bevollmächtigten der *Verchovna Rada* der Ukraine für Menschenrechte vor dem Parlamentsgebäude trug in großem Maße dazu bei, dass die Menschen das Gebäude nicht stürmten, obwohl sie dazu schon bereit waren.

Die Bemühungen der Bevollmächtigen für Menschenrechte als Vermittlerin spielte eine große Rolle für die Beilegung der Konflikte zwischen den Menschen und der Macht und sie haben zur Folge, dass die Abwechslung der Machteliten in der Ukraine ohne Blutvergießen und ohne massenhafte Verletzung der Menschenrechte vor allem des Rechts auf Leben geschah.

Die Bevollmächtigte für Menschenrechte trifft auch heutzutage aktive Maßnahmen zur Prävention möglicher Konflikte. Im ersten Schreiben an den neu gewählten Präsidenten der Ukraine *Viktor Janukovyč* führte die Bevollmächtigte eine Reihe von Maßnahmen an, die gegen das wichtigste Problem der ukrainischen Gesellschaft gerichtet sind – gegen die Armut. Nach Meinung der Ombudsfrau sollte der riesige Unterschied zwischen den Einkommen von Reichen und Armen überwunden werden, die sich nach unterschiedlichen Schätzungen um das 30- bis 60-fache unterscheiden. Die Armut ist ihrem Wesen nach selbst eine Verletzung der Menschenrechte, aus der die Beeinträchtigung weiterer Rechte resultiert wie des Rechts auf ein gutes Lebensniveau, auf gute Ernährung, Kleidung, Unterkunft, Behandlung, Ausbildung usw.

Nicht geringere Bemühungen der Bevollmächtigten richten sich auf die Beilegung der Konflikte zwischen der Gesellschaft und der staatlichen Judikative. Über die Verletzung des Menschenrechts auf ein gerechtes Gerichtsverfahren beklagt sich fast jeder vierte Antragsteller bei der Bevollmächtigten. Etwa 90% der Entscheidungen des Europäischen Gerichtshofes für Menschenrechte bezüglich der Ukraine betreffen die Verletzung der justiziellen Menschenrechte. Die Bevollmächtigte hat mehrmals auf die Bedeutung der gegenwärtigen Reform des Gerichtssystems hingewiesen, die das Anrufen des Gerichts für Menschen vereinfachen wird und die Macht der Gerichte der Macht des Volkes unterordnen wird, wie es Art. 5 der Verfassung der Ukraine bestimmt. Die entsprechenden Vorschläge wurden von der Bevollmächtigten der Arbeitsgruppe des Präsidenten der Ukraine bezüglich der Gerichtsreform vorgelegt.

Die Notwendigkeit einer schnellen Einführung der Mediation als Vermittlung bei der außergerichtlichen Beilegung von Konflikten und Streitigkeiten wurde schon im dritten jährlichen Vortrag der Bevollmächtigten vor dem Parlament der Ukraine im Jahr 2005 behandelt. Es wurde besonders darauf hingewiesen, dass in vielen europäischen Ländern die Idee von *Restorative Justice* immer populärer wird. Der Staat hat ein Interesse an der friedlichen Beilegung von Konflikten, denn sie reduziert erheblich die Kosten und den Zeitaufwand für die Verhandlung und die Beilegung der Streitfälle.

Im Mai 2006 wurde der Erlass des Präsidenten der Ukraine „Über die Konzeption der Verbesserung des Gerichtsverfahrens" verkündet, nachdem die positiven Erfahrungen anderer demokratischer Ländern bezüglich *Restorative Justice* berücksichtigt werden sollen. Sie besteht nicht in der Bestrafung des Angeklagten, sondern in der friedlichen Beilegung des Konflikts zwischen dem Angeklagten und dem Verletzten durch einen Vermittler. Eine Ergänzung dazu bildet die Entschädigung der materiellen und immateriellen Schäden des Verletzten.

Obwohl in der nationalen Gesetzgebung Normen bezüglich z.B. des Abschließens von Aussöhnungsverträgen vorhanden sind, werden etwa 80% dieser Verträge nach Auskunft der Richter gerichtlich verhandelt. Der Grund dafür mag in der Mentalität unserer Bevölkerung liegen, die durch das Vertrauen zu den traditionellen Institutionen gekennzeichnet ist. Das Hauptproblem aber bildet die Stellung der Macht selbst. Der Staat ist scheinbar noch nicht bereit für eine größere Verbreitung der Mediation, zur Unterstützung und Entwicklung der Vermittler als unabhängige und unbefangene Organisatoren einer Verhandlung sowie für beide Parteien günstige Entscheidungen.

Es soll jedoch auch betont werden, dass vom Justizministerium der Ukraine ein Gesetzesprojekt über die Mediation aktiv ausgearbeitet wird. Die Bevollmächtigte der *Verchovna Rada* der Ukraine für Menschenrechte bemüht sich hierbei um die baldige Vorlage dieses Gesetzprojekts zur Erörterung durch das Parlament der Ukraine. Bei der Ausarbeitung dieses Gesetzprojektes werden sowohl die ukrainischen als auch die ausländischen Erfahrungen berücksichtigt werden.

Vielen Dank für Ihre Aufmerksamkeit!

Beitrag des Europarats zur Entwicklung der Mediationsnormen

*Alevtyna J. Sančenko, Kiew**

Der Europarat ist eine Organisation, die für die Gewährleistung des Friedens und der Stabilität auf dem europäischen Kontinent in der Nachkriegszeit gegründet wurde. Daher wird große Aufmerksamkeit auf die Suche nach neuen Methoden der Beilegung von Streitigkeiten und Konflikten gelegt.

Der Europarat weist auf die große Bedeutung der Wahrheit und der Gerechtigkeit bei Gerichtsverfahren hin und unterstützt die Initiative der Mitgliedsländer bezüglich der Ausarbeitung und Einführung europäischer Normen, die auf alternative Maßnahmen zielen, darunter z.B. die Versöhnung, die Mediation, die wiederherstellende Gerechtigkeit (*restorative Justice*), der Ausgleich der Interessen der sich in einem Konflikt befindenden Parteien.

Es sei erwähnt, dass im Laufe der letzten Jahrzehnte eine Reihe von wichtigen Abkommen der Justizminister der Mitgliedsländer des Europarats, der Experten der Organe der Ministerien sowie der Parlamentarier der gesetzgebenden Versammlung des Europarats getroffen wurde. Dabei wurden die positiven Beispiele der Mediationspraxis in Europa, Nordamerika, Australien und Neuseeland berücksichtigt. Zu erwähnen sind hier u.a. folgende Empfehlungen des Ministerkomitees des Europarats an die Mitgliedsstaaten: die Grundsätze zur Familienmediation-Empfehlung des Ministerkomitees an die Mitgliedstaaten über Familienmediation (Nr. R/98 v. 21.1.1998)[1], die Empfehlung R(99)19 vom 15.9.1999 über die Mediation in Strafsachen[2], die Empfehlung Rec (2001)9 vom 5.9.2001 über Alterativen zu gerichtlichen Streitigkeiten zwischen administrativen Organen und privaten Parteien[3], Empfehlung Rec (2002)10 vom 18.9.2002 über die Mediation in Zivilsachen[4], die Empfehlung der Parlamentarischen Versammlung des Europarats 1639(2003) vom 25.11.2003 über die Familienmediation und die Gendergleichberechtigung[5] sowie die Resolution Nr. 1 „Über die

* *Leiterin der Abteilung für Rechtsprobleme im Prozess der Europäischen Integration beim Institut für die Gesetzgebung des Verchovna Rada der Ukraine.*

1 https://wcd.coe.int (zuletzt aufgerufen am 9.5.2012).

2 Ebd.

3 Ebd., engl. Titel: Recommendation Rec(2001)9 of the Committee of Ministers to member states on alternatives to litigation between administrative authorities and private parties.

4 Ebd.

5 http://assembly.coe.int/main.asp?Link=/documents/adoptedtext/ta03/erec1639.htm (zuletzt aufgerufen am 9.5.2012).

Rechtsprechung im 21. Jahrhundert“ [6], die auf der 23. Konferenz der europäischen Justizminister 2000 angenommen wurde.

Die Bestimmungen über die Mediation sind auch in den Texten der Übereinkommen enthalten, wie z.B. in Art. 13 Europäisches Übereinkommen über die Ausübung der Rechte des Kindes (SEV-Nr.: 160)[7].

Das oben angeführte Übereinkommen Nr. 1 enthält die Ansprache der europäischen Justizminister an das Ministerkomitee des Europarats bezüglich der Zusammenarbeit mit der Europäischen Union im Bereich der Ausarbeitung des Aktionsprogramms, das auf die Verbreitung der außergerichtlichen Streitbeilegung gerichtet ist. Dies soll zur Verminderung der Belastung der Gerichtssysteme sowie zur Verminderung von Konflikten im Allgemeinen beitragen.

Man kann feststellen, dass als Ergebnis der Tätigkeit des Ministerkomitees in diesem Bereich die Empfehlung Rec(2002)10 vom 18.9.2002 über die Mediation in Zivilsachen gelten kann. Diese Empfehlung beruht auf den konzeptuellen Grundsätzen der davor angenommenen Normativakte und behandelt die Anwendung der Mediation in Handels- und Arbeitssachen sowie in Fällen des Verbraucherschutzes. Möglicherweise lag die Nützlichkeit der Einführung der Mediation in diesem Bereich für die Verfasser dieser Empfehlung auf der Hand, denn sie ermöglicht es, einen für beide Parteien günstigen Kompromiss in einer vertraulichen Sitzung zu treffen. Es ist klar, dass die Geschäftsbeziehungen unter diesen Voraussetzungen, die die Anwendung der Mediation bietet, nicht nur wirtschaftlichen Nutzen bringen, sondern dass auch die partnerschaftlichen oder freundschaftlichen Beziehungen aufrecht erhalten bleiben.

Die genannte Empfehlung enthält im Gegensatz zu anderen der erwähnten Akte die Grundprinzipien der Mediation in Zivilsachen, die von den Mitgliederländern des Europarats beachtet werden sollen. Zusammengefasst behandelt die Liste der in den Grundbestimmungen geregelten Fragen die Voraussetzungen hinsichtlich folgender Aspekte der Mediation: Das Mediationsverfahren; die Ausbildung, die Vorbereitung und die Kontrolle der Mediatoren; das Verfassen und die Qualität von Verträgen, die als Ergebnis des Mediationsverfahrens geschlossen werden; die Verbreitung von Informationen über das Mediationsverfahrens; die Anwendungsprinzipien der Mediation bei Verhandlungen internationaler Streitfälle.

Dementsprechend fordert das Ministerkomitee die Mitgliedsländer auf, die Mediation für die Verhandlung von Zivilrechtsfällen einzuführen. Dabei handelt es sich sowohl um den privaten also auch um den staatlichen Bereich. Die Mediation kann hiernach je nach dem Ermessen jedes einzelnen Staates sowohl als

---

6 https://wcd.coe.int/ViewDoc.jsp?id=368729&Site=CM&BackColorInternet=C3C3C3&BackColorIntranet=EDB021&BackColorLogged=F5D383 (zuletzt aufgerufen am 9. 5. 2012).

7 http://conventions.coe.int/Treaty/Commun/QueVoulezVous.asp?NT=160&CM=8&D=27/07/2010&CL=ENG (zuletzt aufgerufen am 9.5.2012)

Bestandteil des Gerichtverfahrens als auch als ein außergerichtliches Verfahren auftreten. Es wird hervorgehoben, dass die Mediation keine Hürde für den Zugang zur Rechtsprechung bilden soll. D.h. es wird empfohlen, dass die Parteien das Recht haben sollen, neben einer Mediationsinstitution auch das Gericht anzurufen, falls sie es für nötig halten, denn das Gericht ist dazu berufen, die Rechte der Parteien zu schützen.

Die Empfehlung richtet außerdem große Aufmerksamkeit auf die qualitativen Merkmale und den Wert des Mediationsverfahrens.

Es wird die Notwendigkeit der Einführung von schnellen und zugänglichen Mediationsmethoden betont. So wird auch die Begrenzung der Mediationsfristen behandelt. Gleichzeitig wird die Aufmerksamkeit darauf gelenkt, dass eine solche Fristbegrenzung einen Ausgleich zwischen dem Bedürfnis an einer Fristlimitierung und den möglichen Folgen dieser Begrenzung erreichen soll. In diesem Zusammenhang wird darauf hingewiesen, dass eine Mediation ohne konkrete Gründe zeitlich nicht verschoben werden darf, und dass sie nicht als Mittel zur Prozessverzögerung genutzt werden darf.

Vom Ministerkomitee werden zudem solche Situationen berücksichtigt, in denen die wirtschaftlichen Möglichkeiten der Prozessparteien ungleich sind. In diesem Zusammenhang empfiehl das Ministerkomitee den Mitgliedsländern des Europarats, die Möglichkeit einer unentgeltlichen oder einer teilweise entgeltlichen Mediation vorzusehen. Die Möglichkeit einer unentgeltlichen Mediation soll auch in dem Fall bestehen, wenn eine der Parteien Sozialhilfe benötigt. Es wird auch darauf hingewiesen, dass die Mediation nicht zu einer Verteuerung des Verhandlungsverfahrens führen soll, vielmehr sollen die Mediationskosten mäßig sein und der Schwierigkeit des Falls sowie der von dem Vermittler durchgeführten Arbeit proportional entsprechen.

Die Empfehlung betont den besonderen Wert der Mediation in Fällen, in denen die Parteien keine gerichtliche Verhandlung wünschen, sei es aufgrund der hohen Kosten einer Gerichtsverhandlung, den damit verbundenen Formalitäten oder aus dem Grund, dass die Möglichkeit des Dialogs und die Aufrechterhaltung der Beziehungen zwischen Parteien für wichtig erachtet werden.

Die Empfehlung bestimmt die Pflicht eines Mediators für eine unabhängige und unbefangene Verhandlung, damit das Gleichgewicht zwischen Parteien garantiert werden kann. Für eine qualitative Arbeit der Mediatoren, darunter auch derjenigen, die eine internationale Mediation ausüben, sollen entsprechende Standards von Staaten vereinbart werden, nach denen Mediatoren ausgewählt, ausgebildet und qualifiziert werden. Es sollen auch Normen bezüglich der Haftung der Mediatoren geschaffen werden.

Durch die entsprechende Qualifikation eines Mediators wird die Qualität seiner Dienstleistungen gewährleistet, dabei handelt es sich vor allem um die Qualität der Verträge, die schriftlich nach Beendigung des Mediationsverfahrens abgeschlossen werden. Eine der wichtigsten Forderungen an solche Verträge ist, dass sie den Gesetzen entsprechen. Es wird festgestellt, dass ihr Inhalt solche Punkte wie die Bestimmung des Vertragsgegenstands, die Vereinbarungen und Schlussbestimmungen enthalten soll. Dabei soll der Mediator die Parteien über die Folgen eines solchen Vertrags und über die notwendigen Schritte zur Vollstreckung der im Vertrag festgelegten Vereinbarungen informieren. Es wird darauf hingewiesen, dass den Parteien Zeit zu gewähren ist, damit vor der endgültigen Vertragsunterzeichnung ausreichend überlegen können.

Nach der Empfehlung sollen die Mitgliederländer des Europarats allgemeine Informationen über die Mediation sowohl für die Gesamtgesellschaft (für natürliche und juristische Personen, die mit zivilrechtlichen Streitfällen zu tun haben) als auch für Fachleute aus dem Bereich der Justiz zur Verfügung stellen. Es wurde empfohlen, genaue Information über die Mediation zusammen zu stellen, die sich u.a. auf die Kosten der Mediation (das Honorar des Mediators) und auf die Wirksamkeit des Mediationsverfahrens beziehen soll. Es soll außerdem eine Möglichkeit vorgesehen werden, dass ein Netz von regionalen Stellen gegründet wird, wo man einen unbefangenen Rat und eine Information über die Mediation entweder persönlich oder brieflich/telefonisch erhalten kann. Die Tätigkeit solcher Stellen soll rechtlich normiert werden.

Besondere Aufmerksamkeit wurde von den Verfassern der Empfehlung auf die internationalen Aspekte der Mediation im Bereich des Zivilrechts gelenkt. So wird auf die Notwenigkeit der Förderung von Mediation bei internationalen Verhandlungen hingewiesen. Gleichzeitig wurde empfohlen, dass die Ämter verschiedener Länder, die Mediation im zivilrechtlichen Bereich leisten, die Zusammenarbeit aufnehmen.

Der zusätzliche Wert wird dieser Empfehlung durch die Bestimmung verliehen, dass der Generalsekretär des Europarats anstrebt, eine fruchtbare Zusammenarbeit mit der EU zu fördern, um diese Empfehlung in den europäischen Ländern zu verwirklichen. Außerdem soll der Generalsekretär den Austausch von Informationen über die gesetzlichen Normen bezüglich der Mediation und der in Europa verwendeten Verfahren erhöhen. Dabei soll er die Mediation innerhalb der EU-Länder so fördern, dass die Normen und Prinzipien dieser Empfehlung bei der Ausarbeitung der Normen und Regeln auf EU-Ebene berücksichtig werden, indem man sie hinzufügt oder verstärkt.

Es soll erwähnt werden, dass die Bemühungen des Europarats durch den wertvollen Beitrag der Europäischen Kommission ergänzt wurden. Die Kommission stimmte der Initiative von mehr als 30 europäischen Organisationen, in denen ADR-Fachleute vertreten sind, bezüglich der Ausarbeitung des Europäischen Verhaltenskodex für Mediatoren (*European Code of Conduct for Mediators*)[8] zu. Dieser Kodex wurde in Brüssel auf einer Konferenz, die von der Lei-

8 ec.europa.eu/civiljustice/adr/adr_ec_code_conduct_en.pdf (zuletzt aufgerufen am 9.5.2012).

tung der Europäischen Justizkommission am 2.7.2004 veranstaltet wurde, erlassen.

Es ist klar, dass die friedliche Beilegung von Wirtschafts- und Arbeitsrechtsstreitigkeiten sowie von Streitfällen, die sich auf den Schutz der Rechte der Verbraucher beziehen, nicht nur für Europa, das sich dynamisch integriert, aktuell ist. Die Ausarbeitung von Normen und Standards der Mediation ist für die gesamte Welt kennzeichnend, wobei das industrialisierte und mobile Europa einen wichtigen Platz einnimmt. Die rapide Globalisierung des Markts von Waren, Dienstleistungen und menschlichen Ressourcen bildete die Grundlage für das UNCITRAL-Mustergesetzes über die Beilegung von internationalen Handelsstreitigkeiten, das von der Kommission der Vereinten Nationen für internationales Handelsrecht (UNCITRAL) am 24.6.2002 erlassen wurde[9].

Es ist erwähnenswert, dass das Mediationsverfahren für die Beilegung von Streitigkeiten immer mehr Anhänger auf europäischer und weltweiter wirtschaftlicher Ebene findet. Dies erklärt sich durch den rationalen Charakter dieses Ansatzes, denn dank der Mediation kann eine formalisierte Gerichtsverhandlung vermieden werden und die aufgrund der Mediation getroffenen Entscheidungen sind für jede beliebige Situation anwendbar. Außerdem ist der direkte wirtschaftliche Vorteil der Mediation offensichtlich. Als Beispiel werden von den ukrainischen Fachleuten, die den Nutzen von alternativen Möglichkeiten der Beilegung eines Handelskonflikts betonen, die Daten der britischen Organisation „Zentrum für effektive Streitbeilegung" (CEDR[10]) angeführt. Wie diese Daten zeigen, wurde dank des Mediationsverfahrens etwa 1 Milliarde Pfd. St. im Jahr 2007 eingespart. Dabei betrugen die Mediationskosten etwa 8 Milliarden Pfd. St. Von 1990 bis 2007 betrug die Summe der gesparten Kosten etwa 6,3 Milliarden Pfd. St[11]. Die Gründe für diese Ersparnis sind folgende: Es fielen keine Gerichtskosten an; es wurden keine inoffiziellen Zahlungen an Beamte getätigt; die Top-Manager in den Gesellschaften mussten keine Zeit für gerichtliche Verhandlung aufwenden; die Produktivität der Gesellschaft nahm nicht ab und schließlich blieb die Partnerschaft zwischen den Verhandlungsparteien bestehen.

Es ist jedoch zu betonen, dass die Mediation als Mittel der Konfliktbeilegung in der Ukraine noch als innovativ gilt. Es besteht allerdings die Möglichkeit, dass sie bald eingeführt wird. Als Beispiele dazu mögen die normative Basis und die interessante Praxis der Vermittlung und Versöhnung bei kollektiven

---

9 http://www.uncitral.org/pdf/russian/texts/arbitration/ml-conc/03-90955_Ebook.pdf (zuletzt aufgerufen am 9.5.2012).

10 http://www.cedr.com (zuletzt aufgerufen am 9.5.2012).

11 http://www.ukrmediation.com.ua/files/content/briefly-on-mediation-galyna-eremenko.pdf (zuletzt aufgerufen am 9.5.2012).

Arbeitsrechtsstreitigkeiten[12] sowie die Normen der Wirtschafts- und der Wirtschaftsprozessordnung der Ukraine dienen. Diese Normen bestimmen das vorgerichtliche Verhandlungsverfahren (Art. 222 der Wirtschaftsordnung der Ukraine „Vorgerichtliche Ordnung der Vollstreckung der wirtschaftsrechtlichen Verantwortung"), die Möglichkeit des Abschlusses eines Friedensvertrags während der gerichtlichen Verhandlung oder der Vollstreckung des Gerichtsbeschlusses (Art. 78 „Rücknahme der Klage durch den Kläger, Anerkennung der Klage durch den Beklagten, Friedensvertrag zwischen den Parteien", Art. 121 „Verschiebung oder Aufhebung des Gerichtsbeschlusses, Änderung der Art und Ordnung der Vollstreckung einer Entscheidung, eines Beschlusses einer Verordnung" der Wirtschaftsprozessordnung der Ukraine)[13].

Als erfolgsträchtig möge das Projekt des Gesetzes der Ukraine „Über die Mediation" gelten, das unter der Beteiligung europäischer Experten vom Europarat, der deutschen IRZ-Stiftung und anderen europäischen Organisationen ausgearbeitet wurde. Zu seiner Ausarbeitung haben auch Vertreter der Öffentlichkeit beigetragen, die im Rahmen der Pilotprojekte die Methoden der Mediation in der Ukraine geprüft und durchgeführt haben. Das gegenwärtige Gesetzprojekt wird für die Besprechung in der Regierung der Ukraine vorbereitet und wird nach seiner Annahme zur Registrierung im Parlament der Ukraine vorgelegt. Es ist jedoch als ein organischer Teil der gesamten Reform der Gesetzgebung bezüglich der Rechtsprechung, des Strafverfahrens, der Anwaltschaft sowie der Staatsanwaltschaft u.a. zu verstehen. Diese Reformen sind durch einen komplexen und perspektivischen Charakter gekennzeichnet und es wird erwartet, dass ausreichende Argumente für die Einführung des rechtlichen Instituts der Mediation gefunden werden.

Wir sind davon überzeugt, dass die konsequente normgebende Tätigkeit des Europarats die Verbreitung der Mediation in den europäischen Ländern fördert. Dies gilt auch für die Länder, in denen es keine gesetzlichen Normen bezüglich der Mediation (wie z.B. in der Ukraine) gibt oder wo solche Normen nur einen allgemeinen Charakter tragen. Die Eigenart dieser Tätigkeit liegt in den entwickelten, jahrelang geprüften und rechtzeitig erneuerten effektiven Methoden und Prinzipien ihrer Anwendung. Dennoch sind die Empfehlungen des Ministerkomitees des Europarats rechtlich nicht verbindlich und bilden einen Teil des sogenannten *Soft Law*. Eine große Rolle spielt dabei die Tatsache, dass diese Empfehlungen mit der überzeugenden Zustimmung aller Mitgliedsländer

12 Das Gesetz der Ukraine „Über die Ordnung der Beilegung von kollektiven Arbeitsstreitigkeiten bzw. Konflikten " № 137/98-BP vom 3.3.1998, in: Vidomosti Verchovnoji Rady Ukrajiny, 1998, Nr. 34, S. 227; http://zakon.rada.gov.ua (zuletzt aufgerufen am 9.5.2012).

13 Die Wirtschaftsprozessordnung der Ukraine, № 1798-XII vom 6.11.1991, in: Vidomosti Verchovnoji Rady Ukrajiny, 1992., N 6, S. 56; http://zakon.nau.ua/doc/?code=%31%37%39%38%2D%31%32 (zuletzt aufgerufen am 9.5.2012).

angenommen wurden und ihre Geltung sich auf alle Mitglieder der Organisation erstreckt. Daher werden diese Empfehlungen allmählich und ohne förmliche Ratifikationsverfahren (im Gegensatz zu den Beschlüssen und Abkommen) zum Teil der nationalen Gesetzgebung und des rechtlichen Verfahrens. Dazu trägt auch die Ausübung einer bestimmten Kontrolle durch das Ministerkomitee des Europarats bei, die darin besteht, dass die Mitgliedsländer von Zeit zu Zeit einen Bericht über die Einführung der empfohlenen Normen erstatten sollen. Diese Kontrolle wurde unter der Teilnahme der Vertreter sämtlicher Mitgliedsländer in Form eines Expertenprofilkomitees angenommen, für das die Außenminister oder ihre Vertreter auf der Sitzung des Ministerkomitees gestimmt haben.

Diese und andere Methoden der Tätigkeit des Europarats fördern die Bildung eines integrierten europäischen Rechtsraums, in dem jeder Mensch gleich qualitativ und umfassend in sämtlichen Streit- oder Konfliktfällen bzw. in sonstigen kritischen Fällen geschützt werden kann.

Bericht über den Workshop in Kiew, 12. 10. 2010 bis 15. 10. 2010, „Mediation trainieren, Fälle, Methoden, rechtliche Fragen“.

*Tina de Vries, Regensburg**

Vom 12. 10. 2010 bis 15. 10. 2010 fand in Kiew der Workshop: „Mediation trainieren, Fälle, Methoden, rechtliche Fragen“ in den Räumen des Instituts für Gesetzgebung der *Verkhovna Rada* statt. Die Teilnehmerzahl war auf 20 begrenzt. Es handelte sich dabei um Studenten und Doktoranden, die aus verschiedenen Städten der Ukraine kamen u.a. Kiew, Lviv (Lemberg) und Sumy.

I. Das Konzept des Workshops:

Der Workshop wurde auf vier Tage konzipiert. Er sollte einen Einblick in Theorie und Praxis der Mediation vermitteln. Es war den Leitern, *Dr. Keydel* und mir, klar, dass in vier Tagen keine vollständige Mediationsausbildung erfolgen konnte. Wir entschieden uns deswegen einen gewissen Überblick über die Kompetenzen, die in der Mediation wichtig sind, zu vermitteln. Hierzu gehören die Definition eines Konflikts und die Konfliktanalyse, die Erklärung und Einübung von Methoden der Kommunikation sowie der Überblick über die Phasen der Mediation. Dabei wurden die Studenten aktiv in die Übungen einbezogen und konnten in einem abschließenden Rollenspiel selbst die Erfahrung machen, wie eine Mediation in einem Fall, der an die Lebenswirklichkeit der Studenten ausgerichtet war, in allen Phasen der Mediation durchgeführt wird. Das Mediationsverständnis von dem aus wir den Kurs durchgeführt haben, ist der transformatorische Ansatz, d.h. ein solches Verständnis von Mediation, das auch in tiefere Schichten des Konflikts vordringt.

Den Studenten wurde zudem ein Überblick über die rechtlichen Fragen der Mediation gewährt. Dies erfolgte einmal durch die Beantwortung von Fragen zum Verhältnis von Gerichtsverfahren und Mediation, die während des laufenden Kurses gestellt wurden, und andererseits durch einen Vortrag von Herrn *E. Isermann*, Präsident des Landgerichts Braunschweig a.D. und Leiter der Schiedsstelle für das Personenbeförderung in Berlin. Herr *Isermann* hielt einen Vortrag über die gerichtsinterne Mediation in Deutschland.

---

* *Wissenschaftliche Referentin für polnisches Recht am Institut für Ostrecht München, Rechtsanwältin und Mediatorin in München, zahlreiche Publikationen mit dem Schwerpunkt auf Themen des polnischen Rechts.*

Damit gar nicht erst der Eindruck entstehen konnte, dass hier nur eine Sicht von außen auf die Ukraine gegeben wurde, führte Frau *Lada Kanevska* vom Ukraine *Center for Common Ground* die Praxis der Mediation im Bereich Täter-Opfer-Ausgleich in der Ukraine anhand eines Films vor und wirkte an der Durchführung des Kurses mit.

Schließlich wurde der Kurs durch eine öffentliche Podiumsdiskussion in der deutschen Botschaft in Kiew ergänzt, in der *Prof. Dr. Zaichuk* vom Institut für Gesetzgebung der *Verchovna Rada* der Ukraine, Frau *Dr. Keydel* sowie Herr *Mehmel,* Vorsitzender Richter am Verwaltungsgericht Hamburg und selbst als Richtermediator tätig, der das Projekt des Europarats und der EU „Mediation in der Ukraine“ zur gerichtsgebundene Mediation an 4 Pilotgerichten in der Ukraine leitete, sowie Herr *Isermann* und Frau *Kanevska* und Frau *Dr. Svetlana Zapara*, Dekanin der Juristischen Fakultät der Nationalen Agraruniversität in Sumy über die Bedeutung der Mediation für die Zivilgesellschaft in der Ukraine diskutierten.

II. Die Teilnehmer des Workshops

Die Teilnehmer des Workshops waren Jurastudenten, Doktoranden und junge Juristen, die von ukrainischen Universitäten aus verschiedenen Landesteilen kamen. Sie wurden von dem ukrainischen Projektpartner nach ihren bisher in ihrem Studium erbrachten Leistungen und ihren Interessen ausgewählt. Konkret waren die folgenden Hochschulen mit Studenten vertreten: Die staatlichen Hochschule *Taras Schewtschenko*, die Agrarhochschule in Sumy, die Nationale Aeronautische Universität in Kiew. Weitere Teilnehmer waren Doktoranden des Instituts für Gesetzgebung der *Verchovna Rada*, sowie einige Teilnehmer aus Lviv und Deutschland/Regensburg. Diese Zusammensetzung machte deutlich, dass in der Ukraine ein großes Interesse an Mediation besteht.

III. Der Ablauf des Workshops

Das Programm des Workshops wurde von der Trainerin Frau *Dr. Keydel* ausgewählt und zusammengestellt. Es umfasste im Wesentlichen die folgenden Arbeitsschritte:

- Konflikt und Mediation
  hier wurde zunächst Einblick in die Konfliktanalyse, die Eskalationsstufen und Konfliktarten gegeben und Interventionsmöglichkeiten erörtert.
  Es wurde die Frage, ob ein Konflikt vorliegt oder nicht, behandelt, und die Definition eines Konflikts (nach *F. Glasl*[1]) vorgestellt. In Kleingruppenar-

1 *F. Glasl*, Konfliktmanagement, 5. Aufl. Stuttgart 1997, S. 11 ff.

beit wurden dann Konfliktbeispiele gesammelt und an diesen Beispielen wurde anschließend weitergearbeitet. Sie wurden daraufhin untersucht, wie weit die Konflikte bereits eskaliert waren. Es wurden die verschiedenen Interventionsmöglichkeiten in Konflikten vorgestellt und erläutert, was Mediation ist und wie sie definiert wird. Es wurde insbesondere der Unterschied zu einem Gerichts- oder Schiedsgerichtsverfahren dargestellt und die Rolle des Mediators erläutert. Anhand eines ersten Rollenspiels konnten die Studenten den Unterschied zwischen einer gerichtlichen Intervention und einer Mediation dann selbst erleben.

- Phasen der Mediation

  Am nächsten Tag wurden die Phasen der Mediation erläutert und verschiedene Methoden in den einzelnen Phasen vorgestellt. Die Studenten lernten verschiedene Fragetechniken kennen und die Grundlagen der Kommunikationstheorie. Besonders wichtig war es den Trainerinnen, die Teilnehmer zu aktivieren und ihnen möglichst viel Gelegenheit zu geben, die neuen Kenntnisse praktisch zu erproben. Da die Teilnehmer einen juristischen Hintergrund hatten, waren sie auch besonders an den rechtlichen Hintergründen der Mediation interessiert.

  Es wurden die Phasen der Mediation im Überblick dargestellt und die Methoden, die in der Mediation während der einzelnen Phasen zur Anwendung kommen, erläutert. So wurde in der ersten Phase die Rolle von Auftragsklärung und Vorgesprächen erläutert, in der zweiten Phase die neutrale Konfliktbeschreibung geübt und auch das Spiegeln als Kommunikationstechnik vorgestellt. In der dritten Phase wurden Fragetechniken eingeübt, der Umgang mit schwierigen Aussagen sowie die Technik der gewaltfreien Kommunikation vorgestellt und geübt. Anhand der vierten Phase schließlich wurden kreative Konfliktlösungsmethoden behandelt und in der 5. Phase wurden Fragen der Vertragsgestaltung erläutert.

- Gerichtsinterne/gerichtsnahe Mediation

  Herr *Isermann* schilderte die Formen der gerichtsinternen und gerichtsnahen Mediation. Er schilderte dann den Ablauf einer gerichtsinternen Mediation in Deutschland. Anschließend beantwortete er Fragen zum deutschen Entwurf eines Mediationsgesetzes. Auch dieser Teil wurde von den Studenten sehr positiv aufgenommen, da sie als künftige Juristen besonders an den rechtlichen Fragen interessiert waren.

- Praxis der Mediation in der Ukraine

  Frau *Kanevska* vom *Ukraine Center for Common Ground* zeigte zunächst einen Film über die Mediation im Bereich Täter-Opfer-Ausgleich. Sie schilderte, wie sich diese NGO im Bereich Mediation in der Ukraine für eine gesetzliche und tatsächliche Implementierung einsetzt. Abschließend wurde in Kleingruppen ein Konfliktfall, der aus den Lebensumständen der Studenten genommen wurde, durchgespielt. Die Teilnehmer erhielten ein Teilnahmezertifikat.

IV. Abschließende Bewertung

Der Workshop wurde von den Studenten und dem ukrainischen Projektpartner sehr positiv bewertet. Es herrschte während der gesamten Zeit eine positive Arbeitsatmosphäre und eine rege Teilnahme. Die Studenten waren auch bereit, unbekannte Methoden auszuprobieren, wie sich Raum zu bewegen, in Kleingruppen zu arbeiten, Rollenspiele durchzuführen u.a.
Eine besondere Herausforderung bildete der Einsatz von Dolmetschern in einem Mediationskurs, der gerade die Sprache und die Kommunikation zum Gegenstand hat. Dank der hervorragenden fachlichen Fähigkeiten der Übersetzer und der Bereitschaft der Trainer und der Teilnehmer auch in Englisch, Russisch, Polnisch oder in weiteren Sprachen zu kommunizieren, wurde diese Herausforderung aber problemlos gemeistert. Zusammenfassend kann man sagen, dass der Kurs ein voller Erfolg war, über den sich vor allem die Studenten gefreut haben.

Praxis der Richtermediation in Deutschland und ihre rechtlichen Rahmenbedingungen

Präsident des OLG Braunschweigs a.D. Edgar Isermann, Braunschweig[*]

I. Allgemeines

Mediation und Justiz sind thematisch eng verbunden. Die Lösung eines streitigen Konflikts ist ihre gemeinsame Aufgabe. Die Wege zu diesem Ziel sind auf den ersten Blick unterschiedlich. Der Mediator (aus der lateinischen Sprache übersetzt: der „Vermittler") hilft den streitenden Parteien, freiwillig und eigenverantwortlich eine einvernehmliche Beilegung ihres Konflikts zu finden. Sie stehen auf gleicher Ebene und die Autonomie der Parteien ist der Maßstab ihres Handelns. Der Mediator moderiert das Gespräch der Parteien. Die Institution „Gericht" hingegen steht für eine Konfliktregelung nach Gesetz und Recht. Die rechtlichen Rahmenbedingungen sind Maßstab des justiziellen Handelns. Der autoritär getroffene Richterspruch, meist durch ein Urteil, steht in den Augen der Öffentlichkeit im Vordergrund, wenn von den Aufgaben der Justiz die Rede ist. Das Verhältnis von Oben und Unten zwischen Richter und Partei entspricht dem allgemeinen Bild von der Justiz. Es spiegelt sich oft in der Architektur vieler Gerichtssäle.

Beim zweiten Blick auf das Verhältnis von Mediation und Justiz zeigt sich ein anderes Bild. Richterliches Handeln orientiert sich nicht allein an den Farben schwarz/weiß. Das Instrumentarium richterlichen Handelns ist vielseitiger als allgemein bekannt. Insofern kann man durchaus von einem bunten Bild mit vielen Farben sprechen, wenn es um die Kompetenzen eines Richters geht.

Das zeigt sich vor allem bei der Frage, in welcher Form Gerichtsverfahren in der Praxis erledigt werden. Ich spreche dabei besonders vom Zivilprozess. Ähnliche Möglichkeiten gibt es aber auch in anderen Formen gerichtlicher Verfahren.

Eine in Deutschland im Jahr 2008 erstellte Statistik zum Zivilprozess ergibt, wie die Praxis des Zivilprozessalltags aussieht. Danach werden etwa 50% aller Verfahren auf wenig spektakuläre Weise erledigt. Ich spreche von den Möglichkeiten einer Erledigung ohne oder ohne besonderes streitiges Verfahren. Das betrifft die Erledigung durch Versäumnisurteil (die andere Partei ist nicht erschienen), durch Anerkenntnis- oder Verzichtsurteil (also ebenfalls keine streitige Befassung mit der Sache), durch Zurücknahme der Klage oder Verweisung

* *Präsident des Oberlandesgericht Braunschweig a.D., Leiter der Schlichtungsstelle für den öffentlichen Personenverkehr, Berlin.*

des Rechtsstreits an ein anderes Gericht, durch Erledigungserklärung einer oder beider Parteien, durch Beschluss im Eilverfahren oder auch durch Nichtzahlung des Kostenvorschusses. Wir sprechen insofern von den „leichten“ oder „einfachen“ Verfahren.

Demgegenüber stehen die verbleibenden 50% der sog. „schwierigen“ Verfahren. Das sind solche Prozesse, die streitig durchgeführt werden. Sie machen dem Richter wirklich Arbeit, weil sie nur durch streitiges Urteil oder aber erst nach ausführlicher Erörterung durch einen Prozessvergleich beendet werden, den die Parteien mit Hilfe des Richters schließen.

Ein solcher Prozessvergleich als Instrument der Prozesserledigung schafft gedanklich zu unserem Thema die Brückenfunktion mit Blick auf die Mediation. Nach deutscher Zivilprozessordnung (§ 278 Abs.1) soll das Gericht in jeder Lage des Verfahrens auf eine gütliche Beilegung des Rechtsstreits oder einzelner Streitpunkte bedacht sein. Es ist also gesetzliche Aufgabe des Richters, auf einen Konsens der streitenden Parteien hinzuwirken.

Damit kommt ein weiterer wichtiger Aspekt zum Tragen – das berufliche Selbstverständnis und das Berufsethos eines Richters.

Ein Richter ist keine Urteilsmaschine. Es ist nicht seine alleinige Aufgabe, im stillen Büro nur Urteile zu Papier zu bringen. Genau so wenig ist es seine Aufgabe, in der mündlichen Verhandlung als stumme Sphinx den Gerichtssaal zu schmücken und die Parteien zu den entscheidungserheblichen Fragen im Unklaren zu lassen. Nach dem bei uns geltenden Rechts- und Berufsverständnis kommt dem Richter im Zivilprozess eine aktive Rolle zu. Er bringt durch vorbereitende schriftliche Hinweise oder durch die Erörterung im Rahmen der mündlichen Verhandlung die tatsächlichen und rechtlichen Probleme zur Sprache, die Gegenstand des Rechtsstreits sind und die zugleich für die Entscheidungsfindung maßgeblich sind. Erst dadurch vermeidet er, die Parteien mit einem Urteil zu überraschen. Möglicherweise wäre ganz anders entschieden worden, wenn der Richter die eine oder andere Frage zur Sprache gebracht. Er hätte dann hinsichtlich der Tatsachen wie auch der Rechtsfragen Klarheit nicht nur für die Parteien, sondern auch für seine eigene Urteilsbildung gewinnen können.

Damit wird deutlich, dass die Kommunikation zwischen dem Richter und den Parteien einen sehr hohen Stellenwert hat. Transparenz ist ein wichtiges Gebot für Fairness im Gerichtssaal und damit für Chancengleichheit im Prozess. Transparenz ist zugleich übrigens auch eine Gewähr für ein richtiges Urteil, denn sonst besteht die Gefahr, dass Gericht und Partei aneinander vorbei arbeiten und ein Urteil ergeht, dass mit dem wirklichen Sachverhalt nichts zu tun hat.

Welche Erkenntnisse gewinnen wir hieraus für das Thema „Mediation“?

II. Warum arbeiten Richter als Richtermediatoren?

Die Beschreibung der richterlichen Aufgabe und berufsethische Aspekte beschäftigen die deutsche Justizwelt seit langem. Fragen zum Richterbild sind Gegenstand vieler Fortbildungsveranstaltungen. Diese Diskussionen haben in den letzten 10 Jahren unsere Justizwelt aber auch spürbar verändert.
Der Hintergrund dafür war die eigene Erfahrung eines jeden Richters,

- dass seine kommunikativen Fähigkeiten in der Ausbildung nicht ausreichend geschult worden sind,
- dass es kommunikative Techniken gibt, die das Verhandeln im Prozess erleichtern
- und das diese besonders dann hilfreich sind, wenn die Parteien selbst ein Ende ihres Streits durch wechselseitiges Entgegenkommen anstreben und ihren Konflikt durch einen Vergleich, also durch eine einvernehmliche Vereinbarung, beenden wollen.

Parallel zu dieser Entwicklung kam die zunehmende Bekanntheit der Mediation, einem Instrument der Konfliktlösung, das in anderen Ländern, besonders den USA, schon länger bekannt war und wo es schon eine Tradition mit alternativen Formen der Konfliktregelung gibt (siehe die ADR-Verfahren).

Diese Gedanken und Modelle sind auch von der Justiz aufgenommen worden.

Es gab aber eine weitere Motivation in der Justiz, um nach Alternativen zur bisherigen Prozesspraxis zu suchen. Das war und ist die starke Belastung der Richter. Die Zahl der Verfahren ist hoch und der Bestand an Personal wird immer knapper. Die Haushaltskasse lässt keine Entlastung erwarten.

Besonders in dem Gerichtsbezirk in Deutschland, in dem ich bis zum letzten Jahr Präsident war, wurde deshalb seit 2002 das Modell der „Richtermediation" entwickelt. Manche sprechen auch von „Gerichtsmediation". Dieses Modell, auf das ich noch näher eingehen werde, sieht vor, dass auch während eines Gerichtsverfahrens die Möglichkeit zur Mediation eröffnet wird und dass auch Richter als Mediator tätig werden.

Dabei findet inzwischen keine Beschränkung mehr auf den Zivilprozess statt. Auch den Verfahren der Verwaltungs-, der Sozial- und der Arbeitsgerichte (wir haben in Deutschland eine Trennung der verschiedenen Gerichtsverfahren) gibt es inzwischen die Richtermediation. Hat dieses Modell nun die erwartete Entlastung im Geschäftsalltag der Gerichte bewirkt? Und vor allem: Haben die Parteien auch einen Vorteil von einer Mediation in laufenden Gerichtsverfahren? Beide Fragen lassen sich eindeutig mit einem „ja" beantworten. Dazu einige Zahlen.

Die hierzu bekannte Statistik des Jahres 2009 geht zurück auf Zahlen aus 8 von 16 deutschen Bundesländern (nicht überall ist die Gerichtsmediation praktiziert und innerhalb der Justiz auch als eigene Aufgabe akzeptiert). In den Bezirken Deutschlands, in denen eine Gerichtsmediation angeboten wird, gibt es 536 Zivilgerichte. 142 dieser Gerichte haben den Parteien der dort anhängigen Verfahren das Angebot der Mediation unterbreitet. 472 für eine Mediation ausgebildete Zivilrichter standen zur Verfügung. Sie haben insgesamt 4937 Mediationsverfahren durchgeführt und in 3592 Fällen gab es am Ende eine Erledigung durch Vergleich. Das ist eine Erfolgsquote von 72,3%. Diese Statistik erstreckt sich aber auch noch auf andere Gerichtsbarkeiten (Verwaltungs-, Sozial- und Arbeitsgerichtsbarkeit). Danach gab es 2009 in Deutschland insgesamt an 204 Gerichten das Angebot der Mediation. Insgesamt 618 ausgebildete Richtermediatoren standen zu Verfügung. Diejenigen, die auch tatsächlich als solche tätig wurden, haben 5467 Mediationen durchgeführt und 3911 mit einem Vergleich abgeschlossen. Das entspricht einer Gesamterfolgsquote von 71.5%. In Niedersachsen, dem Bundesland, aus dem ich komme, ist die Gerichtsmediation besonders verbreitet und bekannt. Dort gab es im Jahr 2009 insgesamt 1989 Mediationsverfahren an allen Gerichtsbarkeiten und allen Instanzen, für die 132 ausgebildete Richtermediatoren zur Verfügung standen. Genau 1600 davon endeten mit einem Vergleich, also mit Erfolg. Das entspricht einer Erfolgsquote von 80,44%.

Ich möchte diese Zahlen aber in ihrer Aussagekraft präzisieren. Die Zahl der Richter, die als Mediatoren daran mitgewirkt haben, ist unwichtig, weil sie immer nur mit einem Teil ihrer Arbeitskraft und damit also neben dem „normalen" richterlichen Aufgabenbereich als Mediator tätig sind.

Deshalb ist wichtig, wie viele sog. Arbeitskraftanteile (ein verwaltungstechnischer Begriff) daran mitgewirkt haben. Und diese Zahl wiederum ist sehr interessant und aussagekräftig. Es waren in Niedersachsen insgesamt nur 7.65 Arbeitskraftanteile, die diese 1600 Prozesserledigungen geschafft haben.

Die Frage nach dem Einsparpotential möchte ich noch weiter konkretisieren. Der Rechnungshof für das Land Niedersachsen hat dazu 2009 eine Studie veröffentlicht. Die zugrunde liegenden Ermittlungen haben danach ergeben, dass die Gerichtsmediation zu einer erheblichen Einsparung führt. Die 11 Landgerichte haben in 1. Instanz im Jahr 2008 insgesamt 15215 Verfahren erledigt. In Relation zu der Zahl der Richter kann von einer Quote von rund 200 Verfahren für jeden einzelnen Richter ausgegangen werden. Fokussiert auf die sog. schwierigen (also streitig

durchgeführten) Verfahren bedeutet das wiederum, dass jeder Richter nach traditioneller Bearbeitung bei gewöhnlichem Prozessverlauf 100 „schwierige Verfahren" im Jahr erledigt. Demgegenüber sind 192 durch einen Richtermediator erledigt worden. Daher ergibt sich eine „Mehrleistung" an Erledigungen durch Richtermediation im Durchschnitt von 56%.

Der Rechnungshof hat zudem eine Alternativberechnung nach Minuten erstellt und die durchschnittlichen Zeiten der Verfahren ohne Mediation denen mit

Mediation gegenübergestellt und die zeitlichen Differenzen errechnet. Für die einzelnen Arten zivilrechtlicher Verfahren sind dabei unterschiedliche Einspareffekte ermittelt worden. Sie liegen zwischen 12% bei Bau-/Architektensachen und 47% bei Verkehrsunfallsachen an zeitlichem Einsparpotential. Diese rechtsökonomische Untersuchung zeigt also, welche Vorteile mit einer Gerichtsmediation unter zeitlichen Aspekten verbunden sind. Es kommen aber noch weitere Aspekte hinzu, weshalb das Justizmodell so positive Resonanz in der Öffentlichkeit hat. Zu dem eben genannten Ressourcengewinn (weniger Personal schafft mehr Erledigung) kommt ein Imagegewinn hinzu. Die „Gerichtsmediation“ stellt eine Erweiterung des Dienstleistungsangebots an die Parteien dar. Die Parteien können sich für diese Form der Prozesserledigung freiwillig entscheiden. Sie erleben den „Richter“ als hilfreichen und kommunikationsfördernden Gesprächspartner, der sich ihnen gegenüber nicht autoritär zeigt, sondern aufgeschlossen, zugewandt und innovativ. Nicht umsonst findet die Gerichtsmediation bei den Parteien und auch den Anwälten eine so hohe Akzeptanz.

III. Neue gesetzliche Regelung: Entwurf eines Mediationsgesetzes (2010)

Das Verhandeln als strategisches Mittel der Konfliktlösung ist eine alte Idee. Sie ist in den Kulturen unterschiedlich ausgeformt und zugleich geprägt durch jeweiligen Zeitgeist. In Deutschland war es eine Errungenschaft des 19. Jahrhunderts, als sich die Staatsform des „Rechtsstaats“ entwickelte und für die Verfahren bei Gericht spezielle Prozessordnungen geschaffen wurden. Die konkrete rechtliche Regelung des Verfahrensablaufs sollte den „Kampf ums Recht“ (Rechtsphilosoph Rudolf v. Jhering) in formalisierte und geordnete Bahnen lenken, um es den Beteiligten zu erleichtern, das materielle Recht zur Geltung zu bringen. Die Zivilprozessordnung von 1871 hat damals Maßstäbe gesetzt.

Die Erfahrungen der Prozesspraxis zeigten aber zugleich, dass formelle Vorgaben des Gesetzes an Grenzen stoßen, wenn es darum geht, eine die Parteien wirklich befriedende Konfliktlösung zu finden. Am Ende des 20. Jahrhunderts trat deshalb immer mehr die Suche nach alternativen Formen einer Streitbeilegung in den Vordergrund. Besondere Bedeutung erlangte hier die Mediation. Zwei Entwicklungen dürften es gewesen sein, die nunmehr den deutschen Gesetzgeber veranlasst haben, ein „Gesetz zur Förderung der Mediation und anderer Verfahren der außergerichtlichen Konfliktlösung“ (so die offizielle Bezeichnung) auf den Weg zu bringen.[1]

---

1 Die Ausführungen entsprechen dem Stand der Gesetzgebung des Regierungsentwurfs vom 08.12.2010 (BT-Drucksache 17/5335, BT-Drucksache 17/5496; siehe auch www.bmj.bund.de). Zwischenzeitlich hat die Diskussion im Bundestag und Bundesrat eine neue Entwicklung genommen (s.u. FN 4). Weil die Gesetzgebung im Zeitpunkt

1. Ziel der gesetzlichen Regelung

Vorrangige Bedeutung hat die vom Europäischen Parlament und Rat verabschiedete Richtlinie 2008/52/EG über bestimmte Aspekte der Mediation in Zivil- und Handelssachen.[2] Die sog. Mediationsrichtlinie gilt zwar nur für grenzüberschreitende Streitigkeiten. Gleichzeitig verpflichtet sie die Mitgliedsstaaten aber auch, Regelungen zur Vertraulichkeit der Mediation, zur Vollstreckbarkeit einer Mediationsvereinbarung und zur Auswirkung der Mediation auf Verjährungsfristen zu schaffen. Dem kommt der deutsche Gesetzgeber jetzt nach.

Nicht zu unterschätzen ist ein weiterer Umstand. Er betrifft eine Entwicklung innerhalb der deutschen Justiz, die sich autonom und im Zusammenhang mit der Praxis zur Verfahrenserledigung ergeben hat. Ihre faktischen Auswirkungen sind in der Bedeutung für den Gesetzgeber nicht zu unterschätzen. Etwa im Jahr 2001 entstand die Idee, den Mediationsgedanken in das Dienstleistungsangebot der Justiz aufzunehmen und geschulte Richter als „Richtermediatoren" in der Abwicklung der Prozesse einzuschalten.[3] Rechtlicher Anknüpfungspunkt war eine analoge Anwendung von § 278 der Zivilprozessordnung. Diese Vorschrift besagt, dass ein Richter in jedem Stadium des Verfahrens auf eine gütliche Beilegung des Streits hinwirken soll. Das Bild vom Richter als Konfliktlöser und nicht vom Richter als bloßem Urteilsschreiber gewann an Popularität. Hierfür wurde ein Modell entwickelt. Es sieht vor, dass der nach dem Gesetz zuständige Richter (Grundsatz des gesetzlichen Richters) ein bei Gericht eingegangenes Verfahren an die Mediationsabteilung seines Gerichts abgeben kann. Dort sitzt ein anderer (!), mit dem eigentlichen Prozessverfahren nicht befasster Richter, der dann ein Mediationsverfahren durchführt („Richtermediator"). An den Gerichten, die dieses Modell freiwillig praktizieren, hat es sich als Erfolgsmodell erwiesen. In mehreren tausend Verfahren konnte in ca. 80% der Fälle innerhalb weniger Wochen und mit weniger Richterpersonal das Verfahren durch eine Vereinbarung der streitenden Parteien beendet werden.

Unter den Juristen gab es aber auch kritische Stimmen. Sie reklamierten, dass eine Mediation durch Richter keine originäre richterliche Aufgabe sei, insbesondere aber, dass die gesetzliche Regelung nicht deutlich genug sei. Dem sollte der Gesetzentwurf Rechnung tragen. Er bezeichnet diese Form der Media-

---

dieser Veröffentlichung (Stand April 2012) noch nicht abgeschlossen ist, orientieren sich die Ausführungen in diesem Beitrag weiterhin an der Fassung, wie sie zum ursprünglichen Gesetzentwurf formuliert waren (Stand Februar 2011).

2 Amtsblatt L 136 vom 24.05.2008, Seite 3

3 Nähere Erläuterungen bei *Isermann*, Richtermediation in Deutschland, Recht und Politik 2011, S.9-15

tion nun ausdrücklich als richterliche Aufgabe und will dafür jetzt klarstellend die gesetzliche Grundlage schaffen.[4]

Das ist wichtig, denn für das Verfahren der Mediation sind bisher keine festen Konturen entwickelt. Es fehlt auch ein klares Berufsbild des Mediators. Dem soll der Entwurf Rechnung tragen. Einerseits definiert er Rahmenbedingungen, um gewisse Voraussetzungen für die Mediation zu schaffen und auf diese Weise zu einer Vereinheitlichung der Mediationspraxis beizutragen. Andererseits bleibt der Gesetzentwurf zurückhaltend, um der weiteren Entwicklung Raum zu lassen und die in der Mediationspraxis gewonnenen Erkenntnisse abzuwarten. Deshalb ist auch vorgesehen, durch wissenschaftlich begleitete Modellprojekte an den Gerichten festzustellen, ob es in Familiensachen möglich ist, bei einer mit staatlicher Unterstützung geförderten außergerichtlichen Mediation die Staatsausgaben im Rahmen der Prozesskostenhilfe zu mindern.

Diese Aspekte stehen im Vordergrund der beabsichtigten Neuregelung. Es werden aber auch allgemeine, weitergehende Zwecke verfolgt. So soll mit dem Gesetz der Mediationsgedanke „im Bewusstsein der Bevölkerung und der in der Rechtspflege tätigen Berufsgruppen stärker verankert werden" (so die Gesetzesbegründung, auf die auch im Übrigen hier Bezug genommen wird).

2. Gegenstand der gesetzlichen Regelung

Der Gesetzentwurf[5] spricht drei Möglichkeiten an, in denen es eine Mediation geben kann.

a. Außergerichtliche Mediation

Das ist der Bereich der Konfliktlösung ohne jede Beteiligung des Gerichts. Mediator ist eine Privatperson außerhalb des Gerichts, die die erforderlichen Qualifikationen hat und im vorgerichtlichen Stadium tätig wird. Das Gericht wird erst eingeschaltet, wenn diese außergerichtliche Mediation erfolglos geblieben ist, die Parteien jedoch gleichwohl den Streit fortführen wollen. Dafür

---

4 Mit dem Beschluss des Bundestags vom 15.12.2011 hat die Diskussion in der Gesetzgebung entsprechend der Empfehlung des Rechtsausschusses (BT-Drucksache 17/8058) gerade zu diesem Punkt eine Wende vollzogen. Die bestehenden Angebote der gerichtsinternen Diskussion sollen danach nur noch für einen begrenzten Zeitraum gültig bleiben. Statt der Mediation durch einen „Richtermediator" soll es bei Gericht danach nur ein „erweitertes Güterichterprinzip" und keine Mediation mehr geben. Dem hat der Bundesrat seine Zustimmung verweigert und im ausführlich begründeten Beschluss vom 10.02.2012 (Drucksache 10/12) den Vermittlungsausschuss angerufen. Die Länder halten an der richterlichen Mediation fest und verfolgen weiter das Ziel, diese Form der Mediation im Gesetz verankert zu sehen (siehe http://gesetzgebung.beck.de/node/1006516).

5 Siehe aber FN 4.

können sie dann den Justizweg beschreiten. Die Stärkung der außergerichtlichen Mediation ist ein explizites Anliegen des Gesetzgebers. Diese Form von Mediation ist auch die, die in der „Mediationswelt" am weitesten verbreitet ist, ohne dass dazu allerdings statistisch gesicherte Zahlen vorliegen.

b. „Gerichtsnahe Mediation"

Das zweite Modell ist das der „gerichtsnahen Mediation". Sind findet nicht statt „in der Nähe des Gerichts". Der Begriff soll verdeutlichen, dass ein Zusammenhang besteht zwischen Gerichtsverfahren und außergerichtlicher Mediation. Erklären die Parteien im Rahmen eines Prozesses, dass sie die richterliche Behandlung der Streitsache vorerst eingestellt sehen wollen, um außerhalb eines Gerichts die Hilfe eines Mediators in Anspruch zu nehmen, wird das Gerichtsverfahren formal unterbrochen.
Der dann eingeschaltete Mediator gehört also nicht zum Gericht und nicht zum Kreis der Richter. Während seiner Beauftragung „ruht" das gerichtliche Verfahren im prozessrechtlichen Sinn. Erledigt ist diese Mediation, wenn der Mediator mitteilt, dass seine Bemühungen erfolgreich waren und der Streit beigelegt ist. Ansonsten nimmt das Gericht nach entsprechendem Antrag das streitige Verfahren erneut auf. Die weitere richterliche Erledigung durch den für dieses Verfahren vorgesehenen gesetzlichen Richter richtet sich dann wieder nach den Regeln des Prozessrechts.

c. „Gerichtsinterne Mediation"

Hiervon zu unterscheiden ist die „gerichtsinterne Mediation" oder auch „Gerichtsmediation" (mit Rücksicht auf die handelnden Personen eigentlich besser: „Richtermediation")[6]. Auch insofern sieht das Mediationsgesetz keine Einzelheiten vor, wie dieses Verfahren zu gestalten ist. Geschaffen wird nur die gesetzliche Grundlage, um Gerichtsverfahren in dieses Stadium überführen zu können. Zur Vorgehensweise bei den Gerichten sagt der Gesetzentwurf nichts. Er setzt also die Praxis voraus, die sich bei den Gerichten in den letzten Jahren entwickelt und bewährt hat.
Wie sieht diese Praxis aus? Die bei Gericht eingehenden Verfahren kommen nach dem Geschäftsverteilungsplan zu dem nach dem Geschäftsverteilungsplan zunächst zuständigen Richter. Dieser kann entscheiden, ob er das Verfahren für mediationsgeeignet hält bzw. es abgeben will. Die Praxis zeigt, dass grundsätzlich alle Rechtsgebiete in Betracht kommen. Der Richter fragt bei den Parteien an, ob sie Interesse und Bereitschaft haben, an einer Mediation mitzuwirken. Wird das bejaht, ordnet der Richter nach den Regeln des Prozessrechts das sog. Ruhen des Verfahrens an und sendet die Akten an die Mediationsabteilung des

6 Siehe FN 3.

Gerichts. Der dort als „Richtermediator“ tätige Kollege setzt sich dann mit den Parteien in Verbindung und beraumt einen Termin an (in der Regel nach 6 bis 8 Wochen). Bleibt die Mediation ohne Erfolg, gehen die Akten an die Prozessabteilung zurück. Das streitige Verfahren wird dort vor dem gesetzlich zuständigen Richter nach der Prozessordnung fortgeführt. Ob die Gerichte eine solche Form der Mediation anbieten wollen, mochte der Gesetzgeber des Bundes aber nicht festlegen. Vielmehr überlässt er es dem Recht der Bundesländer, hierfür eine gesetzliche Möglichkeit zu eröffnen.

3. Einzelheiten der gesetzliche Regelung

Der Gesetzentwurf enthält neben den Vorschriften zum neuen Mediationsgesetz auch Vorschriften zur Neuregelungen der Prozessordnungen (sog. Artikelgesetz). Hier sollen zunächst die Vorschriften des Mediationsgesetzes kurz vorgestellt werden.

a. Begriff der Mediation

Einleitend wird die Freiwilligkeit und Eigenverantwortlichkeit der Parteien für eine einvernehmliche Beilegung des Konflikts hervorgehoben. Der Mediator als unabhängige Person darf keine Entscheidungsgewalt haben.

b. Verfahren und Aufgaben des Mediators

Den Mediator wählen die Parteien aus. Dieser vergewissert sich, ob die Parteien die Grundsätze und den Ablauf des Mediationsverfahrens verstanden haben und freiwillig mitwirken. Die Mediation soll in einem vertraulichen und strukturierten Verfahren erfolgen und kann von den Parteien jederzeit beendet werden. Mit Zustimmung der Parteien kann die erzielte Einigung in einer Abschlussvereinbarung dokumentiert werden. Die Pflichten des Mediators bestehen gegenüber allen Parteien gleichermaßen (Grundsatz der sog. Allparteilichkeit). Wenn er es für zweckmäßig hält, kann er mit den Parteien getrennte Gespräche führen. Schließlich muss er sich vergewissern, dass die Parteien ihre Vereinbarung in Kenntnis der Sachlage und des Inhalts ihrer Vereinbarung treffen.

c. Neutralität und Unabhängigkeit

Der Mediator hat alle Umstände offenzulegen, die seine Unabhängigkeit und Neutralität beeinträchtigen können. Das gilt insbesondere hinsichtlich früherer Tätigkeiten in derselben Sache. Andernfalls müssten die Parteien ausdrücklich zustimmen, dass er gleichwohl tätig wird. Auf besonderen Antrag hin muss der

Mediator über seinen fachlichen Hintergrund, seine Ausbildung und seine Praxiserfahrungen auf dem Gebiet der Mediation informieren.

d. Verschwiegenheit

Der Mediator hat die Pflicht zur Verschwiegenheit. Diese ist aber eingeschränkt. Sie gilt nicht, wenn es Probleme bei der Umsetzung und Vollstreckung gibt und er zum Inhalt der Vereinbarung gefragt wird. Ferner entfällt diese Pflicht aus Gründen der öffentlichen Ordnung, wenn eine erhebliche Gefährdung des Wohls eines Kindes oder eine schwerwiegende Beeinträchtigung der physischen oder psychischen Integrität einer Person abzuwenden ist. Schließlich gilt sie nicht bei Tatsachen, die offenkundig sind oder ihrer Bedeutung nach keiner Geheimhaltung bedürfen.

e. Ausbildung und Fortbildung

Hinsichtlich der wichtigen Frage der Ausbildung und Fortbildung eines Mediators verhält sich der Entwurf sehr knapp. Dies soll der Mediator „in eigener Verantwortung" und „angemessen sicherstellen", um „in sachkundiger Weise" die Mediation durchführen zu können. Hinter dieser Formulierung verbirgt sich eine heftige Diskussion zwischen den Interessen der Verbraucher an einem möglichst transparenten Mediatoren-Markt einerseits und dem Bedürfnis nach einer gesetzlich nicht reglementierten Weiterentwicklung der Mediation andererseits. Was ist eigentlich das Berufsbild des Mediators? Maßgebliche Mediations- und Berufsverbände sowie die Kammern der Rechtsanwälte und Notare haben dieses Spannungsverhältnis erkannt und arbeiten daran, sich auf gemeinsame Mindeststandards zu einigen. Eine gesetzliche Regelung wird derzeit nicht für erforderlich gehalten, besagt die Begründung zum Gesetzentwurf lapidar. Unterstützt wird aber das private Zertifizierungsverfahren.

f. Wissenschaftliche Begleitung

Schließlich sieht der Gesetzentwurf vor, dass wissenschaftliche Forschungsvorhaben in Auftrag gegeben werden können, um die Folgen einer finanziellen Förderung der außergerichtlichen oder gerichtsnahen Mediation bei Familiensachen an Gerichten zu ermitteln. Hintergrund hierfür ist eine Explosion bei der Prozesskostenhilfe und Verfahrenskostenhilfe in Familienangelegenheiten für solche Parteien, die nicht oder nur in Raten diese Kosten aufbringen können und deren beabsichtigte Rechtsverfolgung nicht mutwillig erscheint.

4. Ergänzende gesetzliche Regelungen

Der Gesetzentwurf zur Mediation geht einher mit Neuregelungen zur Prozessordnung.

a. Änderung der Zivilprozessordnung

Die wichtigsten Ergänzungen betreffen die Zivilprozessordnung.

aa) Landesrecht

Es soll mit der Überschrift „Außergerichtliche Konfliktbeilegung; Mediation" ein neuer § 278a als Grundregel eingefügt werden. Zunächst heißt es darin, dass das Gericht den Parteien eine Mediation oder ein anderes Verfahren der außergerichtlichen Konfliktbeilegung vorschlagen kann. Damit wird sowohl die „gerichtsnahe" Mediation durch Einschaltung eines außergerichtlichen Mediators als auch die „gerichtsinterne" Mediation, also durch einen Richtermediator, angesprochen. Kommen die Parteien dem Vorschlag nach, wird - wie bereits jetzt praktiziert und oben ausgeführt - prozessual das sog. Ruhen des Verfahrens angeordnet.
Wichtig ist Absatz 2. Danach kann, wenn das Landesrecht es vorsieht, das Gericht den Parteien eine richterliche Mediation vorschlagen. Diese findet vor einem nicht entscheidungsbefugten Richter statt und sie ist nicht öffentlich (soweit die Parteien nichts anderes vereinbaren). Kommt es zum Vergleich, können die Parteien die in der gerichtsintern oder gerichtsnahen Mediation geschlossene Vereinbarung dem erkennenden Gericht gemäß § 278 Absatz 6 ZPO vorlegen und das Zustandekommen des Vergleichs (§ 794 Absatz 1 Nummer 1 ZPO) durch Beschluss feststellen lassen. Diese Regelung (Stand: Kabinettsbeschluss vom 12. 01.2011) weicht von der bisherigen Praxis der Gerichtsmediation und der ersten Fassung des Gesetzesentwurfs ab. Danach sollte es dem richterlichen Mediator möglich sein, wie ein entscheidungsbefugter Richter den Inhalt des Vergleichs im Protokoll festzustellen und den Streitwert für die Kostenabrechnung des Verfahrens festzusetzen.

bb) Klageschrift

Eine weitere wichtige Neuregelung betrifft den Beginn des Verfahrens. Die Vorschrift zum Inhalt der Klageschrift wird ergänzt (§ 253 Absatz 3 ZPO). Als Soll-Vorschrift ist vorgesehen, dass in der Klageschrift angeführt wird, ob es vor der Klageerhebung den Versuch einer Mediation oder eines anderen Verfahrens der außergerichtlichen Konfliktbeilegung gegeben hat oder warum ein solcher Versuch unterlassen wurde. Diese Neuregelung ist aus praktischen Gründen zu begrüßen. Sie führt den Parteien frühzeitig vor Augen, dass vor Erhebung der Klage bei Gericht durchaus andere Formen der Konfliktbeilegung in Betracht kommen als die Durchführung eines Prozesses. Praktisch bedeutet das eine Informationspflicht für die Rechtsanwälte, auf das Spektrum der verfügbaren Konfliktlösungsmöglichkeiten hinzuweisen. Für das Gericht vereinfacht es im Übrigen die Überlegung, ob nochmals eine Mediation während des Verfahrens in Betracht kommt. Das kann dem Gericht überflüssige Anfragen bei den Parteien ersparen.

cc) Vollstreckbarkeit

Schließlich ist der Abschluss des Verfahrens von Bedeutung. Eine Vereinbarung zwischen den Parteien hat nur Sinn, wenn sie auch Wirklichkeit werden kann, also wenn sie vollstreckt werden kann. In Umsetzung von Artikel 6 der EG-Mediationsrichtlinie 2004 soll in dem neuen § 796 d ZPO sichergestellt werden, dass die Vereinbarung auf Antrag der Parteien vollstreckt werden kann. Die gerichtliche Erklärung der Vollstreckbarkeit erfolgt an dem Amtsgericht, welches in der Vereinbarung bezeichnet ist oder in dessen Bezirk der Ort des Mediationsverfahrens liegt. Es ist auf Antrag auch möglich, dass diese Erklärung von einem Notar erteilt wird.

5. Neuregelung für die anderen gerichtlichen Verfahren

Das Regelwerk ist nicht nur für zivilrechtliche Streitigkeiten vorgesehen. Es soll ebenso für andere gerichtliche Verfahren gelten. So gibt es eine Spezialregelung für das Verfahren in Familiensachen und die dazu einschlägigen Nebenverfahren (Angelegenheit der freiwilligen Gerichtsbarkeit).Weitere entsprechende Regelungen betreffen das Verfahren vor den Arbeitsgerichten, den Sozialgerichten und den Verwaltungsgerichten. Gleiches gilt auch für das Verfahren beim Patentgericht. Es wird jeweils auf eine entsprechende Anwendung von § 278a ZPO verwiesen. Keine Regelung enthält der Entwurf zum Täter-Opfer-Ausgleich. Trotz der inhaltlichen Nähe zur Mediation wird darauf abgestellt, dass es sich insofern um eine in Deutschland bereits geregelte Spezialmaterie handelt. Entgegen der Vorgabe in der EG-Richtlinie enthält der Gesetzentwurf auch keine Regelung zur Verjährung. Ein Regelungsbedarf wurde mit Blick auf § 203 BGB verneint. Diese Vorschrift führt zu einer Hemmung der Verjährung, wenn zwischen den Parteien Verhandlungen über den Anspruch geführt werden. Die Mediation wird als eine solche Verhandlung angesehen.

6. Schlussbemerkung

Mit diesem Gesetzentwurf wird die neue Kultur der Konfliktlösung durch Mediation gefördert. Der Entwurf erfasst nicht nur eine Stärkung des Gedankens einer außergerichtlichen Beilegung des Streits. Zugleich eröffnet er den Gerichten auch die Möglichkeit, dass die Verfahren, die bei Gericht eingegangen sind, mit Hilfe der Mediation als weiterem Dienstleistungsangebot der Justiz erledigt werden.[7]

7 Auf diesen Aspekt weist auch die Stellungnahme des Bundesrats im Beschluss vom 10.02.2012 (BR-Drucksache 10/12, siehe FN 4) ausdrücklich hin. Sie enthält einen Erfahrungsbericht der Landesjustizverwaltungen, die auf die positiven Ergebnisse der Richtermediation in der Justizpraxis bei der pragmatischen und im Einvernehmen mit allen Prozessbeteiligten erzielten Beilegung von Gerichtsstreitigkeiten verweisen können.

Dokumentation

Gesetz zur Förderung der Mediation und anderer Verfahren der außergerichtlichen Konfliktbeilegung[1]

Vom … ,
Der Bundestag hat das folgende Gesetz beschlossen:

Artikel 1

Mediationsgesetz (MediationsG)

§ 1. Begriffsbestimmungen. (1) Mediation ist ein vertrauliches und strukturiertes Verfahren, bei dem Parteien mit Hilfe eines oder mehrerer Mediatoren freiwillig und eigenverantwortlich eine einvernehmliche Beilegung ihres Konflikts anstreben.

(2) Ein Mediator ist eine unabhängige und neutrale Person ohne Entscheidungsbefugnis, die die Parteien durch die Mediation führt.

§ 2. Verfahren; Aufgaben des Mediators. (1) Die Parteien wählen den Mediator aus.

(2) Der Mediator vergewissert sich, dass die Parteien die Grundsätze und den Ablauf des Mediationsverfahrens verstanden haben und freiwillig an der Mediation teilnehmen.

(3) Der Mediator ist allen Parteien gleichermaßen verpflichtet. Er fördert die Kommunikation der Parteien und gewährleistet, dass die Parteien in angemessener und fairer Weise in die Mediation eingebunden sind. Er kann im allseitigen Einverständnis getrennte Gespräche mit den Parteien führen.

(4) Dritte können nur mit Zustimmung aller Parteien in die Mediation einbezogen werden.

(5) Die Parteien können die Mediation jederzeit beenden. Der Mediator kann die Mediation beenden, insbesondere wenn er der Auffassung ist, dass eine eigenverantwortliche Kommunikation oder eine Einigung der Parteien nicht zu erwarten ist.

(6) Der Mediator wirkt im Falle einer Einigung darauf hin, dass die Parteien die Vereinbarung in Kenntnis der Sachlage treffen und ihren Inhalt verstehen. Er hat die Parteien, die ohne fachliche Beratung an der Mediation teilnehmen, auf die Möglichkeit hinzuweisen, die Vereinbarung bei Bedarf durch externe Bera-

---

1 Stand des Textes des Gesetzentwurfs Juli 2012, Drucksachen 17/5335; 17/5496 und 17/8058 des 17. Deutschen Bundestags sowie Drucksachen 10/12 des Deutschen Bundesrats vom 20.1.2012 und 377/12 vom 28.6.2012. Die Artikelüberschriften bilden Teil des Entwurfstextes.

ter überprüfen zu lassen. Mit Zustimmung der Parteien kann die erzielte Einigung in einer Abschlussvereinbarung dokumentiert werden.

§ 3. Offenbarungspflichten; Tätigkeitsbeschränkungen. (1) Der Mediator hat den Parteien alle Umstände offenzulegen, die seine Unabhängigkeit und Neutralität beeinträchtigen können. Er darf bei Vorliegen solcher Umstände nur als Mediator tätig werden, wenn die Parteien dem ausdrücklich zustimmen.

(2) Als Mediator darf nicht tätig werden, wer vor der Mediation in derselben Sache für eine Partei tätig gewesen ist. Der Mediator darf auch nicht während oder nach der Mediation für eine Partei in derselben Sache tätig werden.

(3) Eine Person darf nicht als Mediator tätig werden, wenn eine mit ihr in derselben Berufsausübungs- oder Bürogemeinschaft verbundene andere Person vor der Mediation in derselben Sache für eine Partei tätig gewesen ist. Eine solche andere Person darf auch nicht während oder nach der Mediation für eine Partei in derselben Sache tätig werden.

(4) Die Beschränkungen des Absatzes 3 gelten nicht, wenn sich die betroffenen Parteien im Einzelfall nach umfassender Information damit einverstanden erklärt haben und Belange der Rechtspflege dem nicht entgegenstehen.

(5) Der Mediator ist verpflichtet, die Parteien auf deren Verlangen über seinen fachlichen Hintergrund, seine Ausbildung und seine Erfahrung auf dem Gebiet der Mediation zu informieren.

§ 4. Verschwiegenheitspflicht. Der Mediator und die in die Durchführung des Mediationsverfahrens eingebundenen Personen sind zur Verschwiegenheit verpflichtet, soweit gesetzlich nichts anderes geregelt ist. Diese Pflicht bezieht sich auf alles, was ihnen in Ausübung ihrer Tätigkeit bekannt geworden ist. Ungeachtet anderer gesetzlicher Regelungen über die Verschwiegenheitspflicht gilt sie nicht, soweit

1. die Offenlegung des Inhalts der im Mediationsverfahren erzielten Vereinbarung zur Umsetzung oder Vollstreckung dieser Vereinbarung erforderlich ist,
2. die Offenlegung aus vorrangigen Gründen der öffentlichen Ordnung (ordre public) geboten ist, insbesondere um eine Gefährdung des Wohles eines Kindes oder eine schwerwiegende Beeinträchtigung der physischen oder psychischen Integrität einer Person abzuwenden, oder
3. es sich um Tatsachen handelt, die offenkundig sind oder ihrer Bedeutung nach keiner Geheimhaltung bedürfen.

Der Mediator hat die Parteien über den Umfang seiner Verschwiegenheitspflicht zu informieren

§ 5. Aus- und Fortbildung des Mediators; zertifizierter Mediator. (1) Der Mediator stellt in eigener Verantwortung durch eine geeignete Ausbildung und eine regelmäßige Fortbildung sicher, dass er über theoretische Kenntnisse sowie praktische Erfahrungen verfügt, um die Parteien in sachkundiger Weise durch die Mediation führen zu können. Eine geeignete Ausbildung soll insbesondere vermitteln

1. Kenntnisse über Grundlagen der Mediation sowie deren Ablauf und Rahmenbedingungen,
2. Verhandlungs- und Kommunikationstechniken,
3. Konfliktkompetenz,
4. Kenntnisse über das Recht der Mediation sowie über die Rolle des Rechts in der Mediation sowie
5. praktische Übungen, Rollenspiele und Supervision.

(2) Als zertifizierter Mediator darf sich bezeichnen, wer eine Ausbildung zum Mediator abgeschlossen hat, die den Anforderungen der Rechtsverordnung nach § 6 entspricht.

(3) Der zertifizierte Mediator hat sich entsprechend den Anforderungen der Rechtsverordnung nach § 6 fortzubilden.

§ 6. Verordnungsermächtigung. Das Bundesministerium der Justiz wird ermächtigt, durch Rechtsverordnung ohne Zustimmung des Bundesrates nähere Bestimmungen über die Ausbildung zum zertifizierten Mediator und über die Fortbildung des zertifizierten Mediators sowie Anforderungen an Aus- und Fortbildungseinrichtungen zu erlassen. In der Rechtsverordnung nach Satz 1 können insbesondere festgelegt werden

1. nähere Bestimmungen über die Inhalte der Ausbildung, wobei eine Ausbildung zum zertifizierten Mediator die in § 5 Absatz 1 Satz 2 aufgeführten Ausbildungsinhalte zu vermitteln hat, und über die erforderliche Praxiserfahrung;
2. nähere Bestimmungen über die Inhalte der Fortbildung;
3. Mindeststundenzahlen für die Aus- und Fortbildung;
4. zeitliche Abstände, in denen eine Fortbildung zu erfolgen hat;
5. Anforderungen an die in den Aus- und Fortbildungseinrichtungen eingesetzten Lehrkräfte;
6. Bestimmungen darüber, dass und in welcher Weise eine Aus- und Fortbildungseinrichtung die Teilnahme an einer Aus- und Fortbildungsveranstaltung zu zertifizieren hat;
7. Regelungen über den Abschluss der Ausbildung;
8. Übergangsbestimmungen für Personen, die bereits vor Inkrafttreten dieses Gesetzes als Mediatoren tätig sind.

§ 7. Wissenschaftliche Forschungsvorhaben; finanzielle Förderung der Mediation. (1) Bund und Länder können wissenschaftliche Forschungsvorhaben vereinbaren, um die Folgen einer finanziellen Förderung der Mediation für die Länder zu ermitteln.

(2) Die Förderung kann im Rahmen der Forschungsvorhaben auf Antrag einer rechtsuchenden Person bewilligt werden, wenn diese nach ihren persönlichen und wirtschaftlichen Verhältnissen die Kosten einer Mediation nicht, nur

zum Teil oder nur in Raten aufbringen kann und die beabsichtigte Rechtsverfolgung oder Rechtsverteidigung nicht mutwillig erscheint. Über den Antrag entscheidet das für das Verfahren zuständige Gericht, sofern an diesem Gericht ein Forschungsvorhaben durchgeführt wird. Die Entscheidung ist unanfechtbar. Die Einzelheiten regeln die nach Absatz 1 zustande gekommenen Vereinbarungen zwischen Bund und Ländern.

(3) Die Bundesregierung unterrichtet den Deutschen Bundestag nach Abschluss der wissenschaftlichen Forschungsvorhaben über die gesammelten Erfahrungen und die gewonnenen Erkenntnisse.

§ 8. Evaluierung. (1) Die Bundesregierung berichtet dem Deutschen Bundestag bis zum … [einsetzen: Angabe des Tages und des Monats des Inkrafttretens dieses Gesetzes sowie die Jahreszahl des fünften auf das Inkrafttreten folgenden Jahres] auch unter Berücksichtigung der kostenrechtlichen Länderöffnungsklauseln über die Auswirkungen dieses Gesetzes auf die Entwicklung der Mediation in Deutschland und über die Situation der Aus- und Fortbildung der Mediatoren. In dem Bericht ist insbesondere zu untersuchen und zu bewerten, ob aus Gründen der Qualitätssicherung und des Verbraucherschutzes weitere gesetzgeberische Maßnahmen auf dem Gebiet der Aus- und Fortbildung von Mediatoren notwendig sind.

(2) Sofern sich aus dem Bericht die Notwendigkeit gesetzgeberischer Maßnahmen ergibt, soll die Bundesregierung diese vorschlagen.

§ 9. Übergangsbestimmung. (1) Die Mediation in Zivilsachen durch einen nicht entscheidungsbefugten Richter während eines Gerichtsverfahrens, die vor dem … [einsetzen: Datum des Tages des Inkrafttretens dieses Gesetzes nach Artikel 9] an einem Gericht angeboten wird, kann unter Fortführung der bisher verwendeten Bezeichnung (gerichtlicher Mediator) bis zum … [einsetzen: Datum des ersten Tages des 13. auf die Verkündung folgenden Kalendermonats] weiterhin durchgeführt werden.

(2) Absatz 1 gilt entsprechend für die Mediation in der Verwaltungsgerichtsbarkeit, der Sozialgerichtsbarkeit, der Finanzgerichtsbarkeit und der Arbeitsgerichtsbarkeit.

Artikel 2

Änderung der Zivilprozessordnung. Die Zivilprozessordnung in der Fassung der Bekanntmachung vom 5. Dezember 2005 (BGBl. I S. 3202; 2006 I S. 431; 2007 I S. 1781), die zuletzt durch Artikel 1 des Gesetzes vom 21. Oktober 2011 (BGBl. I S. 2082) geändert worden ist, wird wie folgt geändert:

1. In der Inhaltsübersicht wird nach der Angabe zu § 278 folgende Angabe eingefügt: „§ 278a Mediation, außergerichtliche Konfliktbeilegung“.
2. § 41 wird wie folgt geändert:
   a) In Nummer 7 wird der Punkt am Ende durch ein Semikolon ersetzt.
   b) Folgende Nummer 8 wird angefügt:

„8. in Sachen, in denen er an einem Mediationsverfahren oder einem anderen Verfahren der außergerichtlichen Konfliktbeilegung mitgewirkt hat."

3. Dem § 159 Absatz 2 wird folgender Satz angefügt:
„Ein Protokoll über eine Güteverhandlung oder weitere Güteversuche vor einem Güterichter nach § 278 Absatz 5 wird nur auf übereinstimmenden Antrag der Parteien aufgenommen."
4. § 253 Absatz 3 wird wie folgt gefasst:
„(3) Die Klageschrift soll ferner enthalten:
1. die Angabe, ob der Klageerhebung der Versuch einer Mediation oder eines anderen Verfahrens der außergerichtlichen Konfliktbeilegung vorausgegangen ist, sowie eine Äußerung dazu, ob einem solchen Verfahren Gründe entgegenstehen;
2. die Angabe des Wertes des Streitgegenstandes, wenn hiervon die Zuständigkeit des Gerichts abhängt und der Streitgegenstand nicht in einer bestimmten Geldsumme besteht;
3. eine Äußerung dazu, ob einer Entscheidung der Sache durch den Einzelrichter Gründe entgegenstehen."
5. § 278 Absatz 5 wird wie folgt gefasst:
„(5) Das Gericht kann die Parteien für die Güteverhandlung sowie für weitere Güteversuche vor einen hierfür bestimmten und nicht entscheidungsbefugten Richter (Güterichter) verweisen. Der Güterichter kann alle Methoden der Konfliktbeilegung einschließlich der Mediation einsetzen."
6. Nach § 278 wird folgender § 278a eingefügt:
„§ 278a Mediation, außergerichtliche Konfliktbeilegung (1) Das Gericht kann den Parteien eine Mediation oder ein anderes Verfahren der außergerichtlichen Konfliktbeilegung vorschlagen.
(2) Entscheiden sich die Parteien zur Durchführung einer Mediation oder eines anderen Verfahrens der außergerichtlichen Konfliktbeilegung, ordnet das Gericht das Ruhen des Verfahrens an."

Artikel 3

Änderung des Gesetzes über das Verfahren in Familiensachen und in den Angelegenheiten der freiwilligen Gerichtsbarkeit. Das Gesetz über das Verfahren in Familiensachen und in den Angelegenheiten der freiwilligen Gerichtsbarkeit vom 17. Dezember 2008 (BGBl. I S. 2586, 2587), das zuletzt durch Artikel 7 des Gesetzes vom 25. November 2011 (BGBl. I S. 2267) geändert worden ist, wird wie folgt geändert:

1. Die Inhaltsübersicht wird wie folgt geändert:
   a) Nach der Angabe zu § 36 wird folgende Angabe eingefügt:
   „§ 36a Mediation, außergerichtliche Konfliktbeilegung".

b) In der Angabe zu § 135 wird das Wort „Streitbeilegung“ durch das Wort „Konfliktbeilegung“ ersetzt.

2. Nach § 23 Absatz 1 Satz 2 wird folgender Satz eingefügt:
„Der Antrag soll in geeigneten Fällen die Angabe enthalten, ob der Antragstellung der Versuch einer Mediation oder eines anderen Verfahrens der außergerichtlichen Konfliktbeilegung vorausgegangen ist sowie eine Äußerung dazu, ob einem solchen Verfahren Gründe entgegenstehen.“
3. Nach § 28 Absatz 4 Satz 2 wird folgender Satz eingefügt:
„Über den Versuch einer gütlichen Einigung vor einem Güterichter nach § 36 Absatz 5 wird ein Vermerk nur angefertigt, wenn alle Beteiligten sich einverstanden erklären.“
4. Dem § 36 wird folgender Absatz 5 angefügt: „(5) Das Gericht kann die Beteiligten für den Versuch einer gütlichen Einigung vor einen hierfür bestimmten und nicht entscheidungsbefugten Richter (Güterichter) verweisen. Der Güterichter kann alle Methoden der Konfliktbeilegung einschließlich der Mediation einsetzen. Für das Verfahren vor dem Güterichter gelten die Absätze 1 bis 4 entsprechend.“
5. Nach § 36 wird folgender § 36a eingefügt:
„§ 36a Mediation, außergerichtliche Konfliktbeilegung (1) Das Gericht kann einzelnen oder allen Beteiligten eine Mediation oder ein anderes Verfahren der außergerichtlichen Konfliktbeilegung vorschlagen. In Gewaltschutzsachen sind die schutzwürdigen Belange der von Gewalt betroffenen Person zu wahren.

(2) Entscheiden sich die Beteiligten zur Durchführung einer Mediation oder eines anderen Verfahrens der außergerichtlichen Konfliktbeilegung, setzt das Gericht das Verfahren aus.

(3) Gerichtliche Anordnungs- und Genehmigungsvorbehalte bleiben von der Durchführung einer Mediation oder eines anderen Verfahrens der außergerichtlichen Konfliktbeilegung unberührt.“

6. § 81 Absatz 2 Nummer 5 wird wie folgt gefasst: „5. der Beteiligte einer richterlichen Anordnung zur Teilnahme an einem kostenfreien Informationsgespräch über Mediation oder über eine sonstige Möglichkeit der außergerichtlichen Konfliktbeilegung nach § 156 Absatz 1 Satz 3 oder einer richterlichen Anordnung zur Teilnahme an einer Beratung nach § 156 Absatz 1 Satz 4 nicht nachgekommen ist, sofern der Beteiligte dies nicht genügend entschuldigt hat.“
7. § 135 wird wie folgt geändert: a) In der Überschrift wird das Wort „Streitbeilegung“ durch das Wort „Konfliktbeilegung“ ersetzt.
8. In § 150 Absatz 4 Satz 2 wird nach der Angabe „§ 135“ die Angabe „Abs. 1“ gestrichen.
9. Dem § 155 wird folgender Absatz 4 angefügt: „(4) Hat das Gericht ein Verfahren nach Absatz 1 zur Durchführung einer Mediation oder eines

anderen Verfahrens der außergerichtlichen Konfliktbeilegung ausgesetzt, nimmt es das Verfahren in der Regel nach drei Monaten wieder auf, wenn die Beteiligten keine einvernehmliche Regelung erzielen."

10. § 156 wird wie folgt geändert:
   a) Absatz 1 wird wie folgt geändert:
      aa) Satz 3 wird wie folgt gefasst:
      „Das Gericht kann anordnen, dass die Eltern einzeln oder gemeinsam an einem kostenfreien Informationsgespräch über Mediation oder über eine sonstige Möglichkeit der außergerichtlichen Konfliktbeilegung bei einer von dem Gericht benannten Person oder Stelle teilnehmen und eine Bestätigung hierüber vorlegen."
      bb) In Satz 4 wird nach dem Wort „kann" das Wort „ferner" eingefügt.
      cc) In Satz 5 werden die Wörter „Die Anordnung ist" durch die Wörter „Die Anordnungen nach den Sätzen 3 und 4 sind" ersetzt.
   b) In Absatz 3 Satz 2 werden nach dem Wort „Beratung" ein Komma sowie die Wörter „an einem kostenfreien Informationsgespräch über Mediation oder einer sonstigen Möglichkeit der außergerichtlichen Konfliktbeilegung" eingefügt.

Artikel 4

Änderung des Arbeitsgerichtsgesetzes. Das Arbeitsgerichtsgesetz in der Fassung der Bekanntmachung vom 2. Juli 1979 (BGBl. I S. 853, 1036), das zuletzt durch Artikel **...** des Gesetzes vom **...** geändert worden ist, wird wie folgt geändert:

1. Dem § 54 wird folgender Absatz 6 angefügt: „(6) Der Vorsitzende kann die Parteien für die Güteverhandlung sowie deren Fortsetzung vor einen hierfür bestimmten und nicht entscheidungsbefugten Richter (Güterichter) verweisen. Der Güterichter kann alle Methoden der Konfliktbeilegung einschließlich der Mediation einsetzen"
2. Nach § 54 wird folgender § 54a eingefügt: „§ 54a Mediation, außergerichtliche Konfliktbeilegung (1) Das Gericht kann den Parteien eine Mediation oder ein anderes Verfahren der außergerichtlichen Konfliktbeilegung vorschlagen.

   (2) Entscheiden sich die Parteien zur Durchführung einer Mediation oder eines anderen Verfahrens der außergerichtlichen Konfliktbeilegung, ordnet das Gericht das Ruhen des Verfahrens an. Auf Antrag einer Partei ist Termin zur mündlichen Verhandlung zu bestimmen. Im Übrigen nimmt das Gericht das Verfahren nach drei Monaten wieder auf, es

sei denn, die Parteien legen übereinstimmend dar, dass eine Mediation oder eine außergerichtliche Konfliktbeilegung noch betrieben wird."

3. § 55 Absatz 1 Nummer 8 wird wie folgt gefasst: „8. über die Aussetzung und Anordnung des Ruhens des Verfahrens;".
4. In § 64 Absatz 7 werden nach den Wörtern „der §§ 52, 53, 55 Abs. 1 Nr. 1 bis 9, Abs. 2 und 4," die Wörter „des § 54 Absatz 6, des § 54a," und nach den Wörtern „ehrenamtlichen Richter," die Wörter „Güterichter, Mediation und außergerichtliche Konfliktbeilegung," eingefügt.
5. In § 80 Absatz 2 Satz 1 werden nach den Wörtern „ehrenamtlichen Richter," die Wörter „Mediation und außergerichtliche Konfliktbeilegung," eingefügt.
6. In § 83a Absatz 1 werden nach den Wörtern „oder des Vorsitzenden" die Wörter „oder des Güterichters" eingefügt.
7. In § 87 Absatz 2 Satz 1 werden nach den Wörtern „ehrenamtlichen Richter," die Wörter „Güterichter, Mediation und außergerichtliche Konfliktbeilegung," eingefügt.

Artikel 5

Änderung des Sozialgerichtsgesetzes. In § 202 Satz 1 des Sozialgerichtsgesetzes in der Fassung der Bekanntmachung vom 23. September 1975 (BGBl. I S. 2535), das zuletzt durch Artikel ... des Gesetzes vom ... geändert worden ist, werden nach dem Wort „Zivilprozeßordnung" die Wörter „einschließlich § 278 Absatz 5 und § 278a" eingefügt.

Artikel 6

Änderung der Verwaltungsgerichtsordnung. In § 173 Satz 1 der Verwaltungsgerichtsordnung in der Fassung der Bekanntmachung vom 19. März 1991 (BGBl. I S. 686), die zuletzt durch Artikel ... des Gesetzes vom ... geändert worden ist, werden nach dem Wort „Zivilprozeßordnung" die Wörter „einschließlich § 278 Absatz 5 und § 278a" eingefügt.

Artikel 7

Änderung des Gerichtskostengesetzes. Das Gerichtskostengesetz vom 5. Mai 2004 (BGBl. I S. 442, 2262; 2002 I S. 679), das zuletzt durch Artikel 10 des Gesetzes vom 24. November 2011 (BGBl. I S. 2302) geändert worden ist, wird wie folgt geändert:

1. Dem § 70 wird folgender § 69b vorangestellt:
   „§ 69b Verordnungsermächtigung
   Die Landesregierungen werden ermächtigt, durch Rechtsverordnung zu bestimmen, dass die von den Gerichten der Länder zu erhebenden Verfahrensgebühren über die in den Nummern 1211, 1411, 5111, 5113, 5211, 5221, 6111, 6211, 7111, 7113 und 8211 des Kostenverzeichnisses bestimmte Ermäßigung hinaus weiter ermäßigt werden oder entfallen,

wenn das gesamte Verfahren nach einer Mediation oder nach einem anderen Verfahren der außergerichtlichen Konfliktbeilegung durch Zurücknahme der Klage oder des Antrags beendet wird und in der Klage- oder Antragsschrift mitgeteilt worden ist, dass eine Mediation oder ein anderes Verfahren der außergerichtlichen Konfliktbeilegung unternommen wird oder beabsichtigt ist, oder wenn das Gericht den Parteien die Durchführung einer Mediation oder eines anderen Verfahrens der außergerichtlichen Konfliktbeilegung vorgeschlagen hat. Satz 1 gilt entsprechend für die in den Rechtsmittelzügen von den Gerichten der Länder zu erhebenden Verfahrensgebühren; an die Stelle der Klage- oder Antragsschrift tritt der Schriftsatz, mit dem das Rechtsmittel eingelegt worden ist."

2. In Nummer 1640 der Anlage 1 (Kostenverzeichnis) werden im Gebührentatbestand die Wörter "§ 148 Abs. 1 und 2" durch die Wörter "§ 148 Absatz 1 und 2 des Aktiengesetzes" ersetzt.“

Artikel 7a

Änderung des Gesetzes über Gerichtskosten in Familiensachen

Dem § 62 des Gesetzes über Gerichtskosten in Familiensachen vom 17. Dezember 2008 (BGBl. I S. 2586, 2666), das zuletzt durch Artikel 10 des Gesetzes vom 23. Mai 2011 (BGBl. I S. 898) geändert worden ist, wird folgender § 61a vorangestellt:

"§ 61a Verordnungsermächtigung

Die Landesregierungen werden ermächtigt, durch Rechtsverordnung zu bestimmen, dass die von den Gerichten der Länder zu erhebenden Verfahrensgebühren in solchen Verfahren, die nur auf Antrag eingeleitet werden, über die im Kostenverzeichnis für den Fall der Zurücknahme des Antrags vorgesehene Ermäßigung hinaus weiter ermäßigt werden oder entfallen, wenn das gesamte Verfahren oder bei Verbundverfahren nach § 44 eine Folgesache nach einer Mediation oder nach einem anderen Verfahren der außergerichtlichen Konfliktbeilegung durch Zurücknahme des Antrags beendet wird und in der Antragsschrift mitgeteilt worden ist, dass eine Mediation oder ein anderes Verfahren der außergerichtlichen Konfliktbeilegung unternommen wird oder beabsichtigt ist, oder wenn das Gericht den Beteiligten die Durchführung einer Mediation oder eines anderen Verfahrens der außergerichtlichen Konfliktbeilegung vorgeschlagen hat. Satz 1 gilt entsprechend für die im Beschwerdeverfahren von den Oberlandesgerichten zu erhebenden Verfahrensgebühren; an die Stelle der Antragsschrift tritt der Schriftsatz, mit dem die Beschwerde eingelegt worden ist."

Artikel 8

Änderung der Finanzgerichtsordnung. In § 155 der Finanzgerichtsordnung in der Fassung der Bekanntmachung vom 28. März 2001 (BGBl. I S. 442, 2262; 2002 I S. 679), die zuletzt durch Artikel … des Gesetzes vom … geändert worden ist, werden nach dem Wort „Zivilprozessordnung" die Wörter „ein- schließlich § 278 Absatz 5 und § 278a" eingefügt.

Artikel 9

Inkrafttreten. Dieses Gesetz tritt am Tag nach der Verkündung in Kraft.

Zivilverfahrensgesetzbuch vom 17.11.1964 (Auszug)[1]

Art. 10. In Rechtssachen, in denen ein Vergleich zulässig ist, hat das Gericht zu jedem Zeitpunkt des Verfahrens auf eine gütliche Erledigung hinzuwirken. Die Parteien können diesen Vergleich auch vor einem Mediator schließen.

1. Kapitel Mediation und Schlichtungsverfahren

1. Unterabschnitt Mediation

Art.183^1. §1. Die Mediation ist freiwillig.

§ 2. Eine Mediation wird aufgrund eines Mediationsvertrags oder aufgrund eines Gerichtsbeschlusses durchgeführt. Der Vertrag kann auch durch die Zustimmung einer Partei zur Mediation zustande kommen, wenn die andere Partei den Antrag nach Art. Art. 183^6 §1 gestellt hat.

§ 3. In der Mediationsvereinbarung bestimmen die Parteien insbesondere den Gegenstand der Mediation, die Person des Mediators oder die Methode seiner Wahl.

§ 4. Eine Mediation kann vor der Eröffnung des Verfahrens oder mit Zustimmung der Parteien während des laufenden Verfahrens durchgeführt werden.

Art. 183^2. § 1. Ein Mediator kann eine natürliche Person sein, die voll geschäftsfähig ist und die die öffentlichen Rechte inne hat.

§ 2. Ein Mediator darf nicht gleichzeitig Richter sein. Dies betrifft nicht Richter im Ruhestand.

§ 3. Nichtregierungsorganisationen können im Umfang ihrer satzungsmäßigen Aufgaben und Fakultäten können eine Liste ständiger Mediatoren führen und Mediationszentren gründen. Die Eintragung in diese Liste erfordert die schriftliche Zustimmung des Mediatoren. Informationen über die Listen der ständigen Mediatoren und die Mediationszentren werden dem Vorsitzenden des Bezirksgerichts übermittelt.

§ 4. Ständiger Mediator kann die Durchführung einer Mediation nur aus wichtigen Gründen ablehnen, über die er verpflichtet ist, die Parteien zu informieren, und wenn die Parteien durch das Gericht in die Mediation geleitet wurden, auch das Gericht.

Art. 183^3. Der Mediator bleibt bei der Durchführung einer Mediation unparteiisch.

Art.183^4. § 1.Das Mediationsverfahren ist nichtöffentlich.

---

1 Dz. U. 1964, Nr. 43, Pos. 296, berücksichtigt wurden bereits die Änderungen des Änderungsgesetzes zum Zivilverfahrensgesetzbuch vom 16. 9. 2011 (Dz. U. 2011, Nr. 233, Pos. 1381), die zum Mai 2012 in Kraft treten. Aus dem Polnischen übersetzt von *Tina de Vries*.

§ 2. Der Mediator ist verpflichtet, die Tatsachen, die er im Verlauf der Mediation erfahren hat, vertraulich zu behandeln, es sei denn, die Parteien befreien ihn von dieser Pflicht.

§ 3. Es ist unwirksam sich im Laufe eines Gerichtsverfahrens oder eines Schiedsgerichtsverfahrens auf einen Vergleichsvorschlag, einen Vorschlag des gegenseitigen Nachgebens oder eine andere Erklärung, die während des Mediationsverfahrens abgegeben wurde.

Art. 183^{5}. Der Mediator hat einen Anspruch auf Entlohnung und auf die Erstattung seiner in Zusammenhang mit der Mediation getragenen Ausgaben, es sei denn, er stimmt der Durchführung einer Mediation ohne Entlohnung zu. Die Entlohnung und die Erstattung der Ausgaben, sind von den Parteien zu tragen.

Art. 183^{6} . § 1. Der Beginn der Mediation durch die Parteien erfolgt zum Zeitpunkt der Zustellung an den Mediator des Antrag auf die Durchführung der Mediation zusammen mit einem Zustellungsnachweis der Abschrift des Beschlusses an die andere Partei.

§ 2. Trotz der Zustellung des Beschlusses nach § 1 beginnt die Mediation nicht, wenn

1. der ständige Mediator innerhalb einer Woche nach der Zustellung des Antrags auf die Durchführung der Mediation, die Durchführung der Mediation ablehnt.
2. Die Parteien einen Mediationsvertrag geschlossen haben, in dem sie als Mediator eine Person bezeichnet haben, die kein ständiger Mediator ist, und diese Person innerhalb der Frist von einer Woche seit der Zustellung des Beschlusses über die Mediation, die Durchführung der Mediation abgelehnt hat.
3. Die Parteien einen Mediationsvertrag geschlossen haben ohne einen Mediatoren zu nennen und die Person, an die sich die Parteien zur Durchführung der Mediation gewandt haben, keine Zustimmung zur Durchführung der Mediation erteilt hat oder die andere Partei innerhalb einer Frist von einer Woche keine Zustimmung zur Person des Mediators erteilt hat.
4. die Parteien keinen Mediationsvertrag geschlossen haben und die zweite Partei keine Zustimmung zur Mediation erteilt hat.

Art. 183^{7}. Den Antrag auf Durchführung der Mediation enthält die Bezeichnung der Parteien, die genaue Bestimmung der Forderung, die Anführung der Umstände, die die Forderung rechtfertigen, die Unterschrift der Partei sowie die Anführung der Anlagen. Wenn die Parteien einen schriftlichen Mediationsvertrag geschlossen haben, wird eine Abschrift dieses Vertrags dem Antrag beigefügt.

Art. 183^{8} . § 1. Das Gericht kann bis zum Schluss der ersten Sitzung der Verhandlung die Parteien in die Mediation verweisen. Nach Schluss der Sitzung kann das Gericht die Parteien nur aufgrund eines übereinstimmenden Antrags der Parteien in die Mediation verweisen.

§ 2. Das Gericht kann nur einmal während des Verfahrens die Parteien in die Mediation verweisen.

§ 3. Der Beschluss kann in nichtöffentlicher Sitzung gefasst werden. Eine Mediation wird nicht durchgeführt, wenn die Partei innerhalb einer Frist von einer Woche seit dem Tag der Verkündung oder der Zustellung des Beschlusses über die Verweisung in die Mediation an sie keine Zustimmung zur Mediation erteilt hat.

§ 4. Die Vorschrift des §1. findet keine Anwendung auf Rechtssachen, die im Urkundsprozess oder im Mahnverfahren verhandelt werden.

Art. 183⁹ Im Verweisungsbeschluss wird der Mediator benannt; allerdings können die Parteien einen anderen Mediator bestimmen. Auf übereinstimmenden Antrag der Parteien kann das Gericht den Mediator berechtigen, die Akten in der Rechtssache einzusehen.

Art. 183¹⁰. §1. In dem Gerichtsbeschluss über die Durchführung der Mediation bestimmt das Gericht eine einmonatigen Dauer für die Mediation, es sei denn, die Parteien beantragen übereinstimmend die Bestimmung einer längeren Frist für die Durchführung der Mediation. Während der Mediation kann die Frist nach übereinstimmendem Antrag der Parteien verlängert werden.

§ 2. Der Vorsitzende terminiert die Verhandlung nach Ablauf der Frist, die in § 1 genannt wird, und vor ihrem Ablauf, wenn auch nur eine Partei erklärt, dass sie keine Zustimmung zur Mediation erteilt.

Art. 183¹¹. Der Mediator setzt unverzüglich einen Termin und einen Ort für die Durchführung der Mediationssitzung fest. Eine Festsetzung der Mediationssitzung ist nicht erforderlich, wenn die Parteien sich darauf einigen, die Mediation ohne Mediationssitzung durchzuführen.

Art. 183¹². § 1. Über den Verlauf der Mediation wird ein Protokoll angefertigt, in dem enthalten sind, der Ort und die Zeit der Mediation sowie der Vorname und Name und die Adressen der Parteien und des Mediators und darüberhinaus das Ergebnis der Mediation. Das Protokoll unterschreibt der Mediator.

§ 2 Wenn die Parteien einen Vergleich vor dem Mediator geschlossen haben, wird der Vergleich ins Protokoll einbezogen oder angehängt. Die Parteien unterzeichnen den Vergleich. Ein Unvermögen, eine Unterschrift unter den Vergleich zu leisten, bestätigt der Mediator im Protokoll.

§ 2¹. Durch die Unterzeichnung des Vergleichs stimmen die Parteien der Stellung des Antrags vor Gericht auf seine Bestätigung zu, hierüber informiert der Mediator die Parteien.

§ 3 Der Mediator händigt den Parteien eine Abschrift des Protokolls aus.

Art. 183¹³. § 1 Nach Abschluss des Vergleichs reicht der Mediator das Protokoll unverzüglich bei dem Gericht ein, das nach allgemeiner oder ausschließlicher Zuständigkeit für die Erkenntnis in der Sache zuständig ist.

§ 2. Im Falle der Verweisung der Sache durch ein Gericht in die Mediation reicht der Mediator das Protokoll im Gericht, das in der Sache erkennt, ein.

Art. 183^{14}. § 1. Wurde der Vergleich vor einem Mediator geschlossen, so kann das Gericht, das in Art. 183^{13} genannt wird, auf Antrag einer Partei unverzüglich ein Verfahren über die Bestätigung des Vergleichs, der vor dem Mediator geschlossen wurde, durchführen.

§ 2. Wenn der Vergleich vollstreckbar ist, bestätigt ihn das Gericht durch die Erteilung der Vollstreckungsklausel, andernfalls bestätigt das Gericht den Vergleich durch Beschluss in nichtöffentlicher Sitzung.

§ 3. Das Gericht lehnt die Erteilung der Vollstreckungsklausel oder die Bestätigung des Vergleichs, der vor dem Mediator geschlossen wurde, ganz oder teilweise ab, wenn der Vergleich rechtswidrig ist oder die Grundsätze des gesellschaftlichen Zusammenlebens verletzt oder wenn er eine Umgehung des Rechts bezweckt und auch, wenn er unverständlich ist oder Widersprüche enthält.

Art. 183^{15}. § 1. Ein Vergleich, der vor einem Mediator geschlossen wurde, hat nach seiner Bestätigung durch ein Gericht die Rechtskraft eines gerichtlichen Vergleichs.

§ 2. Die Vorschrift des § 1 verletzt nicht die Vorschriften über besondere Formen des Rechtsgeschäfts.

Gesetzentwurf Nr. 8137 „über Mediation“ vom 25. April 2011 Mediationsgesetz der Ukraine[1]

Dieses Gesetz schafft die rechtlichen Bedingungen und legt die allgemeinen Grundlagen für die Durchführung der Mediation in der Ukraine als außergerichtlichem Verfahren fest, das zur schnellen und effizienten Entscheidung von Konflikten und Streitigkeiten verwendet wird.

Kapitel I. Allgemeine Bestimmungen

Artikel 1. Die Definition der wichtigsten Begriffe[2]. In diesem Gesetz werden die unten angeführten Begriffe im folgenden Sinn verwendet:

- Vertrag über die Durchführung einer Mediation – ist die Vereinbarung der Parteien eines Konflikts (einer Streitigkeit) mit einem Mediator und/oder einer Organisation, die die Durchführung der Mediation sicherstellt, über das Verfahren und die Bedingungen der Mediation;
- kompetente Organ für den Zweck dieses Gesetzes bedeutet das jeweilige Organ, das nach dem geltenden Recht der Ukraine zuständig ist, den Streit zu prüfen und eine für die Parteien zwingende Entscheidung in der Hauptsache zu treffen;
- Konflikt – reale oder als real erscheinende Widersprüche zwischen zwei oder mehreren Personen (natürlichen und juristischen);
- Mediator – eine natürliche Person, die als unabhängiger Vermittler in der außergerichtlichen Regelung eines Konfliktes zwischen den Parteien auftritt, der zwischen ihnen entstanden ist, nach der Regelung, die durch dieses Gesetz vorgesehen ist;
- Mediation – das Verfahren der außergerichtlichen Beilegung der Konflikte (Streitigkeiten) der Parteien, das auf der Grundlage der Freiwilligkeit, der Selbstbestimmung der Parteien und ihrer Gleichheit, der Vertraulichkeit, der Unabhängigkeit und der Unvoreingenommenheit unter der Hinzuziehung eines Mediators stattfindet, das auf die selbständige Findung von Entscheidungen durch die Parteien ausgerichtet ist und auf die außergerichtliche Beilegung des Konflikts (der Streitigkeit) nach der Regelung, die durch dieses Gesetz vorgesehen ist;

---

1 Der Gesetzentwurf wurde unter Mitarbeit der NGO „Center for Common Ground“, Kiew, erarbeitet. Er wurde vom Volksdeputierten der Ukraine *O. I. Tiščenko* als Gesetzentwurf Nr. 8137 vom 25. 4. 2011 in die *Verkhovna Rada* (das Parlament) der Ukraine eingebracht. Die Parlamentsdrucksache ist einsehbar unter http://w1.c1.rada.gov.ua/pls/zweb_n/webproc4_1?id=&pf3511=39689. Die Übersetzung erfolgte im Auftrag der IRZ-Stiftung; sie wurde von *T. de Vries* überarbeitet.

2 Die Artikelüberschriften bilden Teil des Entwurfstextes.

- Mediationsklausel – eine spezielle Vertragsbestimmung über die Übertragung zur Mediation aller oder einiger Konflikte (Streitigkeiten), die zwischen ihnen im Zusammenhang mit irgendeinem beliebigen konkreten Rechtsverhältnis entstanden ist bzw. entstehen kann;
- Organisation, die die Durchführung der Mediation sicherstellt – eine juristische Person, die ordnungsgemäß eingetragen ist und die Dienstleistungen zur Beilegung der Konflikte (der Streitigkeiten) durch Mediation gewährt;
- Streitigkeit – ein Konflikt, der dem zuständigen Organ zur Prüfung übertragen wurde;
- Parteien der Mediation – natürliche oder juristische Personen, zwischen denen ein Konflikt (eine Streitigkeit) entstanden ist und die zugestimmt haben, dass er durch Mediation beigelegt wird;
- Vereinbarung über die Ergebnisse der Mediation – eine schriftlich abgefasste Vereinbarung der Parteien, die nach den Ergebnissen der Mediation abgeschlossen werden kann und die die durch die Parteien erreichten gemeinsamen Entscheidungen bezüglich der Beilegung des Konflikts (der Streitigkeit) enthält.

Artikel 2. Das Recht der Mediation. Die Verhältnisse im Bereich der Mediation werden durch die Verfassung der Ukraine, dieses Gesetz sowie durch andere Gesetze und Ausführungsakte der Ukraine geregelt.

Falls durch einen internationalen Vertrag, dessen Verbindlichkeit die Verchovna Rada der Ukraine[3] zugestimmt hat, andere Bestimmungen vorgesehen sind, als die, die durch dieses Gesetz festgelegt sind, werden die Bestimmungen des internationalen Vertrags der Ukraine angewandt.

Artikel 3. Die Zulässigkeit der Mediation. Die Parteien des Konflikts (der Streitigkeit) sind berechtigt, ihn (sie) durch die Mediation nach der durch dieses Gesetz festgelegten Regelung beizulegen, und zwar sowohl in dem Fall, dass der Konflikt keinem befugten Organ zur Prüfung übertragen wird, als auch in dem Fall, dass das zuständige Organ die Prüfung der entsprechenden Streitigkeit begonnen hat, aber in jedem Fall vor der vollständigen Vollstreckung der endgültigen Entscheidung in der Sache, die durch das zuständige Organ getroffen wurde.

Das zuständige Organ, das die Streitigkeit verhandelt, kann den Parteien empfehlen, zur Beilegung der entsprechenden Streitigkeit eine Mediation durchzuführen.

Artikel 4. Die Grundsätze der Mediation. Die Mediation erfolgt nach den Grundsätzen der Freiwilligkeit, der Selbstbestimmung und der Gleichheit der Parteien sowie der Vertraulichkeit, Unabhängigkeit und Unvoreingenommenheit des Mediators.

Artikel 5. Freiwilligkeit der Mediation. Niemand kann zur Beilegung eines Konflikts (einer Streitigkeit) durch Mediation gezwungen werden.

---

3 Das ist das Parlament der Ukraine.

Die Parteien des Konflikts (der Streitigkeit) beteiligen sich gemäß der gemeinsamen Vereinbarung an der Mediation und können ihre Durchführung zu jedem beliebigen Zeitpunkt vor dem Abschluss einer Vereinbarung über die Ergebnisse der Mediation ablehnen und andere Methoden zur Beilegung des Konflikts (der Streitigkeit) wählen.

Die Beteiligung einer Person an der Mediation darf nicht als Anerkenntnis ihrer Schuld oder der an sie gestellten Forderungen sowie als Verzicht auf eigene Forderungen betrachtet werden.

Artikel 6. Die Selbstbestimmung der Mediationsparteien. Im Prozess der Mediation sind die Parteien des Konflikts (der Streitigkeit) frei, eine gemeinsame Beilegung des Konflikts (der Streitigkeit) zu suchen und die Möglichkeiten seiner (ihrer) Beilegung selbständig zu bestimmen.

Artikel 7. Die Gleichheit der Mediationsparteien. Die Parteien haben gleiche Rechte während der Durchführung der Mediation.

Es ist verboten, einer Partei der Mediation irgendwelche Privilegien oder Einschränkungen nach den Merkmalen der Rasse, der Hautfarbe, der politischen, der religiösen und anderen Überzeugungen, des Geschlechts, der ethnischen und sozialen Abstammung, des Stands, des Vermögens, des Wohnorts, der sprachlichen und andere Merkmale zu gewähren.

Artikel 8. Die Vertraulichkeit der Mediation. Während der Durchführung der Mediation wird die Vertraulichkeit aller Informationen gesichert, die das genannte Verfahren betreffen, mit Ausnahme der Fälle, die das geltende Recht der Ukraine vorsieht, bzw. wenn die Parteien schriftlich etwas anderes vereinbart haben.

Der Mediator ist nicht berechtigt, Informationen, die den Mediationsprozess betreffen und die er während der Durchführung der Mediation erhalten hat, bekannt zu machen, wenn keine vorherige schriftliche Zustimmung aller Parteien der Mediation vorliegt.

Die Teilnehmer der Mediation, die Organisationen, die die Durchführung der Mediation sicherstellen, und ihre Mitarbeiterinnen und Mitarbeiter dürfen, es sei denn, die Parteien haben schriftlich etwas Anderes vereinbart, folgende Informationen in keinem anderen Verfahren der Beilegung des Konflikts (der Streitigkeit), darunter auch in gerichtlichen und Arbitrageverfahren, verwenden:

- den Vorschlag einer Partei über die Anwendung des Mediationsverfahrens;
- die Äußerung einer Partei über ihre Zustimmung zur Beteiligung am Mediationsverfahren;
- die Überlegungen oder Vorschläge der Parteien bezüglich der möglichen Beilegungswege des Konflikts (der Streitigkeit);
- die Erklärungen der Mediationsparteien, die während der Mediation geäußert wurden;
- die Vorschläge des Mediators;

- die Äußerung der Bereitschaft einer Partei, den Vorschlag über die Beilegung des Konflikts (der Streitigkeit) anzunehmen;
- andere Informationen, die die Mediation betreffen.

Art. 9. Die Unabhängigkeit und Unvoreingenommenheit des Mediators. Der Mediator ist in seiner Tätigkeit unabhängig und handelt im Rahmen des geltenden Rechts der Ukraine.

Die Mediatorin (der Mediator) darf an der Mediation des Konflikts (der Streitigkeit) nicht teilnehmen, an dem (der) sie/er persönliche Interessen hat, darunter ein persönliches oder finanzielles Interesse am Ergebnis der Beilegung eines solchen Konflikts (der Streitigkeit), bzw. falls sie/er durch familiäre oder geschäftliche Beziehungen mit einer oder mehreren Mediationsparteien verbunden ist, bzw. wenn vor dem Beginn der Mediation sie/er den entsprechenden Konflikt (die Streitigkeit) als Amtsperson des zuständigen Organs geprüft hat oder als Vertreter oder Berater einer der Mediationsparteien aufgetreten ist, bzw. wenn andere Umstände bestehen, die Zweifel an der Unvoreingenommenheit des Mediators aufkommen lassen. Falls einer der genannten Umstände vorliegt, ist der Mediator verpflichtet, vor seiner Bestellung als Mediator im entsprechenden Konflikt (Streitigkeit) die Mediationsparteien über den bestehenden Interessenskonflikt zu unterrichten, und falls solche Umstände während der Durchführung der Mediation bekannt werden, sofort nach ihrer Aufdeckung.

Ein Mediator, der die Mediation eines Konflikts (einer Streitigkeit) durchgeführt hat, darf nicht Vertreter oder Berater einer der Mediationsparteien während der Behandlung des gleichen Konflikts (der Streitigkeit) durch das zuständige Organ sein.

Artikel 10. Die Sprache, in der die Mediation durchgeführt wird. Die Mediationsparteien können in der Mediationsklausel und/oder im Vertrag über die Durchführung der Mediation bestimmen, in welcher Sprache bzw. in welchen Sprachen die Mediation durchgeführt wird. Falls die Mediationsklausel und/oder der Vertrag über die Durchführung der Mediation keinen Hinweis auf die Sprache enthalten, in der die Mediation durchgeführt wird, wird sie auf Ukrainisch durchgeführt.

Alle Verträge, Vereinbarungen, Erklärungen und andere Urkunden, die im Verlauf der Mediation oder nach ihren Ergebnissen erstellt werden, werden in der bzw. den Sprachen erstellt, die die Mediationsparteien für die Durchführung der Mediation gewählt haben. Enthalten die Mediationsklausel und/oder der Vertrag über die Durchführung der Mediation keinen Hinweis auf die Sprache, in der die Mediation durchgeführt wird, werden alle Verträge, Vereinbarungen, Erklärungen und andere Dokumente, die im Verlauf der Mediation oder nach ihren Ergebnissen erstellt werden, in ukrainischer Sprache vorgelegt.

Abschnitt II. Der Status des Mediators

Artikel 11. Die Anforderungen an den Mediator. Mediator kann eine natürliche Person sein, die eine spezielle Ausbildung in der entsprechenden Richtung in der Ukraine oder außerhalb der Ukraine erhalten hat und ein Zertifikat oder eine andere Urkunde erhalten hat, die ihre entsprechende Ausbildung bestätigt, und die zum Zeitpunkt des Vertragsabschlusses über die Durchführung der Mediation mindestens einundzwanzig Jahre alt ist.

Die Parteien und/oder die Organisationen, die die Durchführung der Mediation sicherstellen, können zusätzliche Anforderungen an die Mediatoren festlegen, unter anderem bezüglich des Alters, der Ausbildung, der Erfahrungen etc.

Ein Mediator kann niemand sein, der vorbestraft war, dessen Vorstrafen nicht ordnungsgemäß getilgt wurden, der in seiner Handlungsfähigkeit beschränkt ist oder der vom Gericht als nicht handlungsfähig anerkannt wurde.

Artikel 12. Die Zertifizierung der Mediatoren. Ein Mediator muss durch ein Unternehmen, eine Einrichtung oder eine Organisation zertifiziert werden, die Mediatoren in der Ukraine oder außerhalb der Ukraine nach einem Programm ausbilden, das mindestens vierzig akademische Stunden umfassen muss, inklusive praktischer Übungen.

Das Dokument, das die entsprechende Ausbildung bestätigt, ist ein Zertifikat oder ein anderes Dokument, in dem angeführt werden:

- der Name, der Vorname, der Vatersname der Person, die ausgebildet wurde;
- die Bezeichnung des Subjekts, das die Ausbildung durchführte;
- der Name, der Vorname, der Vatersname der Person, die die Ausbildung durchführte;
- die Anzahl der Ausbildungsstunden, darunter die Stundenanzahl des praktischen Unterrichts.

Artikel 13. Die Haftung des Mediators. Der Mediator haftet für die Verletzung der Anforderungen dieses Gesetzes, der anderen Gesetze und der Rechts- und Ordnungsvorschriften der Ukraine, der Normen der professionellen Ethik der Mediatoren sowie des Vertrags über die Durchführung der Mediation.

Ein Schaden, der den Parteien infolge der unqualifizierten Gewährung von Mediationsleistungen zugefügt wurde, wird vom Mediator nach der Regelungen des Zivilrechts der Ukraine und den Regelungen des Vertrags über die Durchführung der Mediation erstattet.

Artikel 14. Die Haftpflichtversicherung des Mediators. Die zivilrechtliche Haftung des Mediators unterliegt der freiwilligen Versicherung nach der Regelung, die durch das geltende Recht der Ukraine bestimmt ist.

Abschnitt III. Die Durchführung der Mediation

Artikel 15. Der Vertrag über die Durchführung der Mediation. Die Mediation wird aufgrund eines Vertrags über die Durchführung der Mediation durchgeführt, der durch die Parteien des Konflikts (der Streitigkeit) mit einem oder mehreren Mediatoren oder mit einer Organisation abgeschlossen wird, die die Durchführung der Mediation sicherstellt. Der Vertrag über die Durchführung der Mediation wird in einfacher Schriftform geschlossen, er wird durch alle Parteien des Konflikts (der Streitigkeit) und den Mediator (die Mediatoren) bzw. die Organisation, die die Durchführung der Mediation sicherstellt, unterzeichnet.

Der Vertrag über die Durchführung der Mediation muss den allgemeinen Grundlagen des Zivilrechts der Ukraine entsprechen, die den Inhalt der Verträge betreffen. Darüber hinaus muss der Vertrag über die Durchführung der Mediation enthalten:

- eine Bestimmung, dass die Parteien des Konflikts (der Streitigkeit) die Grundsätze der Mediation, die durch dieses Gesetz bestimmt werden, akzeptieren;
- die Bestimmung des Orts der Durchführung der Mediation;
- die Anführung der Zeitdauer der Durchführung der Mediation;
- das Verfahren der Zahlung der Kosten der Durchführung der Mediation durch die Parteien des Konflikts (der Streitigkeit), die Höhe und das Verfahren der Auszahlung des Honorars des Mediators (der Mediatoren) oder der Organisation, die die Durchführung der Mediation sicherstellt.

Die Parteien des Konflikts (der Streitigkeit) und der Mediator (die Mediatoren) oder die Organisation, die die Durchführung der Mediation sicherstellt, sind berechtigt, im Vertrag über die Durchführung der Mediation andere Bedingungen der Durchführung der Mediation festzulegen, die diesem Gesetz, anderen Gesetzen und Rechts- und Ordnungsvorschriften der Ukraine nicht widersprechen.

Der Vertrag über die Durchführung der Mediation wird in der Anzahl der Exemplare entsprechend der Anzahl der Parteien des Konflikts (der Streitigkeit) abgeschlossen – ein Exemplar für jede Partei und für jeden Mediator bzw. jede Organisation, die die Durchführung der Mediation sicherstellt. Der Vertrag über die Durchführung der Mediation des Konflikts (der Streitigkeit) tritt am Tag seiner Unterzeichnung durch die Parteien des Konflikts (der Streitigkeit) und den Mediator (die Mediatoren) bzw. die Organisation, die die Durchführung der Mediation sicherstellt, in Kraft.

Der Vertrag über die Durchführung der Mediation kann auf jede Art und Weise beglaubigt werden, die durch das geltende Rechts der Ukraine vorgesehen ist.

Artikel 16. Die Bestellung und der Austausch von Mediatoren. Die Parteien der Mediation wählen einen oder mehrere Mediatoren nach der gemeinsamen Vereinbarung auf unabhängiger Grundlage.

Falls der Vertrag über die Durchführung der Mediation mit einer Organisation, die die Durchführung der Mediation sicherstellt, geschlossen wurde, kann eine solche Organisation die Kandidatur eines Mediators (die Kandidaturen von

Mediatoren) empfehlen oder ihn (sie) bestellen, falls die Parteien das entsprechende Ersuchen an eine solche Organisation aufgrund des Vertrags über die Durchführung der Mediation gerichtet haben. Die Bestätigung der Annahme der Kandidatur kann auf irgendeine Art und Weise erfolgen, die die Parteien und die Organisation, die die Durchführung der Mediation sicherstellt, für diese Annahme als ausreichend erachten.

Die Parteien der Mediation sind berechtigt, den Mediator und, falls die Mediation durch mehrere Mediatoren durchgeführt wird, einen oder alle Mediatoren in jedem Zeitpunkt der Durchführung der Mediation vor dem Abschluss des Vertrags über die Ergebnisse der Mediation auszutauschen. In diesem Fall erfolgen die Abrechnungen zwischen den Parteien und dem Mediator (den Mediatoren) entsprechend den Bedingungen des Vertrags über die Durchführung der Mediation.

Artikel 17. Die Teilnehmer der Mediation. Teilnehmer der Mediation sind die Mediationsparteien und der Mediator (die Mediatoren).

Die Parteien des Konflikts (der Streitigkeit) erhalten den Status als Mediationsparteien ab dem Zeitpunkt, an dem der Vertrag über die Durchführung der Mediation in Kraft trifft.

Andere Teilnehmer der Mediation können die Vertreter der Parteien, Experten, Fachleute oder andere Personen sein, wenn sie schriftlich den Grundsätzen der Mediation und dem Mediationsverfahren zustimmen, die in diesem Gesetz und in dem Vertrag über die Durchführung der Mediation bestimmt sind.

Artikel 18. Die Rechte und Pflichten der Mediationsparteien. Die Mediationsparteien haben das Recht:

- über das Wesen der Mediation und die Folgen ihrer Durchführung informiert zu werden;
- einen oder mehrere Mediatoren zu wählen;
- entsprechend ihrer gemeinsamen Vereinbarung zum Mediationsprozess ihre Vertreter, Experten, Fachleute oder andere Personen unter der Bedingung hinzuzuziehen, dass sie den Grundsatz der Vertraulichkeit der Mediation einhalten, soweit durch die Parteien nichts anderes vereinbart wurde;
- die Leistungen eines Dolmetschers in Anspruch zu nehmen;
- die Teilnahme an der Mediation in jeder Phase ihrer Durchführung vor dem Abschluss des Vertrags über die Ergebnisse der Mediation abzusagen;
- andere Rechte auszuüben, die den Mediationsparteien durch das geltende Recht der Ukraine und den Vertrag über die Durchführung der Mediation gewährt werden.

Die Mediationsparteien sind verpflichtet:

- mit dem Mediator zusammenzuarbeiten und die Durchführung der Mediation innerhalb der Frist und nach der Regelung nicht zu verhindern,

die durch dieses Gesetz und den Vertrag über die Durchführung der Mediation festgelegt sind;
- die Vereinbarung über die Ergebnisse der Mediation freiwillig zu erfüllen, die nach den Ergebnissen der Mediation abgeschlossen wurde;
- die Ehre und Würde der anderen Teilnehmer der Mediation zu respektieren;
- das geltende Recht der Ukraine einzuhalten und andere Verpflichtungen zu erfüllen, die durch den Vertrag über die Durchführung der Mediation übernommen wurden.

Artikel 19. Die Rechte des Mediators. Während der Mediation hat der Mediator das Recht:
- das Durchführungsverfahren der Mediation selbständig zu bestimmen;
- die Vollmacht der Vertreter der Mediationsparteien zu prüfen;
- individuell mit jeder der Mediationsparteien, bzw. mit mehreren oder mit allen Mediationsparteien gleichzeitig Gespräche zu führen unter Bedingungen, die die Einhaltung der Vertraulichkeit geährleisten;
- den Parteien vorzuschlagen, die Mediation mit dem Ziel einzustellen, zusätzliche Vorbereitungshandlungen durchzuführen oder die erforderlichen Fachleute der einen oder anderen Mediationspartei hinzuzuziehen;
- die Mediationsparteien zu unterstützen, den Inhalt der Vereinbarung über die Ergebnisse der Mediation entsprechend der durch die Mediationsparteien erreichten Entscheidung über die Beilegung des Konflikts (der Streitigkeit) zu formulieren;
- den Prozess der Mediation einzustellen;
- andere Rechte auszuüben, die dem Mediator durch das geltende Recht der Ukraine sowie den Vertrag über die Durchführung der Mediation gewährt werden.

Hat der Mediator von einer der Parteien Informationen erhalten, die die Mediation betreffen, ist sie/er nur berechtigt, diese Informationen der anderen Partei zu offenbaren, wenn die Partei, die die Information gegeben hat, ihr/ihm vorher ihre Zustimmung dazu erteilt hat.

Der Mediator ist nicht berechtigt, den Parteien juristischen Rat, ein Gutachten oder eine andere Beratung bezüglich des Gegenstands des Konflikts (der Streitigkeit) oder der möglichen Entscheidungsergebnissen des Konflikts (der Streitigkeit) zu erteilen, an dem (der) sie/er unmittelbar als Mediator beteiligt ist.

Der Mediator darf ohne Zustimmung der Parteien keine öffentlichen Erklärungen über das Wesen des Konflikts (der Streitigkeit) abgeben.

Der Mediator hat nicht das Recht, den Parteien die Entscheidung über die Regelung des Konflikts (der Streitigkeit) aufzuzwingen.

Artikel 20. Die Pflichten des Mediators. Der Mediator ist verpflichtet, im Rahmen des geltenden Rechts der Ukraine, der Vorschriften der Berufsethik der

Mediatoren sowie des Vertrags über die Durchführung der Mediation zu handeln.

Während der Mediation ist der Mediator verpflichtet:

- den Mediationsparteien das Verfahren der Durchführung der Mediation zu erklären;
- die Mediationsparteien über einen Interessenkonflikt entsprechend den Anforderungen dieses Gesetzes zu unterrichten;
- alle durch das geltende Recht der Ukraine vorgesehenen Maßnahmen zu treffen, damit die Parteien der Mediation innerhalb der festgesetzten Frist eine Entscheidung bezüglich der außergerichtlichen Regelung des Konflikts (der Streitigkeit) erreichen;
- die Durchführung der Mediation ohne wichtige Gründe nicht zu verzögern;
- darauf zu verzichten, den Mediationsparteien irgendwelche Versprechungen oder Garantien hinsichtlich der konkreten Ergebnisse der Mediation zu erteilen.

Artikel 21. Die Durchführung der Mediation. Die Mediation basiert darauf, dass die Parteien ihre eigenen Positionen, Gedanken, Interessen, Überlegungen, Vorschläge bezüglich der Regelung ihres Konflikts (ihrer Streitigkeit) etc. frei äußern.

Falls durch den Vertrag über die Durchführung der Mediation und/oder die Regeln der Mediation, die durch die Organisation bestimmt werden, die die Durchführung der Mediation sicherstellt, nichts anderes bestimmt wurde, so geht der Mediator (die Mediatoren) nach dem Abschluss des Vertrags über die Durchführung der Mediation und der Bestellung des Mediators (der Mediatoren) normalerweise folgendermaßen vor:

- er führt das Vorbereitungsgespräch mit den Parteien der Mediation in irgendeiner Form laut Vereinbarung; dabei informiert er sie über das Ziel der Mediation, das Verfahren ihrer Durchführung, erläutert den Parteien ihre Rechte und Pflichten während der Mediation sowie die Rolle des Mediators;
- er setzt das Datum, die Zeit und den Ort des Gesprächs mit jeder Mediationspartei individuell oder mit mehreren bzw. allen Mediationsparteien gleichzeitig entsprechend der Vereinbarung der Mediationsparteien fest, worüber er alle Mediationsparteien informiert;
- er führt die Gespräche mit jeder Mediationspartei individuell oder mit mehreren bzw. mit allen Mediationsparteien gleichzeitig durch;
- er hilft den Mediationsparteien, sich über strittige Fragen zu verständigen und den Inhalt des Vertrags über die Ergebnisse der Mediation zu formulieren.

Die endgültige Entscheidung über die Ordnung des Verfahrens der Durchführung der Mediation trifft in jedem Fall der Mediator (die Mediatoren).

Artikel 22. Die Beendigung der Mediation. Die Mediation wird beendet:

a) durch den Abschluss der Vereinbarung über die Ergebnisse der Mediation durch die Parteien – am Tag des In-Kraft-Tretens der entsprechenden Vereinbarung;
b) durch die Erklärung des Mediators, die nach Beratung mit den Parteien darüber gemacht wird, dass weitere Handlungen im Rahmen der Beilegung des Konflikts (der Streitigkeit) nicht zum Abschluss einer Vereinbarung über die Ergebnisse der Mediation führen werden – am Tag der Abgabe dieser Erklärung gegenüber den Parteien des Konflikts (der Streitigkeit);
c) durch den Antrag aller Parteien der Mediation auf ihre Beendigung – am Tag der Antragsstellung durch die Parteien an den Mediator.

Artikel 23. Die Vereinbarung über die Ergebnisse der Mediation. Als Resultat der Mediation haben die Parteien das Recht, eine Vereinbarung über die Ergebnisse der Mediation abzuschließen und/oder jede gesetzlich nicht verbotene andere Handlungen zur Erfüllung der erreichten Vereinbarungen vorzunehmen.

Die Vereinbarung über die Ergebnisse der Mediation wird zwischen den Parteien des Konflikts (der Streitigkeit) in einfacher schriftlicher Form entsprechend den allgemeinen Grundlagen des Zivilrechts der Ukraine und den Grundsätzen der Mediation abgeschlossen, sie enthält die Darlegung der durch die Parteien während der Mediation erreichten gemeinsamen Entscheidungen bezüglich der außergerichtlichen Beilegung des Konflikts (der Streitigkeit) und wird durch alle Mediationsparteien unterzeichnet.

Die Vereinbarung über die Ergebnisse der Mediation enthält:

- das Datum und den Ort des Abschlusses der Vereinbarung über die Ergebnisse der Mediation;
- den Namen der Firma (bei juristischen Personen) oder den Namen, Vornamen und Vatersnamen (bei natürlichen Personen), falls vorhanden, der Mediationsparteien, ihren Sitz (bei juristischen Personen) oder den Wohnsitz (bei natürlichen Personen), die Identifizierungskodizes der Subjekte von Wirtschaftstätigkeit, falls vorhanden (bei juristischen und natürlichen Personen, die als Subjekte der unternehmerischen Tätigkeit eingetragen sind), oder die individuellen Identifizierungsnummern (bei natürlichen Personen), falls vorhanden;
- den Gegenstand des Konflikts (der Streitigkeit);
- die Darlegung der Entscheidung, die durch die Parteien bezüglich der außergerichtlichen Beilegung des Konflikts (der Streitigkeit) erreicht wurde.

Die Mediationsparteien können in der Vereinbarung über die Ergebnisse der Mediation auch andere Bestimmungen der Mediationsparteien festlegen.

Die Vereinbarung über die Ergebnisse der Mediation wird in der Anzahl der Exemplare abgeschlossen, die der Anzahl der Mediationsparteien entspricht –

ein Exemplar für jede Partei. Die Vereinbarung über die Ergebnisse der Mediation tritt am Tag der Unterzeichnung durch die Parteien in Kraft, soweit durch die Parteien nichts anderes vereinbart wurde.

Die Vereinbarung über die Ergebnisse der Mediation wird in der Anzahl der Exemplare abgeschlossen, die der Anzahl der Mediationsparteien entspricht – ein Exemplar für jede Partei sowie ein Exemplar für das zuständige Organ, in dessen Verfahren sich die entsprechende Streitigkeit befindet. Die Vereinbarung über die Ergebnisse der Mediation tritt am Tag ihrer Bewilligung durch das Organ in Kraft, in dessen Verfahren sich die entsprechende Streitigkeit befindet, soweit das geltende Recht der Ukraine nichts anderes bestimmt.

Die Vereinbarung über die Ergebnisse der Mediation kann in jeder Art und Weise beglaubigt werden, die durch das geltende Recht der Ukraine vorgesehen ist.

Artikel 24. Die Erfüllung der Vereinbarung über die Ergebnisse der Mediation. Die Vereinbarung über die Ergebnisse der Mediation ist für die Mediationsparteien bindend.

Verletzt eine der Mediationsparteien ihre Verpflichtungen aus der Vereinbarung über die Ergebnisse der Mediation, so ist die andere Partei berechtigt, bei Gericht Klage gegen die Partei einzulegen, die ihre Verpflichtungen aus der Vereinbarung über die Ergebnisse der Mediation verletzt hat, und zu verlangen, dass die Bedingungen dieser Vereinbarung erfüllt werden.

Artikel 25. Die Frist zur Durchführung der Mediation. Die Frist zur Durchführung der Mediation eines Konflikts (einer Streitigkeit) wird durch die Parteien im Vertrag über die Durchführung der Mediation bestimmt.

Abschnitt IV. Die Organisationen, die die Durchführung der Mediation sicherstellen

Artikel 26. Die Befugnisse der Organisationen, die die Durchführung der Mediation sicherstellen. Die Organisationen, die die Durchführung der Mediation sicherstellen, haben u.a. auch die folgenden Befugnisse:

- eigene Programme und Standards zur Ausbildung von Mediatoren zu entwickeln und einzuführen sowie die Ausbildung und die Zertifizierung der Mediatoren durchzuführen, falls eine solche Tätigkeit in den Satzungen dieser Organisationen vorgesehen ist;
- ein Register der Mediatoren zu führen, die durch die entsprechende Organisation vorbereitet und zertifiziert wurden;
- eigene Standards und Regeln der Berufsethik der Mediatoren zu entwickeln und einzuführen, die der Verfassung der Ukraine, diesem Gesetz, anderen Gesetzen und Rechts- und Ordnungsvorschriften der Ukraine nicht widersprechen dürfen;
- eigene Standards und Regeln der Berufstätigkeit der Mediatoren sowie die Kontrollmechanismen ihrer Einhaltung durch die Mediatoren und

Mechanismen zur Kontrolle ihrer Einhaltung durch Mediatoren, die von entsprechenden Organisationen ausgebildet und zertifiziert wurden, zu entwickeln und einzuführen;
- die Kontrolle über die Berufstätigkeit der Mediatoren vorzunehmen, die durch die entsprechende Organisation zertifiziert wurden;
- die Bevölkerung mit Informationen methodisch zu unterstützen, indem zu den Fragen der Beilegung der Konflikte (der Streitigkeiten) durch Mediation Aufklärung geleistet wird.

Artikel 27. Die Haftung der Organisationen, die die Durchführung der Mediation sicherstellen. Die Organisationen, die die Durchführung der Mediation sicherstellen, haften für die Verletzung der Anforderungen dieses Gesetzes, anderer Gesetze sowie der Rechts- und Ordnungsvorschriften der Ukraine, der Normen der Berufsethik der Mediatoren sowie des Vertrags über die Durchführung der Mediation.

Der Schaden, der den Parteien durch die Gewährung unprofessioneller Mediationsleistungen zugefügt wird, wird durch die Organisationen, die die Durchführung der Mediation sicherstellen, nach der Regelung des Zivilrechts der Ukraine sowie des Vertrags über die Durchführung der Mediation erstattet.

Abschnitt V. Die Vereinigungen der Mediatoren

Artikel 28. Der Status der Vereinigungen der Mediatoren. Die Mediatoren können sich in Nichtregierungsorganisationen mit dem Ziel vereinigen, die Standards und Regeln der Berufstätigkeit der Mediatoren zu entwickeln und einzuführen, die Kontrolle ihrer Einhaltung, die Vertretung und den Schutz ihrer Berufsinteressen zu sichern.

Die Vereinigungen der Mediatoren werden gegründet und sind tätig nach den Regelungen, die nach dem geltenden Recht der Ukraine für die Gründung und Tätigkeit von Bürgervereinigungen festgelegt sind.

Artikel 29. Die Befugnisse der Vereinigungen der Mediatoren. Die Vereinigungen der Mediatoren haben neben den Befugnissen, die durch das geltende Recht der Ukraine vorgesehen sind, auch folgende Befugnisse:
- für ihre Mitglieder die Standards und Regeln der Berufstätigkeit der Mediatoren und die Regeln der Geschäfts- und Berufsethik der Mediatoren zu entwickeln und einzuführen sowie die Kontrolle ihrer Einhaltung vorzunehmen;
- disziplinarische Maßnahmen bezüglich ihrer Mitglieder festzulegen und anzuwenden;
- die Vertretung und den Schutz der beruflichen Interessen der Mediatoren zu übernehmen;
- die methodische und informationelle Unterstützung ihrer Mitglieder und der Bevölkerung durch Informationen zu Fragen der Beilegung der Konflikte (Streitigkeiten) mit Hilfe der Mediation durchzuführen;

- andere Befugnisse wahrzunehmen, die durch das geltende Recht der Ukraine nicht verboten sind.

Abschnitt VI. Schluss- und Übergangsbestimmungen

Dieses Gesetz tritt ab dem Tage seiner offiziellen Veröffentlichung in Kraft, mit Ausnahme von Artikel 23 Absatz 6, der gemeinsam mit dem Inkrafttreten der entsprechenden Änderungen des Rechts Geltung erlangen wird.

Das Ministerkabinett der Ukraine soll innerhalb von sechs Monaten ab dem Tag des Inkrafttretens dieses Gesetzes:

1) Vorschläge bezüglich der Änderungen der Gesetze der Ukraine, die in diesem Gesetz erwähnt werden, und mit der Ausübung des Rechts auf die Mediation in den zivilen, wirtschaftlichen, verwaltungsrechtlichen, strafrechtlichen, Arbeits-, Familien- und anderen Rechtsverhältnissen zusammenhängen, entwickeln und zur Erörterung durch die Verchovna Rada der Ukraine einbringen;
2) seine Rechts- und Ordnungsvorschriften in Übereinstimmung mit diesem Gesetz bringen;
3) sicherstellen, dass die Ministerien und andere Zentralorgane der Exekutive ihre Rechts- und Ordnungsvorschriften in Übereinstimmung mit diesem Gesetz bringen.

Der Staatliche Dienst für technische Regulierung der Ukraine soll die Änderungen in den Staatlichen Klassifikator der Ukraine „Klassifikator von Berufen" einbringen, in dem der Beruf „Mediator" vorgesehen wird.

Studien des Instituts für Ostrecht München

Begründet von Professor Dr. Reinhart Maurach
Herausgegeben von Professor Dr. Friedrich-Christian Schroeder, Dr. h.c. (Breslau), Regensburg

Band 41 Manfred Gratzl: Die Reform der tschechischen Strafprozeßordnung nach 1989. Im Spannungsfeld von Rechtsstaatlichkeit, Verfahrensökonomie und Effizienz. 2002.

Band 42 Thomas Paintner: Die Insolvenz des Unternehmers in Polen. 2003.

Band 43 Niels von Redecker (Hrsg.): Deutsch-Estnische Rechtsfragen. 2003.

Band 44 Niels von Redecker: Die polnischen Vertreibungsdekrete und die offenen Vermögensfragen zwischen Deutschland und Polen. 2003. 2., durchgesehene Auflage 2004.

Band 45 Niels von Redecker: Das polnische Beamtenrecht. Entwicklung und Stand beim Beitritt Polens zur Europäischen Gemeinschaft. 2003.

Band 46 Cornelia Stefanie Wölk: Das Deliktsrecht Rußlands nach dem neuen Zivilgesetzbuch. 2003.

Band 47 Petr Bohata: Untersuchungshaft im deutschen und tschechischen Recht. 2003.

Band 48 Attila Széchényi: Das neue ungarische Strafprozessrecht im Spannungsverhältnis zwischen Rechtsstaatsprinzip, Verfahrensökonomie und Effizienz. 2003.

Band 49 Agnes Balawejder: Das polnische Telekommunikationsrecht. Umsetzungsbemühungen und -stand des telekommunikationsrechtlichen acquis communautaire im polnischen TK-Recht vor dem Unionsbeitritt Polens. 2004.

Band 50 Sven I. Oksaar / Niels von Redecker (Hrsg.): Deutsch-Estnische Rechtsvergleichung und Europa. 2004.

Band 51 Friedrich-Christian Schroeder (Hrsg.): Justizreform in Osteuropa. 2004.

Band 52 Herbert Küpper: Kollektive Rechte in der Wiedergutmachung von Systemunrecht. Teil I und Teil II. 2004.

Band 53 Sören Langner: Der GmbH-Geschäftsführer im tschechischen Recht. Organstellung und Anstellung im Rechtsvergleich. 2005.

Band 54 Herbert Küpper: Einführung in die Rechtsgeschichte Osteuropas. 2005.

Band 55 Anja Spitzweg: Das russische föderale Gesetz „Über Investmentfonds“. 2007.

Band 56 Herbert Küpper: Die ungarische Verfassung nach zwei Jahrzehnten des Übergangs. Einführung mit Textübersetzung. 2007.

Band 57 Axel Boës: Die Gesellschaft mit beschränkter Haftung im russischen und deutschen Recht. 2007.

Band 58 Katrin Heinritz: „Defekte Demokratisierung“ – ein Weg zur Diktatur? Turkmenistan und die Republik Sacha (Jakutien) in der Russischen Förderation nach dem Ende der Sowjetunion. 2007.

Band 59 Stefan Hülshörster: Recht im Umbruch. Die Transformation des Rechtssystems in der Ukraine unter ausländischer Beratung. 2008.

Band 60 Carsten Dewald-Werner: Versicherungsmarkt und Versicherungsaufsicht in der Russischen Föderation. 2008.

Band 61 Oleksiy Feliv: Die Hypothek im deutschen und ukrainischen Recht. Der systematische Vergleich des Hypothekenrechts in Deutschland und der Ukraine einschließlich der rechtstheoretischen Grundlagen und der Ausblicke für das gemeinsame Hypothekenrecht. 2009.

Band 62 Christoph Kurzböck: Die Abwicklung deutsch-tschechischer Erbfälle. 2010.

Band 63 Friedrich-Christian Schroeder / Herbert Küpper (Hrsg.): Die rechtliche Aufarbeitung der kommunistischen Vergangenheit in Osteuropa. 2010.

Band 64 Herbert Küpper / Wolfgang Brenn (Hrsg.): Rechtstransfer und internationale rechtliche Zusammenarbeit. Deutsche und japanische Erfahrungen bei der Kooperation mit Osteuropa und Zentralasien. 2010.

Band 65 Daniela Horner / Dragan Bataveljić: Grundeigentum und Registrierung von Liegenschaften in Serbien. Eigentumsschutz in der Praxis. 2010.

Band 66 Nail Mammadov: Die Straffreistellungsgründe im russischen und aserbaidschanischen Strafrecht im Vergleich zur deutschen Strafrechtsdogmatik. 2010.

Band 67 Matthias Farian: Dingliche Nutzungsrechte an fremden Grundstücken im russischen Recht. 2010.

Band 68 Manuchehr Kudratov: Die Straftatausschließungsgründe nach tadschikischem Strafrecht. Eine Analyse aus deutscher Perspektive. 2011.

Band 69 Michael Holland: Die Staatsanwaltschaft im russischen Strafprozess. 2012.

Band 70 Herbert Küpper: Ungarns Verfassung vom 25. April 2011. Einführung – Übersetzung – Materialien. 2012.

Band 71 Friedrich-Christian Schroeder / Manuchehr Kudratov (Hrsg.): Das strafprozessuale Vorverfahren in Zentralasien zwischen inquisitorischem und adversatorischem Modell. 2012.

Band 72 Tina de Vries (Hrsg.): Mediation als Verfahren konsensualer Streitbeilegung. Die deutsche, polnische und ukrainische Perspektive. 2012

www.peterlang.de

Ellen Moltzahn

Außergerichtliche Wirtschaftsmediation

Rechtliche Rahmenbedingungen in Deutschland im Vergleich zu rechtlichen Rahmenbedingungen auf europäischer und internationaler Ebene

Frankfurt am Main, Berlin, Bern, Bruxelles, New York, Oxford, Wien, 2011.
XV, 190 S., 10 Tab.
Europäische Hochschulschriften. Reihe 2: Rechtswissenschaft. Bd. 5223
ISBN 978-3-631-61948-3 · br. € 45,80

Mediation ist ein Streitbeilegungsverfahren, welchem seit geraumer Zeit zunehmend Aufmerksamkeit geschenkt wird. Um der Mediation in Europa mehr Geltungskraft zu verleihen, wurde von der EU die Richtlinie über bestimmte Aspekte der Mediation in Zivil- und Handelssachen geschaffen. Sie versteht sich nicht als umfassendes Regelwerk, sondern gibt nationalen Gesetzgebern Mindestregelungen vor. Sollte der deutsche Gesetzgeber über diese hinausgehen, ist es wahrscheinlich, dass er sich hierbei an bestehenden Regelwerken der United Nations Commission on International Trade Law (UNCITRAL), der International Chamber of Commerce (ICC) oder der Deutschen Institution für Schiedsgerichtsbarkeit (DIS) orientiert. Diese Arbeit gibt einen Überblick über derzeit in Deutschland existierende Rechtsvorschriften mit Bezug zur Wirtschaftsmediation und vergleicht die Richtlinie der EU, die Regelwerke der UNCITRAL, der ICC und der DIS hinsichtlich verschiedener Kernregelungen.

Aus dem Inhalt: Wirtschaftsmediation als außergerichtliches Streitbeilegungsverfahren · Rechtliche Rahmenbedingungen der Wirtschaftsmediation auf europäischer und internationaler Ebene · Vergleich der Kernregelungen der Regelwerke · Verhaltenskodizes für Mediatoren

*inklusive der in Deutschland gültigen Mehrwertsteuer. Preisänderungen vorbehalten

Frankfurt am Main · Berlin · Bern · Bruxelles · New York · Oxford · Wien
Auslieferung: Verlag Peter Lang AG
Moosstr. 1, CH-2542 Pieterlen
Telefax 00 41 (0) 32 / 376 17 27
E-Mail info@peterlang.com